왜
우리는
정부에게
배신당할까?

왜
우리는
정부에게
배신당할까?

민주주의를 위한 경제학

이정전 지음

반비

정부가 '갑질' 멈추고 국민의 '을'이 되게 하려면

지난 10여 년, 우리 국민 대다수가 느껴온 기분을 한마디로 표현한다면 그것은 "고달프고 답답하다."일 것이다. 고달프기만 해도 죽을 지경인데 답답하기까지 하니 더 죽을 맛이다. 서민 입장에서 보면 도대체 시원하게 풀리는 일이 하나도 없다. 경제만 해도 그렇다. 어느 학자의 표현을 빌리면, 지난 20년 가까이 우리는 "고용 없는 경제 성장", "임금 없는 경제 성장", "분배 없는 경제 성장"을 맥없이 바라보고만 있다.[1] 선진국에 비해서 우리나라의 경제 성장률은 무척 양호하며, 우리 기업이 수출로 해마다 어마어마하게 많은 돈을 벌어들이고 있고, 1인당 국민소득이 선진국 수준인 3만 달러에 육박한다고 하지만, 모두 일반 서민에게는 그림의 떡이요 딴 나라 얘기처럼 들릴 뿐이다. 이들이 피부로 느끼는 것은 여전히 생활의 쪼들림, 날로 벌어지는 빈부 격차다.

과거에는 경제가 안 좋으면 정부가 나서서 적당히 해결해주었다.

1998년 IMF 금융위기 때도 잘했든 못했든 정부가 나서서 그런대로 어려움을 헤쳐 나갔다. 선진국에서도 경제가 위기에 빠질 때면 늘 정부가 해결사로 나섰다. 2008년 미국 금융시장 붕괴 때 보았듯이 평소 정부의 간섭을 극도로 꺼리는 업계도 경제위기가 오면 정부에게 뒤치다꺼리를 해달라고 애원한다. 그러나 2009년 세계 경제위기 이후에는 상황이 많이 달라졌다. 우리나라에서나 선진국에서나 정부가 해결사 역할을 제대로 하지 못하고 있다. 2, 3년이면 끝날 거라던 세계 경제 침체가 벌써 7년째 계속되고 있다. 앞으로의 전망도 어둡다.

당장 우리나라를 보자. 경기 침체의 늪에서 벗어나지 못하고 있으며, 청년 실업과 비정규직 노동이 여전히 우리 사회의 큰 골칫거리이고, 전세는 지난 20여 년간 연 12퍼센트씩 상승하는 고공 행진을 계속하였으며, 사교육비가 서민의 가계를 계속 짓누르고 있고, 가계 부채는 날로 쌓여가며, 중소기업은 계속 찌들고, 부익부 빈익빈이 점점 더 심해지고 있는데 정부는 어느 것 하나 제대로 해결하지 못하고 있다. 혹시나 해서 재벌 회사의 최고 경영자 출신을 대통령으로 뽑아보았지만 경제 회복은커녕 오히려 빈부격차만 더 벌려놓았다. 빈부격차를 좀 완화해본답시고 박근혜 정부가 2013년에 세제개편을 단행하였다고 하지만, 2014년 '연말정산 증세'에 대한 불만이 여기저기에서 폭발하자 정부는 수정, 보완하겠다며 이내 꼬리를 내렸다. 자라 보고 놀란 가슴 솥뚜껑 보고도 놀란다고, 정부는 이어서 각종 개혁안을 줄줄이 보류한다고 발표하여 물의를 일으켰다. 그 우유부단함도 한심스럽지만 정책 추진 과정에서 정부가 솔직하지 못했다는 점은 더 큰 아쉬움으로 남는다. 일부 계층의 조세 부담 증가가 분명히 예상되었고 그것을 알면서도 정부는 마치 그렇지 않은 것처럼 포장했다가 들통이 났다. 지난 수년간 소득보다 세금 지출액이 더 빨리 증가했음에도 불구하고 정부는 "증세는 없다."고 계속 우기면서 뒤로는 담뱃값을 대폭 인상하는 꼼수를 써서 국민을 약 올렸다.

만일 대통령을 비롯한 여권 실세들이 증세의 필요성을 솔직히 인정하고 열심히 국민들과 소통하면서 충정으로 설득했더라면 좀 더 개혁적인 세제개편도 얼마든지 가능했을 것이다. 정부가 본연의 역할을 제대로 하기 위해서는 우선 진솔한 마음을 가지고 국민과 함께 호흡하고 느끼면서 부지런히 뛰어야 한다. 번지르르한 말만 앞세울 것이 아니라 행동으로 보여야 한다. 그러나 연말정산 증세 대란을 비롯해서 담뱃값 인상, '십상시'와 청와대 문고리 3인방, 총리 및 장관 인사청문회에서 드러난 사회 지도층의 도덕적 해이 등 최근에 벌어진 일련의 불미스러운 사건들은 우리 정부가 전혀 그러지 못했음을 여실히 보여주었을 뿐만 아니라, 과연 그럴 능력이나 의지가 있었는지조차도 의심하게 만들었다.

* * *

경기 침체와 높은 실업률이 의외로 오래 지속되면서 경제 활성화를 위해서 정부가 좀 더 적극적으로 나서야 한다는 전문가들의 목소리가 커지고 있다. 그렇지만 정부가 그러고 싶어도 그럴 여력이 없다. 선진국 정부들이 빚더미에 앉아 있고, 지난 수년간 우리 정부도 재정 적자에 허덕이고 있어서 적극적 재정정책을 펼 여력이 별로 없다. 통화 정책 같은 전통적 수법이 큰 효과를 낼 수 있는 상황도 아니다. 이미 세계적으로 금리가 바닥을 기고 있는 상황에서 통화 정책의 약발을 기대하기는 어렵다. 그렇다면 어떻게 할 것인가? 우선 멍석부터 다시 깔아야 한다. 단순히 돈 쓰고 돈 푸는 그런 전통적이고 고식적인 정책을 펴기에 앞서 과감하게 소득재분배 정책을 단행하여 서민들의 호주머니를 두둑하게 만들어 내수를 진작시키는 것이 경제를 살리는 첩경이라고 많은 전문가들이 한 목소리를 내고 있다. 근래 선진국이나 우리나라나 디플레이션(저물가)이 큰 걱정거리로 떠오르고 있는데, 이것을 막기 위해서라도 금리 인하 같은 통화 정책보다는 오히려 적극적인 소득재분배 정책을 펴는 쪽이 더 효과적이다. 국민의 대다수를 차지하는 서민들이 물건을 더 많이 사주면 물가가 올라간다는 것은 경제 상식이다. 최근 OECD 역시 소득 불평등이 경제 성장의 최대 걸림돌이라고 밝히는 보고서를 내고, '분배가 성장을 해친다.'는 시장주의자들의 주장은 근거가 없다고 정면으로 반박하였다. [2]

전문가들의 이런 주장에도 불구하고 정부는 소득재분배 정책에 계속 소극적 태도를 취하고 있다. 왜 그럴까? 경제를 근본적으로 살리기 위해서는 경제민주화가 필수적이라는 주장에 폭넓은 공감대가 형성되어 있고, 지난 대선 때 이런 공감대를 이용해서 박근혜 후보가 대통령에 당선되었음에도 불구하고 대통령 취임 이후 경제민주화 공약을 슬그머니 접어버렸다. 왜 그랬을까? 많은 사람들이 재벌의 압력 때문이었다고 믿고 있다. 1인당 국민소득, 수출 실적, 경제 성장률 등 객관적 지표를 보면 우리 경제는 아주 잘나가고 있다는데, 일반 서민의 생활 형편은 날이 갈수록 팍팍해지고 있다. 왜 그럴까? 이 역시 대기업의 독식을 비호하는 시장 구조 때문이라고 많은 전문가들은 지적한다. ³규제는 "암 덩어리"이므로 "단두대에 올려서 한꺼번에 처리"해야 한다는 대통령의 말이 떨어지자 정부가 규제 완화에 열을 올리고 있다. 그 이유가 무엇일까? 대기업 눈치 보기 때문이라고 한다. 재벌에 발목 잡혀 있는 정부가 민생을 획기적으로 챙길 리는 없지 않은가.

　정부가 대기업에 발목 잡혀 있는 것은 우리나라만의 사정이 아니다. 이웃 나라 일본이 '부자 나라, 가난한 국민'의 역설에서 벗어나지 못하는 이유, 그리고 '잃어버린 20'년의 늪에서 헤어나지 못하고 있는 이유도 바로 비슷한 것이라는 진단이 나왔다. 이제 우리나라도 그 역설에 빠져 들어가고 있다. 미국도 그렇다. 정경유착이 2008년 미국 금융시장 붕괴의 한 원인이었다는 사실은 잘 알려져 있다. 정부가 대기업에 발목 잡혀서 본연의 역할을 수행하지 못하는 현상을 학계에서는 이른바 '포획 이론'으로 설명한다. 정부가 업계에 '포획'되어 있다는 것이다. 이론적, 실증적 연구가 쏟아져 나오면서 포획 이론이 학계의 주목을 받은 지 이미 오래다. 이 사실 자체가 현실에서 정경유착이 얼마나 만연하고 있는지 단적으로 보여준다. 업계에 포획된 정부는 겉으로는 국민의 목소리에 귀를 기울이는 척하면서 개혁하는 시늉만 낸다. 설령 정부가 적극적으로 경제 활성화 정책을 수행한들 정작 서민 경제에 별 도움을 주지 못한 채 뒷구멍으로 국민의 세금을 낭비하면서 대기업에게 좋은 일만 할 뿐이다. 지난 10여 년을 돌이켜 보면 충분히 알 수 있다. 이명박 정부의 4대강 사업에 대다수의 국민이 그토록 불만의 눈길을 던지는 이유도 바로 그 때문이다.

*　*　*

2014년 4월에 터진 세월호 대참사 때 우리는 정부의 무능과 각종 '관
피아(퇴직 관료들의 집단)'의 비리를 두 눈으로 똑똑히 보았다. 수백 명의
어린 생명이 물속에 가라앉는 참상 앞에서 우왕좌왕, 갈팡질팡하는
정부의 무능에 국민은 발을 동동 굴러야 했다. 보수 성향 신문조차
"이러고도 나라라고 할 수 있는가."라는 자탄의 목소리를 대서특필로
내보내는 그 절박한 상황에서 대통령과 고위층은 과연 무엇을 하고
있었는지 답답하기 짝이 없었다. 대참사에 이어서 각종 의혹이 잇달
아 불거져 나왔지만 이를 은폐하기에 급급한 정부의 얕은꾀에 국민
은 또 다시 분노하였다. 은폐 그 자체도 문제이지만 은폐하려는 태도
가 더 큰 문제다. 그런 태도로는 세월호 대참사의 진상을 명명백백하
게 규명할 수도 없고, 철저한 사후 대책을 강구할 수도 없다. 이래서
는 우리 모두 세월호 대참사와 같은 비극을 또 언제 당할지 계속 불
안에 떨어야 한다.

　세월호 대참사가 우리 사회를 온통 뒤흔들었음에도 불구하고 우리
사회 일각에서는 대참사를 단순한 대형 교통사고의 일종으로 치부하
면서 왜들 야단법석인지 의아해하는 모습을 보였다. 지식인이나 사회
지도층 중에서도 그런 모습을 보이는 인사들이 적지 않았다. 대체로
보면 이들은 정부의 무능이나 정경유착의 속내를 잘 모르거나, 좀 안
다고 해도 대수롭지 않게 생각하거나, 애써 외면하거나, 정부가 하는
일이니 적당히 눈감아주어야 한다고 생각한다. 이 책은 바로 그런 안
일하고 무책임한 태도가 우리 경제와 정치를 망치는 중요한 요인임을

강변하려는 심정에서 쓰게 되었다. 세월호 대참사는 그저 수많은 생명이 속절없이 스러져간 단순한 대형사고가 아니다. 정부가 본연의 역할을 제대로 수행하지 못할 만큼 무언가 심각하게 고장 나 있음을 단적으로 드러낸 사건이요, 정부가 업계에 포획되었다는 국민의 심증을 굳혀준 사건이었다. 그러지 않고서야 국민이 그렇게 분노할 리가 없지 않은가.

물론 포획 이론이 주장하는 정부의 무능이나 정경유착은 어느 사회에서나 언제나 있는 일이요, 다만 정도의 차이가 있을 뿐이라고 말할 수도 있다. 그러나 정부의 무능과 정경유착의 문제는 우리가 생각하는 것보다 훨씬 더 뿌리가 깊고 넓으며 악질적이다. 우리 모두가 민주주의를 소중하게 여기지만, 그 민주주의가 안고 있는 허점이 '정치의 실패'를 낳고, 관료 사회의 고질적 행태가 '정부의 실패'를 낳는다는 점은 잘 모른다. 그러므로 이제 '시장의 실패'만 들먹거리면서 정부가 더 적극적으로 나서기만 촉구할 것이 아니라 '정부의 실패'와 '정치의 실패'도 똑같이 도마 위에 올려놓고 심판해야 한다.

사실 자본주의 시장경제를 택하고 있는 민주주의 선진국에서는 이미 오래전부터 자본주의와 민주주의가 모두 고장 났다는 주장이 나돌았다. 선진국 사회를 이끌어온 두 수레바퀴가 모두 고장이 났다는 것이다. 2008년 세계 경제위기가 터진 것도, 전 세계적 경기 침체가 아직까지 계속되고 있는 것도 바로 그 때문이라고 한다. 지난 반세기에 이런 주장을 뒷받침하는 이론적·실증적 연구가 홍수처럼 쏟아져 나왔다. 특히 자본주의 최고 선진국인 미국에서 나온 연구들이 돋보인다. 이런 연구를 보면 정부가 무능하고 정경유착으로 인한 부정부패가 만연하며 정치권이 국민의 목소리를 외면하는 데에는 구조적인 요인이 있다. 우리나라라고 예외는 아니다. 그런 구조적 요인을 제거하지 않고 마냥 정부의 적극적 역할을 촉구하는 것은 오히려 문제를 키우게 된다.

그럼에도 불구하고 한편으로는 정부에 대한 불신을 마음 한구석에 숨긴 채 다른 한편으로는 정부가 어련히 잘 알아서 하지 않겠느냐고 막연하게 생각하는 사람들이 너무나 많다. 정치에 관한 일은 다른 사람 일인 양 나 몰라라 하는 사람들도 무척 많다. 정치판에 대한 감정적 편향과 무책임한 착각 또한 무성하다. 미국의 경우 2004년 8월 여론조사 결과에 의하면 뉴욕 시민의 49퍼센트가 9·11 테러를 정부 관료들이 사전에 알고도 의도적으로 아무런 행동도 취하지 않았다고 믿고 있었으며, 2006년 여론조사에서는 응답자의 약 36퍼센트가 "연방 공무원이 세계무역센터 공격에 가담했거나 공격을 막기 위해 아무런 조치도 취하지 않았다."는 데 동의하였다. [4] 2012년 우리나라 대선 때에는 특정 후보가 북한에 부화뇌동하는 좌파 빨갱이라는 믿음이 보수 진영에 널리 퍼져 있었다. 이런 식의 음모론이 '좌파 몰이'와 '보수 꼴통 때리기'를 확대재생산한다. 이 책에서 나는 정부의 실패와 정치의 실패에 관한 이론적·실증적 연구를 바탕으로 그런 막연하고 무책임한 생각과 태도, 편 가르기 때문에 우리 국민이 얼마나 혹독한 대가를 치르게 되는지를 보여주려고 했다.

구조적인 요인 때문에 고장 난 정부와 정치권은 스스로 고쳐지지 않는다. 그렇다면 누가 고칠 것인가? 신자유주의자들은 정부의 규모를 줄이고 정부의 기존 역할을 대폭 시장에 넘겨야 한다고 주장한다.

그러나 과거 수차례의 경제위기, 특히 2008년 세계 경제위기는 자본주의 시장에 심각한 결함이 있음을 분명히 보여주었다. 결국 고장 난 정부와 정치권을 고칠 장본인은 주권을 가진 국민일 수밖에 없다. 정부의 무능이나 정경유착으로 인한 부정부패도 결국은 국민의 책임이요, 정치권이 국민의 목소리를 외면하게 된 것도 역시 국민의 책임이다. 대통령이 무능하고 '불통'이라면 그런 대통령을 뽑은 국민의 잘못이다. 누가 뭐라고 하든 민주주의 사회에서 주권은 국민에게 있기 때문이다. 문제는 국민이 그 주권을 제대로 행사하지 못하고 있다는 것이다.

그러므로 이제 시민사회가 나설 차례다. 정부에게 더 많은 것을 요구하기에 앞서 국민 각자가 시민의 책무를 다했는지부터 깊이 성찰하여야 한다. 고장 난 정부와 정치권을 고치는 일은 바로 그런 성찰로부터 시작해야 한다. 물론 무엇이, 왜 고장 났는지도 알아야 한다. 구체적으로 말하면 자본주의와 민주주의가 어떤 문제를 안고 있는지를 잘 이해해야 한다는 것이다. 이는 쉬운 일이 아니다. 대기업과 정부의 온갖 은폐 공작을 뚫고 현실을 직시해야 하기 때문이다. 현실을 바로 본 다음 철저한 시민의식을 바탕으로 멍석을 새로 까는 일에 시민사회가 힘을 모아야 한다. 선거 문화를 일신하여 무능하고 부패한 정치가와 관료 들을 가차 없이 응징할 수 있어야 하며, 평소에도 사회 밑바탕의 목소리가 정부에 제대로 전달되도록 해야 한다.

"염치없는 보수"와 "눈치 없는 진보" 사이의 비생산적인 이념 논쟁이 날이 갈수록 격해지고 있는데, 이것이야말로 우리 사회의 "암 덩어리"요, "단두대에 올려서 한꺼번에 처리"해야 할 사항이다. '나는 옳고, 너는 틀렸다.'는 식의 사고방식이 그런 비생산적 논쟁을 확대 재생산한다. 정부와 정치권을 바로잡기 위해서는 이런 사고방식부터 없애야 한다. 이 세상에 100퍼센트 옳은 주장은 없다. 보수 진영과 진보 진영의 논리와 주장, 양쪽 각각에 충분히 일리가 있다. 상호 이해를 돕기 위해서 이 책에서는 양쪽 진영의 주장을 고르게 다루려고 노력하였다. 이제 비생산적인 논쟁으로 허송세월할 것이 아니라, 어떻게 하면 참된 의사소통을 통해서 지적 양극화를 완화할 수 있을지, 어떻게 하면 정치가와 관료로 하여금 '갑질'을 그만두고 진정 '을'이 될 수 있도록 여건과 분위기를 조성할지, 함께 머리를 맞대고 고심부터 해야 한다. 그런 연후에 정부가 구체적으로 무엇을 해야 하는지를 진지하게 얘기해야 한다.

* * *

이 책은 크게 3부로 구성되어 있다. 1부에서는 자본주의 시장의 장단점을 짚어보고 이를 바탕으로 왜 정부가 필요하며 정부가 어떤 역할을 해왔는지를 다룬다. 2부는 민주주의의 핵심인 투표 제도의 의의와 여론 수렴의 공정성 조건, 그리고 투표 제도의 장단점을 구체적으로 살펴보며, '정치의 실패'를 낳는 투표 제도의 여러 허점을 다루어봄으로써 왜 우리가 정치에 관심을 가지고 열심히, 그리고 성실하게 투표를 해야 하며 왜 시민사회의 각성과 시민운동이 필요한지를 알아본다. 3부는 '정부의 실패'를 낳는 여러 구조적 요인을 살펴본다. 특히 관료의 행태와 지대추구 현상을 집중적으로 살펴보고, 이어서 바람직한 조세 제도 개혁 방향을 모색해본다. 마지막으로 시대의 큰 흐름과 관련하여 앞으로 추구해야 할 바람직한 정부의 상을 그려보고 시민사회의 역할을 짚어본다.

끝으로 이 책의 출판을 흔쾌히 맡아주신 반비에 감사드린다. 그리고 이 책의 편집에 많은 수고를 해주신 여러 분께도 감사드린다. 이 책을 집필하는 동안 사랑하는 제자들이 큰 성원을 보내주었다. 이들이 있어서 내 서울대학교 교직 생활에 보람을 느낄 수 있었다. 이들에게도 고마움의 뜻을 전하고 싶다.

2015년 3월
이정전

차례

1부

—

시장의 실패

1장

시장에는 있고 정치에는 없는 것

1. 정치와 정부, 새로 보기

| 정치로 외도한 경제학자들 |

"오늘 놀라운 일을 목격했어."『톰 소여의 모험』,『허클베리 핀의 모험』 등으로 우리에게도 잘 알려진 미국의 저명한 작가 마크 트웨인이 말했다. "어느 정치가를 만났는데, 글쎄 이 양반, 두 손을 모두 자기 호주머니 속에 넣고 있는 거야." 늘 남의 호주머니에 슬그머니 손을 집어넣어서 돈을 빼내가는 정치가들을 비꼰 말이다. 마크 트웨인의 이 재담은 지난 반세기 동안 급부상한 경제학의 한 분야를 소개하면서 어느 경제학자가 인용한 것이다.[1] 흔히 신정치경제학이라고도 불리는 이른바 '공공선택이론'이 바로 그것이다. '공공선택'이란 공적인 영역에서 이루어지는 집단적 선택을 말한다. 통상 시장에서는 개인들이 자신이 원하는 상품을 자유롭게 선택한다. 정통 경제학은 주로 이런 개인적 선택을 연구 대상으로 삼는다. 그러나 신정치경제학은 정통 경제학의 연구 방법과 사고방식을 이용해서 정치 현상을 설명하는 경제학의 한 분야다. 일반적으로 정치 현상을 주된 연구 대상으로 삼는 경제학을 정치경제학이라고 하는데, 그중에서도 공공선택을 주로 다루는 정치경제학을 이 책에서는 신정치경제학이라고 부르기로 하자. 정치 문제에 관한 한 신정치경제학은 막강한 영향력을 행사해왔으며 많은 노벨 경제학상 수상자를 배출하기도 했다.[2] 신정치경제학 창시자 중 한 사람으로 가장 잘 알려진 제임스 뷰캐넌(James Buchanan)은 1986년에 노벨 경제학상을 받았는데, 당시 그는 미국의 정치 현장을 한눈에 내려다 볼 수 있는 수도권 근처 버지니아 대학교 경제학과 교수였다.

여기에서 한 가지 이상한 점을 느끼게 된다. 원래 경제학은 시장을 주로 연구하는 학문이지 정치 문제를 다루는 학문이 아니다. 우리가 늘 보듯이 경제학자들은 수요와 공급의 논리를 바탕으로 시장의 기능을 분석하고, 경제 문제에 관하여 여러 가지 정책을 제안하며, 한 걸음 더 나아가서 자본주의 시장의 우수성을 역설하면서 시장의 원리를 전파하는 데에도 열심이다. 반면 정치 문제는 전통적으로 정치학자들의 주된 연구 대상이다. 이를테면 민주주의에 관해서는 정치학자들이 전문가다. 그래서 경제학자들이 정치 문제나 민주주의에 관하여 학술적으로 이러쿵저러쿵 떠들면 남의 영역을 침범한 것처럼 보이기도 하고 외도한 것처럼 보이기도 한다. 그렇다면 신정치경제학 학자들은 왜 굳이 시장이 아닌 정치권을 연구 대상으로 삼는 외도를 저질렸을까? 간단하게 말하면 정치권이 너무 엉망진창이기 때문이라고 한다. 정치인들이 국민의 뜻을 잘 받들어 나라를 잘 다스린다면 경제학자들이 굳이 정치권에 시비를 걸고 정치 문제에 학문적 관심을 가질 이유가 있겠는가? 그러나 불행하게도 현실이 그렇지 않다. 경제학자들이 보기에 시장은 멀쩡하게 잘 돌아가는데 왜 정치권은 저렇게 난장판인지 이상하지 않을 수 없고, 그래서 신정치경제학 학자들이 정치에 깊은 관심을 가지게 되었다는 것이다. 이런 얘기를 들으면 다른 분야 학자들은 어이없어 할지도 모른다. 경제가 잘 돌아가기는커녕 자본주의가 고장 났다고 할 만큼 엉망이지 않은가. 게다가 경제학자들은 2008년 미국 금융시장 붕괴와 연이은 세계 경제위기를 전혀 예측하지도 못하지 않았던가? 그러니 제 구실도 못하는 경제학자들에게 "너나 잘 하세요."라는 편잔이 쏟아지는 것은 당연하다.

그렇다고 정치권이 실망스럽지 않다는 말은 절대 아니다. "국민에 의한, 국민을 위한, 국민의 정부"가 민주주의의 꿈이라고 한다면, 미국을 비롯한 서구 선진국에서 이 꿈이 점차 스러져가고 있다는 탄식이 오래전부터 흘러나오고 있다. 민주주의 선진국이라는 미국에서도 민주주의 정부를 향한 국민의 신뢰가 날개 없이 추락하고 있다. 1960년에는 미국 국민의 70퍼센트가 넘는 대다수가 "미국 정부가 올바른 정책을 펴고 있다."고 생각하였지만 40년이 지난 2000년에는 이 비율이 30퍼센트대로 떨어졌다. 2001년 9·11 테러 직후 이 비율은 잠시 올라가는 듯하다가 2002년에는 다시 2000년 수준으로 돌아갔다.[3] 정치학계에서도 미국 민주주의를 향한 실망을 다루는 연구가 줄을 이었다.[4] 한 가지 아이러니한 것은, 정치에 대한 미국인의 신뢰가 이른바 '큰 정부'를 강조하는 케인스 경제학이 한창 판을 치던 시대에는 아주 높았던 반면 '작은 정부'를 요구하는 신자유주의가 기승을 부리면서부터 급속히 떨어졌다는 점이다.

그러면 우리나라는 어떤가? 2009년 한국경제학회의 계간지인《한국경제포럼》에 재미있는 논문이 실렸다.[5] 이 논문에 따르면 우리도 불신의 사회로 접어들었는데, 특히 정치권에 대한 불신이 심하다. 자기 가족에 대한 신뢰도를 100점이라고 하면 국회에 대한 국민의 신뢰도는 39점으로 완전히 낙제점이다. 외국인 노동자에 대한 신뢰도는 46점이다. 이 숫자를 놓고 보면 신뢰도 면에서 우리 국회는 외국인 노동자에 비해서도 한참 뒤진다. 정부에 대한 신뢰도 역시 낙제점인 46점으로 나왔다. 국민에 보기에 정부나 외국인 노동자나 못 미덥기는 꼭 마찬가지다. 대통령에 대한 국민의 신뢰도는 51점이었다. 신뢰도 면에서 대통령이나 외국인 노동자나 도토리 키 재기다. 정치가들이 정치를 잘했다면 이런 형편없는 결과가 나올 리가 없다.

| 무식한 것이 합리적이다? |

이렇게 정치에 대한 불신이 깊어지고 민주주의의 꿈이 스러져가는 데는 여러 이유가 있을 것이다. 가장 근원적인 이유는 국민의 참뜻이 정치권에 제대로 전달되지 못하며 국민이 원하지 않는 정책이 남발되기 때문일 것이다. '민주주의 사회'라는 말이 무색하게도 많은 사람에게 막대한 정신적·물질적 피해를 주는 정책이나 사업이 국민의 이름, 다수의 이름 아래 강행되는 사례가 비일비재하다. 신정치경제학 학자들이 연구해보니 이런 결과는 우발적인 것이 아니라 구조적인 요인 탓임이 드러났다.

정치가 실망스러울 때마다 우리는 유권자들이 정치에 무관심하고 기억상실증에 걸려 있기 때문에 저질 소인배들이 무더기로 국민의 대표로 뽑히게 되고, 그러다 보니 정치가 제대로 돌아가지 않는다는 말을 자주 듣는다. 이런 소박한 주장이 신정치경제학의 단초가 되었다. 1957년 앤서니 다운스(Anthony Downs)가 『민주주의에 관한 경제학 이론(An Economic Theory of Democracy)』라는, 당시로서는 아주 특이한 제목의 책을 내놓았다. 이 책은 신정치경제학의 태동에 결정적으로 기여한 획기적인 저서로 꼽힌다.[6] 이 책에서 다운스는 오늘날 신정치경제학의 핵심이 되는 명제들을 제시하였는데 그중 하나가 이른바 '합리적 무지(rational ignorance) 가설'이다. 막말로 표현하면 정치에 관한 한 유권자들은 아주 무식하다는 것이다. 보통 무식하다고 하면 어리석거나 멍청하다고 힐난하는 표현이다. 그러나 정치에 관한 한 '무식함'은 그런 비하의 뜻을 담은 말이 아니다. 오히려 그 반대다. 다운스에 의하면, 정치에 관해서는 무식한 것이 합리적이다. 달리 말하면 합리적이기 때문에 무식해진다는 것이다.

신성한 투표권을 현명하게 행사하려면 우선 정치 현실을 잘 파악하고 후보자들의 됨됨이와 그들의 공약에 관하여 정보를 수집하고 열심히 공부해야 한다. 그렇지만 그런다고 해서 돈이 생기는 것도 아니요, 누가 상을 주거나 박수를 쳐주지도 않는다. 공연히 시간과 정력만 낭비할 뿐이다. 그럴 시간에 텔레비전을 보거나 쇼핑을 하는 것이 훨씬 더 이익이다. 요컨대 정치에 관심을 갖고 정보를 수집하고 열심히 공부해봐야 개인에게 별 이익이 없다는 것이다. 경제학은 개인이나 기업이 철저한 손익계산을 바탕으로 행동한다고 가정한다. 달리 말하면 인간은 합리적으로 자신의 이익을 추구하는 존재라는 것이다. 이 가정은 경제학의 뿌리를 이루는 핵심 가정이다. 인간이 합리적이지 못한 경우가 너무 많다는 이론적, 실증적 증거를 과학자들이 꾸준히 제시하고 있음에도 불구하고 경제학자들이 끝까지 내려놓기를 거부하는 가정이기도 하다. 신정치경제학 학자들은 경제학의 이런 가정을 더 철저하게 믿는 경향이 있다. 신정치경제학 학자들에 의하면 소비자나 기업뿐만 아니라 유권자들도 손익계산에 의거해 합리적으로 행동한다. 손익계산을 해보면 정치와 정치가에 관해 잘 알려고 정보를 수집하고 공부하는 것은 밑지는 장사다. 밑지는 장사는 하지 않는 것이 합리적이다. 따라서 정치와 정치가에 관심을 끄고 무지한 상태로 있는 것이 합리적이라는 결론이 나온다. 이것이 바로 합리적 무지 가설의 핵심 내용이다.

현실에 비추어보면 이 가설이 그럴듯해 보이는 구석이 없지 않다. 미국은 민주주의 선진국으로 여겨지며 미국인들은 정치 얘기를 즐기는 국민으로 소문나 있다. 그럼에도 불구하고 미국 국민의 절반 이상이 자기 지역구 국회의원의 이름을 모른다. 75퍼센트가 국회의원의 임기를 모르며, 70퍼센트가 어떤 정당이 하원의 다수당인지 모르고, 60퍼센트 이상이 상원의 다수당을 모른다. 그러면서도 80퍼센트 이상이 부시 전 대통령의 애완견 이름이 '밀리'라는 것은 잘 알고 있다. 그러나 그가 사형 제도를 지지한다는 사실을 알고 있는 유권자의 수는 15퍼센트도 되지 않는다.[7] 그러니까 일반 국민은 정치에 관해 안다고 해봐야 하찮은 것만 알고 정작 중요한 내용은 잘 모른다는 것이다. 선거 때마다 '종북 몰이', '보수 꼴통 때리기' 등 온갖 흑색선전이 난무하는 것을 보면 우리나라라고 해서 예외는 아닐 것이다.

다운스의 뒤를 이은 학자들은 합리적 무지 가설을 조금 더 발전시켰다. 충분히 공부해서 정치 현실과 후보자에 관해 잘 알게 되었다고 하자. 그렇다고 꼭 투표장에 가서 투표하라는 법은 없다. 투표한다고 해서 당장 내 손에 떨어지는 이익은 거의 없다. 다만 내가 원하는 후보가 당선되면 기분이 좋을 뿐이다. 내가 던진 한 표가 그 후보를 당선시키는 데에 결정적인 역할을 할 확률은 비 오는 날 벼락을 맞아 죽을 확률만큼이나 낮다. 그렇지만 투표를 하러 가려면 교통비가 들고 무엇보다도 시간을 내야 한다. 친구들과 극장에 가거나 운동하러 가는 즐거움을 포기해야 하는 것이다. 이것이 경제학에서 말하는 기회비용이다. 이런 각종 비용을 고려하면 투표하는 행위는 얻는 것보다 잃는 것이 더 많은, 손해 보는 장사다. 그러므로 경제 논리를 적용하면 합리적인 유권자는 투표하러 가지 않는다는 결론이 나온다.

그러나 비록 당장 개인이 얻는 이익이 없다고 하더라도 민주주의를 수호하려면 정치에 깊은 관심을 가지고 꼭 투표를 해야 한다. 그것이 결국은 내게도 이익이기 때문이다. 만일 국민이 정치에 큰 관심을 가지고 정치가들의 일거수일투족을 감시하고 정부의 각종 정책을 꼼꼼히 점검한 다음 투표를 통해서 무능하고 부패한 정치인들을 솎아낸다면, 정치권이 이렇게 엉망이 되지는 않을 것이며 2014년 4월의 세월호 대참사도 일어나지 않았을 것이다. 선거의 중요한 목적은 바로 이와 같이 정치인과 관료를 정기적으로 심판함으로써 이들이 국민을 위해서 봉사하게 만드는 것이다. 그러나 국민이 정치에 관심이 없고 무지할 때 나타나는 가장 두드러진 현상은 대기업을 비롯한 각종 힘 있는 이익단체가 발호해 국회의원이나 관료와 결탁하여 '누이 좋고 매부 좋고' 식의 거래를 자행하게 되는 것이다. 바로 이런 정경유착(혹은 신정치경제학에서 말하는 지대추구)이 온갖 비리와 부정부패의 온상이 된다는 연구가 지난 수십 년간 무수히 쏟아져 나왔다. 이른바 '포획 이론(capture theory)'이 학계를 휩쓸게 되었는데, 여기에서 '포획'이란 정치가와 관료 들이 이익집단, 특히 대기업에 포획되어서 국민의 이익을 저버리고 이익집단의 이익에 봉사하게 된다는 뜻이다. 여기에 관해서는 잠시 뒤에 자세히 살펴보기로 하자.

| 정치인과 장사꾼은 같은 논리로 움직인다? |

엄밀히 말하자면 합리적 무지 가설 하나만으로는 정경유착을 논리적으로 설명하는 데 무리가 있다. 아무리 유권자들이 정치에 관심이 없고 무식하더라도 정치가들이 투철한 공익 정신을 갖고 국민에게 봉사하려고 노력한다면 정경유착은 일어나기 어려워진다. 따라서 정치가들의 의식이나 태도도 문제가 된다. 이 지점과 관련해 다운스는 또 하나의 획기적인 가설을 내놓았다. 시장에서의 기업이나 소비자와 마찬가지로 정치가와 관료 역시 사리사욕에 따라 합리적으로 행동한다는 것이다.

신정치경제학의 선구자로 추앙받는 두 명의 학자가 이 가설을 이어받아 좀 더 자세히 살펴보았다. 제임스 뷰캐넌과 고든 털럭(Gordon Tullock)이 바로 그들이다. 뷰캐넌과 털럭은 시장에서 개인의 행동과 시장 밖에서 개인의 행동을 눈여겨보았다. 시장에서 소비자는 오직 자신의 즐거움만 추구하며 기업은 이윤 극대화를 추구한다. 이것이 경제학의 지론이다. 그렇다면 정치가와 관료는 어떨까? 전통적으로 정치학자들은 이들이 공익을 대변하며 국민을 위해서 봉사한다고 보았다. 정통 경제학자들도 이런 주장을 받아들여서 정부는 '자비로운 독재자'라고 보았다. 정치 영역에서는 사람들이 대체로 공익에 따라 행동하는 반면 시장에서는 똑같은 사람들이 사익에 따라 행동한다고 보는 셈이다. 이와 같이 정치권(공적 영역)에서의 행위 동기가 시장(사적 영역)에서의 행위 동기와 다르다고 보는 일종의 이분법적 사고방식이 오랫동안 경제학계를 지배하였다.

뷰캐넌과 털럭은 이런 전통적인 이분법에 의문을 품었다. 정치가나 관료 들도 퇴근하고 나면 먹고 살기 위해서 시장에 가야 하고 그 순간 소비자가 된다. 전통적인 이분법에 의하면 직장에서 나와 시장에 가는 순간 이들은 공익을 추구하는 사람에서 사익을 추구하는 사람으로 돌변한다. 뷰캐넌과 털럭의 표현으로는 장소나 상황이 바뀜에 따라 "심리적·도덕적 기어(psychological, moral gear)"를 척척 바꾼다는 것이다. 그런데 사람들은 자동차를 운전할 때조차 기어 바꾸기가 귀찮아서 자동 변속 차량을 끌고 다닌다. 하물며 마음속의 기어를 그렇게 척척 바꿀 수 있을까? 뷰캐넌과 털럭은 매우 회의적이었다. 합리적인 인간은 일관성 있게 행동한다. 때와 장소에 따라 이랬다저랬다 하는 사람은 합리적이라고 보기 어렵다. 뷰캐넌과 털럭에 의하면 전통적인 이분법은 인간의 행위 동기에 관하여 일관성을 결여하고 있다. 따라서 이들은 다음과 같이 결론 내린다. "인간 행태에 관한 가장 합리적인 가정은 …… 이 두 경우 개인들이 동일한 가치에 의거해서 움직인다는 것이다."[8] 여기에서 말하는 "동일한 가치"란 각자의 개인적 이익을 의미한다. 요컨대 정치가나 관료도 시장바닥의 장사꾼과 마찬가지로 공익이 아닌 개인적 이익을 위해서 활동한다고 보는 게 합리적이라는 것이다.

뷰캐넌과 털럭의 후학들은 정치권의 주역(정치가, 관료, 유권자)이나 시장의 주역(소비자와 기업) 모두 사익 추구의 동기에 따라 행동한다고 보았다. 물론 사람이 언제나 이기적으로만 행동하는 것은 아니다. 그렇지만 사람은 오직 5퍼센트의 경우에만 이타적이라는 '털럭의 법칙'을 신정치경제학 학자들은 굳게 믿는다.[9] 그만큼 이타적인 행동은 극히 예외적이라는 것이다. 정치가나 관료도 이 법칙에서 예외일 수 없다. 이처럼 시장과 정치권의 주역 모두 동일한 행위 동기, 즉 사익 추구 동기에 따라 행동한다는 가정이 신정치경제학의 트레이드마크가 되었다.[10] 신정치경제학 학자들은 정통 정치학에도 따끔하게 한마디 던졌다. 똑같이 정치 현상을 연구하지만 기존의 정치학은 '낭만에 젖은 정치학'인 반면 신정치경제학은 '현실적인 정치학'이라는 것이다.[11]

행위의 동기 면에서 정치가와 관료가 시장바닥의 장사꾼과 똑같다고 보는 신정치경제학의 가정이 너무 가혹하다고 말할 수도 있지만, 그렇다고 아주 터무니없는 것도 아니다. 정경유착이니 부처이기주의니 하는 말이 이미 우리 일상생활 구석구석에 널리 퍼져 있지 않은가.

2012년 한 여론조사에서 정치인을 어떻게 생각하느냐고 물었더니 응답자의 80퍼센트가 "자신들의 명예와 권력욕만 채우는 사람" 혹은 "자리를 유지하기 위해 분쟁만 일삼는 사람"이라고 답했다. 이런 대답을 한 응답자의 비율이 인천·경기도(86.4퍼센트)와 광주·전라도(84.6퍼센트)에서는 특히 높았고 대구·경상북도(67.7퍼센트)와 부산·울산·경상남도(75.6퍼센트)에서는 약간 낮았다.[12] 낮아본들 3분의 2가 넘는다. 비슷한 여론조사 결과가 과거에도 많이 있었다.

| '관피아'와 정치권의 공생 관계 |

앞서 살펴본 합리적 무지 가설과 정치가 및 관료의 사익 추구 가설을 합치면 위에서 언급한 포획 이론이 성립한다. 이 이론은 조지 스티글러(George Stigler)가 1971년 정부 규제에 관한 획기적 연구를 발표한 이후 본격적으로 발전하게 된다. 우리는 흔히 기업이 정부 규제를 아주 싫어한다고 생각한다. 정권이 바뀌거나 경기가 나쁠 때면 기업은 으레 정부에 규제 완화를 강하게 요구하며, 정부는 못 이기는 척 각종 규제를 풀어준다. 그러나 노벨 경제학상 수상자인 스티글러의 견해는 다르다. 규제에도 여러 종류가 있다. 기업의 이익 추구에 지장을 주는 규제도 있지만 그렇지 않은 규제도 있다. 이익 추구에 지장을 주는 규제에 관해서는 기업이 공공연하게 완화를 요구한다. 대부분 작업장의 안전이나 환경 보호 등에 관한 공익적 규제다. 그러나 기업의 이익 추구나 기득권 수호에 큰 도움이 되는 규제는 대중에게 잘 알려져 있지 않다. 스티글러는 바로 이런 음성적 규제에 주목할 것을 촉구한다. 스티글러에 의하면 산업계는 은밀히 정부에 접근하여 이런 성격의 규제를 만들거나 강화할 것을 요청한다. 그 대표적인 것이 진입 장벽을 조성하는 규제와 수입에 대한 규제다. 외국 상품의 수입에 높은 관세를 비롯한 각종 규제가 실시되도록 경제 단체들이 정부에 압력을 넣는다. 카지노 업체들은 다른 업체가 등장하지 않도록 막아줄 것을 정부 요로에 청탁한다. 자동차 제조 업계는 새로운 기업이 함부로 자동차 생산에 뛰어들지 못하도록 정부에 영향력을 행사한다. 정부의 도움으로 진입 장벽을 치는 것이다. 스티글러의 표현에 따르면 '진입 장벽'이란 어떤 산업에 새로 진입하려 하는 기업은 지불해야 하지만 이미 진출해 있는 기업은 지불하지 않아도 되는 생산 비용이다. 예를 들면 우리나라 이동통신 산업 분야는 소수의 대기업이 장악하고 있다. 정부가 각종 인허가를 통해서 생산 비용을 높여 새로운 기업이 진입하기 어렵게 해주고 있는 것이다. 이런 각종 조치에 대한 대가로 산업계는 정치권에 선거 자금을 공여하고 표를 모아주며 평소에는 각종 향응을 제공한다. 이와 같이 정치인 및 관료는 산업계와 서로 뒤를 봐주는 공생 관계다. 이런 공생 관계에서 산업계는 정부로부터 진입 통제나 유사 상품에 대한 규제뿐만 아니라 조세 감면, 보조금 등 각종 특혜를 대가로 챙긴다. 스티글러는 이런 공생 관계에서 산업계가 주도권을 잡고 있으며 정치권은 수동적이라고 보았다.

애덤 스미스(Adam Smith) 이래의 정통 경제 이론에 의하면, 시장의 장점을 최대한 잘 살리는 가장 중요한 조건은 자유롭고 공정한 경쟁이다. 그러므로 정부의 가장 중요한 역할은 시장에서 자유롭고 공정한 경쟁을 보장하는 것이다. 그럼에도 불구하고 업계에 '포획된' 정부는 거꾸로 간다. 그래서 현실에서는 대기업의 몸집 불리기가 날로 심해지며 독과점이 성행하는 것이다. 한 가지 놀라운 사실은, 애덤 스미스가 독과점을 그토록 경계했음에도 불구하고(그리고 경제학 이론이 자유경쟁을 바탕으로 하고 있음에도 불구하고) 보수 성향 경제학자들이 독과점의 심화와 대기업의 횡포에 관해서만은 아주 관대하다는 점이다. 재벌을 노골적으로 옹호하는 관변 경제학자들이 얼마나 많은가. 재벌이나 대기업에 약간이라도 피해를 주는 시민사회의 요구나 정부의 정책이 나올라치면 보수 언론이 보수 성향 경제학자들의 입을 빌어 대대적으로 맹공을 퍼붓는다. 재벌과 대기업이 위축되면 소득도 줄고 일자리도 줄어든다는 것이다.

그러나 현실에서는 오히려 대기업이 비대화되고 독과점이 심해질수록 서민들의 소득과 일자리가 줄어든다. 그 이유는 간단하다. 10여 년 전만 해도 재벌이나 대기업이 장사를 잘하면 서민에게도 떡고물이 떨어졌다. 이른바 '낙수효과'가 있었다. 그러나 IMF 경제 위기 이후 낙수효과가 서서히 소멸하면서 서민의 경제 사정은 날이 갈수록 나빠지고 있다. 지난 수년간 우리는 어디를 가나 경기가 나쁘다, 경제가 어렵다는 말을 들어왔다. 옛날에는 이렇게 경기가 나쁠 때면 정부는 늘 그렇지 않다고 변명을 해댔다. 그런데 박근혜 정부가 들어서고 나서 대통령부터 장·차관, 여당 실세까지 이구동성으로 경제가 어렵다는 말을 되뇌고 다닌다.

그러면 이들의 말대로 우리나라 경기가 그렇게 나쁘고 경제가 그렇게 어려운가? 객관적 자료만 보면 심히 의심스럽다. 지난 수년간 우리나라의 경제 성장률은 다른 선진국에 비해서 상당히 양호한 편이었다. 2013년 각국의 경제 성장률 통계를 보면 미국이 2.2퍼센트, 일본이 1.5퍼센트, 유로존(유로화를 사용하는 18개국)이 -0.4퍼센트였는데 우리나라는 3퍼센트였다. 2014년 우리나라의 경제 성장률은 3.3퍼센트였는데, 미국, 유로존, 일본에 비해 월등한 실적이다. 1인당 국민소득이 2만 달러를 넘어섰다고 환호한 지 얼마 되지도 않았는데 벌써 3만 달러에 육박하고 있다. 박근혜 대통령도 이제 곧 3만 달러 시대를 열어 가겠다고 큰소리 쳤다. 1인당 3만 달러라고 하면 4인 가족 기준으로 연소득이 1억 3000만 원쯤 된다는 얘기다. 매년 경상수지 흑자 기록을 갈아치우면서 2013년 경상수지 흑자는 약 800억 달러에 달했고, 2015년에는 1000억 달러를 넘을 것으로 전망되고 있다. 1000억 달러 이상의 경상수지 흑자를 기록하고 있는 나라는 세계에 단 다섯 나라뿐이다. 그야말로 엄청나게 많은 돈이 외국에서 우리 경제로 쏟아져 들어오고 있고, 대기업들은 돈을 그득그득 쌓아놓고 있다. 2013년 기업이 사내에 쌓아놓은 돈(사내유보금)의 규모가 1102조 원에 이르렀는데 그해 국내총생산의 규모는 1428조 원이었다.

이렇게 경제가 잘 돌아가는데 왜 고위 관료와 여권 실세 들은 계속 경제가 나쁘다고 말하고 다닐까? 결국 복지에 대한 요구를 잠재우고, 노동 시장을 유연화하며, 재벌 총수를 사면하고, 야권의 정치 공세를 틀어막기 위해서 으름장을 놓고 있다고 볼 수밖에 없다. 달리 말하면 경기가 나쁘고 경제가 어려우니 정부가 하자는 대로 잠자코 따라오라고 경고하고 있는 것이다. 답답한 것은 많은 서민이 이들의 말을 그대로 믿고 고개를 끄덕이고 있다는 점이다.

이렇게 나라 전체에 돈이 철철 넘쳐흐르는데 모두 돈이 없다고, 장사가 안된다고 아우성이다. 미국도 사정은 비슷하다. 선진국 중에서는 미국이 가장 잘나가고 있다고 한다. 경제가 살아났고 착실하게 성장하고 있으며 실업도 많이 줄어들었다고 한다. 그런데도 서민들은 돈이 없다고 아우성이다. 그렇다면 그 많은 돈은 다 어디로 갔을까? 미국의 전 노동부 장관이자 캘리포니아 대학교 교수인 로버트 라이시(Robert Reich)는 그 돈 대부분이 저 꼭대기로 올라가버렸다고 말한다.[13] 우리나라도 마찬가지다. 해마다 우리 경제가 돈을 그렇게 많이 벌어왔는데도 서민들이 돈이 없다고 아우성치는 이유는 그 돈이 대부분 저 꼭대기로 올라가서 아래로 흘러내려오지 않기 때문이다. 빈부격차가 날로 벌어지고 있다. 재벌과 대기업의 높아진 경쟁력과 비대화는 주로 중소기업의 희생 위에 달성한 것이다. 이 결과 국민총생산에서 대기업이 차지하는 비중이 날로 커지고 있다. 그러나 문제는 중소기업에 비해서 대기업이나 재벌의 고용 창출 효과가 아주 낮다는 것이다. 그러므로 재벌과 대기업의 비중이 커질수록 실업은 증가할 수밖에 없다.

이런 비판을 받으면 보수 진영은 그간의 경기 침체와 실업 증가를 각종 정부 규제 탓으로 돌리면서 규제를 풀라고 정부에 압력을 넣었다. 그러나 2014년 세월호 대참사가 연이은 규제 완화 탓임이 밝혀졌을 때 보수 진영은 전혀 다른 태도를 보였다. 세월호 대참사는 일부 관료의 무능 탓이며, 교통사고처럼 인간 사회에 늘 있을 수 있는 불상사 중에서 약간 정도가 심한 불상사에 불과하다는 반응을 보인 것이다. 그러면서 시민사회가 너무 과민 반응하고 있다고 은근히 꼬집었다. 보수 진영은 정부 규제의 완화가 재벌과 대기업의 비대화를 더욱 촉진함으로써 빈부격차가 더 벌어지고 실업률이 더 높아질 가능성을 은폐하기에 바쁘다. 이처럼 정경유착의 만연과 독과점의 심화가 우리의 엄연한 현실이자 미국의 현실이기도 한데, 스티글러의 규제 이론은 이런 현실을 잘 설명해주고 있다. 그래서 스티글러는 자신의 규제 이론에 확신을 가지고 있었다.[14]

그렇다면 산업계가 자신의 이익을 위해서 그토록 폭넓게 정치적 영향력을 행사할 수 있게 된 좀 더 근본적인 원인은 무엇일까? 스티글러 역시 유권자의 정치적 무관심과 무지 탓이라고 분명히 말하고 있다. 이런 점에서 그는 신정치경제학의 선구자들에게 빚을 졌다.[15] 스티글러 이후 그의 주장을 더 발전시킨 정교한 연구가 쏟아져 나왔다. 스티글러의 연구는 주로 산업계에 초점을 두었지만 후속 연구에서는 그 대상이 산업계를 포함하여 특수 이익집단으로 넓어졌다. 의사 협회, 변호사 협회, 퇴직 관료 집단, 노인 집단 등이 특수 이익집단의 범위에 들어간다. 2014년 세월호 대참사에도 많은 특수 이익집단이 연루되었다는 사실이 국민에게 알려지면서 각종 '마피아'가 유행어가 되었다. 이런 특수 이익집단은 국민 전체의 이익이 아닌 개별 집단의 이익을 위해서 정치적 영향력을 행사하는 집단이다.

정부는 막강한 공권력을 가진 존재다. 따라서 정부에 영향력을 행사할 수 있는 일부 약삭빠른 사람들은 자신의 이익을 위해서 정부를 이용하려고 애를 쓰며, 실제로 이용한다. 돈이 많은 사람들, 특히 억만장자들이 즐겨 쓰는 수법은 자기 마음에 드는 정치 세력을 후원하는 것이다. 미국의 재계 거물들은 정치가들에게 수천만 달러부터 수

억 달러를 쥐어준다고 알려져 있다. 미국에서 "억만장자는 한 대의 비행기와 두 대의 요트, 네 채의 집과 다섯 명의 정치인을 소유한다."는 우스갯소리가 나도는 것은 결코 우연이 아니다.[16]

신정치경제학 학자들 역시 정치권과 특수 이익집단 사이의 공생 관계에 관심이 많다. 로비 활동이 합법화된 이래 미국은 이익집단의 천국이 되었는데, 당연히 이들은 미국의 수도권에 밀집되어 있다. 로비 활동은 미국 수도권에서 가장 번성한 산업이 되었다.[17] 미국 수도권 대학의 교수들은 이익집단의 로비 활동과 이것을 매개로 한 유착 관계를 코앞에서 익히 보아왔을 터, 신정치경제학이 미국 수도권의 대학에서 발원한 것은 결코 우연이 아니다. 미국에서는 신정치경제학 학자 집단을 그 발원지의 이름을 따 '버지니아 학파'라고 부르기도 한다.

| 정치권에는 '보이지 않는 손'이 없다? |

정치권과 이익집단 사이의 공생 관계에서 정치권은 각종 특혜성 정책의 공급자로, 이익집단은 그 수요자인 동시에 선거 자금과 표의 공급자로 분명히 자리매김되며 경제학의 전형적인 분석 방법인 수요-공급의 틀을 이용한 아주 탄탄한 이론들이 쏟아져 나왔다. 그러면서 정치권과 이익집단의 공생 관계에 관한 연구가 정치경제학 분야에서 압도적 다수를 차지하게 되었다. 그 내용은 매우 다양하지만 핵심 주장은 다음과 같이 요약해볼 수 있다. 첫째, 투표자들의 이익은 다양하고 광범위하게 분산되어 있는 데 반해서 특수 이익집단은 공통된 목표가 있고 조직력이나 영향력 면에서 큰 강점이 있는 까닭에 자신의 이익을 추구하기 쉽다. 둘째, 국회의원들은 국익 전체를 대변하기보다는 지역구의 이익을 대변함으로써 재선될 가능성을 높인다. 셋째, 국회는 이익집단의 이익을 제도화한 위원회가 장악하고 있다. 넷째, 공직을 노리는 후보자들은 선거 자금을 얻기 위해서 이익집단과 결탁한다.[18] 이 분야의 많은 연구를 정리하면서 어느 학자는 "우리가 알고 있는 거의 모든 연구에서 정치가는 자신이나 당을 위해서 자발적으로 정책과 돈을 맞바꾼다."라고 말한다.[19] 이런 주장은 주로 미국을 대상으로 하고 있지만, 미국을 닮아가고 있는 우리나라에서도 결코 남의 얘기가 아닐 것이다.

그렇다면 신정치경제학 학자들이 전달하려는 궁극적 메시지는 무엇인가? 우선 이들은 시장과 정치권의 차이를 부각하면서 시장은 제대로 돌아가는데 왜 정치권은 그렇게 엉망인가를 묻는다. 간단하게 말해서 이들의 대답은 시장에는 '보이지 않는 손'이 작용하는 반면 정치권에는 작용하지 않기 때문이라는 것이다. 푸줏간 주인이나 빵집 주인은 국민을 위해서 고기를 공급하고 빵을 만들어내는 것이 아니라 오직 자신의 이익만을 위해서 활동한다. 그러나 결과적으로 고기를 사는 사람이나 빵을 사는 사람 모두 배불리 먹는 즐거움을 누린다. 이렇게 시장에서는 각자 자신의 이익만 염두에 두고 행동해도 결과적으로 많은 사람을 이롭게 한다. 이것이 바로 경제학의 창시자인 애덤 스미스가 말한 '보이지 않는 손'의 조화다. 그러나 정치권에서는 얘기가 달라진다. 이익집단과 결탁한 정치인이나 관료는 국민의 세금을 축내는 정책이나 결과적으로 다수의 국민에게 큰 손실을 안기는 정책을 마구 추진한다. 간단히 말하면 정치권의 주역들은 국민의 희생 위에서 자신만의 이익을 추구한다는 것이다. 왜 그런가? 정치권에는 보이지 않는 손이 없기 때문이다. 황당한 정책이 민주주의의 이름, 다수의 이름으로 자행되는 현장을 늘 보아온 신정치경제학 학자들은 민주주의나 민주화에 관해서도 비판적일 수밖에 없다. 그래서 많이 읽히는 신정치경제학 책이나 논문에는 민주주의에 관한 회의가 가득하다.

그렇다면 우리는 어떻게 해야 하는 걸까? 국민이 정치에 좀 더 깊은 관심을 가지고 정치가와 관료를 철저히 감시하고 투표로 적극 응징할 수 있어야 하며, 그러려면 높은 정치의식을 갖고 참여해야 한다는 것이 원론적인 대답일 것이다. 그러나 국민의 높은 정치의식과 정치 참여는 기본적으로 비합리적이라고 보는 신정치경제학 학자들의 처방은 다르고, 또 그럴 수밖에 없다. 우선 정부의 규모를 줄이는 한편 사회 문제나 정치 문제를 최대한 시장을 통해서 해결하도록 해야 한다고 이들은 주장한다. 다시 말해서 시장의 영역을 넓힘으로써 보이지 않는 손의 조화(시장의 원리)가 정치권에 최대한 적용되게 하라는 것이다. 뷰캐넌과 털럭은 시장의 원리가 정치판에 확대 적용될 가능성을 타진하는 것이 경제학자로서 자신들이 정치 현상을 탐구하게 된 큰 동기라고 밝히고 있다.[20] 이런 동기에 따라 생각하고 행동하다 보니 약 반세기 전 이들은 오늘날 듣기에도 민망한 여러 가지 충격적인 제안의 보따리를 들고 나왔다.

예를 들면 투표권의 판매를 허용하자는 주장이다. 우리가 흔히 보듯이 사회적인 이슈를 두고 투표하는 경우 패배한 측은 일방적으로 손해를 보게 된다. 투표권을 자유로이 사고팔게 허용하면 일방적으로 손해 보는 사람 없이 이해당사자 모두 이익을 얻는 상황이 된다는 것이다. 예를 들어 유력한 대통령 후보인 갑을 대단히 혐오하는 사람들이 갑을 지지하는 사람들에게 충분한 대가를 주고 표를 매수한 다음 자신들이 지지하는 을에게 표를 몰아서 그를 대통령으로 당선시킨다고 하자. 갑을 지지하던 사람들은 돈을 받아서 좋고, 갑을 혐오하던 사람들은 자신이 원하는 사람을 당선시켜서 좋다. 누이 좋고 매부 좋다. 이처럼 자발적 거래를 통해 모든 이해당사자의 이익이 증진되는 것, 이것이 곧 시장 원리의 핵심이다.

그러나 우리 사회에서 투표권을 사고파는 행위는 금지돼 있다. 모든 사람이 사익이 아닌 공익에 따라 표를 던지며 또한 마땅히 그래야 한다고 보는 사회적 분위기에서 투표권의 판매는 명백히 부도덕한 행위다. 왜냐하면 돈을 받았다는 사실이 정치적 과정에 참여할 권리를 이용해서 사적 이익을 획득했다는 분명한 증거이기 때문이다. 투표권 판매를 금기시하는 사회적 분위기를 생각해서 뷰캐넌과 털럭은 투표권의 판매를 적극적으로 추천하지는 않았지만, 투표권의 판매가 투표 제도의 결함을 시정한다는 점만은 분명히 인식해주기를 바랐다.[21]

투표권의 판매가 허용된다고 하더라도 '투표권의 시장'이 완전하리라는 법은 없다. 투표권의 판매를 허용한 결과 특정 이익집단이 형성될 수도 있다. 일단 형성된 이익집단이 영속하면서 다른 이익집단의 형성을 가로막는 힘을 가지게 될 것도 예상해야 한다. 투표권 시장의 형성은 매우 정치적인 개인이나 집단이 정치에 무관심한 개인이나 집단의 표를 매수할 수 있는 길을 터놓게 된다. 투표권을 매수해서 다수를 형성한 집단은 다수의 이름으로 소수에게 엄청난 피해를 주는 사업이나 정책을 강행하며, 심지어 체제와 사회계약 그 자체를 폐기할 수 있다는 점도 예상해야 한다. 그래서 뷰캐넌과 털럭도 투표권 시장이 불완전하다는 징후가 보이면 투표권 판매를 금지하는 것은 정당하다고 인정한다.[22] 그러나 한번 도입된 제도를 철회하기는 결코 쉽지 않다. 그 제도로 이익을 누리는 사람들, 주로 보수 진영이 제도 변경에 강력하게 반발하기 때문이다. 뷰캐넌과 털럭을 비롯한 경제학자들은 기득권층의 막강한 저항을 경시하는 경향이 있다.

2. 정치와 정부에 관한 새로운 이론,
어떻게 볼 것인가?

| 체제의 정당성을 위협하는 시장의 확대 |

신정치경제학이 정치권에 지나치게 냉소적이며 민주주의를 헐뜯는다는 비판이 쏟아진다. 우선 근본적인 것부터 짚어보자. 신정치경제학 학자들의 주장대로 시장의 영역을 확대해서 시장의 원리가 정치 문제와 사회 문제에 대폭 확대 적용되게 한다면, 그런 사회는 과연 어떤 사회가 될까? 아마도 생산성이나 효율은 높아질지도 모른다. 그러나 경제학자들이 늘 강조하듯이 세상에 공짜는 없다. 높은 생산성이나 효율에는 대가를 치러야 한다. 그 대가는 매우 혹독할 수 있다. 이것이 금세기 최고의 석학으로 꼽히는 위르겐 하버마스(Jurgen Habermas)의 경고다. 하버마스는 자본주의 시장의 과도한 팽창이 자본주의 체제의 정당성을 뿌리부터 흔든다고 보고 여기에서 현대 산업사회의 위기를 감지하였다. 산업혁명 이래 서구 자본주의 사회에서는 시장이 급속도로 팽창하였다. 우리나라에서도 지난 수십 년간 경제 분야가 급속도로 확장되었다. 생산이 늘고 소득 수준이 높아짐에 따라 시장에서 거래되는 상품의 양과 종류가 엄청나게 늘어나면서 경제 분야가 크게 확장되는 것은 당연하다. 이에 따라 우리의 삶이 시장에 의존하는 정도 역시 점점 더 커지고 있으며, 그만큼 우리의 일상생활에서 시장 원리의 지배를 받는 범위도 점점 더 넓어지고 깊어졌다. 그래서 경제가 사회에 복속되는 게 아니라 반대로 사회가 경제에 복속되었다는 말이 오래전부터 나왔다.

자본주의 시장이 급속히 팽창한다는 것은 우리 일상 삶의 또 다른 중요한 영역이 급속히 위축된다는 의미이다. 하버마스가 말하는 "생활세계"가 그것이다. 생활세계란 사람들이 대화(의사소통)를 매개로 문화적으로 익숙한 가치를 공유하면서 서로 인간적 연대감을 가지고 살아가는 삶의 지평을 의미하며, 경제 활동을 영위하는 경제 영역과 정치 활동을 영위하는 정치 영역과 개념상 구분된다. 시장이 주로 금전을 매개로 행위 조정이 이루어지는 영역이고 정치 영역이 주로 권력을 매개로 행위 조정이 이루어지는 영역인 반면, 생활세계는 주로 진솔한 대화를 통해서 행위 조정이 이루어지는 영역이다.

이런 점에서 생활세계와 시장은 근본적으로 다르다. 시장에서는 대화가 별로 필요가 없다. 슈퍼마켓에서는 말 한마디 없이 얼마든지 원하는 상품을 구매할 수 있다. 시장에서는 상대방이 어떤 사람인지 대화를 통해서 알 필요도 없고 상대방을 이해하려고 노력할 필요도 전혀 없다. 정해진 가격표대로 상품을 사고팔면 그뿐이다. 대화를 한답시고 슈퍼마켓 점원에게 얘기를 걸어봐야 귀찮아할 뿐이다. 과거 동네 구멍가게는 동네 사람들이 모여서 세상살이 얘기도 하고 정보도 교환하면서 정을 나눌 수 있는 곳이었지만, 지금은 그나마도 대형마트에 밀려서 사라지고 있다. 기업 안에서도 노조가 대화를 하자고 요구하면 경영층은 싫어한다. 기업 중에서도 대기업만큼 비민주적인 조직은 별로 없다고 어느 경영학자는 말한다.[23] 그래서 대기업 임원 출신은 정치 지망생으로 낙제라는 말도 있다.

시장과 달리 생활세계는 진솔한 대화를 통하여 온정적 인간관계를 형성하며 나아가서 참된 상호 이해를 도모하는 곳이다. 자본주의 시장이 급속히 팽창하여 생활세계를 급격히 잠식하고 파괴한다는 것은 금전을 매개로 한 계산적 인간관계가 진솔한 대화를 통한 온정적 인간관계를 급속히 대체한다는 의미이며, 그만큼 우리 사회가 삭막해진다는 의미다. 이것이 지난 반세기 서구 선진국에서 "행복의 역설"(1인당 국민소득이 3배 내지 7배 불어났음에도 불구하고 국민의 행복지수는 제자리걸음을 하는 현상)이 나타나게 된 중요한 이유다.[24]

그뿐 아니다. 하버마스에 의하면 자본주의 시장의 급팽창으로 인한 생활세계의 위축은 체제의 정당성이 걸린 중대사다. 사회 문제가 터질 때마다 우리는 "대화를 통해서 합리적으로 해결하자."고 늘 말한다. 진보 진영과 보수 진영 모두 대화를 강조한다. 여당과 야당 모두 대화를 통해서 문제를 해결하자고 한다. 그러나 대화를 해도 신통한 결과는 잘 나오지 않는다. 왜 그런가? 하버마스에 의하면 합리적인 의사소통이 이루어지지 않았기 때문이다. 중요한 것은 상대방을 설득하는 것이 아니라 상대방의 입장에 서서 상대방을 진정으로 이해하려는 굳은 의지를 바탕으로 한 대화다. 아무런 강압이나 강제가 없는 상태에서 모든 사람이 동등한 자격으로 자유롭고 진솔하고 성실하고 허심탄회한 대화를 통해서 서로 이해하는 가운데 합의에 도달했을 때 우리는 흔히 "문제가 합리적으로 잘 해결되었다."고 말하며, 바로 이때 '의사소통의 합리성'이 이루어졌다고 한다. 하버마스가 "생활세계는 의사소통을 하는 곳"이라고 말하면서 그토록 강조한 의사소통의 합리성은 바로 그런 포괄적 의미의 합리성이다. 생활세계는 의사소통의 합리성이 지배하는 영역이며, 의사소통의 합리성을 바탕으로 일군 합의가 참된 정당성의 궁극적 근거가 된다. 그러므로 생활세계는 사회적 정당성의 근거지다.

따라서 자본주의 시장이 급팽창한 결과 생활세계가 위축된다는 것은 그런 합리적인 의사소통의 기회가 점점 더 사라진다는 의미다. 그 징후가 일상생활에서도 이미 광범위하게 나타나고 있다. 상대방을 진정으로 이해하려는 대화보다는 내 주장을 앞세우는 대화가 더 성행하면서 대화가 점차 피상적으로 흐르는 일이 잦아지고 있다. 그런 대화는 문제를 해결하기는커녕 갈등의 골을 더 깊게 할 뿐이다. 여야의 대화가 핵심을 찌르지 못하고 겉도는 이유는 의사소통의 합리성과 거리가 먼 피상적 대화를 하고 있기 때문이다. 자본주의 시장의 급팽창은 생활세계를 파괴함으로써 그런 피상적 대화만을 남기면서 사회적 갈등을 증폭한다. 요컨대 자본주의 시장에 의한 생활세계 침범은 결국 자본주의의 정당성을 제공하는 근거지를 갉아먹는 것이다. 원래 시장(경제 영역)과 정치권(정치 영역)은 생활세계에서 분화된 것이다. 그러므로 자본주의 시장과 정치권의 정당성이나 권위의 근원은 생활세계에 뿌리박고 있다. 따라서 자본주의 시장에 의한 생활세계의 파괴는 결국 체제의 사회적 정당성을 약화하고 사회적 통합을 위협하는 근원적 요인이 된다.[25]

| 유권자는 정말로 무식할까? |

이런 원론적이고 근원적인 비판을 떠나서 구체적으로 신정치경제학의 논리적, 실증적 허점을 지적하는 연구도 상당히 많다. 우선 신정치경제학의 주춧돌이 되는 합리적 무지 가설이 공격의 첫 번째 목표가 된다. 비판자들은 이 가설의 두 가지 문제점을 지적한다. 첫째, 이 가설은 정치 현실을 너무 과장하고 있다. 둘째, 이 가설을 바탕으로 민주주의의 실패를 주장하는 것은 논리적으로 비약이다. 두 번째 문제부터 먼저 살펴보자. 합리적 무지 가설이 옳다고 치자. 그래서 예컨대 우리 국민의 98퍼센트가 정치에 전혀 관심이 없고 아주 무식하며 오직 2퍼센트만이 유식하다고 하자. 아무것도 모르는 사람들의 행동은 천방지축이다. 청개구리는 어느 쪽으로 튈지 모른다. 통계학적으로 말하면 무작위로 행동한다. 주사위를 던져서 짝수가 나오면 여당 후보를 찍고, 홀수가 나오면 야당 후보를 찍는 식으로 행동한다는 것이다. 그렇다면 정치에 무식한 98퍼센트가 던진 표의 절반은 여당으로

가고 나머지 절반은 야당으로 간다. 이 표는 상쇄되면서 정치권에 아무런 자취를 남기지 못한다. 결국 정치 현실과 후보에 관해 잘 아는 똑똑한 2퍼센트가 선거 결과를 결정하게 된다. 충분한 정보를 가진 똑똑한 사람들의 결정은 옳다고 보아야 한다. 따라서 똑똑한 2퍼센트의 투표는 올바른 정치적 선택으로 이어지고 민주주의는 제대로 작동하게 된다.

좀 더 현실적으로 생각해보자. 선거는 결국 대수의 법칙과 다수결에 의해서 결정된다. 이를테면 유권자의 30퍼센트 정도만 충분한 정보를 가지고 투표를 하며 나머지 70퍼센트는 동전을 던져서 투표를 한다고 하자. 동전을 던져서 맞힐 확률은 50퍼센트이므로 이들의 절반인 35퍼센트는 맞힌다. 그러므로 확률적으로 보더라도 결국 65퍼센트는 옳은 결정을 하게 된다. 이런 '합산의 논리'에 따르면 유권자들의 대부분이 정치에 관해서 무식해도 문제될 것이 없다는 결론이 나온다.

그러나 유권자들이 그렇게 무식하지는 않다. 예를 들면 상당히 많은 유권자들이 각 정당의 성향을 잘 알고 있으며, 각 정당의 선거 공약에 관해서도 어느 정도 알고 있다. 그리고 정치에 관해 나름대로 신념을 가지고 있다. 뚜렷한 정치적 성향을 보이는 경우도 적지 않다. 우리나라의 경우 연령이 높을수록 그리고 학력이 낮을수록 보수 성향이 강하다고 알려져 있다. 그래서 각자의 신념에 따라 진보 성향의 유권자는 진보 정당에, 보수 성향의 유권자는 보수 정당에 표를 던진다. 2012년 국회의원 선거 결과를 분석한 한 연구에 의하면 지역구의 경우 투표자의 55.4퍼센트가 자신의 이념에 따라 투표하였으며, 비례대표의 경우 55.7퍼센트가 자신의 이념에 따라 투표한 것으로 나타났다. 2008년 국회의원 선거 때도 비슷한 양상을 보였다.[26] 이런 조사 결과는 유권자들의 이념이나 정치적 성향이 선거 결과에 적지 않은 영향을 미친다는 사실을 보여준다. 따라서 이런 성향이 정부의 정책 형성에도 상당한 영향을 미칠 것이라고 예상할 수 있다. 그렇다면 신정치경제학의 주장처럼 정부의 정책이 이익집단의 영향력에 의해서만 좌우되는 것은 아니라고 할 수 있다. 미국의 경우에도 이익집단의 정치적 영향력 못지않게 투표자의 이념이 정치판의 의사결정을 좌우하는 한 요인이라는 사실을 밝히는 연구도 적지 않다.

물론 유권자들은 정치 현실과 후보자에 관하여 개략적으로만 알고 있고, 이익집단이 은밀히 의원들과 결탁하여 추진하는 많은 법안에 관하여 잘 모를 수도 있다. 이런 까닭에 정경유착이 극성을 부린다고 말할 수 있다. 현실적으로 아주 틀린 주장은 아니지만, 민주주의를 옹호하는 정치학자들은 그것이 정치 현실을 잘 모르는 과장된 주장이라고 말한다. 시장처럼 정치권에서도 경쟁이 치열하다. 의원들은 유권자의 표를 놓고 죽기 살기로 경쟁한다. 따라서 특정 의원들이 업계와 결탁해서 나쁜 짓을 한다면 이들과 경쟁하는 의원들이 가만있지 않고 그 비리를 폭로한다. 서로 경쟁하는 후보들은 상대 후보에 관한 거의 모든 것을 유권자들에게 폭로한다. 그러므로 유권자들은 가만히 앉아서 각 후보자의 됨됨이와 행동거지를 훤히 알 수 있다. 재벌에게 큰 이익을 주고 그 비용을 다수의 소비자에게 전가하는 법안이 추진되고 있는지, 그렇다면 누가 추진하고 있는지를 알기 위해서 유권자들이 이리 뛰고 저리 뛸 필요가 없다. 경쟁 관계인 의원들이 소상한 정보를 제공한다. 따라서 유권자들은 이 정보를 바탕으로 자기 집 근처 투표소에서 그들을 표로 심판하면 그만이다. 각종 선거 캠페인 역시 투표자들에게 정보를 풍부하게 제공해 이들의 선택을 도와준다 는 점을 밝힌 연구들도 있다. 선거 캠페인은 투표자의 마음을 바꾸도 록 설득한다기보다는 무지한 투표자로 하여금 자신의 이념에 부합하 는 정당을 알아내게 돕는 데에 특히 효과적이라고 한다.

민주주의를 옹호하는 정치학자들은 신정치경제학 학자들이 늘 시 장의 경쟁은 그렇게 강조하면서 왜 정치권에는 오직 독점만 판치는 것처럼 생각하는지 모르겠다고 푸념한다. 경쟁은 단순히 선거에 출마 하는 후보자 사이에만 있는 것이 아니다. 경쟁은 정부 안의 여러 부문 에서 벌어지며 지방자치단체 사이에도 경쟁이 있다. 정치권에 널리 퍼 져 있는 이런 경쟁을 무시한 이론은 현실을 심히 왜곡할 가능성이 높 다. 사실 신정치경제학 학자들도 정치권의 경쟁을 아주 무시하는 것 은 아니다.[27] 어떻든 다양한 이익집단 중에서 어떤 이익집단이 승리할 것인지는 이익집단의 조직에 관한 여러 변수와 정치적 변수에 달려 있으며, 이 점에 관하여 앞으로 더 많은 연구가 필요하다는 점은 인정 해야 할 것이다.

| 무책임한 착각 |

요컨대 시장처럼 정치권에도 경쟁이 있으며 그 경쟁이 효율적인 결과 를 낳는다는 것이 민주주의를 옹호하는 정치학자들의 주장이다. 그렇지만 선거 때마다 온갖 인신공격과 날조된 정보가 넘쳐나고 추악한 정치 공작이 판치는 꼴을 늘 보아온 우리에게 정치권의 경쟁이나 선거 캠페인이 유권자들을 정치적으로 유식하게 만들고 민주주의를 활성화한다는 주장은 이론적으로는 그럴듯해도 현실적으로는 왠지 설득력이 떨어진다는 느낌이 든다. 정치권에서 흘러나오는 정보가 반드시 옳다는 보장은 없고 정치에 관하여 유권자들이 올바른 신념을 가지게 된다는 보장도 없다. 어떤 학자는 잘못된 정보와 왜곡된 신념이 정치권에 넘쳐난다고 주장한다.[28] 유권자의 합리적 무지보다는 오히려 '비합리적 유식'이 더 큰 문제라는 것이다.

여기에서 중요한 것은 유권자들이 정치에 관해 옳지 못한 신념을 가질 가능성이 얼마든지 있다는 것이다. 2012년 대선 때 다수의 노인이 특정 후보를 '좌파 빨갱이'라고 매도했지만, 정확하고 풍부한 통계와 객관적 기준에 입각해서 논리적으로 생각해보고 나서 그가 좌파 빨갱이라는 신념을 가지게 된 노인들이 과연 얼마나 될 것인가? 아마도 거의 없다고 보아야 할 것이다. 심리학자들에 의하면 우리의 많은 신념이 즉흥적으로 형성된다. "우리는 늘 착각 속에 산다."고 말하는 심리학자도 있다. 나는 평균 이상이라는 착각, 나는 좋은 사람이라는 착각, 나는 처음부터 알고 있었다는 착각, 내가 나서야 일이 된다는 착각, 나는 착각하지 않는다는 착각 등 많은 착각이 우리를 둘러싸고 있다.[29] 착각하고 있다는 것은 현실을 잘못 생각하고 있다는 뜻이며, 따라서 경제학이 말하는 합리적 행동을 기대하기 어렵다는 뜻이다.

문제는 사람들의 착각이 평균을 중심으로 양쪽으로 갈려서 상쇄되는 대신 한쪽 방향으로 쏠릴 뿐만 아니라 잘 고쳐지지도 않는다는 것이다. 소규모 자영업을 시작하는 사람들을 상대로 한 설문 결과를 보자. 우선 "당신이 생각하고 있는 업종의 성공 가능성은 어느 정도라고 생각하십니까?"라고 물었더니 50퍼센트라는 대답이 가장 많았다. 이번에는 "당신이 성공할 가능성은 어느 정도입니까?"라고 물었더니 90퍼센트라는 대답이 가장 많았다. 다른 사람들이 성공할 가능성은 50퍼센트로 보는 반면, 자신이 성공할 가능성은 90퍼센트라고 보는 셈이다. 심리학에 의하면 복권이 많이 팔리는 이유도 바로 이런 비현실적 낙관 때문이라고 한다. 흡연자들은 흡연의 위험에 관한 통계를 잘 알고 있다. 그러나 대부분의 흡연자들은 자기 자신이 암이나 심장병에 걸릴 가능성을 비흡연자보다도 낮게 생각한다. 따라서 예방을 소홀히 하게 된다.[30]

그렇다면 왜 착각은 잘 교정되지 않고 반복되는가? 두 가지 대답이 있을 수 있다. 심리학적인 대답과 경제학적인 대답이다. 심리학적으로 보면 우리의 두뇌 구조가 그렇게 되어먹었다고 말할 수도 있지만, 착각하는 것이 속 편하고 행복하기 때문이기도 하다. 복권이 발매되자마자 한 장 사서 주머니에 넣고 있으면 당첨자가 발표될 때까지 일주일 동안 벼락부자 꿈을 가꾸면서 행복하게 지낼 수 있다. 그러다가 떨어진 것을 아는 순간 얼른 다음 번 복권을 사서 호주머니 속에 넣어두면 또 일주일을 마음 든든히 지내게 된다. 많은 사람이 이러기를 반복한다.[31] 이들은 착각에서 행복을 찾는다.

우리는 일상을 살아가면서 수많은 정보를 접한다. 아침에 일어나서 잠자리에 드는 순간까지 수많은 것을 보고 듣는다. 그 많은 정보를 모두 머릿속에 저장하고 기억하는 것은 물리적으로 불가능하다.

따라서 취사선택한다. 이때 객관적 입장에서 엄밀하게 평가한 다음 진실이라고 확인된 것만 받아들여야 하지만, 그러지 않는 경우가 오히려 더 많다. 기분 좋고 편안한 정보만 받아들이고 껄끄러운 정보는 외면한다. 다시 말해서 자신의 성향이나 자기가 이미 갖고 있는 기존의 신념에 적합한 것만 받아들이는 경향이 있다는 것이다. 그러다 보면 잘못된 신념이 고착된다. 이것이 심리학에서 말하는 '인지부조화 이론'의 가르침이다. 정치에 관해서도 같은 말을 할 수 있다. 사람들의 정치적 신념은 그것이 옳아서라기보다는 편안하고 마음에 들기 때문인 경우가 많다. 대체로 보수주의자들은 게으름과 어리석음이 빈곤의 원인이라고 믿는 경향이 있는데, 이것이 사실이라고 확인했기 때문이 아니라 그렇게 믿는 쪽이 속이 편하고 기분도 좋기 때문이다. 정치에 관한 많은 신념이 즉흥적으로 혹은 기분에 따라 형성되기 마련이라서 정치 현실이나 후보자에 관한 왜곡된 생각이 무성해진다.

경제학자들은 손익계산과 결부해 착각을 설명한다. 많은 경우 착각은 당사자에게 별 문제가 되지 않는다. 내가 사자보다 더 빠르다는 착각은 말도 안 되지만, 이런 어처구니없는 착각을 가진들 대한민국에서 일상생활을 하는 데에는 별 지장이 없다. 물론 사자가 우글거리는 아프리카 초원에서 그런 착각은 치명적이다. 이와 같이 상황과 장소에 따라 착각으로 인한 손실이 아주 경미할 수도 있고 심각할 수도 있다. 심각한 손실을 초래하는 착각은 뼈아픈 교훈을 주기 때문에 사람들은 그런 착각을 버리려고 노력하지만, 그렇지 않은 착각은 굳이 고칠 필요를 느끼지 않는다.

시장에서는 착각으로 인한 손실을 쉽게 느끼게 되므로 심각한 착각이 오래 지속되기 어렵다. 예를 들어서 백화점 세일 때 50만 원짜리 가방을 30만 원에 샀다고 하자. 친구에게 자랑했더니 친구 왈, "이태원에 가면 그거하고 똑같은 거 지금도 단돈 10만 원이면 얼마든지 살 수 있어." 믿을 수 없어서 당장 달려가 봤더니 친구 말이 사실이었다고 하자. 그 순간 백화점에서 가방을 산 사람은 20만 원 날린 것이 억울해서 며칠 동안 잠도 못 잘 것이다. 이와 같이 시장에서는 가격이나 상품의 질에 관해 잘못 알고 있으면 낭패를 보고 후회막심이기 때문에 사람들은 상품을 사기 전에 충분히 알아보려고 열심히 검색하고 발품을 판다. 요컨대 시장에서는 개인의 착각에 응분의 대가를 치르게 되며 따라서 착각하지 않으려고 최대한 노력한다는 것이다. 이것이 경제학자들이 늘 하는 말이다.

그러나 정치권에서는 그렇지 않다. 설령 심각한 착각을 하더라도 개인은 착각으로 인한 손해를 별로 실감하지 않는다. 예컨대 특정 대통령 후보를 좌파 빨갱이로 착각한다고 하더라도 일상생활을 하는 데 별 지장이 없다. 안 그래도 화딱지가 나는 판에 미운 놈을 공개적으로 욕할 수 있으니 오히려 속이 후련하다. 따라서 그런 착각이 없어지기는커녕 오히려 성행하면서 집단적 '좌파 몰이'를 낳는다. 달리 말하면 정치권에서는 개인이 자신의 착각에 별 대가를 치르지 않기 때문에 착각을 교정하려는 인센티브를 가지지 않는다는 것이다. 바로 이 점이 시장과 정치권의 큰 차이라고 신정치경제학 학자들은 말한다. 다수의 유권자가 정치 현실과 후보자에 관하여 잘못 알고 있으면서 이 착각을 고치지 않고 투표에 임한다면 무능하고 부패한 정치인이 선출되면서 정치가 엉망진창이 되고 온 나라가 혼란에 빠지게 된다. 이런 점에서 보면 민주주의 국가에서 정치적 혼란은 유권자의 무책임 탓이라고 할 수 있다. 이것이 민주주의가 안고 있는 근본적 모순 중 하나라고 말하는 정치경제학들도 있다.

3. 투표장 앞에 선 두 마음

| 마음속의 기어 바꾸기 |

신정치경제학의 두 번째 주춧돌인 사익 추구 가설, 즉 정치권의 주역(유권자, 정치인, 관료) 모두 사익 추구 동기에 따라 행동한다는 가설 역시 많은 공격을 받았다. 우선 이 가설이 정치 현실과 너무 동떨어졌다는 사실이 판명되었다. 만일 합리적 무지 가설과 사익 추구 가설이 옳다면 유권자 거의 대부분이 투표를 하지 않아야 하며 따라서 투표율이 극히 낮아야 한다. 그러나 대통령 선거 투표율은 매번 70퍼센트를 넘는다. 그렇다면 이 많은 사람들이 다 바보라는 말인가? 이론의 예측과 달리 이렇게 투표율이 높다는 것은 다수의 유권자들이 개인적 손익계산이 아닌 공적인 마음에 따라 행동함을 시사한다. 적지 않은 수의 정치인과 관료들도 공적인 마음에 따라 행동하지 않을까?

사익추구 가설은 앞에서 언급하였듯이 뷰캐넌과 털럭의 생각, 즉 개인이 사적 영역과 공적 영역을 넘나들 때 '마음속의 기어'를 척척 바꾸지 못한다는 생각에 바탕을 두고 있다. 그러나 이런 생각도 과학적 근거를 결여하고 있다. 그들의 생각과 달리 실제로는 사람들이 상황이나 장소가 바뀜에 따라 마음속의 기어를 척척 바꾼다. 왜 그럴까? 심리학자들에 의하면 원래 사람은 두 마음을 가지고 있으며 그래서 행동에 일관성이 없는 경우도 흔하다. 굳이 과학자의 말을 들을 필요도 없다. 주위를 살펴보자. 많은 도박꾼이 자신의 손을 잘라버리고 싶을 정도로 뼈저리게 도박의 무모함을 느낀다. 그러면서도 손을 떼지 못하고 질질 끌려가다가 패가망신한다. 담배를 끊어야 한다고 생각하면서 금연했다가 다시 피우기를 반복하는 골초도 아주 흔하다. 살을 빼기 위해서 다이어트를 해야 한다는 생각과 케이크를 먹고 싶다는 생각 사이를 오락가락하면서 이랬다저랬다 하는 아가씨들도 많다. 기말고사를 앞두고 신나게 영화를 보다가 시험을 잡치고 크게 후회하는 대학생의 참된 선호는 어떤 것인가? 경제학자들은 대체로 이런 사람을 의지박약이라고 하여 예외로 취급한다. 그 많은 도박꾼, 술꾼, 골초, 아가씨, 대학생 들이 예외적인 인간인가?

과학자들은 단호하게 고개를 가로젓는다. 이들은 그런 이중적 성격이 모든 정상인에게서 흔히 나타나는 보편적 현상임을 증명해보이고 있다. 그래서 어떤 학자는 인간의 선호를 1차적 선호와 2차적 선호로 나누기도 한다. 누구나 치과에 가기 싫어한다. 이때 1차적 선호는 '가기 싫다.'일 것이다. 그럼에도 불구하고 사람들은 치과에 간다. 좋아서 간다기보다는 가야만 한다고 생각하기 때문이다. '치과에 가야만 한다.'는 생각은 2차적 선호에서 나오며, 치과에 가는 행동은 2차적 선호에 따른 행동이다. 1차적 선호는 사람들이 즉흥적으로 느끼는 욕망을 반영하며 2차적 선호는 그 즉흥적 욕망에 대한 자신의 평가를 반영한 것이다. 그래서 2차적 선호를 "선호에 대한 선호"라고 부르기도 한다.[32] 이렇게 보면 1차적 선호는 우리의 선호의 일부에 불과하며 따라서 1차적 선호만이 우리의 참된 선호라고 말할 수 없다. 1차적 선호가 후회의 원천이 되는 경우는 대단히 많다. 그래서 적절히 통제되어야 할 대상이기도 하다. 기말고사를 망치고 후회하느니 놀고 싶은 욕구를 억제하고 2차적 선호에 따라 미리 공부해두는 것이 현명하다.

사람들의 즉흥적 욕망은 대체로 이기적이기 때문에 1차적 선호는 이기적인 선호라고 할 수 있다. 식욕이나 성욕은 이기적 욕망이다. 그렇지만 대부분의 사람들은 이기적으로만 행동하지 않는다. '공적인 마음'에 따라 행동하기도 한다. 예를 들어 국회의원 선거 날 투표하러 갈 것인가 아니면 친구들과 골프 치러 갈 것인가를 결정할 때 1차적 선호는 '골프 치러 간다.'일 것이다. 따라서 1차적 선호에 따르면 투표를 하지 않게 된다. 그렇지만 실제로 국민의 70퍼센트는 이런 이기적 계산을 떠나서 '공적인 마음'에 따라 투표를 하러 간다. 시민의 의무나 민주주의의 발전을 염두에 두는 공적인 마음이 이들을 투표장으로 인도한다. 2차적 선호는 바로 이런 공적인 마음에서 나온 선호로 이해할 수 있다. 그래서 투표를 생각할 때 유권자의 압도적 다수가 1차적 선호에서 2차적 선호로 마음속의 기어를 재빨리 바꾼다. 일단 투표장에 갔다고 하더라도 누구에게 표를 던질 것인가를 놓고 마음의 갈등을 겪게 된다. 예를 들어 국회의원 선거에 나온 두 후보 중 한 후보는 나와 개인적으로는 아주 친하지만 정치적으로는 무능해서 세금만 축낼 인물이고, 다른 후보는 내가 싫어하지만 정치적으로는 아주 유능해서 지역사회와 나라의 발전에 기여할 인물이라고 하자. 이 경우 개인적 친분에 따라 친구에게 투표할 것인가 아니면 공익을 위해서 상대편 후보에게 투표할 것인가 마음의 갈등을 겪게 될 것이다. 1차적 선호에 따른다면 친구에게 표를 던질 것이고 2차적 선호를 따른다면 상대편 후보에게 표를 던질 것이다. 대부분의 사람들은 공적인 마음으로 투표해야 한다고 말할 것이다. 다시 말해서 대부분의 유권자들이 투표를 할 때에는 마음속의 기어를 사익 추구에서 공익 추구로 바꾸어야 한다고 생각한다는 것이다.

| 열정과 공정한 방관자 |

경제학의 창시자 애덤 스미스 역시 인간 심리의 이런 이중성을 잘 알고 있었다. 『국부론』이 애덤 스미스의 주저로 알려져 있지만, 정작 스미스 자신은 이 책을 심심풀이로 썼다고 고백하고 있다.[33] 애덤 스미스의 밥벌이에 직결되면서 그를 유명인사로 만든 책은 바로 『도덕감정론』이다.[34] 이 책에서 애덤 스미스는 인간의 행태가 "열정(passion)"과 "공정한 방관자(impartial spectator)" 사이의 갈등에 의해서 결정된다고 주장하였다. 그가 말하는 열정은 식욕, 성욕, 분노, 두려움, 고통 등의 감정을 의미하며, 공정한 방관자는 위에서 말한 2차적 선호와 비슷한 것이다. 애덤 스미스는 열정이 인간의 행동을 직접 지배하며 공정한 방관자는 열정에 따른 행동을 조정하거나 교정하는 역할을 수행한다고 보았다. 애덤 스미스의 논리에 따르면 국회의원 선거 때 국민의 30퍼센트는 열정의 충동을 극복하지 못하고 놀러갈 것이며, 70퍼센트는 마음속의 공정한 방관자가 요구하는 대로 투표하러 갈 것이다. 마음속의 공정한 방관자는 비록 하기 싫거나 손해를 보더라도 양심이나 원칙에 따라 행동할 것을 우리에게 요구한다.

이런 공정한 방관자 덕분에 사람들은 항상 기분 내키는 대로만 행동하지는 않는다. 마음속의 공정한 방관자가 열정을 적절한 수준으로 잘 조정해주기 때문이다. 애덤 스미스는 사람들이 공적으로 행동하게 만드는 요인으로서 정의감을 중요하게 보았다. 그는 대자연이 우리 인간의 마음속에 정의감을 심어놓았다고 주장하였다. 이런 천부적 정의감 때문에 사람들이 공정한 방관자의 요구에 부응해서 공적으로 행동하게 된다. 오늘날의 심리학자들은 사람들의 정의감이 의외로 강하다는 것을 많은 실험을 통해서 보여줌으로써 애덤 스미스의 이런 주장을 뒷받침하고 있다.

예를 하나 들어보자. 어떤 사람(A)에게 10만 원의 돈을 주면서 다른 특정인(B)과 나누어 가지라고 했다고 하자. 두 사람은 서로 전혀 모르는 사이다. 상대방에게 얼마나 나누어줄 것인지는 전적으로 돈을 가진 사람(A)이 결정한다. 10만 원을 몽땅 가질 수도 있고, 7대 3으로 나누자고 제안할 수도 있고, 6대 4로 나누자고 제안할 수도 있다. 단 돈을 받는 사람(B)이 제안을 거부하면(다시 말해서 합의가 안 되면) 10만 원은 회수되고 두 사람 모두 빈털터리가 된다. 이런 상황에 처한다면 사람들은 어떻게 행동할까?

전문가들이 흔히 '최후통첩 게임'이라고 부르는 이 게임은 워낙 유명해서 많은 학자들이 여러 나라에서 여러 차례 실험을 했다. 실험 결과를 종합해보면 돈을 가진 사람(A의 입장에 있는 사람들)의 평균 제안 액수는 45퍼센트 정도였다. 반씩 나누자고 제안하는 사람도 상당히 많았다. 의외로 많은 사람이 생면부지의 남에게 관대하다는 것이 드러났다. 더 의외의 결과는 돈을 받는 입장에 처한 사람들(B의 입장에 있는 사람들)의 태도였다. 돈을 가진 사람이 30퍼센트 이하의 금액을 제안하면 돈을 받는 입장에 있는 사람의 절반 정도가 그 제안을 거부하는 미련함을 보였다. 받는 사람 입장에서 보면 단돈 1000원이라도 받는 것이 합리적이다. 왜냐하면 아무것도 받지 않는 것보다는 버스비라도 받는 것이 이익이기 때문이다. 그런데도 절반 정도가 자기 몫이 30퍼센트 이하이면 거부해버렸다. 자존심이 상한다든가 공평하지 않다는 것이 주된 이유다. 경제학자들의 생각과는 달리 많은 사람들이 이렇게 비합리적으로 행동한다. 의외로 많은 사람이 정의롭지 못한 행위를 응징하려는 마음을 품고 있다. 정의감 때문에 자신의 손해를 감수하는 현상은 많은 실험에서 일관되게 관찰된다.

물론 공적인 마음이나 정의감이 강하다고 하더라도 일상생활에서는 열정의 요구에 따라 행동하는 경우가 많다. 때로는 열정에 휘둘리기도 한다. 술자리에서 행패를 부리는 사람이 유난히 많은 이유는 술에 취하면 열정이 너무 강해져서 공정한 방관자를 압도하기 때문이다. 그러나 신정치경제학의 주장과는 달리 대부분의 정상인은 열정에 따라 행동해야 하는 상황과 공정한 방관자의 말을 들어야 하는 상황을 잘 구분하며, 사적 이익에 따라 행동해야 하는 경우와 공적인 마음에 따라 행동해야 하는 경우를 잘 구분한다. 상황에 따라 마음의 기어를 척척 바꾸는 것이다.

인간 심리의 이중성에 관한 과학적 이론이 옳다고 하면 신정치경제학은 그만큼 과학적 근거가 부족한 이론인 것처럼 보인다. 그렇다면 신정치경제학은 얼마나 과학적인가? 칼 포퍼(Karl Popper)는 어떤 이론이 과학이 되기 위해서는 그것이 틀렸음을 증명할 수 있어야 한다고 주장하였다. '반증 가능성(falsification)'이 과학의 특징이며, 반증 불가능한 이론은 과학이라고 볼 수 없다는 것이다. 모든 것을 설명하는 이론, 항상 옳은 이론은 과학이 아니다. "내일 비가 올 수도 있고 오지 않을 수도 있다."라는 주장은 항상 옳은 주장이지만 우리에게 아무런 유용한 정보를 제공하지 않는다. "A 후보는 훌륭한 대통령이 될 수도 있고 그렇지 않을 수도 있다."라는 두루뭉술한 정치평론가의 말은 우리에게 아무런 행동지침도 주지 않는 쓸모없는 정보다. 대개 종교나 점쟁이의 설교는 항상 옳기 마련이다. 왜냐하면 이들의 주장이 틀렸음을 증명할 도리가 없기 때문이다. 특정 정치인이 왜 좌파 빨갱이인지 물으면 틀렸음을 증명할 도리가 없는 두루뭉술한 대답이 나오는 경우가 많다.

끊임없이 제기되는 반론에 대응하여 현실을 더 많이 설명하려고 노력하다 보니 신정치경제학 이론은 반증 불가능한 두루뭉술한 이론이 되는 경우가 많다고 비판자들은 말한다.[35] 포획 이론에서 이익집단의 영향력이 핵심 개념임에도 불구하고 그 영향력을 어떻게 알아낼 것인지에 관한 설득력 있는 설명이 아직 부족하다.[36] 그 막강한 영향력에 대한 심증과 산발적 증거만 무성할 뿐이다. 설령 어느 의원이 이익집단의 구미에 맞게 투표했더라도 이것이 포획된 결과인지 자신의 이념에 따른 투표인지 어떻게 구별할 것인가? 그러면 이와 같이 논리도 약하고 증거도 부족하다는 신정치경제학이 그렇게 위세를 떨쳐

온 이유는 무엇일까? 여러 이유가 꼽히고 있지만 그중 하나는 신정치
경제학이 정치에 대한 국민의 실망을 비교적 잘 설명해주기 때문이라
는 것이다.

2장

시장의 빛과 그림자

1. 시장이란 무엇인가

| 심판이 선수로 뛰는 시장의 축구 게임 |

시장을 쉽게 설명하기 위해서 어떤 학자는 축구에 비유하기도 한다.[1] 열한 명의 선수가 경기에 이기기 위해 규칙에 따라 열심히 뛰듯이 시장에서도 사람들이 시장 규칙에 따라 각자 자신의 이익을 위해서 열심히 뛴다. 축구에 심판이 있듯이 시장에도 심판이 있어야 한다. 시장의 게임에서는 보통 정부가 심판의 역할을 맡는다. 마치 축구에서 정해진 규칙에 위배되는 행위를 심판이 철저히 단속해야 경기가 원활하게 진행되듯이 시장의 게임에서도 정부가 이미 정해진 규칙, 예컨대 개인 재산권에 관한 규칙을 잘 집행해야 시장이 잘 돌아갈 수 있다. 그렇다고 심판이 너무 설쳐서 옐로카드를 남발하면 게임이 짜증나고 재미가 없어진다. 시장에서도 마찬가지다. 경제학자들은 시장의 게임에서도 정부가 선수들(기업과 소비자)의 활동에 시시콜콜 지나치게 간섭하면 경제가 잘 돌아가지 못한다고 주장한다.

축구 경기에서 선수들은 각각 특정 역할을 맡는다. 골키퍼가 있고 공격수가 있으며 수비수가 있다. 모든 선수가 각자 맡은 역할에 따라 움직인다. 축구에서는 선수의 역할과 심판의 역할이 엄격하게 구분된다. 그러나 시장에서는 그렇지 않다. 축구를 포함한 대부분의 운동 경기가 그렇듯 시장의 게임에서도 인기 있는 역할이 있고 인기 없는 역할이 있는데, 인기 없는 역할로 뛸 선수가 없다는 문제가 늘 발생한다. 그렇다고 그 역할을 없앨 수도 없다. 이럴 경우 대부분의 경제학자들은 인기 없는 역할을 정부가 담당해야 한다고 주장한다. 이 말은 심판이 선수로 뛰기도 해야 한다는 뜻이다. 즉 시장의 게임에서는 어쩔 수 없이 심판이 선수로도 뛰는 이중의 역할을 수행해야 하는 묘한 문제가 발생한다는 것이다.[2] 축구 경기에서는 아무리 뛸 선수가 없어도 심판을 선수로 뛰게 하지는 않는다. 시장의 게임에서는 심판이 선수로 뛰기도 하기 때문에 심판이 특정 팀을 노골적으로 봐준다느니, 본연의 역할을 넘어서 월권을 했다느니 공정성을 두고 시비가 끊이지 않는다. 그래서 시장의 게임에서 심판(정부)이 어떤 역할을 해야 하느냐가 경제학에서도 아주 흥미로운 논쟁 주제인데, 크게 두 가지 견해가 맞서고 있다. 정부를 '자비로운 독재자'로 간주하고 '시장의 실패'를 강하게 부각함으로써 정부의 역할을 강조하는 입장이 있는가 하면, '정부의 실패'를 강하게 부각함으로써 '작은 정부'를 요구하고 시장의 역할을 강조하는 입장이 있다. 신정치경제학은 후자에 속한다.

양쪽 입장 모두 충분히 일리가 있다. 사실 학자들 사이에서만 이런 견해차가 있는 것은 아니다.

| 큰 정부? 작은 정부? |

정부 얘기가 나오면 으레 두 가지 불만이 튀어나온다. 하나는 "정부는 도대체 뭘 하고 있는가?"라는 불만이다. 정부가 국민의 요구를 제대로 들어주지 않아서 나오는 불만인 것이다. 특히 2014년 4월 세월호 대참사는 정부의 무력함을 적나라하게 노출함으로써 국민들에게 국가의 총체적 부실을 절감하게 한 계기가 되었다. 국민이 분노한 이유는 정부가 본연의 임무를 제대로 수행하지 못했기 때문이다. 평소 정부가 안전에 관한 규제를 제대로 실시하고 철저히 감시했더라면 얼마든지 대참사를 예방할 수 있었을 것이다. 사고가 난 뒤에라도 신속하고 효과적으로 대응했다면 그 많은 어린 생명들이 물속에 잠기는 참혹한 모습을 온 국민이 눈 뜨고 봐야 하는 참담함은 없었을 것이며, 참사 발생 후 정부가 진상을 축소하고 은폐하려고 하지만 않았더라도 국민의 분노가 그렇게 크지는 않았을 것이다. 세월호 대참사는 우리에게 왜 정부가 본연의 임무를 제대로 수행할 수 없었는지에 관한 철저한 이해를 요구하며, 도대체 왜 정부가 필요한지에 관해서도 다시금 깊이 생각해보게 한다.

사실 국방이나 치안, 고용 안정, 물가 안정 등 정부의 기본적인 역할에 대한 국민의 요구는 늘 있기 마련이지만, 그런 요구가 점점 더 늘어나는 추세다. 시장에서 생산되는 상품의 종류와 양이 늘어나면서 환경 파괴, 부동산 투기, 빈부격차 등 시장의 각종 부작용이 계속 불거지는 가운데 근래에는 높은 자살률, 저출산, 노령화, 육아 문제 등 새로운 사회 문제 역시 연이어 터지고 있다. 사회 문제라고는 하지만 사실 시장의 팽창과 직간접적으로 연결되어 있는 문제다. 이런 문제가 터질 때마다 정부의 적극적 대책을 촉구하는 국민의 목소리가 높아진다. 그러니 정부도 가만히 앉아 있을 수만은 없다. 전문가들도 계속 정부가 개입할 필요를 강조한다. 이들은 시장의 폐해와 후유증이 날로 증가하고 심각해지는 상황에서 정부가 할 일이 늘어나는 것은 어쩔 수 없다고 본다.

다른 종류의 불만은 "정부는 왜 이렇게 우리를 귀찮게 하고 못살게 구는가?"이다. 특히 장사하는 사람들이나 기업을 경영하는 사람들이 이런 불만을 자주 토로한다. 이들은 "대한민국에서는 도대체 사업 못 해먹겠다."고 밥 먹듯 말하면서 규제 완화를 외친다. 여기에 부유층도 가세한다. 이들은 세금이 너무 과중하고 사회복지 지출이 너무 많다고 틈만 나면 불평한다. 사실 엄밀히 말하면 선진국에 비해서 우리나라의 정부 규제가 강하다고 일률적으로 말하기 힘들다. 그뿐 아니라 우리나라의 사회복지 지출 규모 역시 선진국에 비하면 비교도 되지 않을 만큼 턱없이 작다. 그럼에도 불구하고 힘 있는 경제 단체와 부유층은 각종 규제 완화와 부자 감세를 강력하게 요구한다. 신자유주의자들은 한편으로는 이들에게 이론적 근거를 제공하면서 다른 한편으로는 이들과 함께 '작은 정부'의 구현을 소리 높여 외친다.

정부에 대한 이런 상충된 불만에는 나름대로 충분한 이유가 있지만, 또한 둘 다 지나친 측면도 있다. "정부는 도대체 뭘 하고 있는가?"라고 불만을 터뜨리는 사람들은 정부가 국민의 세금으로 유지된다는 엄연한 사실을 종종 깜빡 잊는다. 정부가 마치 자선단체인 것처럼 착각하다가는 별의별 시시콜콜한 요구를 다 늘어놓기 마련이다. 길거리에서 침 뱉는 행위, 쓰레기를 아무데나 버리는 행위, 공공장소에서 담배 피우는 행위, 부부 싸움 등을 해결하는 온갖 궂은일을 정부가 해달라고 요구한다. 이런 문제에 정부가 모두 개입하려면 비용이 많이 든다.

업계는 정부에 많은 뒤치다꺼리를 떠넘겨 결과적으로 정부의 할 일을 크게 늘리는 데도 한몫한다. 기업이 배출한 각종 환경오염 물질이 우리의 환경을 오염시키고 파괴하더라도 정작 당사자는 나 몰라라 한다. 그러면서 환경 문제는 정부가 해결해야 할 일이라고 주장한다. 결국 정부가 뒤치다꺼리를 하게 만든다. 노동자들이 과로와 스트레스로 쓰러져도 기업은 나 몰라라 한다. 이때도 정부가 뒤치다꺼리를 해야 한다. 여성들의 사회 진출이 증가하면서 육아 문제가 대두되는데도 업계는 나 몰라라 한다. 그러니 정부가 육아에 관한 일까지 해주어야 한다. 국민이나 업계의 이런 저런 요구를 다 들어주다 보면 자연히 정부 예산은 팽창하고 정부는 거대화된다. 신자유주의자나 시장주의자들은 거대화된 정부가 결국 국민 위에 군림하게 되는 사태를 우려해왔다. 이들은 지난 30여 년 동안 정부의 거대화에 부단한 비판과 경고의 목소리를 높여왔다. "정부는 도대체 뭘 하고 있는가?"라고 불만을 터뜨리는 사람들은 이런 측면을 심각하게 생각하지 못한다.

반면 "정부는 왜 이렇게 우리를 못살게 하고 귀찮게 구는가?"라고 불평하는 사람들과 여기에 동조하는 전문가들은 대체로 환경오염이나 부동산 투기, 실업, 빈부격차 등 자본주의 시장의 폐해를 너무 가볍게 보는 경향이 있다. 물론 이들은 이런 폐해가 과장되어 있을 뿐만 아니라 일반 국민이 과민 반응 한다고 불평한다. 부동산 투기 문제도 그렇다. 많은 경제학자들은 오랫동안 부동산 투기 문제에 코웃음 쳐 왔다. 심지어 투기는 좋은 것이라고 주장하기도 했다. 그러나 2008년 미국 금융시장이 붕괴된 근본 원인은 부동산 투기 과열이었다. 2008년 금융위기 탓에 수백만 명의 미국인이 집을 잃고 길거리에 나앉았으며 우리나라뿐만 아니라 선진국 대부분이 깊은 경기 침체의 수렁에 빠졌다. 그런데도 가만히 앉아서 시장이 모든 것을 해결해주기를 마냥 기다려야 하는가? 우선 업계가 가만있지 않는다. 평소에는 '작은 정부'를 외치고 정부의 규제에 그토록 반대하던 업계가 180도 태도를 바꾸어서 정부에게 살려달라고 애원해댔다. 결국 미국 정부는 천문학적 액수의 지원금을 업계에 퍼부었다. 이것이 2008년 미국 금융위기 때 우리가 똑똑히 본 사실이다.

　　대체로 경제학자들은 시장이 인간의 심성에 미치는 영향을 무시하는 경향이 있다. 자본주의 시장경제가 국민의 성향이나 기질을 나쁜 방향으로 바꿈으로써 결국 사회 전체를 유지하는 비용 그 자체를 크게 밀어 올릴 가능성 말이다. 제도가 사람의 성격 형성에 큰 영향을 준다는 것은 이미 잘 알려진 사실이다. 사회 구성원이 어떤 사람들인가에 따라 사회를 유지하는 비용이 크게 달라질 수 있다. 마르크스주의자들이 늘 주장하듯이 자본주의 시장경제가 우리를 이기적이고 돈만 밝히는 사람으로 만든다면 사회를 유지하는 비용도 그만큼 더 커질 가능성이 높다.

정부를 향한 두 가지 상충된 불만에서 핵심 되는 논쟁점은 수많은 세상사 중 어디까지 정부가 담당하고 또 어디까지 시장의 자동 조절 기능에 맡길 것인가이다. 다시 말해서 정부와 시장 사이의 적절한 역할 분담 문제다. 한쪽에서는 '큰 정부'를 지지하고 다른 한쪽에서는 '작은 정부'를 요구한다.

이렇게 상반된 주장을 하는 두 진영은 지난 100여 년 동안 격렬한 논쟁을 벌여왔다. 1980년대부터 작은 정부를 요구하는 진영이 압도적으로 우세하였지만, 2008년 미국발 경제위기 이후 그 위세가 한풀 꺾였다. 장기간 미국의 경제 대통령으로 막강한 영향력을 행사한 앨런 그린스펀(Alan Greenspan) 미 연방준비위원회 전 의장은 2009년 8월 국회 청문회에서 미국 금융시장의 붕괴로 큰 충격을 받았다고 토로하고 자본주의 시장에 결정적 하자가 있음을 시인하였다.[3] 지난 30여 년 동안 너무 많은 것을 시장의 자율에 맡겨온 결과 금융 붕괴라는 참사가 초래되었다는 중론에 그도 굴복하지 않을 수 없었다. 2001년 노벨 경제학상을 받은 조지프 스티글리츠(Joseph Stiglitz)는 2008년 미국의 경제위기가 정부의 더 많은 개입과 규제의 필요성에 관한 학계의 합의에 큰 힘을 실어주는 계기가 되었다고 말한다.[4]

그렇다면 우리나라는 어떤가? 우리나라는 시장과 정부의 역할 분담을 거론할 수 있을 정도로 자본주의 시장이 형성되어 있는 나라가 아니라고 어느 학자는 말한다.[5] 불공정 행위를 일삼는 재벌이 장악하고 있기 때문에 우리나라의 시장은 시장이라고 볼 수도 없다는 것이다. "재벌은 하지 않는 사업이 없을 정도로 거의 모든 분야에 진출하고 있다. …… 미국과 같이 시장경제의 역사가 오래된 나라에서도 100대 부자의 70퍼센트가 당대의 창업자인데 반하여, 한국에서는 거꾸로 75퍼센트가 물려받은 부자라는 사실이다." 경제학이 말하는 참된 시장은 공정하고 자유롭게 경쟁하는 곳인데, 우리나라의 시장은 그런 시장과 거리가 멀다. 재벌의 불공정 행위가 어제오늘의 일이 아닌데도 정부는 재벌을 견제하기는커녕 재벌에게 농락당하고 있다. 노무현 전 대통령이 "권력은 시장으로 넘어갔다."라고 말했는데, 이 학자는 정확히 말하자면 "권력은 재벌로 넘어갔다."고 해야 한다고 말한다. "권력이 시장으로 넘어간 것이 아니라 재벌에게 넘어갔는데도 이를 규제하지도 제어하지도 못하고 있는 것이 한국 경제의 또 다른 핵심 문제다." 요컨대 현재 우리나라의 시장은 시장이라고 볼 수 없기 때문에 우선 정부가 재벌의 불공정 행위를 뿌리 뽑아 시장부터 정상 궤도 위에 올려놓아야 한다는 것이다. 이 학자의 주장은 약간 과장되어 있다는 인상을 주지만 아마도 많은 지식인이 원론적인 차원에서 동의할 것이다. 그러나 넓은 의미에서 재벌도 시장의 한 부분이며 재벌의 전횡은 우리나라 시장이 안고 있는 가장 심각한 결함이라고 본다면, 정부가 재벌의 전횡을 효과적으로 통제하는 과업을 수행해야 한다는 주장은 아직까지 정부가 시장에 관해서 본연의 역할을 하지 못하고 있다는 뜻을 품고 있다. 그렇다면 우리나라는 시장에 관하여 정부가 제 역할을 찾아야 할 단계에 있다고 말할 수도 있다.

이제 세계는 정부의 역할과 시장의 역할 사이의 적절한 균형을 찾는 문제에 다시 직면해 있다. 이 문제를 풀기 위해서는 우선 정부의 장단점과 시장의 장단점을 잘 알아야 한다. 이는 민주주의와 자본주의를 잘 이해하는 일과 일맥상통한다.

| 경제 문제와 정치 문제 |

어느 사회나 여러 가지 문제를 안고 있다. 우리가 먹고살기 위해서는 많은 상품과 서비스가 필요하다. 그래서 무엇을 얼마나 어떻게 생산하며 누구에게 나누어줄 것인가의 문제가 제기된다. 이 문제를 흔히 '경제 문제'라고 한다. 예를 들어서 사람들이 라면을 좋아한다고 해서 무작정 많이 생산하면 다른 상품을 우리가 원하는 만큼 생산하지 못하게 된다. 우리에게 주어진 인적, 물적 자원이 한정되어 있기 때문이다. 우리가 원하는 많은 상품 각각을 적정량 생산하는 문제는 매우 중요하면서도 풀기 어려운, 복잡한 사회 문제다. 비록 모든 상품 각각을 적당량 생산했다고 한들 엉뚱한 사람들에게 나누어준다면 무슨 소용인가. 힘들게 라면을 생산해서 라면을 아주 싫어하는 사람들에게 준다면 이것도 자원의 낭비이자 사회적 손실이다. 그러면 라면은 누구에게 주고 빨간 옷은 누구에게 주며 소형 아파트는 누구에게 줄 것인가? 원칙은 간단하다. 원하는 사람들에게 원하는 만큼씩 나누어준다는 것이다. 이 원칙을 실현하는 문제는 어느 사회나 당면한 중요한 경제 문제다.

우리 사회에는 이런 경제 문제 이외에 다른 문제도 많이 있다. 그중에서도 아마도 첫 손가락에 꼽히는 중요한 문제는 정치 문제일 것이다. 누구를 대통령으로 선출하고, 누구를 국회의원으로 선출하고, 누구를 시장, 구청장 자리에 앉힐 것인가? 이와 같이 국민의 대표를 뽑고 공직자를 정하는 문제가 국민의 입장에서 보는 큰 정치 문제다. 역사적으로 보면 사회 지도자를 비롯한 공직자를 잘못 뽑아서 망한 나라가 한둘이 아니다. 따라서 정치 문제 역시 매우 중차대한 사회적 문제다.

그렇다면 이런 경제 문제와 정치 문제를 구체적으로 어떻게 해결할 것인가? 우선 원론적으로만 생각해보자. 매우 오래전 케네스 애로(Kenneth Arrow)는 사회 문제를 해결하는 방식을 두 가지로 정리하였다. 시장을 통해서 해결하는 방식이 있고, 정치적 과정을 통해서 해결하는 방식이 있다.[6] 먼저 경제 문제부터 살펴보자. 민주주의 국가는 대체로 시장을 통해서 이 문제를 해결한다. 시장에 맡기면 이 문제가 자동적으로 잘 풀린다고 보기 때문이다. 예를 들어서 무엇을 생산할 것인가 하는 문제를 보자. 시장에서는 소비자가 원하지 않는 상품은 생산되지 않는다. 팔리지 않기 때문이다. 따라서 시장에 맡기면 소비자가 원하는 상품만 생산된다. 얼마나 생산할 것인가? 기업은 적정량만 생산한다. 너무 많이 생산하면 가격이 떨어져서 수지가 맞지 않기 때문이다. 따라서 시장에서는 각 상품이 적정량만 생산된다. 어떻게 생산할 것인가? 기업은 최소의 비용으로 생산하려고 노력한다. 그렇게 하지 않으면 경쟁에서 밀려나기 때문이다. 따라서 시장에서는 각 상품이 최소의 비용으로 생산된다. 생산된 것을 누구에게 나누어줄 것인가? 시장에서는 누구나 자기가 원하는 것만 산다. 냉면을 싫어하는 사람은 냉면을 사 먹지 않으며, 라면을 싫어하는 사람은 라면을 사

먹지 않는다. 따라서 결과적으로 시장에서는 모든 상품이 각각 그 상품을 가장 많이 원하는 사람들에게만 돌아간다.

물론 돈 없는 사람은 아무리 갈비찜을 먹고 싶어도 사 먹을 수 없다는 문제가 있다. 아무리 춥고 배고파도 돈이 없는 사람에게 돌아갈 상품은 시장에 없다. 시장은 돈 없는 사람을 철저하게 외면한다. 돈이 있다고 해도 돈이 많은 사람은 한두 번 쓰고 버릴 정도로 많은 상품을 사는 반면 가난한 사람들은 끼니를 때우기 어려울 정도로 조금밖에 사지 못한다. 시장은 철저하게 돈에 비례해서 혜택을 베푸는 곳이다. 그러나 경제학자들은 대부분 은연중에 모든 국민이 충분히 많은 돈을 가지고 있다고 전제하고 이런 차별의 문제를 비켜 간다. 경제학자들의 이런 주장을 들을 때 시장은 오직 돈을 충분히 많이 가진 사람만을 위한 것이며, 시장이 발달할수록 빈부격차가 벌어지면서 돈을 충분히 갖지 못한 사람이 점차 늘어나고 있다는 점을 잊지 말아야 한다. 여하튼 애로에 의하면 시장이라는 제도는 사회 구성원의 의사를 바탕으로 사회 문제를 푸는 여러 방식 중 하나다.

그렇다면 정치 문제는 어떤가? 민주주의 국가에서는 대체로 이 문제를 정치적인 과정을 거쳐서 해결한다. 정치적 과정이란 통상 사회 구성원이 직접 투표를 해서 결정하거나 혹은 투표로 선출된 대표들이 의논해서 결정하는 방법을 말한다.[7] 만일 정치 문제를 시장에 맡겨서 해결한다면 어떻게 될까? 시장의 가장 순수한 형태는 경매다. 공직자 선출을 시장에 맡겨서 결정한다는 것은 대통령직, 국회의원직, 기타 고위 공직을 경매에 붙여서 가장 높은 가격을 지불하는 사람을 대통령과 국회의원, 고위 공직자로 모신다는 의미다. 시장바다에서 정치인을 뽑는 나라가 어디 있겠냐고 하겠지만, 역사를 살펴보면 정치 문제를 시장을 통해서 해결한 사례도 있다.[8] 중국뿐만 아니라 우리나라와 일본에서도 인기가 높은 『삼국지연의』의 역사적 무대인 한(漢)나라 말기가 그 대표 사례가 될 것이다. 당시 황제였던 영제는 돈을 너무 좋아했다고 한다. 그래서 틈만 나면 궁중에서 장을 열고 황제 자신이 직접 상인 복장을 하고 나와서 장사하며 돈을 벌었다. 그것도 모자라서 드디어 궁중에 공식적으로 관직 거래소를 설치하고 관직을 팔기 시작하였다. 각종 '감투'에는 정가가 매겨져 있었는데 높은 관직이라고 해서 가격이 비싼 것은 아니었다. 시장의 원리가 철저하게 적용되었다. 우선 관직을 이용해서 돈을 얼마나 많이 긁어모을 수 있느냐가 가격 결정의 기준이었다. 국민을 직접 수탈할 수 있는 제일선 지방 관직이 중앙 관직보다 훨씬 더 비쌌다.

가격을 결정하는 또 다른 기준은 지불 용의액이었다. 삼국시대의 진짜 주인공은 조조인데, 대부호였던 그의 아버지는 시세의 10배를 주고 태위(오늘날로 치면 국방부장관) 자리를 사들였다. 감투는 단가가 무척 비쌌으므로 일시불을 낼 수 있는 사람이 그리 많지 않았다. 그래서 거래를 활성화하려고 외상 판매를 허용하였다. 외상으로 감투를 산 관리는 임기 중 열심히 국민을 수탈해서 돈을 긁어모아 외상을 갚아야 했다. 영제는 머리가 좋았는지 관직의 임기도 짧게 줄였다. 그래야 관직을 더 자주 팔아먹을 수 있기 때문이었다. 그렇지만 임기가 짧아진 관리들은 수탈의 강도를 그만큼 더 높일 수밖에 없었다.

말하자면 영제 집권 시대는 시장의 요건이 잘 갖추어진 '관직 시장'이 성황을 이룬 시대였다고 말할 수 있다. 역사가들은 이 시대를 흔히 동취시대(銅臭時代, 돈 냄새가 진동하는 시대)라고 부른다. 잘 발달된 관직 시장은 관료의 극심한 가렴주구를 낳았고 이것이 황건적의 난을 초래한 직접적 원인이 되었다. 중국 국민에게 한족으로서 민족적 정체성과 자존심을 가지게 해준 한나라는 황건적의 난으로 망했다. 매관매직과 금권정치로 망한 나라가 한나라뿐이겠는가? 관직 시장의 발달은 나라를 망하게 하는 지름길이다. 그래서 보통 정치 문제는 시장을 통하는 방법으로 해결하지 않는다. 사람들은 매관매직은 물론이고 정치 자체를 돈과 결부해서 생각하는 것조차 무척 싫어한다. 그래서 대부분의 민주주의 국가는 정치 문제는 정치적 과정을 통해서, 경제 문제는 시장을 통해서 해결하려고 한다.

그렇다고 무조건 시장을 통해서만 경제 문제를 해결해야 한다는 법은 없다. 과거 공산주의 국가에서는 경제 문제의 상당 부분을 정부가 정치적 과정을 거쳐서 직접 해결하였다. 민주주의 국가에서도 경제 문제의 일부를 정치적 과정을 거쳐서 해결하기도 한다. 예를 들면 영국을 비롯한 서구 여러 나라들은 주택이나 토지에 관한 경제 문제를 정부 주도하에 정치적 과정을 통해서 결정하는 경우가 많다. 고용 문제도 북유럽 국가에서는 정부가 깊숙이 개입하는 데 반해 미국은 거의 전적으로 시장에 맡기는 정책을 취한다. 시장을 통하는 방식과 정치적 과정을 통하는 방식 중에서 어느 방법에 더 큰 비중을 두는가는 나라마다 달라지기도 하지만 때에 따라 달라지기도 한다. 예를 들면 케인스 사상이 풍미하는 시대에는 정치적 과정을 이용하는 비중이 높아지고, 신자유주의가 위세를 떨치는 시대에는 시장을 이용한 방식의 비중이 높아지는 경향이 있다. 1980년대부터 전 세계에 걸쳐 신자유주의가 득세하게 되었다. 신자유주의는 개인의 자유를 최고로 중요하게 생각하면서 개인의 이기심을 정당화하고 이를 사회 발전의 밑거름으로 삼으려는 사상이다. 신자유주의자들은 시장을 이상적 사회 모형으로 보고 정치 문제를 포함한 우리 사회의 여러 문제를 되도록 시장을 통해서 해결할 것을 요구한다.[9]

| 시장의 세 가지 원리 |

남대문시장이나 동대문시장처럼 우리가 보통 생각하는 시장은 무척 시끄럽고 번잡하며 난장판이다. 그러나 그런 가운데에도 나름대로 질서와 조화가 있다. 상품별로 수요와 공급이 대충 맞아떨어지는 질서, 그리고 사는 사람과 파는 사람 사이의 상충하는 이해가 적당히 절충되는 조화가 바로 그것이다. 이 질서와 조화 뒤에는 이를 연출해내는 어떤 법칙 혹은 원리가 존재한다. 이것을 시장의 법칙이라고도 하고 시장의 원리라고도 한다. 경제학의 시조로 추앙되는 애덤 스미스는 이것을 "보이지 않는 손"이라고 표현하였다. 애덤 스미스의 『국부론』은 보이지 않는 손을 구체적으로 설명한 저서다. 『국부론』이 발간된 해인 1776년부터 서양이 동양을 확실하게 앞지르기 시작하였다고 말하는 경제학자가 있을 정도로 이 책은 한 시대의 획을 긋는 명저다.[10]

정치 문제를 포함한 우리 사회의 여러 문제를 되도록 시장을 통해서 해결하자는 신자유주의자들의 주장은 '시장의 원리'를 최대한 활용해서 사회 문제를 풀어나가자는 얘기다. 흔히 말하는 시장 원리의 핵심 내용은 크게 세 가지다. 첫째는 '거래를 통한 상호 이익 증진의 원리'이다. 시장에서는 자유로운 거래를 통해서 서로 이익을 얻는다. 무언가 이익이 있어야 사람들은 거래를 한다. 그러므로 시장에서 거래를 했다는 것은 거래 당사자 모두에게 이익이 있었다는 얘기다. 사람들은 제각기 자기 이익만 생각하고 시장에 나가지만 결과적으로 모두의 이익이 증진된다. 100만 명이 시장에서 거래를 했으면 100만 명 모두의 이익이 증진된다. 그래서 시장에서는 각 개인의 사익 추구가 곧 다수 이익의 증진으로 귀결된다. 시장은 사익 추구를 다수 이익의 증진으로 연결하는 제도적 장치라는 것이 경제학의 핵심 메시지다.

시장 원리의 두 번째 핵심은 경쟁의 원리다. 서로 자유롭게 경쟁해야만 기업이 좋은 상품을 생산하게 되고 서비스의 질이 높아지며 사람들이 열심히 일하게 된다. 경제 전체적으로도 경쟁이 활성화되어야만 한정된 인적·물적 자원이 적재적소에 배치되고 이용될 수 있다. 한정된 자원을 놓고 경쟁하면 각종 자원이 무능한 사람의 손에서 유능한 사람의 손으로 옮겨가 결과적으로 더 잘 이용된다. 그래서 경제학자들은 자유 경쟁이 한정된 인적·물적 자원을 효율적으로 이용하는 지름길이라고 늘 강조한다. 불로소득이니 특혜니 부당이득이니 하는 것은 대부분 경쟁이 제대로 이루어지지 않을 때 생기는 병폐다. 그런데 자본주의 시장경제에서 왜 이런 병폐가 사라지기는커녕 오히려 기승을 부리는가? 애덤 스미스도 『국부론』에서 지적하였듯이 기업은 되도록이면 경쟁을 하지 않고 돈을 벌고 싶어 한다. 경쟁을 하지 않고 돈을 버는 한 가지 방법은 경쟁 업체를 죄다 없애고 독과점을 형성하는 것이다. 일단 독과점이 형성되면 그다음에는 가격을 높여서 독점이윤을 취한다. 독점이윤은 다수 소비자의 희생 위에 얻는 부당이득이요 일종의 특혜다. 따라서 국민 복지를 최대한 달성하려면 경쟁을 활성화하여 독과점을 없애야 한다는 주장이 경제학 교과서마다 나온다. 그렇지만 현실에서는 독과점이 점점 더 심해지고 있다. 다시 말해서 현실은 교과서와 점점 더 멀어지고 있다는 것이다. 그러니 경제학자들의 예측이 번번이 빗나갈 수밖에 없다.

시장 원리의 세 번째 핵심은 경제적 인센티브의 원리다. 어느 사회나 그 사회가 잘 굴러가려면 상벌 체계가 잘 확립되어 있어야 한다. 즉 사회적으로 바람직한 행위에는 반드시 응분의 상을 주고 반대로 사회적으로 바람직하지 않은 행위에는 정확하게 징벌을 내리는 신상필벌(信賞必罰)의 풍조가 확립되어 있어야만 사회가 제대로 돌아갈 수 있다는 것이다. 시장도 결국 상벌 체계의 일종이다. 시장에서는 고객의 욕구를 잘 만족시키는 상품을 생산하는 기업은 돈을 많이 벌게 되며, 반대로 그렇게 하지 못하는 기업은 도산한다. 돈을 번다는 것이 무엇인가? 사회가 시장을 통해서 돈으로 상을 준다는 뜻이다. 도산한다는 것은 사회가 시장을 통해서 벌을 내린다는 뜻이다. 바로 이런 상과 벌 때문에 기업은 값싸고 질 좋고 고객의 마음에 쏙 드는 상품을 생산하려는 강력한 동기를 갖게 된다. 시장은 이와 같이 돈으로 상과 벌을 준다는 특징이 있으며, 이런 상과 벌이 곧 모든 경제 활동을 조절하는 인센티브가 된다.

경제학자들은 이런 세 가지 내용을 담은 시장의 원리를 믿는 편이지만 그 정도는 학자에 따라 다르다. 시장의 원리를 맹신하다시피 강하게 믿는 사람들을 시장 근본주의자 혹은 시장주의자라고 부른다. 흔히 말하는 신자유주의자들도 시장의 원리를 굳게 믿는 경향을 보인다. 그래서 이들은 다른 사회 문제도 시장의 원리를 최대한 활용해서 풀자고 주장한다. 예를 들어서 환경오염 문제가 발생할 때 정부가 무조건 기업에 벌을 줄 생각만 하지 말고 피해자와 가해자가 서로 만나서 타협할 계기를 만들어주라는 것이다. 그러다 보면 피해자와 가해자 모두에게 이익이 되는 방향으로 문제가 해결될 수 있다고 시장주의자들은 말한다. 시장주의자들은 여기에서 한 걸음 더 나아가 관계와 교육계에도 시장의 원리를 불어넣어야 한다고 주장한다. 그래야만 관계와 교육계의 생산성이 높아진다는 것이다.

그러나 시장주의자들은 대체로 시장에서 통용되는 '생산성'은 관계나 교육계에서 말하는 '생산성'과 엄연히 다르다는 점을 간과한다. 경쟁의 원리와 경제적 인센티브의 원리를 적용하려면 생산성을 재는 객관적 잣대가 있어야 한다. 그런데 시장에서 통용되는 생산성은 주로 돈으로 나타낸 것, 돈으로 나타낼 수 있는 것이다. 이윤은 돈이며 시장의 수요곡선과 공급곡선 역시 돈으로 환산된 것이다. 달리 말하면 시장에서 통용되는 생산성의 잣대는 금전이라는 것이다. 그러나 관계나 교육계에서 말하는 생산성에는 돈으로 환산할 수 없는 것이 무척 많다. 공무원에게 요구되는 멸사봉공 정신, 교육에서 특히 강조되는 인품이나 덕성의 함양을 어떻게 돈으로 나타내고 여기에 시장의 원리를 적용할 것인가? 일 잘하고 높은 성과를 올리는 교사나 관료에게는 높은 보수를 주고 그렇지 않은 사람에게는 낮은 보수를 주어야 한다고 하지만, 교육계와 관료 사회에서 과연 무엇이 일을 잘하는 것이고 성과를 많이 내는 것인지 애매하기 짝이 없다. 그럼에도 불구하고 관계나 교육계에 억지로 시장의 원리를 도입하여 금전이라는 잣대를 들이대면 그 분야는 왜곡되고 위축될 수밖에 없다.

시장주의자뿐 아니라 업계도 시장의 원리를 무척 강조한다. 정부가 간섭할 때마다 업계는 시장의 원리를 들먹이며 반발한다. 그러나 업계는 겉으로만 시장의 원리를 강조할 뿐 뒤로는 무시하는 경우도 많다. 스티글러의 규제 이론에서 이미 자세히 언급하였듯이 업계가 요구하는 각종 특혜성 정부 규제는 시장의 원리에 어긋난다. 업계는 정부에게 시장의 원리에 정면으로 배치되는 노골적인 요구를 하기도 한다. 2008년 미국 금융시장이 붕괴되었을 때 미국 정부는 금융업계의 요구에 떠밀려 특정 금융기관에 천문학적 액수의 돈을 퍼부어서 도산을 막았다. 일부 경제학자들이 도덕적 해이 문제를 제기하면서 이런 조치에 우려를 표명하였다. 도산 위기에 처한 금융기관은 탐욕에 눈이 어두워서 결정적 실수를 저질렀으니 마땅히 시장의 벌을 받아야 하는데도 벌은커녕 정부의 지원금을 받아서 임원들의 보너스로 흥청망청 써댔다. 그러면 앞으로 어떤 금융기관이 신중한 경영을 하겠는가?

| 세 가지 시장예찬론 |

당연한 일이지만 시장주의자들은 강력한 시장예찬론을 편다. 물론 업계는 이들의 시장예찬론을 적극 지지하며 시장예찬론을 확산하는

데 금전적 지원을 아끼지 않는다. 시장예찬론은 대략 세 가지로 정리해볼 수 있다. 첫째, 시장은 우리의 한정된 자원을 효율적으로 이용하도록 유도함으로써 결과적으로 다른 어떤 체제보다도 인류에게 물질적 풍요를 안겨주는 탁월한 제도라는 것이다. 이 점은 자본주의 시장을 비판한 칼 마르크스(Karl Marx)도 시인하였다. 이런 주장은 애덤 스미스 이래로 경제학의 지론이기도 했지만 과거 구소련이 붕괴하자 보통 사람들도 실감하게 되었다. 그렇지만 이 주장은 자유경쟁의 보장을 전제한다. 경쟁이 자유롭지 못하면 자원이 효율적으로 이용되지 못하며 따라서 사회적 손실이 발생한다. 그래서 경제학자들은 시장에서의 자유경쟁을 특히 강조하며 대부분의 경제학 이론도 시장이 완전한 자유경쟁 시장(이른바 완전경쟁 시장)임을 전제한다. 현실의 시장이 교과서의 자유경쟁 시장과 거리가 멀기는 하지만 시장예찬론자들은 자유경쟁이 최대한 보장되는 방향으로 현실의 시장을 완전경쟁 시장 수준으로 끌어올려야 한다고 늘 주장한다.

둘째, 시장이 초래하는 결과는 제쳐두더라도 시장이 진행되는 과정 그 자체가 우리 사회의 소중한 가치를 크게 창달한다. 시장이라는 곳은 사람들이 자발적으로 나와서 자유롭게 거래하는 곳이다. 그래서 시장은 우리를 자유롭게 한다. 시장에 나온 사람들은 자기가 원하는 것을 자기 마음대로 선택할 수 있다. 누구도 이래라저래라 강요하지 않는다. 시장은 왜 이런 물건을 사고 왜 저런 물건을 파는지 묻지도 따지지도 않는다. 다만 시장은 각 개인의 선호와 결정을 최고의 가치로 인정할 뿐이다. 게다가 시장에 나가보면 그야말로 없는 것이 없다. 도처에 옷가게가 있고 음식점이 발에 채일 정도로 많다. 음식의 종류도 무척 다양하고 옷의 종류도 옷감, 디자인, 색깔에 따라 헤아릴 수 없이 많다. 선택의 폭이 넓기 때문에 선택의 자유도 늘어난다. 따라서 시장은 개인의 자유를 크게 늘리는 데에 기여한다. 시장주의자들은 선택의 자유가 늘어나면 늘어날수록 그만큼 더 행복해진다고 생각한다. 사실은 그렇지 않다고 심리학자들이 많은 증거를 제시해도 경제학자들은 자신의 생각을 굽히지 않는다. 시장 덕분에 더 많은 자유를 누리게 되면 사람들은 다른 분야, 예컨대 정치 분야에서도 더 많은 자유를 요구하게 되고 자유를 위해서 투쟁하게 된다. 결과적으로 정치적 자유도 향상된다. 대체로 시장이 잘 발달한 나라에서는 정치적 자유도 많이 보장된다. 그래서 시장예찬론자들은 시장 제도는 여러 경로를 통해서 정치적 자유를 넓히는 데에도 크게 기여한다고 주장한다.

시장예찬론자들에 의하면 시장은 평등에도 크게 기여한다. 정치권은 경상도 사람과 전라도 사람을 차별 대우하지만 시장은 사람을 차별하지 않는다. 라면을 살 때 경상도 사람이라고 싼 가격을 부르고 전라도 사람이라고 비싼 가격을 부르지 않는다. 흔히 시장은 빈부격차를 낳는다고 하지만 시장예찬론자들은 그렇지 않다고 주장한다. 다만 시장은 능력 있는 사람에게 능력에 맞는 대우를 해줄 뿐이라는 것이다. 시장예찬론자들은 바로 이것이야말로 우리 사회에 참된 정의의 원칙을 세우는 길이라고 주장한다. 이들은 기본적으로 시장은 평준화하는 경향이 있다고 주장한다. 돈 많이 버는 직장은 그만큼 사람을 바쁘고 고달프게 만들며, 보수가 적은 직장은 그만큼 사람을 덜 고달프게 만들거나 여가를 많이 누릴 수 있게 한다. 가난한 사람은 돈보다는 여가를 더 많이 선택한 사람이고 고소득자는 여가보다는 일을 선택한 사람이라는 말이 경제학 교과서에도 나온다. 결국 능력이 같다면 여가까지 고려한 실질소득은 평준화된다는 것이다.

셋째, 시장예찬론은 사회 문제를 해결할 수 있는 시장의 잠재력을 집중 조명한다. 우리 사회는 여러 가지 문제를 안고 있다. 중요한 것은 이 문제를 잘 해결하는 방법이다. 문제를 잘 해결하려면 어떻게 해야 하는가? 정보화 시대에는 우선 정확하고 풍부한 정보를 확보해야 한다. 다른 문제도 아닌 사회 문제에 관해서는 특히 더 그렇다. 사회 문제의 원활한 해결 여부는 특히 다음과 같은 세 가지 정보를 얼마나 잘 확보하느냐에 달려 있다. 기술에 관한 정보, 사람의 능력에 관한 정보, 선호에 관한 정보가 그것이다. 오늘날처럼 과학이 발달한 사회에서 기술에 관한 정보의 중요성은 아무리 강조해도 지나치지 않을 것이다. 그렇지만 아무리 기술이 중요하다고 해도 결국 문제를 푸는 것은 사람이다. 따라서 누가 어떤 능력이 있는지 잘 알아야만 인력을 적재적소에 배치할 수 있을 것이다. 그러나 아무리 좋은 기술과 유능한 인재를 확보하고 있어도 사회 구성원 각자가 무엇을 얼마나 원하는지 알지 못하면 문제를 제대로 해결할 수 없다. 국민 각자의 가려운 곳을 정확하게 찾아서 긁어주는 것이 민주주의 사회에서는 특히 긴요하다.

시장예찬론자들은 이런 세 가지 정보에 관한 한 시장처럼 다양하고 유용한 정보가 신속하게 수집되고 전달되는 곳은 없다고 주장한다. 질 좋은 상품을 값싸게 만드는 기술은 시장에서 활동하는 기업이 가장 많이 가지고 있다. 이들은 기술 개발에도 큰 관심이 있다. 새로운 기술은 모방을 통해서 확산된다. 그러므로 시장에서는 기술에 관한 각종 정보가 시시각각 유입되고 전파된다. 사람의 능력에 관한 정보도 마찬가지다. 유능한 인재의 유치는 돈벌이에 직결된다. 오래전 얘기지만 정부가 해외 두뇌의 국내 유치에 발 벗고 나서기 훨씬 전에 민간 기업들은 이미 해외에서 활동하는 우리나라 과학자들의 신상을 소상하게 파악해 이들을 성공적으로 유치하였다.

아마도 가장 중요하면서 또한 가장 얻기 어려운 정보는 사람들의 선호에 관한 정보일 것이다. 국민 복지를 최대한 달성하려면 국민 개개인이 무엇을 어느 정도로 원하는지 알고 충족해주어야 한다. 족발을 원하는 사람에게는 족발을 주고, 홍어 찜을 좋아하는 사람에게는 홍어 찜을 주어야 한다. 그렇다면 족발과 홍어 찜을 누가 어느 정도로 좋아하는지 알아내야 한다. 만일 시장이 없다면 일일이 여론조사를 해야 한다. 설령 여론조사를 한다고 해도 모든 사람이 정확하고 솔직하게 대답한다는 보장도 없다. 족발과 홍어 찜 말고도 무수히 많은 상품이 있는데 여론조사를 통해서 이 모든 것에 관한 국민의 선호도를 알아내는 일은 사실상 불가능하다. 그럴 필요도 없다. 시장에서 자유롭게 거래하게 내버려두면 그만이다. 그러면 사람들은 제 발로 걸어 나와서 자신이 족발을 얼마나 좋아하고 홍어 찜을 얼마나 좋아하는지 밝힌다. 많이 사먹는다는 것은 많이 좋아한다는 뜻이다. 그러므로 실제로 시장에 나가보면 족발과 홍어 찜을 누가 어느 정도 좋아하는지 금방 알 수 있다. 이와 같이 사람들은 시장에서 자신의 자유로운 선택을 통해서 스스로 선호를 노출하며 이 정보는 필요한 사람들에게 즉각 전달된다.

이처럼 시장은 탁월한 정보 노출·수집·처리 장치이다. 그러므로 어떤 문제든 시장에 맡기면 필요하고 유용한 정보가 최대한 활용되며, 따라서 문제가 가장 효과적으로 해결될 수 있다. 그래서 시장예찬론자들은 시장만큼 사회 문제를 효과적으로 잘 해결할 잠재력을 가진 제도적 장치는 없다고 힘주어 말한다. 아무리 컴퓨터가 발달해도 시장의 정보 노출·수집·처리 능력을 따라갈 수는 없을 것이다. 그렇기 때문에 시장예찬론자들은 되도록 시장을 이용해서 우리 사회의 문제를 풀어갈 것을 요구한다. 신자유주의의 기수 프리드리히 A. 하이에크(Friedrich A. Hayek)는 시장의 그러한 탁월한 기능을 특히 강조한 학자로 알려져 있다.

2. 시장의 실패

| 시장에 관해 경제학이 말하지 않는 것 |

물론 시장예찬론은 상당히 과장돼 있다. 잘해야 현실과 거리가 먼 이상적인 상황에서나 통할 법한 주장이기 때문이다. 시장주의자들도 현실의 시장이 많은 문제를 안고 있다는 점을 부인하지는 않을 것이다. 그 문제점에 관해서는 뒤에서 자세히 살펴보겠으나, 시장주의자를 포함한 경제학자들이 시장에 관하여 잘 얘기해주지 않는 것이 한 가지 있다. 시장은 새치기가 심한 곳이라는 사실이다.

실례를 하나 들어보자.[11] 미국 어느 유명 가수가 고향에서 공연을 열었다. 그는 최고 인기 가수이기 때문에 그의 공연 입장권은 최소한 500달러이지만 고향 사람들, 특히 가난한 고향 노동자들을 위해서 입장권을 100달러 이하로 낮추었다. 그러나 워낙 인기가 높아서 다른 지역 사람들까지 공연에 몰려들자 암표상이 기승을 부렸다. 그래서 입장권이 500달러를 웃돌게 되었다. 결국 다른 지역의 돈 많은 사람들이 대량 암표를 구입하는 바람에 정작 이 가수의 고향 사람들 다수가 그의 공연에 참여하지 못하는 불상사가 발생하였다. 줄 서서 기다리던 고향 사람들을 제치고 암표 구매자들이 새치기한 꼴이다. 지친 고향 노동자들을 위로하고 싶은 마음, 고향 사람들에게 선물을 주고 싶은 마음, 고향 사람들이 함께 어울리는 한마당을 마련하려는 마음 등 애틋한 심정으로 먼 타향에서 달려와 공연을 열었지만 암시장의 새치기가 이런 순수한 의도를 짓밟아버렸다. 당연히 입장권의 암거래에 비난이 쏟아질 것이다. 그러나 암시장을 옹호하는 경제학자들의 입장은 전혀 달랐다.

경제학자들은 애향심이니 공동체 정신이니 계층 간 화합이니 선물이니 하는 추상적인 가치는 생각하기 싫어한다. 이들은 오직 한 가지만 생각한다. 공연에 입장한 관객이 어떤 사람이든 이들이 느끼는 즐거움을 극대화하는 것 말이다. 이런 극대화 원칙이 실현되었을 때 경제학자들은 '효율적'이라는 표현을 쓴다. 어떻게 하면 이 극대화 원칙이 실현되도록 입장권을 나누어줄 것인가? 고향 사람이든 다른 지역 사람이든 상관없이 공연에 입장할 의향이 있는 사람 중에서 그 가수의 음악을 가장 절실히 듣고 싶어 하는 사람들만 선발해서 입장시키면 된다. 이들이야말로 그 가수의 음악을 가장 크게 즐길 수 있는 사람들이기 때문이다. 그 가수의 음악을 그리 높이 평가하지 않는데도 단순히 고향 사람이라는 이유만으로 입장시키는 것은 극대화 원칙에 어긋난다.

그렇다면 그 가수의 음악을 가장 크게 즐길 사람을 어떻게 알아낼 것인가? 경제학자들이 생각할 때 간단한 방법은 입장권을 경매에 부치는 것이다. 가수의 음악을 절실히 듣고 싶어 하는 사람일수록 높은 가격을 부를 것이다. 높은 가격을 부른다는 것은 지불 용의액이 크다는 뜻이다. 따라서 지불 용의액이 큰 사람만 골라서 입장시킨다면 결과적으로 관객들의 즐거움을 극대화하게 된다. 비싼 가격에 암표를 구매했다는 것은 그만큼 지불 용의액이 크다는 뜻이요, 따라서 그만큼 가수의 음악을 절실히 듣고 싶어 한다는 의미라고 경제학자들은 해석한다. 암시장은 지불 용의액이 큰 사람을 알아내는 효과적인 방법이며 극대화 원칙의 실현에 기여하는 방법이다. 그러므로 암시장을 마다할 필요가 없다는 것이 경제학자들의 기본 입장이다.

그러나 여기에서 다시 한 번 생각해보자. 왜 가수는 공연 입장권을 500달러 이상이 아닌 100달러 이하로 저렴하게 책정했을까? 고향의 가난한 노동자들이 그런 비싼 값을 치를 능력이 없다고 생각했기 때문일 것이다. 고향 사람들 마음 같아서는 500달러가 아니라 1000달러라도 얼마든지 지불할 용의가 있었을 것이다. 이들의 지불 용의액은 500달러보다 훨씬 크지만 지불 능력이 이 금액을 따라가지 못한다는 사실을 잘 알고 있었기 때문에 입장권 가격을 저렴하게 책정하였을 것이다. 실제로 시장에서 중요한 것은 지불 용의액이 아니라 지불 능력이다. 아무리 지불 용의액이 커도 호주머니에 돈이 없으면 시장에서 쫓겨난다. 장사꾼은 지불 용의액을 묻지 않는다. 오직 실제로 지불할 수 있는 금액만을 묻는다. 지불 용의액과 지불할 수 있는 금액은 엄연히 다르다. 불행하게도 고향 사람들은 100달러 이상을 지불할 능력이 없기 때문에 500달러 이상을 지불하는 외지인들의 새치기를 눈 뜨고 당하고 만다.

경제학자들은 기본적으로 시장이 소비자들의 지불 용의액에 따라 상품을 배분하는 제도이며 따라서 시장은 각 소비자의 선호에 맞게 상품을 효율적으로 배분한다고 생각한다. 미국에서 가장 많이 팔리는 그레고리 맨큐(Gregory Mankiw)의 경제학 교과서는 이런 생각을 잘 대변하고 있다. 맨큐에 의하면 자유경쟁 시장은 지불 용의액을 기준으로 상품의 가치를 가장 높게 평가하는 소비자에게 상품을 공급함으로써 사회 구성원 전체의 경제적 행복(돈으로 살 수 있는 행복)을 극대화한다. 경제학자들은 지불 용의액을 가치의 척도로 삼는다. 그래서 경제학자들은 시장에서 거래되지 않는 것, 예컨대 깨끗한 공기의 가치를 추정할 때도 지불 용의액을 묻는다. 그러나 지불 용의액에 따라 배분하기 때문에 시장이 효율적이라는 주장은 모든 사람이 충분한 지불 능력을 갖추고 있기 때문에 지불 용의액에 맞춰 얼마든지 돈을 지불할 수 있는 이상적인 상황에서나 통할 법한 얘기다.

요컨대 현실의 시장은 지불 능력에 따라 상품을 배분하지 지불 용의액에 따라 배분하지 않으며 따라서 시장은 상품을 소비하며 얻는 즐거움을 극대화하지 못한다. 달리 말하면 시장은 상품을 효율적으로 배분한다고 볼 수 없다는 것이다. 물론 모든 소비자가 충분히 많은 돈을 가지고 있어서 지불 용의액과 지불 능력이 같다면 시장은 상품을 효율적으로 배분한다고 말할 수 있다. 그렇지만 빈부격차가 클 경우 지불 용의액은 크지만 지불 능력이 작은 사람들이 많이 생기게 된다. 가난한 서민이 여기에 해당한다. 이들은 시장에서 지불 능력이 큰 사람들에게 밀려나기 십상이다. 즉 시장에서는 지불 능력이 큰 사람들이 지불 능력이 낮은 사람들을 밀어내고 새치기하게 된다는 것이다. 그러므로 빈부격차가 크면 새치기가 광범위하게 일어나면서 결국 상품의 효율적 배분에 실패하게 된다. 그런데도 경제학자들, 특히 보수 성향 경제학자들은 늘 시장이 효율적이라고 외쳐댄다.

몇 년 전 외교부 장관의 딸이 아버지의 영향력 덕분에 외교부 공무원으로 특별 채용되었다는 사실이 세상에 알려진 일이 있었다. 거센 비난이 일었고 결국 장관은 여론에 몰려서 사퇴하고 말았다. 장관의 딸은 정상적인 과정을 밟고 있는 다른 인재들을 제치고 새치기한셈이다. 정치권의 새치기는 발각되는 순간 엄청난 공분을 산다. 그러나 시장에서도 새치기가 아주 폭넓게 벌어지고 있다. 같은 새치기인데도 시장의 새치기는 묵인되는 경우도 많고 때로는 정당화되기도 한다. 대부분의 경제학자들이 '효율'이라는 명분을 내걸고 시장의 새치기를 옹호하는 데 앞장선다. 그렇지만 국민 대부분은 새치기가 공정치 못하다고 생각한다. 따라서 시장에서 새치기가 벌어지는 꼴을 늘 보아온 서민들은 시장이 공정치 못한 곳이라는 생각을 하게 되고 이것이 '반시장 정서'로 번지면서 정부가 대책을 마련해주기를 기대하게 된다.

| 공공재와 외부효과 |

2008년 미국 금융시장의 붕괴 그리고 연이은 세계 경제위기 이후 시장예찬론은 빛을 잃게 되었으며 1980년대부터 전 세계를 풍미하던 신자유주의의 기세도 한풀 꺾였다. 만일 시장의 원리가 제대로 작동하고 시장에 자동 조절 기능이 있다면, 도대체 어떻게 그 거대한 미국 금융시장이 하루아침에 허무하게 무너질 수 있으며, 어떻게 세계적 경기 침체가 이토록 오래 지속될 수 있단 말인가? 시장에도 치명적인 결함이 있다. 한두 가지가 아니라 수많은 결함이 지적되고 있다. 경제학자들도 이 결함을 인정한다. 다만 그 결함의 폭이 어느 정도이고 얼마나 심각한가를 놓고 견해가 크게 엇갈리고 있을 뿐이다.

자본주의 시장의 구조적 결함을 가장 논리적이고 체계적으로 밝힌 학자로 마르크스가 꼽히지만, 정통 경제학자들도 이미 19세기 후반부터 시장의 결함에 관한 체계적인 연구를 시작하였다. 그중에서도 특히 북유럽 경제학자들의 연구가 눈길을 끌었다. 이들은 국민의 일상생활에 꼭 필요한데도 시장에서는 제대로 공급되지 않는 것에 특히 주목하면서 이른바 '공공재'에 관한 이론을 내놓았다.[12] 예를 들면 튼튼한 국방, 안정된 치안, 정연한 사회질서, 깨끗한 공기 등은 우리 일상생활에 필수적이고 모든 가치 추구에 가장 기본적인 것이자 국민이 절실히 원하는 것이기도 하다. 끊임없이 전쟁에 시달리고 범죄가 극성을 부리고 폭력이 난무하는 사회에서는 고상한 가치의 추구나 인간적인 삶은커녕 발 뻗고 편히 잠잘 수도 없다. 서울의 모든 네거리에 신호등이 없다고 해보자. 차들이 뒤엉키면서 큰 혼란이 벌어질 것이다. 교통 혼잡으로 우리나라는 해마다 엄청난 비용을 치르고 있다. 사회 불안과 혼란은 경제 발전에도 치명적이다. 사회가 불안하면 아무도 마음 놓고 투자하지 못한다. 공기가 더러워서 많은 사람이 병들면 열심히 일할 수 없으니 활발한 경제 성장을 기대하기 어렵다. 그래서 보통 정부가 나서서 국방을 튼튼히 하며 치안을 유지하고 사회질서를 바로잡으며 환경을 깨끗하게 한다.

국방, 치안, 환경 등이 흔히 공공재의 예로 꼽힌다. 정부가 나서서 공공재를 공급하는 이유는 기업이 선뜻 나서서 공급하지 않기 때문이다. 흔히 수요가 있는 곳에 공급이 있다고 말하지만 공공재의 경우 수요가 충분히 있음에도 불구하고 시장에서는 공급되지 않는다. 왜 그럴까? 돈벌이가 잘 안 되기 때문이다. 어떤 상품을 만들어서 돈을 벌기 위해서는 그것을 거래할 때 틀림없이 돈을 받아낼 수 있어야 할 뿐만 아니라 돈을 내지 않는 얌체(이른바 '무임승차자')들이 없어야 한다. 보통 시장에 나온 상품의 경우 돈을 내지 않는 사람을 따돌릴 수 있고 실제로 그렇게 한다. 그러나 공공재의 경우에는 그러기가 매우 어렵다.

예를 들어서 어느 기업이 막대한 돈을 투자해서 서울 중심부의 공기를 깨끗하게 만들었다고 하자. 투자비를 회수하고 이윤을 올리려면 깨끗한 공기를 마신 사람에게 일일이 응분의 요금을 받아내야 한다. 그렇지만 사람마다 마신 공기의 양이 다를 것이다. 그렇다면 각 개인이 마신 공기의 양을 알아내야 할 뿐만 아니라 공기를 마시고 다른 곳으로 가버린 사람들도 모두 추적해야 하는데, 보통 어려운 일이 아니다. 돈이 너무 많이 들어서 이윤은커녕 투자비도 회수하지 못할 가능성도 있다. 그렇다고 돈을 내는 사람만 깨끗한 공기를 마시게 하고 돈을 내지 않은 사람은 마시지 못하게 선별적으로 서울의 공기를 깨끗하게 할 수는 없다. 그래서 기업은 맑고 신선한 공기를 대량으로 만들어 공급하는 일에 선뜻 나서지 않는다.

일상생활에 꼭 필요한 공공재가 시장에서 충분히 공급되지 않는다면 이것은 국민의 복지가 최대한 달성되는 방향으로 우리에게 주어진 한정된 인적·물적 자원을 잘 활용하지 못했다는 의미다. 달리 말하면 시장이 경제의 대원칙을 어겼다는 뜻이다. 이때 경제학자들은 흔히 '시장의 실패'라는 말을 쓴다. 시장이 공공재를 충분히 공급하는 데 실패하기 때문에 공공재 공급을 정부가 맡아야 한다는 주장이 성립한다.

보통 시장의 실패 사례로 환경오염 문제가 가장 자주 거론된다. 경제학자들이 보기에 환경오염이 점점 더 심해지는 이유는 정부의 규제가 없을 경우 환경을 오염시키는 행위가 돈벌이가 잘돼서 너무 많아지기 때문이다. 좀 더 정확하게 말하면 환경오염을 유발하는 기업이 손익계산을 잘못했기 때문에 발생하는 문제라는 것이다. 이들이 손익계산을 할 때는 오직 자신의 호주머니만 생각한다. 자기 호주머니에 들어오는 것만 수입이요, 자기 호주머니에서 나가는 것만 비용이다. 환경오염 피해는 다른 사람들이 당하는 손실이므로 기업들은 자기 호주머니와 상관없다고 느낀다. 만일 다른 사람들이 당하는 환경오염 피해를 마치 자신이 당한 것처럼 느끼고 이것을 자신의 손익계산에 반영한다면 오염 물질 배출을 최대한 자제하였을 것이다. 그러나 환경오염에 대한 정부의 규제가 없는 자유방임 시장에서는 기업이 그럴 필요성을 느끼지 않는다. 이들은 마치 환경오염 피해라는 것이 없는 것처럼 손익계산에서 무시해버린다. 그 결과 오염 물질을 과다하게 배출한다. 이렇게 엄연히 실재하는데도 개인의 손익계산에서 무시되는 제삼자의 피해를 경제학자들은 '외부효과'라고 부른다. 환경오염 문제는 전형적인 외부효과 문제다.

환경오염과 같은 나쁜 외부효과는 시장의 첫 번째 원리, 즉 '거래를 통한 상호 이익 증진의 원리'가 옳지 않다는 증거다. 이 원리는 마치 시장이 만장일치로 합의하는 장소이자 모든 사람을 이롭게 하는 장소인 것처럼 확대 해석되기 일쑤다. 특히 시장주의자들이 그런 확대 해석을 자행하고 방조한다. 그러나 이 원리는 어디까지나 '거래에 참여한 사람들'의 이익만 증진한다는 뜻이지 '모든 사람'의 이익을 증진한다는 뜻은 아니다. 무심코 호수에 던진 돌멩이에 개구리가 맞아 죽듯 상호 이익 증진을 위한 이해당사자 사이의 자발적 합의가 제삼자에게 날벼락 같은 피해를 입히는 경우가 시장에서는 비일비재하다. 예를 들어서 폐수를 배출함으로써 강물을 오염시키는 음식점에 드나드는 고객과 음식점 주인 사이의 거래는 분명히 서로 자발적으로 합의한 것이다. 그러나 이들은 오직 자신의 이익만 염두에 두고 거래할 뿐 거래 결과 강이 오염되어 하류 지역에 사는 시민이 엉뚱하게 당하는 수질 오염 피해는 아랑곳하지 않는다. 한강의 오염이 걱정돼서 강변 매운탕 집 출입을 자제하는 사람은 없을 것이다. 흔히 축산 폐수가 수질 오염의 주범이라고 하지만 삼겹살을 먹는 사람들은 자신이 수질 오염의 궁극적 원인자라는 사실을 인식하지 못한다. 시장은 소비자에게 환경오염에 관한 정보를 주지 않기 때문이다.

| 독과점 |

보통 독과점은 이른바 '규모의 경제', 즉 영업 규모가 커짐에 따라 단가가 점점 더 저렴해지는 경향 때문에 시장에서 자연스럽게 나타나는 현상이라고 교과서는 설명한다. 규모의 경제가 있다는 것은 규모가 큰 기업이 작은 기업보다 더 저렴한 가격에 상품을 공급할 수 있다는 의미이며 따라서 더 큰 경쟁력을 가질 수 있다는 의미이다. 이 경쟁력을 바탕으로 덩치가 비교적 큰 기업이 저가 공세로 경쟁자를 점차 몰아내고 대기업이 된다. 이렇게 일단 시장을 장악한 다음에는 태도를 바꾸어 독과점의 횡포를 부린다. 경제학 교과서가 지적하는 대표적인 횡포는 상품 공급량을 감축함으로써 시장에서 더 높은 가격이 형성되게 여건을 조성한 다음 독점이윤을 챙기는 것이다. 그 결과 소비자들은 종전보다 더 높은 가격을 지불하면서 독과점 기업에게 더 많은 이윤(독점이윤)을 몰아주는 꼴이 된다.

경제학적으로 보면 독과점의 가장 큰 문제는 시장에서 잘못된 가격이 형성되도록 한다는 점이다. 가격은 모든 거래자의 경제적 결정을 좌우하는 객관적 핵심 지표다. 이 가격이 옳아야만 거래자들이 올바른 결정을 내릴 수 있고 경제학이 말하듯 자원을 효율적으로 이용할 수 있다. 독과점 가격은 올바른 가격이 아니다. 옳지 못한 가격은 시장 거래자의 결정을 왜곡한다. 그래서 경제학 원론 교과서마다 독과점이 왜 자원의 효율적 이용을 저해하는지 장황하게 설명하고 있다. 자본주의 시장의 장점을 최대한 살리기 위해서는 독과점이 없어야 한다는 결론이 경제학 원론 교과서에도 빠짐없이 나온다.

독과점이 '선택의 자유'를 제한한다는 문제도 있다. 시장예찬론자들은 '풍부한 선택의 자유'를 자본주의 시장의 최대 장점으로 꼽는다. 독과점은 바로 이 선택의 자유를 제한한다. 독과점이 없는 자유경쟁 시장은 다수의 구매자와 다수의 판매자가 존재하는 시장이다. 반면 독과점 시장이란 어느 한쪽의 수가 극히 제한되어 있는 시장을 말한다. 다수의 업체가 경쟁적으로 상품을 공급하다가 소수의 독과점 기업이 시장을 장악하게 되면 소비자들은 싫어도 어쩔 수 없이 비싼 가격에 이들의 상품을 구매해야 한다. 독과점 앞에서는 '소비자가 왕'이라는 말이 무색해진다.

결과적으로 독과점은 시장의 두 가지 큰 장점, 즉 자원의 효율적 이용과 선택의 자유를 모두 저해하는 셈이다. 그래서 시장경제가 사실상 최고로 발달했다는 미국조차도 매우 오래전부터 독과점을 강력하게 규제해왔다. 우리나라 정부도 공정거래라는 이름으로 다각적으로 독과점을 규제하고 있다. 그럼에도 불구하고 독과점은 줄어들기는커녕 오히려 크게 늘어나고 있다. 어느 정도가 독과점인지 판단하는 절대적인 기준이 있는 것은 아니지만 대체로 상위 4개 기업이 국내 시장의 40퍼센트 이상을 점유할 때 그 시장은 독점적이라고 본다.[13] 우리나라의 경우 자동차 산업의 65퍼센트 이상을 상위 2개사가 점유하고 있으며, 국제 항공의 55퍼센트 이상을 상위 2개 항공사가 점유하고 있고, 이동통신 산업은 상위 3개사가 완전히 장악하고 있다. 국제 시장에서도 독과점이 심하다. 5개 거대기업이 세계 시장의 절반 이상을 지배할 때 그 시장은 '고도로 독점적'이라고 말하는데,《이코노미스트》의 조사에 의하면 세계적으로 상위 5개 기업이 전 세계 내구

소비재 시장의 약 70퍼센트를 장악하고 있으며, 자동차, 항공기, 전자 부품, 전기·전자 제품, 제철 등의 산업에서 상위 5개 회사가 전 세계 시장의 50퍼센트를 지배하고 있다. 세계화가 이런 국제적 독과점을 심화하는 요인으로 꼽힌다.[14] 아이러니한 점은 자유경쟁을 강조하고 기업의 경쟁력 강화를 강조할수록 독과점은 점점 더 심해진다는 사실이다.

| 정보의 비대칭성 |

하이에크도 강조하였듯이 시장의 최대 장점은 각종 유용한 정보가 대량으로 모이고 전달되며 확산된다는 점이다. 그렇지만 아무리 많은 정보가 시장에서 유통된다고 해도 대부분 돈벌이에 관한 정보일 뿐 공익에 관한 정보는 잘 유통되지 않는다. 예를 들어서 화석 연료의 낭비가 대기를 얼마나 심하게 오염시키고 지구온난화를 초래하는지, 삼겹살 과소비가 강물을 얼마나 심하게 오염시키는지 등에 관한 정보가 자유방임 시장에서는 잘 유통되지 않는다.

여기에 더해 또 한 가지 문제는 돈벌이에 관한 정보조차도 특정인에게 편중되어 유통된다는 것이다. 예를 들어 보통 사람은 진짜 녹용과 가짜 녹용을 잘 구별하지 못하며 5년산 인삼과 6년산 인삼을 잘 구별하지 못한다. 전문가나 상인만 알고 있다. 보통 사람들은 대부분 자신이 소유한 자동차에 관해 잘 모른다. 그래서 시동이 잘 안 걸리거나 운행 중에 갑자기 툭 꺼지면 어쩔 줄 몰라 쩔쩔매기 마련이다. 대체로 주부들은 자동차에 관해 잘 모른다고 알려져 있다. 그래서 주부들이 고장 난 자동차를 정비소에 끌고 가면 바가지 씌우기 딱 좋다. 이와 같이 시장에서 거래되는 상품에 관한 정보가 거래 당사자 한쪽에 치우쳐 있는 현상을 경제학에서는 '정보의 비대칭성'이라고 한다. 시장에서 정보가 이와 같이 편중되어 있는 경우 가장 우려되는 현상은 거래의 불공정성 내지는 사기의 만연이다. 경제학적으로 보면 정보의 비대칭성이 잘못된 결정과 선택을 초래하며, 결과적으로 한정된 인적·물적 자원의 효율적 이용을 저해한다.

거짓말로 돈을 버는 행위는 비합리적이기 때문에 시간이 지나면 시장에서 도태된다고 강변하는 경제학자도 있다. 그렇지만 예나 지금이나 시장에서 불공정 행위와 사기가 늘 횡행할 뿐만 아니라 날이 갈수록 심해진다는 사실은 이런 행위가 비합리적이 아닐 수 있다고 반증한다. 이것을 뒷받침하는 이론도 있다.[15] 예를 들어보자. 중고차 시장에 나온 차는 겉으로는 멀쩡하지만 실제 성능은 천차만별이다. 차 주인이 정기적으로 점검하고 얌전하게 운행해서 높은 성능을 유지하는 차가 있는 반면 험하게 몰고 다녀서 속이 곪을 대로 곪은 차도 있다. 중고차 시장에 나간 고객들은 이런 내력을 잘 알지 못한다. 속이 곪은 자동차의 주인은 정직하게 정보를 제공하지 않는다. 정직하게 말하지 않는 것이 합리적이다. 그러므로 중고차 시장에 나온 자동차의 실제 성능은 '감추어진 특성'이다.

정확한 정보가 없는 상황에서 고객은 질 좋은 차와 질 나쁜 차를 구별하지 못한 채 모두 비슷한 상품으로 생각할 수밖에 없다. 그러다 보면 질 좋은 차는 제값을 받지 못하는 반면 질 나쁜 차는 적정 수준 이상의 높은 가격을 받게 된다. 평균보다 더 높은 수준의 좋은 중고차를 소유한 사람은 억울해서 차를 팔지 않을 것이다. 따라서 중고차 시장에서 차를 회수해버린다. 결국 중고차 시장에는 나쁜 차만 득실득실하게 된다. 이런 내용을 수학적으로 증명한 노벨 경제학상 수상자가 발표한 논문 제목이 「레몬 시장(The Market for Lemons)」이다.[16] '레몬'이란 겉으로만 번지르르한 불량품을 지칭하는 속어다. 우리말로는 '빛 좋은 개살구'라고 한다.[17]

중고차 시장처럼 질 좋은 상품과 질 나쁜 상품이 섞여 있고 비대칭적인 정보 때문에 상품의 질이 감추어져 있을 경우, 정보를 갖지 못한 측이 질 나쁜 상품을 선택하는 현상을 경제학에서는 역선택(adverse selection)이라고 한다. 역선택은 감추어진 특성 탓에 흔히 발생하는 현상이며 많은 사람에게 적지 않은 손실을 안겨준다. 시장에서 개살구가 좋은 상품을 몰아내는 현상은 부정직이 정직을 몰아내는 현상의 일부이며 오늘날 우리 사회에 만연한 도덕적 해이(moral hazard) 문제의 일단에 불과하다.

흔히 도덕적 해이의 전형적인 예로 보험 시장이 꼽힌다. 보험 시장에서도 중고차 시장과 비슷한 현상이 재현된다. 화재 보험이나 도난 보험을 예로 들어보자. 우리는 평소 화재가 나지 않도록 조심하고 도난당하지 않으려고 조심한다. 그러나 일단 보험에 들고 나면 더 이상 조심하지 않게 된다. 보험회사가 피해를 다 보상해주기 때문이다. 그래서 보험 서비스의 제공은 오히려 화재와 도난을 부추겨 사회적 손실을 가중한다. 그렇다고 피보험자가 화재 예방과 도난 방지를 게을리하는지 아닌지 보험회사가 일일이 알 수도 없다. 굳이 알려고 하면 알 수도 있겠지만 돈이 많이 든다. 보험회사 입장에서 보면 피보험자의 태도는 '감추어진 행동'이다. 역선택이 '감추어진 특성'으로 인해 사회적 손실을 초래한다면 도덕적 해이는 '감추어진 행동'으로 인해 사회적 손실을 초래한다는 점에서 약간의 차이가 있다.[18]

이처럼 정보의 비대칭성 문제가 심각한데도 경제학은 전통적으로 정보를 많이 가진 사람이 정보를 가지지 못한 사람을 등쳐먹는 일은 없다는 가정을 고수해왔다. 그렇지만 현실에서 정보의 비대칭성 문제가 더 이상 외면할 수 없을 정도로 심해지자 정부가 적극적으로 개입하지 않을 수 없게 되었다. 기업에게 정보 공개와 경영의 투명성을 강력하게 요구하게 되었으며 정보의 비대칭성을 이용한 사기와 불공정 거래를 억제하기 위한 다각적 조치를 취하게 되었다. 경제학자들도 이 문제를 본격적으로 다루기 시작하면서 1980년대에 정보경제학이 등장했다.

| 불공평한 경기의 변덕 |

인생에는 좋을 때도 있고 나쁠 때도 있다. 경제도 마찬가지다. 평온할 때도 있지만 호황과 불황으로 경제 전체가 요동칠 때도 있다. 경기가 좋았다가 나빠지기를 주기적으로 반복하는 현상을 흔히 경기변동이라고 한다. 경제가 주기적으로 요동치면 정치도 흔들거리고 온 나라가 시끄러워진다. 문제는 경기변동의 주된 피해자가 일반 서민이라는 것이다. 경기가 나쁠 때는 물론이고 좋을 때도 서민의 삶은 고달프다.

경기변동을 전문으로 다루는 학자들에 의하면 경기가 좋아서 호황으로 치달을 때 가장 흔히 나타나는 현상은 인플레이션과 투기다. 경기가 좋아서 임금이 올라간다 해도 물가도 함께 올라가므로 일반 노동자의 생활 형편은 그리 좋아지지 않는다. 더욱이 투기의 극성으로 부동산 가격마저 치솟으면 전세, 월세도 줄줄이 뛰면서 서민의 시름이 깊어진다. 과거 1980년대 후반 호황이던 시절 전세와 월세를 감당하지 못한 많은 서민이 집에서 쫓겨났고 신변을 비관한 자살이 속출했다. 반면 평소 돈을 쌓아둔 부유층은 호황기를 만나면 투기로 재산을 더욱 더 불리면서 흥청망청하게 된다.

반대로 경기 침체가 계속되고 불황이 오면 기업이 도산하고 가게가 연이어 문을 닫게 된다. 많은 노동자가 일자리에서 쫓겨나고 구직자들은 일자리를 찾지 못하게 된다. 그 결과 서민은 극심한 생활고에 시달린다. IMF 경제위기 때 많은 사람이 하루아침에 직장을 잃고 길거리로 나앉았다. 2008년 미국발 세계 경제위기 이후에도 청년 실업은 늘어났고 서민의 생활은 점점 더 팍팍해졌으며 중산층이 몰락하였다. 그러나 불경기에도 고급 백화점이 늘 성황인 것을 보면 부유층은 경기를 별로 타지 않는다. 쌓아놓은 돈이 있기 때문이다.

이와 같이 경기가 수시로 오르락내리락하다 보니 국민의 대다수를 차지하는 일반 서민에게 시장은 종잡을 수 없는 심술쟁이요 변덕쟁이다. 그 심술과 변덕을 가만히 앉아서 꼼짝없이 당할 수밖에 없는 일반 서민이라면 시장이 참으로 불공평하다고 느끼게 된다. 대기업의 비리와 더불어 서민들이 느끼는 이런 감정이 곧 반시장 정서를 낳는다. 서민들은 정부가 시장의 심술과 변덕으로부터 자신을 보호해주기를 간절히 바란다. 각 개인에게 경기변동은 불가항력의 돌발 사태다. 대다수 국민은 바로 이런 돌발 사태로부터 국민을 보호하는 것이야말로 정부가 적극적으로 해야 할 일이라고 생각한다.

그래서 진보 성향 경제학자들은 경기변동이야말로 가장 심각한 시장의 실패라고 본다. 우선 호황기부터 살펴보자. 이때 전형적으로 나타나는 투기는 돈의 흐름을 왜곡한다. 생산 부문으로 투입되어 고용과 소득을 창출해야 할 돈이 부동산 투기로 몰리기 때문이다. 투기가 심해지면 부동산 가격에 거품이 낀다. 그러나 거품은 언젠가는 꺼지게 되어 있다. 문제는 부동산 거품은 물귀신 같아서 혼자 꺼지지 않고 경제 전체를 껴안고 함께 꺼진다는 것이다. 그래서 거품이 꺼지는 순간 경제도 같이 꺼진다. 바로 이런 거품의 붕괴가 가깝게는 2008년 미국 금융시장 붕괴의 주된 원인이었고, 멀게는 1980년대 후반 이래 일본 경제의 쇠락, 이른바 "잃어버린 20년"의 주된 원인이었다. 미국과 일본의 사례는 거품으로 형성된 부는 신기루일 뿐임을 여실히 보여주었다. 투기가 한 나라의 경제를 망치는 꼴이니, 이런 기막힌 시장의 실패가 또 어디 있겠는가?

그러면 경기 침체기 및 불황기는 어떤가? 이 시기의 가장 심각한 시장의 실패로는 단연 실업이 꼽힌다. 실업이 존재한다는 것은 생산 부문에 투입되어 실질적 부의 창출에 기여해야 할 인적 자원이 놀고 있다는 뜻이다. 가장 창조적인 인간의 재능이 생산적인 일에 쓰이지 못하고 썩고 있는 자체가 엄청난 낭비이자 비효율이다. 물론 인적 자원만 썩는 것이 아니다. 공장이 문을 닫으면 기계가 녹슬고 원자재도 썩는다. 경기 침체와 불황은 경제 전체에 걸쳐 광범위한 시장의 실패를 낳는다. 최소의 노력으로 최대의 효과를 거두어야 한다는 경제의 대원칙이 경기변동 앞에 무색해진다. 이 대원칙을 지키기 위해서라도 정부가 나서서 시장의 실패를 바로잡아야 한다는 것이 진보 성향 경제학자들의 요구다.

물론 보수 성향 경제학자들은 이런 주장에 동의하지 않는다. 이들은 인생의 부침이 자연스럽듯 경기변동도 자연스러운 현상이며 굳이 정부가 나서지 않더라도 내버려두면 경기변동의 문제는 시장에서 자연히 해결된다고 본다. 이들이 보기에 경기변동은 시장에 쌓인 병폐가 해소되는 자연스러운 과정이다. 예를 들어 경기가 좋아져서 호황기에 이르면 많은 사람이 과욕을 부리면서 잘못된 투자를 감행하게 된다. 부실 투자가 누적되면 경제 전체의 이윤율이 떨어지면서 경제가 활력을 잃고 침체기를 거쳐 불황의 늪으로 빠진다. 그렇지만 불황기에 부실 투자는 정리되고 누적된 재고는 헐값에 처분된다. 부풀어 오른 임금이 하락하면서 기업의 인건비 부담도 줄어든다. 이렇게 경제의 발목을 잡던 요인이 사라지면서 시장의 자동 조절 기능에 따라 자본이 좀 더 효율적으로 투입되기 시작한다. 그러면 경제는 다시 살아나면서 회복 국면에 진입한다. 이것이 시장의 이치다. 보수 성향 경제학자들의 말대로 시장을 통해서 경기변동이 자연스럽게 해결되게 한다는 것은 시장의 힘에 의해서 썩은 부분이 자연 도태되도록 내버려둔다는 뜻이다. 어떤 점에서는 경기변동이 바람직하기도 하다고 보기 때문에 보수 성향 경제학자들은 이것을 심각한 시장의 실패라고 보지 않는 경향이 있다.

그러나 이런 논란과 별개로 경기가 좋으나 나쁘나 그 피해와 고통이 주로 서민 계층에 집중되는 경향이 있다는 점은 그대로 문제점으로 남는다. 그렇다면 서민 계층이 시장의 자동 조절 기능의 주된 희생자가 된다는 뜻인데, 그런 불공평한 기능을 그저 자연스럽다고 용인하는 것이 옳을까? 보수 성향 경제학자들은 이런 불공평한 측면을 과소평가하고 있다.

3장

정부는 왜 존재하는가

1. 시장이 할 수 없는 일

| 공유의 비극을 막으려면 |

"정부가 왜 존재하는가?"라고 물으면 아마도 대부분의 경제학자들은 "시장의 실패를 교정하기 위해서다."라고 대답할 것이다. 물론 시장 실패의 범위나 내용은 학자에 따라 다르겠지만 공공재와 외부효과는 공통으로 언급된다. 그러나 정부의 역할이 공공재 공급에 국한되는 것은 아니다. 공공재와 정면으로 대조되는 재화는 보통 시장에서 거래되는 상품이다. 이것을 경제학에서는 사적재(혹은 민간재)라고 한다. 사적재의 가장 큰 특징은 한 사람이 그 재화를 많이 차지하면 다른 사람들에게 돌아갈 몫이 그만큼 감소한다는 것이다. 예를 들어 어느 백화점이 치킨 100마리를 반값에 판다고 했을 때 재빠른 주부가 60

마리를 사가면 다른 사람들이 구매할 수 있는 양은 40마리로 줄어든다. 그러므로 빨리 가서 줄을 서야 한다. 달리 말하면 치킨 100마리를 놓고 소비자들이 서로 경쟁하게 된다. 이런 특성을 경제학에서는 '경합성'이라고 한다. 사적재의 또 다른 특징은 돈을 내지 않는 사람은 빼고 돈 내는 사람에게만 골라서 줄 수 있다는 것이다. 즉 특정인을 제외하고 나머지 사람들에게만 선별적으로 공급할 수 있다는 뜻이다. 이런 특징을 경제학에서는 '배제성'이라고 한다. 사적재란 이처럼 경합성과 배제성을 모두 갖춘 재화를 의미하는 반면 공공재는 이 두 가지 특성을 띠지 않는 재화다. 일기예보가 그렇다. 일단 방송되면 누구든지 다른 사람과 관계없이 얼마든지 들을 수 있고(비경합성), 특정인을 빼고 나머지 사람들만 일기예보를 듣게 하기도 어렵다(비배제성). 그래서 경제학에서는 일기예보처럼 비경합성과 비배제성을 띠는 재화를 공공재라고 부른다.

그러나 현실에는 사적재와 공공재만 존재하지 않는다. 그 중간에 속하는 애매한 재화도 많이 있다. 예를 들어 서해의 물고기를 중국 어부들이 많이 잡으면 우리나라 어부들의 몫이 감소한다. 그렇지만 중국 어선을 배제하기는 매우 어렵다. 따라서 남획되기 쉽고 그 결과 서해의 어족이 고갈되면 우리 어부와 중국 어부 모두 큰 손해다. 이것이 흔히 말하는 '공유의 비극'이다. 바다의 물고기는 사적재처럼 경합성을 띠지만 공공재처럼 비배제성을 띠기도 한다. 이런 재화를 '공유재'라고 부른다. 바다의 물고기 말고도 공유지에 있는 대부분의 동식물이 공유재의 성격을 띠고 있어 잘 관리하지 않으면 고갈될 가능성이 크다. 그래서 공유재에 관해서는 보통 정부 개입이 필요하다고 인정되며 실제로 정부가 많이 개입한다.

환경오염도 공유재에 관련된 문제라고 할 수 있다. 수질 오염을 예로 들어보자. 대부분의 하천은 오염 물질을 자연적으로 처리하는 능력을 갖추고 있다. 폐수가 강에 버려지더라도 분해되고 희석되면서 결과적으로 물이 다시 깨끗해진다. 이런 능력을 '자정 능력'이라고 하는데, 자정 능력을 초과하는 폐수가 강에 방류되면 그 물은 먹을 수도 없고 농사지을 수도 없으며 물고기를 키울 수도 없을 정도로 오염된다. 이 경우 강의 자정 능력은 일종의 공유재가 된다. 사람들이 폐수를 과도하게 방출한 결과 하천의 자정 능력이 고갈되어 생기는 문제가 바로 수질 오염이라고 할 수 있다.

이처럼 사적재와 공공재의 중간에 속하는 애매한 재화를 흔히 '준공공재'라고 부르기도 한다. 공원이나 고속도로는 어느 수준까지는 비경합성을 보이다가 그 수준을 넘어서면 혼잡이 발생하면서 나쁜 외부효과를 초래하는 일종의 준공공재다. 현실에서는 많은 준공공재를 정부가 공급하고 관리한다. 도로나 공원이 그 대표적인 예다. 정부의 환경 정책은 공유재로서 자연의 자정 능력을 보전하려는 노력이다. 물론 공공재나 준공공재를 반드시 정부가 공급하고 관리해야 하는 것은 아니다. 민간 집단이 성공적으로 공공재를 공급하는 경우도 드물지 않다. 정부의 치안이 잘 미치지 않는 외진 지역에서는 지역 주민들이 자발적으로 방범대를 조직해서 치안을 유지하는 경우도 있다. 어족과 수자원 등 공유재가 지역 공동체에 의해서 잘 관리되는 사례도 매우 많다. 엘리너 오스트롬(Elinor Ostrom)은 세계 도처에 산재한 많은 사례를 바탕으로 시장에 맡기지 않고 정부가 개입하지 않아도 지역 공동체에 의해서 공유재가 성공적으로 잘 관리될 수 있음을 입증하였다.[1] 이 공로로 2009년 그녀는 정치학자이자 여성으로서 노벨경제학상을 받은 최초의 인물이 되었다.

그러나 맨서 올슨(Mancur Olson)은 민간 집단이 자율적으로 공공재와 준공공재를 공급하는 데는 엄연히 한계가 있다는 점을 체계적으로 밝혔다. 올슨에 의하면 몇 가지 까다로운 조건이 충족되지 않으면 민간 집단은 공공재 및 준공공재 공급에 실패한다. 그 조건 중 하나는 비용 분담에 관한 것이다. 공공재의 특성상 사람들은 공짜로 즐기려고 한다. 그러나 경우에 따라서는 이런 무임승차 문제가 큰 걸림돌이 되지 않을 수도 있다. 만일 집단 구성원 중 일부가 공급 비용 전액을 부담한다면 해당 집단은 무임승차에도 불구하고 자율적으로 공공재 공급에 성공하게 된다. 과연 어떨 때에 그럴까? 구성원 일부의 입장에서 볼 때 공공재 공급의 혜택이 충분히 커서 자신이 비용을 전담하더라도 수지가 맞는다는 계산이 나올 때이다.[2] 그러나 많은 경우 이런 비용 분담 조건은 성립하지 않으며 따라서 공공재 및 준공공재가 잘 공급되지 않는다.[3]

그렇지만 현실적으로 비용 분담 조건이 충족되지 않는데도 공공재 및 준공공재 공급에 성공하는 경우도 있다. 쉽게 말해서 '끼워 팔기', 즉 편법을 성공적으로 이용하는 경우다. 마치 일기예보에 광고를 슬쩍 끼워 넣듯이 사적재를 슬쩍 끼워 넣어서 준공공재와 함께 공급하는 것이다. 집단을 형성하면 그 힘을 이용해서 구성원들에게 여러 부수적인 혜택을 제공할 수 있다. 예컨대 물건을 싸게 공동구입 하거나, 각종 보험에 저렴하게 가입하거나, 항공권 또는 기차표를 싸게 구입해서 구성원들에게 나누어줄 수도 있고 유명 전문가를 초청해서 유익한 취미 활동을 할 기회를 제공할 수도 있다. 올슨은 이런 사적재 성격의 부수적 혜택을 "선택적 인센티브(selective incentive)"라고 불렀다. 이처럼 특수한 비용 조건이 충족되거나 선택적 인센티브 같은 편법이 동원되지 않으면 민간의 공공재 및 준공공재 공급은 대부분 실패한다는 것이 올슨의 주장이다.

| 최선의 선택을 돕는 일 |

공공재라고 부르기는 조금 애매하지만 특히 서구 국가들이 많은 돈을 투입하여 공급하는 다른 종류의 재화가 있다. 이른바 권장재(merit goods)가 바로 그것이다. 권장재란 각 개인에게도 좋고 사회적으로도 좋지만 각 개인이 자칫 소홀히 하기 쉬운 재화로서 말 그대로 사회적으로 권장할 가치가 있는 재화를 말한다. 교육이 대표적인 예다. 교육을 잘 받으면 개인에게도 좋고 사회적으로도 좋다. 특히 초등 교육은 개인이 생각하는 것보다 훨씬 더 큰 이익을 가져다준다. 그럼에도 불구하고 정부가 나서지 않고 내버려두면 아프리카 저개발국에서 보듯이 학교에 가지 않는 사람들이 많아질 것이다. 저개발국은 거의 예외 없이 문맹률이 매우 높다. 모든 국민이 글을 깨치고 셈을 할 줄 아는 능력을 갖추면 경제 성장뿐 아니라 민주화에도 큰 밑거름이 된다. 그렇기 때문에 많은 나라가 기초 교육을 의무화할 뿐만 아니라 국민들이 더 많은 교육을 받을 수 있도록 정부가 적극 지원한다. 건강도 마찬가지다. 누구나 건강이 중요하다는 것을 알지만 실제로는 많은 사람이 건강을 소홀히 한다. 줄담배를 피우고 술에 젖어 사는 사람이 얼마나 많은가. 경제적으로도 건강은 국가의 큰 자산이다. 늘 병들어 앓는 국민으로 가득 찬 나라는 결코 경제 성장을 이룰 수 없다. 그래서 여러 나라의 정부가 저렴한 의료 서비스를 제공하고 보건소를 세우며 예방 주사를 맞게 강제하는 등 국민의 건강을 직접 챙긴다.

경제학이 가정하듯이 정말로 국민 각자가 합리적으로 자신의 이익을 추구한다면 굳이 정부가 나서서 권장재를 공급할 필요가 없을지도 모른다. 그러나 일상생활에서 사람들은 빈번히 비합리적으로 행동하며 무엇이 자신에게 최선인지 잘 모르는 경우도 무척 많다. 이것이야말로 최선이라고 확신하고 늘 자신 있게 행동하는 사람이 과연 얼마나 있을까? 정보가 부족해서 무엇이 최선인지 잘 모르거나, 알아도 게을러서 혹은 돈이 없어서 최선을 선택하지 못하는 사람이 많다. 이럴 때 사회복지의 이름으로 정부가 나서서 도와줄 필요가 있는데, 권장재가 바로 이런 필요에 관련된 재화다.

권장재를 공급하는 일 말고도 산업의 경쟁력을 높이며 시장이 좀더 원활하게 돌아가도록 도로, 항만, 공항 등 사회 간접 자본을 구축하고 기업의 생산 활동을 지원하는 일도 정부의 주요 임무로 여겨진다. 사실 대부분의 권장재와 사회 간접 자본에는 공공재적 요소가 깃들어 있다. 공부를 안 하고 뺀들거리는 사람에게 "공부해서 남 주냐?"라고 힐책하지만 사실은 공부해서 남 준다는 것도 틀린 말은 아니다. 건강도 마찬가지다. 많은 경우 이런 사회적 이익은 다분히 공공재적 성격을 띤다고 할 수 있다.

2. 말썽꾸러기 시장 다스리기

| 케인스학파 대 시카고학파 |

누구나 안정된 생활을 원한다. 국민의 생활이 안정되려면 우선 사회가 안정되어야 하고, 사회가 안정되려면 경제가 안정되어야 한다. 물가가 1년에 100퍼센트, 200퍼센트씩 뛰면 절대 경제가 안정될 수 없다. 그런 초인플레이션이 과거 독일에서 나치 정권을 낳았고 남미에서 군사 독재를 낳았다. 실업률 낮추기도 경제 안정화에 절대적인 요소다. 실업자가 대량 발생해 실업률이 20~30퍼센트에 이르면 사회가 절대 안정될 수 없다. 1930년대 세계 대공황 때 주요 선진국에서 그런 높은 실업률이 나타났다.

보통 경제 안정화의 핵심 변수로 경제 성장, 물가, 고용 세 가지가 꼽힌다. 경제가 적정 수준으로 지속적으로 성장하고, 물가가 안정되며, 실업률이 낮아야만 경제가 안정될 수 있다. 경제 안정화에 절대적인 이 세 가지 변수에 대하여 정부가 과연 어떤 태도를 취해야 하는가를 놓고 경제학자들은 오랫동안 치열한 논쟁을 벌였다. 크게 두 패로 갈려서 싸웠으니 경제학계에서 이것보다 더 크고 긴 논쟁은 없었을 것이다. 한쪽은 케인스의 경제 이론을 추종하는 케인스학파고, 다른 한쪽은 시카고 대학교 경제학과를 본산으로 삼는 시카고학파다. 두 학파는 경제 현안을 놓고 사사건건 대립했는데, 우선 현실의 시장을 보는 시각부터 크게 다르다. 시카고학파도 현실의 시장이 완전무결하다고 고집하지는 않는다. 현실의 시장은 경제학자들이 이상적으로 간주하는 시장(완전경쟁 시장)과 상당히 거리가 있다는 점은 두 학파 모두 인정한다. 다만 이 간격을 어떻게 좁힐 것인가를 놓고 전혀 다르게 말한다. 케인스학파는 정부가 개입해서 이 간격을 메워주어야 한다고 주장하는 반면 시카고학파는 정부의 역할을 최소한으로 축소하고 시장의 역할을 최대한 활성화함으로써 현실의 시장을 이상적 시장에 접근시켜야 한다고 주장한다.

그렇다면 케인스 자신은 어떻게 생각하였을까? 많은 문제를 안고 있지만 자본주의는 우리가 택할 수 있는 최선의 대안이라고 케인스는 굳게 믿었다. 비유해서 말한다면 자본주의 시장은 창의력이 높은 말썽꾸러기 어린애와 같다. 내버려두면 말썽꾸러기 어린애는 충동에 따라 제멋대로 행동하다가 큰 사고를 치기 십상이다. 창의력이 높을수록 더욱 더 그렇다. 자본주의 시장도 내버려두면 1930년대 세계 대공황과 2008년 세계 경제위기가 보여주듯 극단으로 치닫는 경향이 있다. 시카고학파의 사고방식에 심취해 있던 미국의 부시 전 대통령조차도 2008년 미국 금융시장이 휘청거리자 "뉴욕 금융가가 술에 만취했다."고 말하지 않았는가. 마치 부모가 잘 보살펴야만 어린애가 창의력을 발휘할 수 있듯이 자본주의 시장도 정부가 잘 통제해야만 술에 곯아떨어지지 않고 높은 생산력을 달성할 수 있다. 이것이 자본주의 시장에 관한 케인스의 기본적인 생각이었다.

케인스학파와 시카고학파는 시장의 자동 조절 기능에 관해서도 큰 견해차를 보였다. 시카고학파가 시장의 자동 조절 기능을 철석같이 믿는 반면 케인스학파는 회의적이다. 케인스 자신도 시장의 자동 조절 기능을 믿지 않았다. 10년 가까이 계속된 1930년대 대공황의 와

중에 뼈저리게 느낀 것이다. 설령 시장에 자동 조절 기능이 내재해 있다고 해도 문제는 그것이 대단한 느림보라는 점이다. 시카고학파는 경기 침체나 불황 같은 비상시국은 잠깐 참고 기다리면 곧 끝난다고 하면서 경제학자들이 그런 일시적인 현상에 크게 신경 쓸 필요가 없다고 주장한다. 1930년대 대공황은 10년 이상 계속되지 않았냐고 물으면 그것은 수백 년에 한두 번 나타날까 말까한 희귀 현상에 불과하다고 대꾸하거나 정부가 잘못했기 때문이라고 대답할 것이다. 그러나 역사적으로 보면 2, 3년 혹은 그 이상 계속되는 불황이 즐비하였다. 실업자는 1년도 견디기 어려운데 2, 3년 이상 불황이 이어지면 이들은 폐인이 되거나 병들어 죽을지도 모른다. 케인스는 우리 모두 죽거나 폐인이 된 다음에 문제가 해결되면 무슨 소용이 있느냐고 물으면서 다음과 같은 유명한 말을 남겼다. "장기적으로는 우리 모두 죽어 있을 것이다." 수많은 사람이 죽거나 폐인이 된다면 도대체 정부가 무엇 때문에 필요한가? 그렇게 되기 전에 정부가 직접 나서서 시장이 해결하지 못하는 부분을 메워주어야 한다는 것이 케인스의 지론이다.

케인스는 단순히 문제를 제기하는 정도로 그치지 않았다. 경기 변동을 완화하기 위해서 정부가 적극 개입해야 한다면, 구체적으로 어떻게 개입할 것인가? 물론 상황에 따라 정부가 개입하는 방법이 달라야 한다. 케인스에 의하면 호황기에는 시장의 자동 조절 기능이 작동한다고 하더라도 불황기에는 그렇지 못하다. 경기 과열은 궁극적으로 시장에 의해서 원만히 해소될 수도 있지만 경기 침체는 그렇지 못하다는 것이다. 왜 그럴까? 이 문제에 관한 긴 설명에서 케인스의 독창성이 빛난다.

| 화폐를 사랑하는 사람들 |

원래 케인스는 수학과 통계학을 전공하였고 이 분야의 저서를 쓰기도 하였다. 그는 통계에 밝았으며 관료로 활동한 경험도 있기 때문에 탁월한 현장감을 가지고 있었다. 이런 이력을 바탕으로 그는 기존 경제학자들의 공리공담을 공격하였다. 경제학 교과서에 의하면 경기 침체기에는 임금과 금리가 떨어진다. 그러면 생산 원가가 절감되면서 기업의 경제 사정이 호전돼 경기 회복의 발판이 마련된다. 이것이 경제학자들이 말하는 시장의 자동 조절 기능의 일부다. 그렇지만 현실은 교과서와 전혀 다르게 움직이는 경우가 허다하다. 물론 불황이 깊어지면서 큰 폭으로 임금이 삭감되었지만 그것이 물가 하락폭에 미치지 못하였으므로 많은 경우 실질 임금은 크게 떨어지지 않았다. 대체로 한번 올라간 임금은 잘 떨어지지 않는 경향이 있다. 즉 임금은 하방경직성을 갖는다.

그렇다면 기업 투자에 결정적인 또 하나의 변수인 금리는 어떤가? 자유방임 시장에서는 금리 역시 어느 한계 이하로 떨어지지 않는 경향이 있다. 보통 사람들은 여러 이유로 일상 거래에 필요한 돈보다 더 많은 돈을 보유하려고 한다. 미래의 불상사에 대비하기 위해서 혹은 제때 부동산 투자나 주식 투자를 하기 위해서 금고나 은행에 여윳돈을 넣어둔다. 불경기가 심해지고 물가가 계속 떨어질 때도 사람들은 지출을 꺼린 채 돈을 움켜쥐고만 있다. 케인스의 표현을 빌리면 마치 화폐 그 자체를 사랑하는 듯 사람들은 일상 거래에 필요한 것보다 더 많은 돈을 움켜쥐고 있으려 한다. 화폐 자체를 향한 이런 애착심을 케인스는 "화폐 애착(love of money)"이라고 표현하였다. 화폐에 지나친 애착을 품기 때문에 사람들은 호주머니에서 현금이 나가는 데에 필요 이상 심리적 부담을 느낀다. 그래서 카지노에서는 이런 심리적 부담을 줄여주기 위해서 현금을 쓰지 않고 칩을 사용한다. 현금을 걸 때보다는 칩을 걸 때 도박꾼들이 훨씬 더 대담해진다. 일상의 거래에서도 현금을 이용할 때보다 신용카드를 이용할 때 상품을 훨씬 더 많이 구매한다는 것도 밝혀졌다.

화폐 애착은 케인스가 말하는 야성적 충동의 한 종류다. 그는 화폐 애착이 경기 침체와 불황의 원인이라고 주장하면서 이 야성적 충동을 경기변동과 연결했다. 경기 침체기나 불황기에 흔히 보듯이 개인이나 기업이 미래를 몹시 불안하게 생각하면 이들의 화폐 애착은 더욱 더 커져서 돈을 쓰지 않고 되도록이면 현금을 많이 보유하려고 한다. 이 결과 막대한 현금이 퇴장해버린다. 시중에 돈이 많이 돌아야 금리가 떨어지는데, 정부가 아무리 돈을 찍어내도 국민들이 이 돈을 받아서 계속 쌓아놓고만 있어 돈이 돌지 않으니 금리가 떨어지지 않는다. 케인스는 임금이 하방경직성을 띠듯이 금리 하락에도 하한선이 있다고 주장한다.

금리가 하한선으로 떨어지면 많은 사람이 금리가 바닥을 쳤으니 앞으로 오를 일만 남았다고 생각하게 된다. 금리가 오른다는 것은 부동산 가격과 주가가 떨어진다는 뜻이다. 부동산 가격이나 주가를 떠받치는 기본 요인은 미래의 수익을 할인한 현재 가치인데, 금리가 높으면 미래 수익을 많이 할인하기 때문에 현재 가치가 떨어진다. 그러므로 금리가 바닥을 쳤다고 느끼는 순간 많은 사람이 부동산 가격과 주가가 앞으로 떨어질 것이라고 예상하고 부동산과 주식 투자를 기피하게 된다. 이미 보유하고 있던 부동산과 주식도 팔아치우려고 애를 쓸 것이다. 그래서 많은 사람이 부동산과 주식 대신 현금을 더 선호하게 된다. 국민들이 소비 지출을 꺼리더라도 주식이나 부동산이라도 열심히 사주면 그나마 돈이 돌면서 금리가 떨어지겠지만, 주식 시장과 부동산 시장마저 꽁꽁 얼어버리면 아무리 정부가 돈을 풀어도 시중에서 금리는 하한선 이하로 내려가지 않는다. 마치 금리가 함정에 빠지기라도 한 것처럼 꿈쩍도 하지 않는다는 것이다. 케인스는 이 현상을 "유동성 함정"이라고 표현하였다.

임금과 금리의 하방경직성으로 인해 경기 회복에 필요한 수준 이하로 임금과 금리가 떨어지지 않으면 경기 침체가 장기화되고 불황으로 발전할 수 있다. 특히 시중 금리가 유동성 함정에 빠져 있을 때는 정부가 아무리 시중에 돈을 풀어도 경기를 살리기 어렵다. 즉 정부의 통화 정책만으로는 경기 침체나 불황에 대처하기 어렵다는 것이다. 경기 침체기나 불황기에는 투자가 감소하고 고용이 감소하면서 소득도 감소한다. 소득이 감소하면 소비도 감소한다. 기업이 상품을 만들어봐야 시장에서 팔리지 않는다. 이것이 기업으로 하여금 비관적 예상을 하게 만들기 때문에 고용과 소비가 더욱 더 감소한다. 이 결과 시장 자체로는 해결할 수 없는 악순환의 고리가 형성된다. 그렇다면 정부가 나서야 한다. 정부의 돈으로 상품을 많이 구입할 뿐만 아니라 각종 공공사업을 적극적으로 일으켜서 고용을 창출해야 한다. 이런 현실적 필요성에 부응하여 경제학자들도 특히 침체기와 불황기에 초점을 맞추어 이론을 개발하고 현실적인 정책을 강구해야 한다는 것이 케인스의 주문이었다. 케인스 이후 많은 경제학자들이 이런 주문을 받아들이면서 경기변동의 문제라고 하면 주로 경기 침체 및 불황에 관련된 문제로 보는 경향이 생겼다.

케인스의 이론은 시장의 실패에 정부가 적극적으로 개입하는 것을 정당화하는 케인스 경제학으로 발전하면서 제2차 세계대전 이후 수십 년간 세계를 풍미하였다. 경제학계에서는 이른바 '거시경제학'이라는 새로운 분야가 열리면서 인기를 끌었다. 무엇보다도 의미심장한 것은 세계 여러 나라가 앞다투어 케인스 경제학에 입각한 경제 정책을 폈다는 점이다. 사실 이 시기는 선진국, 특히 미국이 역사상 최고의 번영을 구가하던 시기이기도 하다. 이 시기에 선진국 경제가 겪는 경기변동의 진폭도 크게 완화되었다. 저명한 경제사학자 찰스 킨들버거(Charles Kindleberger)에 의하면 지난 400년 동안 대체로 10년을 주기로 금융위기가 도래하였는데, 유일한 예외는 1947년부터 1971년까지의 25년이다. 이 기간 동안 약한 경기변동은 있었지만 1962년 브라질을 제외하고는 전 세계에 걸쳐 금융위기가 없었다. 그렇지만 이 시기 전후에는 정기적으로 나타나는 금융위기가 경제의 한 특징이었다. 그러면 왜 이 25년 동안에는 세계 여러 나라들이 큰 경제위기 없이 높은 경제 성장을 달성할 수 있었을까? 이 시기는 바로 케인스 이론에 입각한 정부의 개입이 여러 나라에서 가장 활발하였던 시기다.

| 대안정 |

그러나 1970년대 후반 들어 전 세계적으로 신자유주의 바람이 불면서 정부의 지나친 경제 개입의 부작용을 지탄하는 목소리와 함께 '작은 정부'에 대한 요구가 높아졌다. 인플레이션이 극성을 부렸지만 케인스 이론에 입각한 경제 정책이 잘 먹히지 않았다. 케인스 이론에 입각한 경제 정책의 주요 공격 대상은 불황이나 경기 침체이지 인플레이션이 아니었기 때문이다. 이처럼 케인스 이론에 입각한 경제 정책의 약발이 떨어지자 케인스학파의 위세 역시 꺾이게 되었다. 그 대신 시카고학파가 득세하기 시작하면서 시카고학파가 주창하는 '통화주의'가 주요 선진국, 특히 미국과 영국에서 경제 안정화 정책의 기조로 자리 잡게 되었다. 통화주의의 핵심 요구는 정부의 경제 안정화 정책이 통화량을 안정적으로 조절하는 데에 국한되어야 한다는 것이다. 시카고학파는 중앙은행의 주된 역할은 물가를 안정시키는 것이며 물가만 안정되면 다른 것들은 시장이 알아서 해결하게 되어 있다고 보았다. 물가가 안정되면 간접적으로 고용도 안정된다는 것이다.

통화주의를 신봉하는 경제학자들은 케인스 이론이 요구하듯이 정부와 중앙은행이 직접적으로 실업 감축을 목표로 삼고 시장에 개입해봐야 장기적으로는 실패하게 된다고 보았다. 통화주의의 정치적 입장은 시장에서 발생하는 실업을 사회가 용인할 줄 알아야 한다는 것이다. 만일 정부나 중앙은행이 무리하게 실업자의 수를 줄이려 하고 경제 성장을 촉진하려고 한다면 1970년대가 보여주듯 경제가 다시 인플레이션의 회돌이에 휘말리게 된다. 1970년대 인플레이션의 진통을 겪고 난 후 통화주의가 새로운 경제적 사고방식으로 확고하게 자리 잡으면서 경제 성장이나 고용 안정화를 위한 정부의 그 어떤 적극적 개입도 금기시하는 분위기가 조성되었다. 만일 어떤 정치가가 실업 감축을 위한 구체적 수치를 제안하면 그는 시대의 흐름에 역행하는 배신자로 간주될 정도였다.

그러나 『자본주의 4.0』으로 잘 알려진 아나톨 칼레츠키(Anatol Kaletsky)는 통화주의의 득세는 표면상으로 나타난 현상에 불과하며 실제로는 선진국 중앙은행들이 물가 안정만 목표로 삼지 않고 은밀히 통화주의가 금기시하는 것까지 다루었으며 이 결과 장기간에 걸쳐 경기변동의 진폭을 줄일 수 있었다고 주장하였다.[4] 중앙은행들은 분명히 의도적으로 케인스가 강조한 고용 안정과 경제 성장을 목표로 삼았으며 그 수단으로 금리를 이용했다는 것이다. 미국 연방준비위원회 의장이던 벤 버냉키(Ben Bernanke)는 2004년 연설에서 "대안정(Great Moderation)"이라는 용어를 쓰면서 "지난 20여 년간 경제 분야에서 가장 눈에 띄는 특징 중 하나는 거시 경제적 변동 폭의 현저한 감소였다."라고 말했다. 겉으로 나타난 언어의 향연에 현혹되지 않고 오직 정부와 중앙은행의 실제 행동에 주목해보면 정책 수립자들이 고용과 성장을 안정화하기 위한 전통적 케인스 이론을 수용하였으며 덕분에 버냉키가 말하는 대안정이 이루어졌다는 것이 칼레츠키의 해석이다.

그러면 세계 경제를 주도하는 미국이 왜 표면상으로는 통화주의를 표방하면서 뒷구멍으로 케인스의 이론을 받아들였을까? 사실 1980년대 초반 미국 경제는 수년간 극심한 경기 침체에 시달렸다. 그리고 멕시코, 브라질, 칠레, 아르헨티나, 필리핀 등 여러 나라가 국가 파산을 선언하였다. 이런 일련의 사건들이 결국 미국과 선진국들로 하여금 은연중에 케인스의 통찰을 어느 정도 수용하는 방향으로 회귀하게 만든 계기가 되었다는 얘기다. 2008년 세계 경제위기는 케인스 경제학에 관한 관심을 명시적으로 다시 끌어올리는 계기가 되었다. 2009년 4월 G20에서 참여국 정부들이 세계 경제위기 대응책을 논의하면서 케인스 경제학의 기조를 상당한 정도로 받아들여야 한다는 결론을 내리기에 이르렀다. 그 이후 각국 정부는 경제 성장을 부추기기 위한 각종 조치를 취하게 되었으며 중앙은행이 고용 증대와 경제 성장에 도움이 되는 방향으로 통화 정책을 펴도록 압력을 넣기 시작하였다.

3. 정의로운 재분배

| 선진국의 소득재분배 정책 |

이상에서 살펴본 것처럼 정부의 역할은 단순히 공공재 공급에 한정되지 않고 매우 다양하다. 표3-1은 OECD 국가들의 정부 지출 내용을 보여준다. 공공재의 공급이 전통적인 정부 활동으로 분류되고 있으며, 권장재는 사회복지의 명목으로 공급되고 있고, 시장 활성화를 위한 각종 정부의 지원은 경제 개입의 이름으로 이루어지고 있다. 과거 작은 정부를 외치던 신자유주의 시대에 주요 OECD 국가들의 정부 재정 지출 내역을 보면 공공재 공급의 비중이 가장 높은 나라는

표3-1 | OECD 국가 재정 지출 내역

전통적 영역	사회복지	경제 개입
공공재 (국방, 일반 공공 서비스, 기타)	권장재(교육, 보건, 주택, 기타) 소득이전(연금, 실업수당, 의료비 보조, 기타) 기타 이전(비영리기관 지원 등)	경제 서비스 (자본 형성, 보조금, 기타) 공공 부채 이자 대여

미국으로 총 재정 지출의 약 4분의 1 정도를 차지하였다. 일본의 경우 공공재 공급의 비중은 약 12퍼센트 정도로 낮았다. 세계 경찰 국가를 자처하는 미국은 국방에 많은 돈을 쓰는 반면 일본은 국방에 상대적으로 돈을 덜 쓰고 있었다. 어떻든 미국, 영국, 독일, 일본 등 주요 OECD 국가의 재정 지출에서 명목상 공공재 공급이 차지하는 비중은 25퍼센트 이하로 그리 높은 편이 아니고, 10여 년 전에 비해 그 비중에 큰 변화도 없는 편이었다. 우리의 눈길을 끄는 것은 일본, 독일, 영국의 경우 정부 재정 지출에서 권장재가 차지하는 비중이 공공재의 비중보다 월등히 컸다는 점이다. 권장재가 경제 성장의 기반이 되는 까닭에 선진국, 특히 유럽 선진국의 정부들은 권장재 공급에 많은 돈을 쓰고 있었다. 이는 우리가 생각하는 것보다 권장재의 현실적 의미가 훨씬 더 크다는 것을 의미한다.[5]

　권장재보다 우리의 눈길을 더 많이 끄는 것은 주요 OECD 선진국에서 소득이전의 비중이 공공재의 비중보다 월등히 컸다는 점이다. 실업수당, 가족 보조금, 은퇴연금 등 흔히 말하는 사회보장 지출이 소득이전 지출의 주된 내용인데, 일본, 독일, 영국의 경우 권장재와 소득이전을 합친 넓은 의미의 사회복지 지출이 정부 재정 지출의 절반 이상을 차지한다. 그러다 보니 국민소득에서 차지하는 사회복지 지출의 비중도 매우 높다. OECD의 자료에 따르면 GDP 대비 사회복지 지출의 비율이 스웨덴, 핀란드, 덴마크 등 북유럽 국가의 경우 30퍼센트 근처이고, 독일이 25.8퍼센트, 일본이 20퍼센트를 약간 상회하며, 선진국 중에서 사회복지에 가장 인색하다는 미국도 20퍼센트에 가깝다. OECD 평균은 21.6퍼센트인데 우리나라는 10.4퍼센트에 불과하다. 한편 OECD의 평균 조세부담률(GDP 대비 정부 세수의 비율)은 34.1퍼센트인 반면 우리나라의 조세부담률은 21.6퍼센트다. 이 자료를 보면 우리나라는 OECD 34개 회원국 중에서 대표적인 '저(低) 세금, 저(低) 복지' 국가로 꼽힌다.[6]

사회복지 명목의 소득이전은 빈부격차의 완화를 주로 겨냥한 소득재분배의 성격을 띤다. 보통 소득재분배가 정부의 소득이전 지출을 정당화하는 가장 큰 사유이기도 하다. 이런 점에서 보면 우리나라가 저 세금, 저 복지 국가라는 말은 우리나라는 소득재분배를 가장 경시하는 나라이며 정부가 제 역할을 다하지 못하고 있음을 시사한다. 반면 다른 OECD 국가들을 보면 현실적으로도 정부 재정 지출에서 소득재분배 성격의 지출이 차지하는 비중이 압도적으로 크다. 그러다 보니 정부가 존재하는 가장 큰 이유를 소득재분배에서 찾는 학자도 많다.[7]

| 아래로 흐르지 않는 돈 |

그러면 왜 정부가 소득재분배에 적극적으로 나서야 하는가? 공공재 공급의 실패와 마찬가지로 빈부격차의 심화 역시 자본주의 시장의 맹점으로 자주 꼽힌다.[8] 예를 들면 미국은 세계에서 시장경제가 최고로 발달한 나라로 꼽히지만 선진국 중에서 가장 빈부격차가 심한 나라로 알려져 있기도 하다. 세계 최고의 부자 나라 미국에서 7명 중 1명 꼴로 정부의 식비 지원이 없으면 쫄쫄 굶어야 하는 처지에 있다. 그럼에도 불구하고 다른 한쪽에서는 우리 돈으로 30억 원(270만 달러)에 달하는 고가의 손목시계가 불티나게 팔려나간다. 이 어마어마한 가격의 손목시계 하나를 살 돈이면 154명의 극빈자와 그 가족이 1년 동안 먹고 살 수 있다. 그 손목시계를 생산하는 회사의 제품 중 가장 저렴한 시계는 1800만 원(1만 7500달러)짜리인데, 이 금액은 당시 미국의 공식적 빈곤선을 벗어나는 데 필요한 1년 치 소득에 해당한다.[9]

지난 수년간 미국에서 빈부격차가 계속 벌어지고 있으며, 유럽연합 국가도 마찬가지라고 보고되었다.[10] 우리나라도 예외가 아니다. 고용 없는 경제 성장이 벌써 10여 년 이상 계속되고 있으며 빈부격차가 급속도로 벌어지고 있다. 가계소득을 기준으로 한 빈부격차 지표로 이른바 소득 5분위 배율이 자주 이용된다. 소득 5분위 배율은 상위 20퍼센트 부유층의 총소득을 하위 20퍼센트 저소득 계층의 총소득으로 나눈 값이다. 우리나라의 소득 5분위 배율은 1997년에 4.09였는데 1999년에는 5.13으로 높아지더니 이명박 정부가 들어선 2008년에는 무려 8.67까지 훌쩍 뛰었다고 한다. 쉽게 말하면 대한민국에서 가장 잘사는 20퍼센트의 소득이 가장 못사는 20퍼센트의 소득의 9배에 가깝다는 것이다. 왜 이렇게 급속도로 빈부격차가 벌어졌을까? 경제 성장에서 오는 이익이 오직 소수에게만 집중되었을 뿐 전 국민에게 골고루 퍼지지 않았기 때문이다. 달리 말하면 돈이 아래로 흐르지 못하고 저 꼭대기 고소득 계층에 고여 있다는 것이다. 이 말은 보수 성향 경제학자들이 금과옥조로 삼아온 '낙수효과'가 거의 없었다는 뜻이다. 많은 경제학자들이 관심을 가지고 낙수효과의 크기를 연구한 결과 지난 10여 년간 우리 경제에 낙수효과가 거의 없었다는 결론을 내리고 있다.[11]

최근 우리 사회뿐 아니라 전 세계적으로 큰 반향을 일으키고 있는 토마 피케티(Thomas Piketty)의 『21세기 자본』에 관한 보수 진영의 강력한 반발에서도 볼 수 있듯이 소득 불평등 문제에 관하여 이들은 매우 신경질적으로 반응한다. 먼저 이들은 소득 불평등이 지나치게 과장되어 있다고 불평한다.[12] 인생에서 소득도 중요하지만 여가도 중요하다. 요즈음에는 소득이 적더라도 주말에는 놀고 싶어 하는 사람이 점점 늘어나고 있다. 주 5일 근무제가 이런 세태를 반영한다. 열심히 일만 하는 사람은 돈을 많이 벌겠지만 여가를 덜 즐기게 되는 반면 열심히 놀기만 하는 사람은 돈은 적게 벌겠지만 여가를 풍족하게 즐기게 된다. 열심히 일만 하는 사람의 소득 수준은 열심히 놀기만 하는 사람의 소득 수준보다 훨씬 높을 것이다. 소득 수준만 보면 분명히 불평등이 존재한다. 그러나 열심히 놀기만 하는 사람은 열심히 일만 하는 사람보다 훨씬 더 많은 여가를 누릴 것이다. 여가 수준만 보면 분명히 반대의 불평등이 존재한다. 소득과 여가를 동시에 고려하면 한쪽의 불평등은 다른 쪽의 불평등과 상쇄된다. 그럼에도 불구하고 소득이라는 잣대로만 비교한다면 현실을 크게 왜곡하게 된다. 시장은 각 개인이 자신의 선호에 따라 소득과 여가를 적절히 절충하는 여건을 조성한다. 각자 자신이 원하는 최선의 길을 가는 사람들을 두고 누가 앞서고 누가 뒤쳐졌는가를 굳이 따진다는 것 자체가 웃기는 일이라고 보수 성향 경제학자들이나 신자유주의자들은 힘주어 말한다.

그렇지만 이들의 주장은 탁상공론이라는 비판을 면하기 어렵다. 이들은 여가도 돈이 있어야 즐길 수 있다는 엄연한 현실을 너무 가볍게 생각한다. 특히 자본주의 사회에서는 여가를 즐기는 데에 돈이 많이 든다. 거의 대부분의 실업자는 경제적 여유가 없다. 돈이 없으니 여가를 즐길 수도 없다. 더 심각한 문제는 대부분의 실업자가 누리는 여가는 자발적으로 선택한 것이 아니라 일자리가 없어서 어쩔 수 없이 가지게 된 여가라는 점이다. 실업자들은 말 그대로 여가를 많이 가지지만 그것은 강요된 여가요 무료하기 짝이 없는 여가다. 대체로 자본주의 사회에서 부자들은 돈도 많고 여가도 풍족하게 누리는 반면 가난한 사람들은 돈도 없고 여가도 제대로 즐기지 못한다. 소득과 여가는 함께 움직이는 경향이 있다. 모든 사람이 여가를 제대로 즐기게 하려면 모든 사람에게 충분한 소득이 주어져야 한다. 이런 의미에서도 정부에 의한 소득재분배는 필요하다.

현실적으로 중요한 것은 보수 진영의 반발과 상관없이 이미 대다수 국민이 극심한 빈부격차에 분노하고 있으며 이것이 사회적 갈등을 유발하고 경제 성장에도 큰 지장을 주고 있다는 점이다. 2011년 9월 미국 국민이 더 이상 참지 못하고 "월가를 점령하라!"라는 구호를 외치며 거리로 뛰쳐나왔다. 뉴욕 금융가 부자들의 뻔뻔스러움과 비리를 규탄하면서 시작된 가두시위가 들불처럼 다른 대도시로 번져나가면서 자본주의 시장에 대한 규탄으로 발전하였다. 미국 금융시장은 99퍼센트의 희생 위에서 오직 1퍼센트를 위한 제도로 전락하였다는 것이다.[13] 유럽에서도 동조하는 가두시위가 잇달아 열렸다. 미국이 당면한 가장 근원적이고 심각한 문제는 국민 대다수가 불만에 가득 차 있는 가운데 사회가 전반적으로 활력을 잃은 채 시들고 있다는 것이다. 우리나라도 극심한 빈부격차를 둘러싼 사회적 갈등 탓에 활력을 잃고 있다. 순전히 경제적인 면만 봐도 문제다. 빈부격차 탓에 국민의 소비가 경제를 뒷받침해주지 못하고 있다. 일반 대중의 지갑이 얄팍하기 때문에 기업이 많이 생산해도 시장에서 잘 팔리지 않는다. 그러니 우리 경제는 수출에 더욱 더 의존하지 않을 수 없는 실정이다. 그뿐아니라 노사 갈등이 그렇듯 사회적 갈등은 그 자체로도 막대한 비용을 초래한다. 이처럼 자유방임 시장은 또 다른 엄청난 시장의 실패를 낳는다. 이런 현실적 필요에 더해 소득재분배를 정당화하는 이론도 무성하다. 여기에서는 주로 전통적인 견해만 살펴보기로 한다.

| 무지의 장막 뒤에서 |

정부에 의한 소득재분배의 가장 강력한 명분은 극심한 빈부격차가 정의롭지 못하므로 정의의 차원에서 이를 바로잡아야 한다는 것이다. 아마도 정의에 관하여 가장 흔히 인용되는 문헌은 미국의 철학자인 존 롤스(John Rawls)의 『정의론』일 것이다. 서구 사회에서는 플라톤이 정의에 관한 이론을 제시한 이래 매우 오랫동안 정의에 관한 학술적 관심이나 연구가 저조하였다. 성경 말씀을 잘 따르는 것이 곧 정의라는 단순한 생각이 서구 사회를 오랫동안 지배해왔기 때문이다. 롤스의 『정의론』은 종교의 지배에서 벗어난 현대 서구 사회에서 정의에 관한 관심에 다시금 불을 지핀 획기적인 저서로 꼽힌다.

정의로운 사회를 만들기 위해서는 우선 정의의 원칙을 찾아내고 지켜야 한다. 정의의 원칙을 찾는 일에서 롤스가 가장 중요하게 생각한 것은 사리사욕을 초월한 국민적 합의다. 즉 정의의 원칙은 사회 구성원 각각이 개인적 손익계산을 떠나 공적이고 객관적인 입장에서 무엇이 진정 옳은지 생각하는 분위기에서 합의된 것이어야 한다. 사리사욕의 초월이 중요한 또 하나의 현실적 이유는 합의를 용이하게 한다는 점이다. 현실에서 합의가 잘 되지 않는 가장 큰 이유는 각자 자신의 이익에 집착하기 때문이다. 여당과 야당이 맨날 싸우는 이유는 국민의 이익보다는 정당의 이익과 개인적 이익만 추구하기 때문이다. 그러므로 정의의 원칙을 만들어내고 이 원칙에 합의하려면 우선 각 개인이 사적 이해관계를 초월하게 만드는 일이 긴요하다.

어떻게 하면 사적 이해관계를 초월할 수 있을까? 가령 대한민국의 성인 모두 아무것도 가지지 않은 채 달나라에 모여서 정의의 원칙을 세우기 위한 대 토론을 벌인다고 해보자. 일단 정의의 원칙을 정하고 나서 각자 지구촌 대한민국으로 복귀할 때는 자신이 어떤 처지에 놓이게 될지 전혀 모른다고 하자. 노인이 될지 젊은이가 될지, 여자가 될지 남자가 될지, 부자가 될지 가난뱅이가 될지, 머리 좋은 사람이 될지 멍청한 사람이 될지, 판검사가 될지 장사꾼이 될지, 서울 사람이 될지 시골 사람이 될지 자신의 신상에 관해서 아무것도 모른다. 이른바 '무지의 장막' 뒤에 놓인다는 것이다. 다만 세상 돌아가는 이치나 인류의 역사는 잘 알고 있으며 인간의 삶이 어떤 것인지도 잘 알고 있다. 오로지 자기 자신의 처지에 관해서만 모를 뿐이다. 이와 같이 특정 지식만 차단한다는 점에서 '장막'이라는 말보다는 '필터'라는 말이 더 적절할 것 같다. 어떻든 자신의 처지에 관한 모든 것이 '무지의 장막'에 가려 있는 상황에서 각 개인은 무엇이 자신에게 이익이고 손해인지 알 수 없으므로 이기적 손익계산을 초월하게 될 것이며, 따라서 정의의 원칙에 관하여 쉽사리 합의하게 될 것이다. 롤스는 이런 상황을 "원초적 상황(the original position)"이라고 불렀다. 이런 원초적 상황에서 모든 사람이 합의한 정의의 원칙이야말로 참된 정의의 원칙이라고 할 수 있다.[14]

| 정의의 원칙 |

모든 국민이 그런 원초적 상황에서 정의에 관해 토론한다면 이들이 합의하게 될 원칙은 구체적으로 어떤 내용이 될까? 아마도 자유에 관한 얘기가 제일 먼저 나올 것이다. 현대인은 개인의 자유를 최고로 중요하게 생각하기 때문이다. 물론 각 개인이 마음대로 행동하게 내버려두는 것이 최선이라고 말할 수 있다. 그렇지만 그저 내버려두는 게 개인의 자유를 최대한 보장하는 것은 아니다. 마치 신호등이 없는 교차로에서 대혼란이 벌어지면 오히려 통행의 자유를 제대로 누리지 못하듯이 자유와 자유가 충돌하는 문제가 발생할 수 있다. 따라서 개인의 자유 행사에 관해 교통정리를 할 필요가 있는데, 각 개인의 자유를 어느 정도 제한할 것인지가 아마도 원초적 상황의 첫 번째 의제가 될 것이다. 사실 국민 전체가 누리는 자유의 총량에는 큰 한계가 없으며 남에게 지장을 주지 않으면서 각자 마음껏 자유를 누릴 여지는 많이 있다. 그러므로 원초적 상황에서 자유에 관해서 토론한다면 다른 사람에게 지장을 주지 않는 범위 안에서 모든 사람에게 최대한의 자유를 허용하자는 원칙에 합의하게 될 것이다. 이 원칙은 다분히 평등 지향적인 원칙이라고 할 수 있다. 누구나 자유를 골고루 누리게 해야 하며, 또한 그럴 여지가 있다.

그러나 세상에는 가장 기본적이면서도 누구나 골고루 향유할 수 없는 것이 있다. 지위 및 일자리와 소득(돈)이 바로 그것이다. 그 총량에 한계가 있기 때문이다. 한 나라에 대통령이 둘일 수 없으며, 한 부처에 장관이 둘일 수 없고, 한 회사에 사장이 둘일 수는 없으며, 한 대학에 총장이 둘일 수 없다. 높은 지위와 좋은 일자리는 한정되어 있는데 원하는 사람이 많다면 다툼이 생길 수밖에 없다. 이 다툼을 적절히 해결하지 못하면 사회는 큰 혼란에 빠지고 심지어 나라가 망할 수도 있다. 그러므로 원초적 상황에서 정의에 관하여 토론한다면 또 하나의 중요한 의제는 지위나 일자리의 공정한 배분이 될 것이다. 과연 국민 중 누구에게 대통령 자리를 주고 누구에게 국회의원 배지를 주며 누구에게 회사 회장 자리를 줄 것인가? 대다수가 수긍할 수 있는 원칙에 따라 지위와 일자리가 배분되어야 한다. 그 구체적인 방법은 상황에 따라 달라지겠지만 원초적 상황의 국민들은 아마도 하나의 원칙에는 합의할 수 있을 것이다. 지위와 일자리를 차지할 기회를 모든 국민에게 똑같이 부여한다는 것이다. 달리 말하면 모든 지위와 일자리에 대한 기회가 모든 국민에게 골고루 열려 있어야 한다는 것이다. 이것이 흔히 말하는 '기회 균등의 원칙'이다. 여자는 국회의원이 될 수 없게 한다든가 특정 지역 사람은 국방부 장관이 될 수 없게 하는 것은 이 원칙에 위배된다.

어느 사회에서나 심각한 사회적 갈등을 초래하는 또 하나의 중요한 요인은 소득분배다. 인류 역사상 수없이 많은 나라가 명멸했는데, 한 사회가 망할 때는 언제나 사회적 갈등이 극심하였고 그 밑바탕에는 늘 소득분배의 불평등이 주된 요인으로 작용하였다. 우리는 이런 명백한 역사적 교훈을 흔히 망각한다. "나는 인간이 역사로부터 배우지 않는다는 사실을 역사로부터 배운다."라고 헤겔이 말했다던가?[15] 경제학자들은 역사의식이 없다는 비판을 늘 받아왔다. 공정한 소득분배의 문제는 국가의 안위에 직결된 문제이지만, 인간 사회의 경우 이 문제가 특히 더 복잡하고 까다롭다. 동물 사회와 달리 인간 사회에서는 다수의 사람들이 협동해서 재화와 용역을 생산하기 때문이다.

소득은 생산에서 나오기 때문에 생산을 많이 하면 소득도 많아진다. 얼마나 많이 생산하느냐는 크게 두 가지 요인에 의해서 결정된다. 하나는 생산에 참여하는 각 개인의 노력이고 다른 하나는 협동이다. 각 개인이 더 열심히 일하면 더 많이 생산되고 따라서 더 많은 소득이 창출된다. 각 개인이 똑같이 노력하더라도 더 많은 사람이 협동하면 더 많이 생산할 수 있고 따라서 더 많은 소득을 올릴 수 있다. 각 개인의 노력 그리고 개인들 사이의 협동, 이 두 요인이 인간 사회에서 소득분배의 문제를 어렵고 복잡하게 만든다. 다수의 사람들이 일정 기간 동안 협동해서 창출한 소득을 어떻게 나누어 가져야 옳은가? 만일 모두가 똑같이 나누어 가진다면 아무도 더 열심히 일하려 하지 않게 될 우려가 있다. 그래서 보수 성향 경제학자들은 이런 '도덕적 해이'의 문제를 지적하면서 경제적 인센티브의 필요성을 무척 강조한다. 더 많이 노력하는 사람에게 더 많은 소득을 주어야만 사람들이 더 열심히 일하게 되고 그 결과 더 많은 재화를 더 많이 생산할 수 있다는 것이다. 그러므로 이들은 근로 의욕을 높이려면 시장의 원리에 따라 각자의 소득이 결정되게 하자고 주장한다.

문제는 그렇게 하면 빈부격차가 심화된다는 것이다. 자본주의 시장에는 극심한 소득 불평등을 자동으로 시정하는 메커니즘이 없다.[16] 소득분배의 불평등이 심해지면 불만을 품는 사람들이 많아진다. 다 같이 협동해서 생산한 것을 정확하게 어떤 비율로 나누어 가지는 것이 옳은지에 관해서 누구나 수긍할 수 있는, 엄밀히 계량화된 기준은 사실상 존재하지 않기 때문이다. 그러니 불만이 나올 수밖에 없고, 불만이 커지면 협동이 잘될 수 없다. 진정한 협동은 흔쾌한 마음에서 나온다. 따라서 소득분배의 불평등이 심해질수록 협동심이 위축되면서 결과적으로 생산 증가 속도가 둔화되거나 더 심하면 생산 그 자체가 줄어들게 된다. 이런 상태가 계속되면 사회적 협동 자체가 아예 와해되어버리고 드디어 대다수의 국민이 체제에 등을 돌리면서 사회 붕괴에 이르게 된다. 경제적 인센티브를 살리려면 소득분배의 불평등은 어느 정도 불가피한 면이 있지만, 그렇다고 불평등을 너무 방치하면 사회의 안위 자체가 위태로워질 수 있다는 것이다.

결국 소득분배 정의의 문제는 불평등을 어느 정도까지 허용할 것인가로 요약된다. 원초적 상황의 국민들도 이런 점을 집중적으로 토론하게 되겠지만, 각 개인은 달나라에서 지구로 복귀할 때 자신의 처지가 어떻게 될지도 생각해보지 않을 수 없을 것이다. 부자로 돌아갈수도 있지만 극빈자로 돌아갈 수도 있다. 그렇다면 대부분의 보통 사람들은 자신이 극빈자가 될 가능성을 더 염두에 둘 것이다. 그리고이 경우에 대비해서 최소한의 안전장치를 마련하려고 할 것이다. 만일 이것이 인지상정이라면 원초적 상황에서 국민들은 한 가지 원칙에합의할 수 있을 것이다. 즉 소득분배의 불평등을 허용하되 사회의 최약자에게도 이익이 되는 불평등만을 인정한다는 것이다. 이 원칙을'최약자 보호의 원칙' 혹은 '차등의 원칙'이라고 부른다.

이 원칙은 소득에 관한 한 정부의 모든 정책이 사회적 최약자에게어떤 영향을 미치는지 최우선으로 검토해야 한다는 뜻을 담고 있다.과거 우리 사회를 여러 차례 떠들썩하게 만든 자유무역협정(FTA)을예로 들어보자. 자유무역협정이 늘 큰 저항에 부딪힌 한 가지 큰 이유는 협정 체결로 대기업은 큰 이익을 얻는 반면 저소득층은 큰 타격을입는다고 여겨지기 때문이다. 저소득층이 사회적 최약자라고 하고, 자유무역협정 체결 결과 다음과 같은 두 가지 상황이 예상된다고 하자.

	협정 체결 이전	협정 체결 이후
총소득	150억 원	200억 원
최약자의 손익	소득 2억 원	손실 5억 원

창출되는 총소득의 규모 면에서는 자유무역협정을 체결하는 쪽이 더 바람직해 보인다. 따라서 경제학자들은 협정 체결을 적극 추천할 것이다. 이들은 총량만 생각할 뿐 누가 얼마나 이익과 손해를 보는지는 고려하지 않는다. 그렇지만 최약자 보호의 원칙에 의거해서 판단한다면 자유무역협정 체결이 사회 최약자 계층에 미치는 효과를 고려해야 한다. 두 상황 중 사회적 최약자에게 더 큰 이익을 주는 상황은 협정을 체결하지 않는 상황이다. 그러므로 롤스의 정의의 원칙에 따르면 협정을 체결하지 않는 것이 더 바람직하다. 그럼에도 불구하고 협정 체결을 강행하려 한다면 자유무역으로 창출되는 총 200억 원의 소득 중 최소한 7억 원이 사회적 최약자에게 재분배된다는 보장이 있어야 한다. 만일 7억 원이 재분배된다면 사회적 최약자의 입장에서 볼 때 협정이 체결되는 상황과 체결되지 않는 상황은 동등하다. 따라서 군이 반대할 이유가 없다. 실제로 정부는 자유무역협정에 대한 저항이 일어날 때마다 사후적으로 이익의 재분배를 약속한다. 그럼에도 불구하고 자유무역협정 때마다 반대 운동이 끊이지 않는 이유는 배달 사고나 행정상의 어려움 탓에 이익이 제대로 재분배되지 않기 때문이다.

| 최대 다수의 최대 행복을 위하여 |

정부에 의한 소득재분배를 정당화하는 주장 중 매우 체계적이면서도 아마도 가장 흔하게 듣게 되는 주장은 공리주의에 입각한 주장일 것이다. 오늘날 공리주의는 은연중에 자본주의 사회의 구석구석을 지배하는 사상이다. 따라서 공리주의는 소득재분배에 상당히 강력한 근거를 제공한다.

우리는 일상생활에서 작게는 한 개인의 행동이 바람직한지 아닌지부터 거창하게는 국가 정책의 타당성까지 많은 것을 평가하게 된다. 그러려면 객관적 기준이 있어야 한다. 이 기준은 되도록 모든 사람이 수긍하는 최고의 가치에 근거해야 한다. 공리주의는 각 개인의 행복이 곧 최고의 가치라고 본다. 흔히 공리주의라고 하면 제러미 벤담(Jeremy Bentham)이 주장한 '최대 다수의 최대 행복'이라는 원칙을 연상하게 된다. 이 원칙의 핵심 내용은 어떤 행위든 그것의 옳고 그름은 그 행위가 관계자들의 행복을 증진하는 경향이 있는지 아닌지에 따라 결정되어야 한다는 것이다. 이런 입장을 특별히 복지주의(welfarism)라고 한다.

공리주의에서는 과정이나 의도는 중요하지 않다.[17] 오직 각 개인의 행복에 미친 결과만을 따진다. 다시 말해 행위나 제도에 관한 사회적 판단은 오직 그것이 행복에 미치는 결과에 근거해서만 판단해야 한다는 입장을 취하는데, 이런 입장을 결과주의라고 한다. 또한 공리주의에서는 각 개인이 느끼는 행복 그 자체보다는 그것을 전부 합친 '총 행복'이 중요하다. '최대 다수의 최대 행복'에서 말하는 최대 행복이란 바로 이런 총 행복을 뜻한다. 예를 들어 4대강 사업을 수행하면 고소득층, 중산층, 저소득층에게 가는 행복의 크기가 각각 100, 50, 30이라고 하자. 그러면 총 행복의 크기는 180이 된다. 만일 4대강 사업을 하지 않으면 세 계층에게 돌아가는 행복의 크기가 각각 70, 50,

80이라고 하자. 그러면 총 행복의 크기는 200이다. 그러므로 총량을 보면 사업을 하지 않는 것이 국민에게 더 큰 행복을 준다. 따라서 공리주의에 따르면 사업을 하지 않는 것이 사회적으로 바람직하다. 이처럼 오직 행복의 총량에 입각해서 옳고 그름을 판단하는 입장을 특별히 총량주의라고 한다. 요컨대 공리주의는 총량주의, 복지주의, 결과주의를 핵심 내용으로 삼는 사상이다.

철학적으로 보면 경제학은 공리주의에 뿌리를 둔 학문이다. 다만 경제학은 행복이나 즐거움 같은 막연한 용어가 아닌 '효용' 혹은 '선호'라는 용어를 사용할 뿐이다. 흔히 경제학은 수요와 공급을 다루는 학문이라고도 하는데, 이때 수요란 상품을 소비하며 각 개인이 느끼는 즐거움(행복)을 돈으로 환산해서 전부 합친 값을 반영한 개념이다. 경제학은 복지주의와 결과주의를 철저하게 수용하고 있지만, 총량주의에 관해서는 약간 유보적이다. 개인들의 행복은 직접 비교가 불가능하고 따라서 합산할 수 없다고 보기 때문이다. 그러나 총생산, 총소득 등 총량에 입각해서 타당성을 판단한다는 점에서 경제학은 총량주의 정신을 이어받고 있다고 보아야 한다.

이와 같이 경제학이 공리주의에 입각하고 있으므로 소득재분배의 필요성에 관한 공리주의의 설명은 다분히 경제학적 설명이라고 할 수 있다. 이 설명에서 핵심은 소득의 '한계효용체감의 법칙'이다. 가난한 사람에게 100만 원은 무척 큰 가치를 지니지만 부자에게 100만 원은 아무것도 아니라는 말을 일상에서도 흔히 듣는데, 이 말이 시사하듯 소득이 증가함에 따라 그 가치는 점차 감소하는 경향이 있다는 것이 한계효용체감 법칙의 내용이다. 한계효용체감의 법칙은 우리 일상생활에서 광범위하게 관측된다. 보험이 그 대표적인 예다. 사람들은 경제적 여유가 있을 때 미래의 재난에 대비해서 각종 보험을 들어둔다. 재난이 터지면 경제적으로 큰 피해를 입으면서 급격하게 소득 수준이 떨어진다는 것을 잘 알기 때문이다. 사람들이 보험을 드는 이유는 소득 수준이 높을 때의 100만 원의 가치보다 소득 수준이 낮을 때의 100만 원의 가치가 훨씬 더 크다는 것을 느끼기 때문이다. 다시 말해서 소득의 한계효용체감 현상을 몸소 느끼기 때문이다. 보험보다 더 광범위하게 나타나는 현상은 소득 및 소비에 대한 사람들의 평생 계획이다. 짧고 굵게 살겠다는 사람도 간혹 있겠지만 대부분의 사람들은 돈 벌 때 저축해두었다가 벌지 못할 때 꺼내 쓰려고 한다. 즉 일생에 걸쳐 소비 수준을 고르게 유지하려는 경향이 대부분의 사람들에게 강하게 나타난다는 것이다. 이렇게 하는 이유는 소득 수준이 높을 때의 돈의 가치가 소득 수준이 낮을 때의 돈의 가치보다 훨씬 낮기 때문일 것이다.

한계효용체감의 법칙 때문에 똑같은 100만 원이라고 하더라도 그 만족감이 부자보다는 가난한 사람에게 훨씬 크다고 하자. 그렇다면 부자에게 100만 원을 받아서 가난한 사람에게 주면 가난한 사람이 느끼는 행복이 부자가 느끼는 불행을 상쇄하고도 남는다. 사회 전체적으로 보면 행복의 총량은 증가한다. 따라서 공리주의에 따르면 고소득 계층에서 저소득 계층에게 소득을 재분배하는 것은 '최대 다수의 최대 행복'의 원칙을 달성하는 길이므로 사회적으로 정당하다.

정부의 과도한 소득재분배 정책은 가난한 사람들을 게으르게 만들 수도 있다. 이런 도덕적 해이는 소득재분배 정책 얘기가 나올 때마다 보수 진영이 제기하는 문제다. 그러나 소득재분배 정책에 관하여 깊은 연구를 수행한 올슨은 거의 대부분의 경우 소득재분배에서 오는 사회적 편익이 도덕적 해이에서 오는 사회적 손실과는 비교가 안 될 정도로 크다고 주장한다.[18] 그럼에도 불구하고 보수 진영은 편익의 측면은 무시한 채 도덕적 해이 문제에 집착하는 경향이 있다. 소득재분배는 원칙의 문제요, 도덕적 해이의 문제는 부차적 문제다. 따라서 원칙을 훼손하지 않는 범위 안에서 도덕적 해이의 문제를 다룰 것을 올슨은 강조한다.

| 이타심이라는 공공재 |

어느 경제학자는 영국의 소득 분배 양태를 "난쟁이의 행렬"에 비유했지만,[19] 대체로 자본주의 사회에서 빈부격차는 보통 사람들의 상상을 초월할 정도로 크다. 그뿐 아니라 공정하지 못한 면도 많으므로 빈부격차를 방치한다면 계층 간 소득 격차는 점차 심화되며 이는 대다수 저소득 계층의 소외감을 가져옴은 물론 나아가서 사회 구성원의 공동체적 연대 의식을 와해해 사회적 통합을 저해할 우려가 있다.[20] 역사 교과서는 극심한 불평등이 정권을 붕괴시키고 나라의 멸망을 초래한다는 교훈을 준다. 극심한 빈곤이 범죄나 폭동과 같은 반사회적 행동을 불러올 수도 있는데, 이러한 가능성으로부터 사회를 보호하기 위해서 소득재분배가 필요한 것이다.[21] 이런 식의 주장에서 소득재분배는 사회 안전망을 구축하는 하나의 요긴한 방책으로 간주된다.

사회 안전망은 사회 질서와 치안 유지의 기반이 되며, 사회 질서와 치안은 전형적인 공공재다. 따라서 사회 안전망의 구축을 위한 정부의 소득재분배는 공공재의 공급을 겨냥한 정부 활동의 한 부분으로 이해할 수도 있다.

약간 다른 측면에서 정부의 소득재분배가 공공재를 창출한다는 것을 증명하는 경제 이론도 있다.[22] 우리 주위에는 이기적인 사람도 많지만 극빈자들을 보며 가슴 아파하고 이들이 잘살기를 진심으로 원하는 이타적인 사람도 무척 많다. 이들은 자신의 소득을 떼어내어 다른 사람들을 도와주고 싶어 한다. 자신이 소득이 줄어드는 것은 좀 아쉽지만 만일 그 돈을 받은 다른 사람이 행복해지는 것을 볼 때 느끼는 희열이 그 아쉬움을 상쇄하고도 남는다면, 결과적으로 남을 도와준 사람도 더 행복해진다. 그렇지만 남을 도와주려면 우선 경제적 여력이 있어야 할 뿐만 아니라 누가 어떤 도움을 원하고 도움이 필요한 이들이 어디에 있는지 등에 관한 정보가 필요하다. 보통 이런 정보는 개인이 얻기 어렵다. 개인적인 정보 수집이 효과적이지 못할 수도 있다. 이럴 경우 정부가 필요한 정보를 수집하여 제공할 뿐만 아니라 이타적인 사람들에게 기부금을 받아서 도움이 필요한 사람들에게 전달하는 역할을 수행할 수도 있다. 이 역할이 바로 정부에 의한 소득재분배의 기본 취지라고 볼 수 있다.

정부가 이타적인 사람들에게 기부금을 받아서 가난한 사람들에게 대신 전해준 결과 많은 빈민의 형편이 좋아졌다고 하자. 그러면 기부금을 낸 사람들은 물론이고 돈을 내지 못한 다른 이타적인 사람들도 기뻐할 것이다. 결과적으로 정부의 소득재분배 덕분에 기부금을 낸 이타적인 사람들이 다른 이타적인 사람들에게 즐거움을 제공한 셈인데, 이때의 즐거움은 공공재적 성격을 띤다. 이런 점에서 정부의 소득재분배는 사회 안전망 구축을 통할 뿐 아니라 직접적으로도 공공재를 창출한다. 물론 정부를 통하지 않는 각 개인의 자발적 자선 행위도 공공재를 창출하지만 개별적 자선 행위에는 현실적으로 많은 어려움이 따른다. 따라서 이타심의 발휘를 순전히 개인에게만 일임하면 이타심과 결부된 공공재가 충분히 많이 공급되지 않을 수 있다. 그래서 정부가 나서서 소득을 재분배하면 이타심과 결부된 공공재가 훨씬 더 많이 공급될 수 있을 것이다. 그러므로 경제학적으로 보더라도 정부에 의한 소득재분배는 충분한 정당성을 지닌다는 논리가 성립한다. 이렇게 보면 다양한 명분을 띤 정부의 다양한 활동을 관통하는 한 가지 중요한 공통점은 공공재의 특성이라고 할 수 있다. 사회복지에도 공공재적 요소가 담겨 있고, 경제 개입에도 공공재적 요소가 담겨 있다.

4. 집단행동의 문제

| 집합재와 죄수의 딜레마 |

세상에는 돈만 있으면 나 혼자 내 마음대로 할 수 있는 것들이 많다. 맛있는 음식을 먹고 싶으면 돈을 들고 음식점에 가면 얼마든지 골라 먹을 수 있고, 예쁜 옷을 입고 싶으면 돈을 들고 시장에 나가면 얼마든지 마음에 드는 옷을 골라 입을 수 있다. 굳이 남의 도움을 받거나 단체 행동을 할 필요가 없다. 그러나 나 혼자의 힘만으로는 어찌할 수 없는 것도 무척 많다. 아무리 신선한 공기를 마시고 싶어도 서울의 공기를 혼자 힘으로 신선하게 만들 수는 없다. 아무리 깨끗한 강에서 수영을 하고 싶어도 혼자 힘으로 한강을 깨끗하게 만들 수는 없다. 아무리 서울의 밤길을 안심하고 다니고 싶어도 혼자 힘으로 서울의 거리를 범죄 없는 안전한 곳으로 만들 수는 없다. 치안, 깨끗한 환경 등 공공재나 준공공재 대부분은 많은 사람이 협동하여 집단적으로 행동해야만 공급되거나 관리될 수 있는 것들이다.

공공재나 준공공재뿐만이 아니다. 내가 아무리 축구를 하고 싶어도 나 혼자서 축구 경기를 할 수는 없다. 축구 동호회에 가입하거나 동호회를 만들어야 한다. 이처럼 여러 사람이 모여서 집단으로 협동해야만 공급되거나 즐길 수 있는 재화나 서비스를 특별히 집합재(collective goods)라고 부른다. 집합재는 공공재나 준공공재를 포함하는 매우 포괄적인 개념이다. 그러나 현실에서는 협동이 잘되지 않아서 집합재가 충분히 공급되지 못하는 경우가 많다. 마을에 축구 동호회를 만들어도 회원들이 회비를 잘 내지 않아서 깨지는 경우도 흔하다. 그러면서도 다들 모임이 깨지는 것은 원치 않는다. 일종의 딜레마가 존재하는 셈이다. 이처럼 여러 사람의 협조가 꼭 필요한 상황에서 협조가 잘되지 않아 집합재가 제대로 공급되지 않거나 이용되지 못하는 문제를 '집단행동의 문제'라고 부른다. 집합재 중 공공재나 준공공재의 경우 이런 집단행동의 문제가 가장 심하다고 볼 수 있다.

그러면 왜 집단행동의 문제가 발생하는가? 이 질문에 포괄적이면서도 가장 간단한 대답을 주는 이론이 이른바 죄수의 딜레마(prisoners' dilemma) 이론이다. 원래 '죄수의 딜레마'라는 용어는 중죄를 지은 두 공범자를 격리해놓고 검사가 자백을 받아내는 얘기에서 나온 것이다. 검사가 두 범인을 각각 따로 불러서 "자백하면 풀어주겠지만, 자백하지 않고 버티다가 네 친구가 자백하면 너는 중죄를 면치 못한다."라고 회유하면 각 죄수는 공범자와의 의리를 지킬 것인가 아니면 검사의 회유에 따라 자백하고 실리를 챙길 것인가를 놓고 번민하다가 결국 둘 다 자백하고 만다는 얘기다. 비슷한 얘기를 비단 죄수의 사례뿐 아니라 우리 일상에서도 자주 듣게 된다. 죄수의 딜레마 상황은 심지어 우리의 가정에서도 연출될 수 있다. 두 부부가 서로 협조적이면 행복한 보금자리를 꾸려나갈 수 있다. 그러나 부부 중 한 사람은 가정을 꾸려나가기 위해서 헌신적으로 노력하는데 다른 한 사람이 '개판'을 친다고 하자. 한 사람은 혼자 고생하고 다른 한 사람은 편안히 즐기기만 하게 되는 것이다. 협조적인 사람은 비협조적인 사람에게 이용만 당하는 꼴이다. 만일 두 사람 다 비협조적이면 가정은 파탄 나고 모두가 불행해지는 상황이 초래된다. 이런 죄수의 딜레마 상황에서 각자 어떻게 대처하느냐에 따라 행복한 가정이 유지될 수도 있고 가정이 파탄 날 수도 있다.

집단행동에는 이런 구조적인 문제가 밑바탕에 깔려 있다. 예를 들어 매년 홍수 피해를 입는 어떤 마을에서 그 대책으로 제방을 쌓기로 했다고 하자. 네 가지 경우를 생각해볼 수 있다. (1) 마을 사람 모두가 일치단결해서 다 함께 열심히 일하면 모두에게 큰 이익이지만, (2) 이왕이면 나는 놀고 다른 사람들만 열심히 일해준다면 내 입장에서는 가장 좋고, (3) 반대로 나만 열심히 일하고 다른 사람들은 가만히 앉아 놀기만 한다면 나는 이용만 당하니 망한 꼴이며, (4) 이용당하기 싫다고 해서 다들 가만히 앉아 있으면 모두 손해만 보게 된다. 이것이 일상생활에서도 흔히 겪는 죄수의 딜레마 상황이다. 좀 더 전문적인 용어로 죄수의 딜레마 상황을 표현하면, (1)은 모두 협조함으로써 모두 이익을 보는 상황(이른바 윈-윈 상황)이고, (2)는 다른 사람들은 모두 협조적인 반면 나는 비협조적이어서 '무임승차의 이익'을 누리는 상황이며, (3)은 나는 협조적인 반면 다른 모든 사람이 비협조적이어서 이용만 당하고 망하는 상황, 그리고 (4)는 모두 비협조적인 상황이어서 모두 손해를 보는 상황이다. 여기에서는 제방을 예로 들었지만 가령 일기예보 시설을 설치할 때도 똑같은 상황이 전개된다. 죄수의 딜레마 이론은 공공재와 준공공재를 포함한 집합재의 문제를 설명해주는 포괄적 이론이다.

| 합리적인 개인, 비합리적인 사회 |

그러면 이런 죄수의 딜레마 상황에서 개인들은 어떻게 행동하며 어떤 결과가 나올까? 그것은 그 사람들이 어떤 성향인지에 달려 있다. 착하고 남을 잘 배려하는 사람들이라면 죄수의 딜레마는 쉽게 해소된다. 그러나 경제학이 전제하듯이 모두 합리적으로 자신의 이익을 추구한다고 하면 집단행동에 실패하여 모두 손해를 보게 된다. 왜 그럴까? 죄수의 딜레마 상황에 처해 있을 때 합리적인 사람은 다른 사람들이 어떻게 행동할 것인지 먼저 생각해보고 나서 이에 대응하여 자신에게 가장 이익이 되는 전략을 선택할 것이다. 우선 다른 모든 사람이 열심히 일한다고(협조적이라고) 하자. 나에게는 두 가지 선택이 열려 있다. 나도 함께 열심히 일할 것인가, 아니면 농땡이 칠 것인가. 만일 나도 함께 열심히 일하면(협조적이면) 나에게도 이익이 오지만, 농땡이 치면 가만히 앉아서 이익(무임승차 이익)을 얻으니 이것이 제일 좋다. 따라서 이 경우 협조하지 않는 것이 합리적이다. 이번에는 다른 사람들이 모두 논다고(비협조적이라고) 가정해보자. 이때 나만 일한다면(협조적이라면) 남에게 이용만 당하니 나는 망한 꼴이요, 나도 같이 논다면(비협조적이면) 나도 손해를 보지만 망하는 꼴은 당하지 않는다. 따라서 다른 사람들이 비협조적으로 나오면 나도 비협조적으로 행동하는 것이 합리적이다. 결과적으로 죄수의 딜레마 상황에서는 다른 사람들이 어떻게 행동하든 나는 비협조적으로 행동해야 한다. 그러는 쪽이 합리적이다. 그러나 문제는 나만 합리적인 사람이 아니라는 점이다. 다른 사람들 모두 합리적이다. 따라서 다른 사람들도 나와 똑같이 생각하고 똑같이 꽁무니를 뺄 것이다.

그렇지만 한 가지 분명한 것은 모두 꽁무니를 빼고 협동하지 않는다면 모두 협동한 상황에 비해서 모두가 더 큰 손해를 본다는 것이다. 전체의 입장(집단의 입장)에서 보면 협동이 최선의 선택이다. 만일 협동하는 상황과 협동하지 않는 상황, 두 상황을 놓고 투표를 한다면 만장일치로 협동하는 상황이 채택되고 협동하지 않는 상황은 기각될 것이다. 요컨대 집단의 입장에서 볼 때 모두 협동하는 것이 합리적이며, 만장일치의 상황은 그런 집단의 합리성이 구현되는 상황이다. 그럼에도 불구하고 투표를 하지 않고 경제학의 가정에 따라 모두 합리적으로 자신의 이익을 추구하게 내버려두면 모두 윈-윈하는 결과가 아닌, 모두 망하는 결과를 낳고 만다. 즉 개인들이 합리적으로 행동한 결과가 집단에게도 합리적인 것은 아니라는 것이다. 이것이 바로 '죄수의 딜레마'의 요체이자 집단행동 문제의 전형이다. 인간의 행태에 관한 경제학의 전제가 옳다면 죄수의 딜레마 상황에서 모두 망하는 상황에 빠지는 결과는 거의 필연적인 것처럼 보인다. 다시 말해서 공공재 및 준공공재를 포함한 집합재 공급을 위한 집단행동에 실패하게 된다는 것이다. 그러므로 집합재를 성공적으로 공급하고 관리하려면 정부의 개입이 필요하다는 주장이 설득력을 가지게 된다. "정부가 왜 존재하는가?"라는 질문에 경제학자들은 "시장에서 잘 공급되지 않는 것들을 공급하기 위해서"라고 대답하지만 더 일반적인 대답은 "죄수의 딜레마를 효과적으로 해결하기 위해서"이다.

순전히 각 개인의 입장에서만 볼 때 죄수의 딜레마에서 가장 좋은 경우는 무임승차이고 그 다음이 모두가 협동하는 상황이다. 그래서 모두 무임승차하려는 인센티브를 가진다. 그러다 보니 흔히 죄수의 딜레마 문제라고 하면 '무임승차'의 문제로 간주하는 경우가 많다. 실제로 1987년 대통령 선거에서 우리 국민은 무임승차의 문제가 얼마나 치명적인지 뼈저리게 느꼈다. 당시 국민의 대다수는 야권이 단일 후보를 출마시켜서 군사정권에 종지부를 찍기를 간절히 원했다. 야권의 두 후보이던 김영삼 후보와 김대중 후보 중 한 사람만 출마하면 그는 여권의 후보를 누르고 대통령이 되는 것이 확실시되었다. 달리 말하면 두 후보 중 한 사람이 협조하면(즉 양보하면) 남은 후보는 쉽게 대통령이 될 수 있으니 무임승차의 이익이 엄청나게 컸다는 것이다. 그러나 두 후보는 서로 대통령이 되려 했고 둘 다 상대방이 양보해주기만 바랐다. 서로 무임승차의 이익만 노리다 보니 전형적인 죄수의 딜레마 상황에 빠졌다. 국민의 열화 같은 성화에 두 후보가 수없이 물밑 대화를 했지만 끝내 결렬되어 두 후보 모두 출마하였고, 결국 두 후보 모두 패배의 쓴잔을 마셨을 뿐만 아니라 군사정권의 종식을 원하는 국민의 간절한 소망도 좌절되었다.

이런 사례는 죄수의 딜레마의 덫이 대화의 부족 탓이라는 주장이 반드시 옳은 것이 아님을 여실히 보여주었다.[23] 대화로 해결하기에는 무임승차의 이익이 너무 클 수도 있기 때문이다. 대화 끝에 서로 협조하기로 협약을 맺었다고 하자. 그러나 이것을 준수할 것인가 말 것인가는 별개의 문제다. 경제학적으로 말하면 그 협약을 지키는 것은 비합리적 행동이다. 따라서 그 협약은 결국 당사자에게 비합리적으로 행동할 것을 요구하는 셈이다.[24] 다른 사람들이 모두 협약을 준수할 때 나만 빠지면 큰 무임승차의 이익을 얻을 수 있는데, 협약은 이런 이익을 포기할 것을 요구하기 때문이다.

우리나라나 선진국에서 나타나는 심히 걱정스러운 정치적 현상은 저조한 투표율이다. 신정치경제학 학자들의 말대로 투표하는 행위는 수지가 맞지 않는 행위이기도 하겠지만 저조한 투표율이 단순히 개인의 얄팍한 손익계산 탓만은 아니다. 더 근원적인 문제가 도사리고 있다. 즉 민주주의 수호를 놓고 투표자들은 일종의 죄수의 딜레마 상황에 놓여 있다는 것이다. 유권자들 각각이 투표의 중요성을 잘 알고 있으며 사적 손익계산을 떠나 투표에 참여하는 것이 당연하다고 느끼고 있다고 하자. 그렇더라도 다수의 유권자는 '나 한 사람 투표한다고 뭐가 달라지나?'라고 생각할 것이다. 합리적인 개인의 입장에서 보면 자신이 직접 투표함으로써 민주주의를 수호하기보다는 자신은 앉아서 놀고 다른 사람들이 모두 투표하러 가서 민주주의를 지켜주면 가장 바람직하다. 즉 다른 모든 사람이 민주주의를 수호하고 나는 무임승차하는 것이 가장 바람직하다는 것이다. 따라서 합리적 개인은 무임승차하려고 할 것이다. 만일 사회 구성원 모두가 합리적이라면 모두 투표를 하지 않을 테고, 그러면 민주주의는 껍데기만 남는다. 이와 같이 민주주의 정치 그 자체가 죄수의 딜레마에 빠질 수 있다. 여기에서 또 다시 합리적 개인과 비합리적 사회, 즉 사회 구성원 각각은 합리적이지만 정치권은 민주주의의 큰 뜻을 살리지 못하는 현상을 보게 된다.

| 보장 게임과 겁쟁이 게임 |

그렇다면 무임승차의 문제만 해소되면 집단행동의 문제는 없어질까? 반드시 그렇지는 않다. 예를 들어 어느 대학 동창회에서 모교 건물 증축 기금을 동창들이 분담하기로 했다고 해보자. 기부금을 내는 것이 좋은 일이기는 하지만 돈을 내겠다고 섣불리 공언했다가 다른 사람들이 돈을 내지 않으면 그 거금을 나 혼자 몽땅 부담하게 된다. 만일 다수가 모금에 호응한다면 각자에게 떨어지는 부담이 그만큼 가벼워지기 때문에 큰 부담을 느끼지 않고 기부금을 낼 수 있다. 그러니 다른 사람들의 눈치를 보지 않을 수 없다. 이럴 경우 각 개인은 "다른 사람들이 협조하면 나도 협조하고, 다른 사람들이 협조하지 않으면 나도 협조하지 않는다."는 태도를 취하게 된다. 다른 사람들이 기부금을 낼 때 내가 빠진다고 해서 큰 이익이 될 것도 없다. 다시 말해서 무임승차의 유혹이 별로 크지 않다. 이처럼 각 개인이 자신을 제외한 다른 사람들이 모두 협조적으로 행동한다는 보장이 있으면 덩달아 협조 전략을 택하게 되는 상황을 흔히 '보장 게임(assurance game)'이라고 부른다. 그렇지만 다른 사람들이 어떻게 나올지 알 수 없다고 하자. 섣불리 협조적으로 행동하다가는 상대방이 비협조적으로 나올 경우 큰 낭패를 당할 수도 있는 불확실한 상황에서 모두 동시에 결정을 내려야 한다면, 모두 비협조적으로 행동할 가능성을 배제할 수 없다. 다시 말해서 모두 비협조적이어서 집합재 공급에 실패할 가능성을 배제할 수 없다는 것이다.

무임승차의 유혹이 크다는 점 이외에 죄수의 딜레마의 또 하나의 특징은 각 개인의 입장에서 볼 때 최악은 나를 뺀 다른 모든 사람이 비협조적으로 행동한 결과 내가 이용당했을 경우이지, 나를 포함해서 모두 비협조적으로 행동한 경우가 최악은 아니라는 것이다. 그러나 모두 비협조적으로 행동한 결과가 각 개인이 감당하기 어려운 혹독한 상황이 되는 경우도 있다. 예를 들어 큰 강에 자동차가 한 대만 간신히 통과할 수 있는 좁은 다리가 놓여 있는데, 시급한 일로 속히 다리를 건너야 하는 두 대의 자동차가 정반대 방향에서 이 다리를 향해 전속력으로 달려오고 있다고 하자. 만일 두 운전자가 서로 양보하지 않고 계속 질주하면 다리 중간에서 정면충돌하여 양쪽 운전사 모두 즉사한다. 서로 양보(협조)하지 않아서 치러야 하는 대가가 혹독하다. 이럴 때 누가 양보할 것인가? 결국 배짱이 약한 사람이 양보하게될 것이다. 이런 상황을 '겁쟁이 게임(chicken game)'이라고 부른다. 겁쟁이 게임의 상황은 일상생활에서 흔히 볼 수 있는데, 예를 들어 산불이 나거나 전염병이 크게 번지는 경우를 생각해볼 수 있다. 이럴 경우사회 구성원 각자가 비협조 전략을 택하다가는 모두 막대한 손실을입게 된다.

전형적인 겁쟁이 게임 상황에서 사람들이 흔히 취하는 전략은 다른 사람들이 책임져줄 것을 기대하고 처음부터 "나는 절대로 협조할수 없다."고 천명하면서 선수를 치는 것이다. 이렇게 선수를 치는 것은 다른 사람들이 협조 전략을 택하게끔 유도하려는 전략이지만, 모두 선수를 치고 강하게 버티면 결국 기대한 집합재의 공급에 실패함으로써 모두 최악의 상황에 빠질 수도 있다. 그러므로 겁쟁이 게임의상황에 있는 집단이 사회적 최선의 상황에 이를지는 점치기 어렵다.[25]

보장 게임이나 겁쟁이 게임에서도 집단행동의 문제가 발생할 수 있지만, 죄수의 딜레마처럼 심각하지는 않을 것이다. 죄수의 딜레마 이론은 개인들의 합리적 사익추구가 협동을 저해해 사회적 최선에 이르지 못하는 주된 요인이 된다는 강력한 메시지를 던진다. 이것은 경제학의 핵심 메시지('보이지 않는 손'의 논리)에 정면으로 배치된다. 따라서일부 경제학자들이 죄수의 딜레마 이론의 이런 메시지를 탐탁치 않게 생각하고 반발하는 것도 당연하다. 이들은 죄수의 딜레마 상황에처하더라도 협동이 불가능한 것은 아니라는 증거를 제시하기도 한다.심지어 치열한 전쟁터에서도 '적과의 동침'이 흔히 벌어진다. 전쟁터에서는 적군과 아군이 죽기로 싸워야 하지만 그래봐야 피차 큰 손해라는 것을 최전선 병사들은 잘 안다. 그렇기 때문에 일선에서 적과 얼굴을 마주하고 있는 말단 부대원들은 열심히 싸우기를 꺼려한다. 군지휘부는 부단히 전투를 독려하고 감시해야만 한다. 유명한 일화가 있다. 서구 역사상 잔혹하기로 유명한 제1차 세계대전 때, 유럽의 어느 전선에서는 상부의 전투 명령에도 불구하고 크리스마스 무렵 독일군과 연합군이 자기들끼리 멋대로 휴전을 한 다음 파티를 열고는 상대방을 초청하여 흥청망청 어울려 논 해괴한 사건이 있었다.

그러면 과연 어떤 경우 죄수의 딜레마 상황에서 협동이 가능할까? 일상생활에서도 단 한 번 만나고 헤어질 사람들 사이에서는 협동이 잘되지 않지만 친척이나 동창, 직장 동료처럼 반복적으로 대면해야 하기 때문에 피차 안면을 싹 바꿀 수 없는 처지에 있는 사람들 사이에서는 비교적 협동이 잘 이루어진다. 즉 동일한 집단이 죄수의 딜레마 상황을 단 한 번이 아닌 여러 차례에 걸쳐 당면하게 되면, 비록 구성원들이 이기적이라고 하더라도 장기적으로는 협동할 가능성이 열린다. 전문적인 용어로 '반복 게임'의 상황에서는 협동의 가능성이 열린다는 것이다. 그렇지만 가능성은 어디까지나 가능성일 뿐이다. 협동해야 할 사람의 수가 아주 많거나 사람들이 근시안적이라면 협동의 가능성은 거의 없다고 보아야 한다. 이런 협동이 실현되려면 집단의 크기가 아주 작아야 하고 사람들이 장기적 안목을 가져야 한다.

| 평화를 지키는 유일한 방법, 정부 |

『리바이어던』이라는 유명한 저서에서 토머스 홉스(Thomas Hobbes)는 왜 정부가 필요하며 어떻게 정부가 형성되는가를 자세히 논하고 있다. 대체로 이런 논의들은 정부가 존재하지 않는 자연 상태를 이론의 출발점으로 삼는데, 자연 상태를 어떻게 보느냐에 따라 정부의 성격도 크게 달라진다. "자연으로 돌아가자."고 주장한 루소와 달리 홉스는 자연 상태를 "만인의 만인에 대한 투쟁"의 상태라고 보았다. 홉스가 말하는 자연 상태는 바로 죄수의 딜레마 상황이며, "만인의 만인에 대한 투쟁"의 상태는 모든 사람들이 비협조 전략을 선택한 상태라고 할 수 있다. 그러나 홉스는 이런 상태를 원하는 사람은 없다고 보았다. 사람은 누구나 평화를 원한다. 평화의 상태는 모든 사람이 협조 전략을 선택한 상태라고 할 수 있는데, 이런 상태가 정착되려면 모든 사람이 비협조 전략보다는 협조 전략을 선택하게 해야 한다. 그러나 문제는 여기에 있다. 모두가 혐오하는 전쟁의 상태가 반복되는데도 이 상황에서 벗어나려는 자발적인 노력이 형성되지 않는다는 것이다.

　그러면 이런 난관을 어떻게 극복할 것인가? 홉스의 대답은 공권력을 확고하게 세우는 것이다. 즉 모든 사람이 서로 자신의 권리를 양보하기로 약속하는 사회계약(covenant)을 맺은 뒤 이런 사회계약의 준수를 보장하는 기구에 강력한 공권력을 부여하는 것이다. 그 기구가 바로 홉스가 말하는 정부다. 홉스에 의하면 평화를 지키는 유일한 방법은 정부를 제도화하기로 계약을 맺는 것이다. 정부는 법을 만들고 범법자를 처벌함으로써 모든 사람이 사회계약을 준수하도록 강제한다.

모든 사람이 계약을 준수하겠다는 약속을 지키기 위한 상호 신뢰가 사회계약의 핵심이지만, 정부가 없는 사회계약은 강제성이 없기 때문에 실효가 없다고 홉스는 역설하였다.

데이비드 흄(David Hume) 역시 홉스의 사회계약과 비슷한 것을 제시했다. 사회 구성원 협약(convention)이 그것이다. 흄이 말하는 협약은 사유권의 확립, 합의에 의한 사유재산의 양도, 계약의 준수 등을 기본으로 한다. 집단행동의 문제와 관련하여 흄의 이론에서 특기할 만한 점은 우선 정부의 존재 의의를 집단의 규모와 연결했다는 것이다. 흄은 규모가 큰 사회에서는 정부가 없으면 법이 지켜지기 어렵다고 보았다. 이 말은 뒤집어보면 작은 사회에서는 정부가 필요 없을 수도 있다는 점을 시사한다. 홉스가 말하는 사회계약과 달리 흄이 말하는 협약은 반드시 공권력의 뒷받침을 전제하는 것이 아니다. 자발적으로 형성되어서 계속 유지되는 협약도 얼마든지 있다. 그렇다면 작은 사회는 그런 자생적 관행에 의해서 유지되고 관리될 수 있다는 얘기가 된다. 또 하나 특기할 만한 점은 정부의 존재 의의를 장기 계획과 연결했다는 것이다. 흄은 사람들이 대체로 근시안적이라서 미래의 이익을 과소평가하는 경향이 있다고 보았다. 그렇다면 미래의 이익을 제대로 챙기기 위해서 정부가 필요하다는 주장이 성립한다. 이처럼 시간의 개념을 명시적으로 고려하고 있다는 점에서 흄의 이론은 홉스의 이론과 조금 다르다.[26]

물론 홉스도 자연 상태에서 사람들이 자발적으로 서로 협동할 가능성을 완전히 배제하지는 않았다. 예컨대 종교의 권위나 다른 사람들의 보복에 대한 두려움 등이 어느 정도 조건부 협조 전략을 택하게 만들 수도 있다. 그러나 앞에서도 설명하였듯이 두 사람이 아닌 다수의 사람으로 구성된 사회에서 각 개인이 협조적으로 행동하게 만들려면 가장 중요한 것은 장기적 안목과 다른 사람들에 대한 믿음, 즉 나를 제외한 다른 모든 사람이 협조적으로 행동할 것이라는 믿음이다. 정부가 없을 경우 자연 상태에서는 바로 이 믿음이 강하지 못하다고 홉스는 생각하였다. 모든 사람에게 자신을 제외한 다른 사람들도 틀림없이 협조적으로 행동한다는 믿음을 심어주는 것, 이것이 홉스가 매우 중요하게 생각한 정부의 역할이다.

2부

———

정치의 실패

4장

민주주의의 허점

1. 국민의 마음 읽기

| 정치의 실패 |

정부가 국민에게 제대로 봉사하려면 다음 두 가지 기본적인 문제를 풀어야 한다. 첫 번째 문제는 국민이 무엇을 얼마나 원하는지 정확하게 알아내는 것이다. 경제학적으로 말하면 수요를 정확하게 추정하는 일이다. 우리는 흔히 정치가가 국민의 마음을 읽고 '국민의 뜻'을 대변하는 사람이며, 국민의 뜻을 바탕으로 정부는 국민을 위해서 봉사한다고 생각한다. 민주주의 사회의 정치가나 정부는 여론, 공론, 민심, 일반의지 등으로 표현되는 '국민의 뜻'을 알아내려고 분주히 노력하며 또한 예민하게 반응한다.

일단 국민의 뜻을 알아냈다고 하더라도 그것을 충족하는 최선의 방법을 찾아내서 실천하는 문제가 남아 있다. 경제학적으로 말하면 최소의 비용으로 국민의 복지가 최대한 달성되도록 각종 재화와 서비스를 공급하는 문제, 즉 효율의 문제다. 이 두 번째 문제를 정부가 제대로 해결하지 못할 때 흔히 '정부의 실패'라는 말을 쓴다. 그러면 첫 번째 문제는 어떨까? 정치권이 과연 이 문제를 제대로 풀 수 있을까? 신정치경제학 학자들의 대답은 매우 부정적이다. 이들의 말을 들어보면 첫 번째 문제는 두 번째 문제보다 훨씬 더 풀기 어려워 보인다. 국민이 원하는 바를 알기 위해서 정치권에서 가장 보편적으로 사용하는 방법은 여론조사와 투표다. 신정치경제학에 의하면 두 방법 모두 근원적인 문제를 안고 있다. 국민의 뜻을 정확하게 파악하지 못하는 현상을 여기에서는 '정치의 실패'라고 부르기로 하자. 국민의 마음을 잘 헤아리고 정리해서 국민의 뜻을 올바로 세우지 못한다면, 정치는 시작부터 실패하게 된다.

우리는 흔히 열심히 투표에 참여하고 선거를 잘 치르기만 하면 민주 시민의 도리를 다했다고 생각하기 쉽다. 그러나 투표 제도는 많은 허점을 안고 있으며 정치가와 관료들이 장난칠 여지가 아주 많다. 신정치경제학은 경제학의 시각에서 투표 제도와 결부된 여러 결함을 파헤치고 이것을 바탕으로 '정치의 실패'를 전문적으로 다루는 학문이라고 할 수 있다. 그러나 대부분의 사람들, 심지어 지식인들도 투표 제도의 결함과 정치의 실패를 구체적으로 알지 못한다. 국민의 대표를 잘 뽑아놓으면 나머지는 이들이 잘 알아서 하고 민주주의도 잘 굴러가겠거니 생각한다. 투표 제도에 관한 많은 이론적·실증적 연구에서 얻을 수 있는 한 가지 중요한 교훈은, 정치가 잘되고 나라가 편안하려면 단순히 투표만 열심히 하는 게 아니라 국민이 투표 제도의 결함을 잘 알고 나아가 이런 결함을 이용한 정부와 정치가의 장난을 철저히 감시해야 하며 필요할 때는 국민으로서 직접 목소리를 내기도 해야 한다는 것이다.

물론 정치가나 정부만이 여론이나 민심을 수렴하지는 않는다. 국민이 무엇을 얼마나 원하는지 시장에 잘 나타난다는 점에서 시장 역시 여론이나 민심을 수렴하는 제도라고 할 수 있다. 시장에서는 모두 자신이 원하는 것만 원하는 만큼씩 구매한다. 그러므로 시장에서의 구매 양태를 보면 국민이 무엇을 얼마나 원하는지 알 수 있다. 누군가 매일같이 라면을 세 봉지 사간다면 이 사람이 라면을 무척 좋아한다는 사실을 알 수 있다. 시장이라는 제도가 세 가지 경제 문제(무엇을, 얼마나 생산하며 누구에게 얼마만큼씩 나누어줄 것인가의 문제)를 효과적으로 해결할 수 있는 가장 중요한 이유는 이처럼 국민이 원하는 바가 시장을 통해서 잘 반영되기 때문이다. 예컨대 우유를 얼마나 생산하고 각자에게 얼마만큼씩 나누어주어야 할지 굳이 정부가 나서서 조사할 필요도 없고 사람들이 모여서 의논할 필요도 없다. 그냥 시장에 내버려두면 사람들이 제 발로 걸어와서 우유를 얼마나 원하는지 표출한다. 우유뿐만 아니라 다른 모든 상품의 경우에도 그렇다.

그러나 시장이 반영하는 여론의 내용과 정치 영역이 반영하는 여론의 내용은 다르다. 우리가 일상에서 말하는 시장은 보통 사적재에 관해 개별적으로 선호를 표출하고 충족하는 사적 영역이며, 여기서는 소비자와 생산자가 주역이다. 반면 정치 영역은 보통 시장에서 잘 공급되지 않는 재화(공공재 및 준공공재를 포함한 집합재)에 관한 국민의 선호를 알아내고 충족하는 공공 영역이며, 유권자, 정치가, 그리고 관료가 그 주역이다. 시장은 주로 사적재에 관한 민심을 수렴하고 정치 영역은 주로 집합재에 관한 민심을 수렴하는 제도적 장치라고 말할 수도 있다.

| 시장은 민심을 정확히 반영할까 |

여론을 반영하는 데 있어 정치 영역과 시장은 큰 차이를 보인다. 시장에서는 사람들이 제 발로 걸어와서 자신이 원하는 바를 비교적 솔직하고 분명하게 밝힌다. 어떤 라면을 얼마나 좋아하는지, 어떤 구두를 얼마나 좋아하는지, 어떤 옷을 얼마나 좋아하는지, 어떤 아파트를 얼마나 좋아하는지 등. 이것이 시장이라는 제도의 최대 장점이다. 시장에서는 자신이 원하는 바를 거짓으로 나타내봐야 득 될 것이 없다. 자장면보다 냉면을 훨씬 더 좋아하는 사람이 시장에 나가서 자장면을 더 좋아한다고 거짓말하면서 자장면을 사 먹는다면 자신만 손해다. 그러므로 시장에 반영된 여론은 상당히 믿을 만하다고 말할 수 있다.

여론을 반영하는 장치로서 시장이 가진 또 하나의 장점은 과도한 욕심을 부리지 않도록 자신의 욕망을 적절히 조절해서 표현하게 한다는 것이다. 시장에는 이것을 도와주는 객관적 지표가 있다. 바로 가격이다. 가격은 거래에 필요한 모든 정보를 정리하고 요약한 객관적 지표다. 사람들은 가격을 보고 무엇을 얼마나 구매할지 결정한다. 특정 상품을 너무 많이 구매하면 지출도 그만큼 커지기 때문에 다른 상품을 원하는 만큼 구매하지 못하게 된다. 시장의 가격은 사람들이 너무 많지도, 너무 적지도 않게 구매하도록 도와준다. 그래서 시장은 국민의 선호에 관한 유용한 정보를 수집하고 전달하는 가장 탁월한 장치라는 주장이 나온다.

그러나 엄밀히 말하면 이 말은 그리 정확하지 않다. 시장에 아무리 유용한 정보가 넘쳐난다고 한들 그 정보가 한 나라의 경제를 망치는 방향으로 악용된다면 무슨 소용인가. 시장에서 자연스럽게 형성된 가격이 풍부하고 유용한 정보를 정리하고 요약한 객관적 지표라고 경제학자들은 늘 말하지만, 과거 우리나라의 부동산 가격을 보고 모두 '미친 가격'이라고 욕했다. 부동산의 미친 가격에 일본 국민들이 놀아난 결과가 1990년대 이래 장기 경기 침체에 따른 '잃어버린 20년'의 고통이다. 미국에서도 바로 그 미친 가격에 놀아난 결과 2008년 금융시장이 붕괴되었고, 그 여파로 아직도 많은 나라가 경기 침체의 늪에서 헤어나지 못하고 있다. 이처럼 한 나라의 경제를 망치고 나아가서 세계 경제를 위기로 몰아넣는 가격을 과연 올바른 가격이라고 할 수 있을까?

그런 큰 충격은 예외로 치더라도, 일상생활에서도 가격이 너무 비싸다, 너무 싸다 등 시비가 끊이지 않는다. 예를 들어 우리나라의 임금 수준을 놓고 한쪽에서는 너무 비싸서 국제 경쟁력을 저해하고 있다고 주장하는 반면 다른 쪽은 너무 낮아서 내수가 살아나지 못하고 있다고 주장한다. 이처럼 가격을 둘러싼 시비가 사회적 갈등의 원인이 되고 있다. 그만큼 문제가 있다는 뜻이다.

투표 제도든 시장이든 민심을 수렴한다는 말이 나올 때 많은 사람이 첫 번째로 고려하는 것은 민심이 공정하게 수렴되는지 여부일 것이다. 그만큼 공정성은 매우 중요하다. 이런 점에서 시장이 가진 큰 단점은 국민이 원하는 바를 고르게 반영하지는 않는다는 점이다. 예를 들면 돈 없는 사람의 욕구는 아무리 절실하고 고상해도 시장에 반영되지 않는다. 시장은 오직 돈이 있는 사람들만 참여하는 곳이요, 돈 없는 사람은 참여하지 못하는 곳이다. 따라서 돈이 없는 사람들이 무엇을 얼마나 원하는지 시장을 통해서는 알 도리가 없다. 이와 같이 부자와 가난한 사람을 차별한다는 점에서 시장은 불공평하다고 말할 수 있고, 돈이 없는 사람들이 배제된다는 점에서 매우 비민주적이라고도 말할 수 있다.

설령 시장이 국민의 뜻을 고르게 반영한다고 하더라도 국민이 진정 원하는 바를 꼭 집어서 정확하게 반영한다는 보장도 없다. 사람들이 시장에서 구매하는 재화가 이들이 진정 원하는 것이 아닐 수도 있기 때문이다. 술을 제발 끊고 싶다고 말하면서도 계속 퍼마시는 술꾼이나 담배를 끊으려고 별 짓을 다 하면서도 슬그머니 담배를 사 피우는 골초가 흔하다. 이런 사람들은 차라리 담배와 술이 이 세상에서 없어지기를 바랄지도 모른다. 그런데도 담배 가게에 가서 담배를 사는 행위, 술집에 가서 술을 구매하는 행위가 과연 이들이 진정 원하는 바를 반영하는 행위라고 보아야 할 것인가? 만일 오직 시장에서 실제로 관측되는 선택을 바탕으로 우리의 한정된 자원의 용도를 결정한다면, 국민이 원하는 것보다 훨씬 더 많은 양의 담배와 술이 생산될 것이며 골초와 술꾼 들의 방황과 좌절도 더 심해질 것이다.

어디 담배와 술뿐인가. 마약에 대한 욕망, 음란물에 대한 욕망, 도박에 대한 욕망, 불륜에 대한 욕망, 천연기념물을 삶아먹고 싶은 욕망, 부동산 투기에 대한 욕망, 명품에 대한 욕망, 고급 외제품에 대한 욕망, 광고나 상술에 의해서 조작된 욕망, 기말고사를 앞두고 영화를 보러 가고 싶은 욕망 등 행위 당사자를 후회하게 만들고 때로는 국민의 눈살을 찌푸리게 만드는 수많은 욕망이 시장을 통해서 표출되며, 너무나도 많은 자원이 그런 욕망의 충족을 위한 생산에 소모된다. 대체로 이런 욕망은 1차적 선호에서 나온다. 시장은 주로 1차적 선호를 반영하는 곳이다. 엄청나게 많은 정보가 시장에서 축적되고 교환된다고는 하지만 대부분 민심의 일부에 불과한 1차적 선호를 주로 반영한 정보, 돈벌이에 관계된 정보이지 공익에 관계된 정보는 별로 많지 않다. 그래서 많은 사람들은 시장에서 형성된 정보에만 의존해서는 안 된다고 생각한다. 이런 생각은 2차적 선호에서 나온 것이다. 여름철 휴양지의 바가지요금이나 태풍 피난민에게 강요되는 바가지요금에 많은 사람들이 눈살을 찌푸리는 이유는 이들이 바로 2차적 선호인 공적인 마음으로 시장을 보기 때문이다. 마치 각 개인의 경우 '공정한 방관자'가 '열정'을 통제하듯이 사회적으로는 정부가 공정한 방관자의 입장에서 시장을 통제한다. 즉 정부는 국민의 2차적 선호 혹은 공적인 마음을 읽고 이것을 바탕으로 시장을 통제하는 역할을 대행하게 된다는 것이다.

구체적인 예로 우리 사회에 큰 물의를 일으킨 대기업의 중소기업 업종 잠식 문제를 살펴보자. 어느 재벌 계열의 대형마트가 치킨을 시중 가격의 절반 이하로 판매하자 이것을 사려고 고객들이 이른 아침부터 대형마트 앞에서 장사진을 쳤다. 그러자 이어서 피자를 값싸게 판매해서 인기를 끄는 대형마트가 등장하였다. 소비자들의 이런 뜨거운 반응을 어떻게 볼 것인가? 보수 성향 경제학자들의 입장은 분명하다. 자본주의 시장에서는 소비자가 왕인데, 대기업이 내놓은 치킨과 피자를 사려고 소비자들이 장사진을 이루었다면 이것이야말로 소비자들의 뜻을 반영한 것이며 나아가서 소비자들이 대기업의 골목 상권 진출을 지지하고 있다는 가장 확실한 증거라고 이들은 주장한다.

그러나 애덤 스미스는 그렇지 않다고 답할 것이다. 대형마트의 치킨이 끈 선풍적 인기는 사람들의 1차적 선호, 이기적 마음만을 반영한 것이지 대기업의 비대화를 경계하는 경각심이나 중소기업의 도태를 염려하는 마음, 그리고 나아가서 빈부격차 확대에 대한 우려, 약자(중소기업)를 괴롭히는 강자(대기업)에 대한 공분 등 공적인 마음은 반영하고 있지 않다. 경제학 교과서에 의하면 일단 중소기업을 몰아내고 독과점의 지위를 차지하고 난 다음 대기업은 태도를 싹 바꾸어서 소비자에게 높은 가격을 강요하게 되는데, 대기업의 이런 행패에 대한 우려가 1차적 선호에는 잘 반영되지 않는다. 달리 말하면 대기업의 치킨이나 피자를 향한 뜨거운 반응은 1차적 선호만을 반영할 뿐 소비자들의 2차적 선호를 반영한다고 볼 수 없다는 것이다.

그러므로 대기업 제품의 표면적 인기만 놓고 이것이 소비자가 대기업의 중소기업 업종 진출을 지지하는 증거라고 말할 수는 없다. 그런 주장은 마약을 끊지 못해서 애를 태우는 마약 중독자들이 마약 구입에 혈안이 되어 있는 겉모습만 보고 이들이 원하는 마약을 대량 공급해야 한다고 우기는 일에 진배없으며, 도박을 끊지 못해서 속을 끓이는 도박 중독자들의 겉모습만 보고 도박장을 대폭 늘려야 한다고 우기는 일에 진배없다. 대기업의 중소기업 업종 진출 문제에 제대로 답하기 위해서는 시장에 나타난 반응만 볼 것이 아니라 우리 국민 마음속의 '공정한 방관자'의 목소리도 경청하고 수렴해야 한다. 실제로 2차적 선호를 반영하는 여론이 들끓으면서 정부가 나서서 중소기업 고유 업종을 지정하고 대기업의 진출을 막는 조치를 취하기 시작했지만 대기업의 방해와 비협조로 그 효과는 지지부진하기만 하다.

| 정치적 여론 수렴의 문제 |

그러면 민심을 수렴하는 제도로서 정치 영역의 장단점은 무엇인가? 우선 장점이라면 시장에 제대로 반영되지 못한 여론, 특히 국민의 2차적 선호를 반영함으로써 시장을 보완할 수 있다는 점, 그리고 노력 여하에 따라서는 시장보다 훨씬 더 공정하게 여론을 수렴할 수 있다는 점 등일 것이다. 그러나 이런 장점을 살리기 어렵게 만드는 요인도 많이 있다. 정치 영역에서는 특별히 정치적이거나 정치의식이 강한 사람이 아니면 스스로 자신이 생각하는 바를 잘 밝히지 않는다. 그러므로 정치나 정부는 애써 국민의 소리에 귀를 기울여야 한다. 정치 영역에서는 가격 같은 객관적 지표의 도움을 받지도 못한다. 따라서 스스로 자신이 원하는 바를 밝힌다고 하더라도 시장에서처럼 잘 조절해서 표명하지 못하며, 때로는 거짓말을 하기도 한다.

아주 단순한 경우를 예로 들어보자. 어느 지역에 가로등 설치와 교량 건설 중 하나를 선택해야 하는 일이 현안으로 걸려 있다고 하자. 이 현안을 해결하려면 우선 주민들이 각 사업을 얼마나 강하게 원하는지 알아내야 한다. 이 경우 흔히 쓰는 방법은 설문조사를 통해서 가로등과 교량에 대한 각자의 지불 용의액을 묻는 것이다. 지불 용의액이 크다는 것은 그만큼 절실하게 원한다는 의미다. 그러나 막연하게 지불 용의액을 물으면 대부분 잘 대답하지 못한다. 예컨대 서울의 공기를 깨끗하게 하는 데에 얼마나 많은 돈을 지불할 용의가 있느냐고 물으면 대부분 우물쭈물하게 된다. 그러므로 마치 시장에서 가격이 사람들의 구매 결정을 도와주듯 지불 용의액을 묻는 설문조사의 경우에도 전문가들이 가로등과 교량의 필요성과 비용에 관한 객관적 사실을 풍부하게 제공해주어야 한다. 그렇지만 어떤 식으로 객관적 사실을 알려주느냐에 따라 주민들의 지불 용의액도 크게 달라진다. 과거 정부가 쌀 생산을 늘린다는 명분으로 새만금 간척 사업을 추진하였을 때 이 사업을 지지하는 전문가들이 설문조사를 통해서 쌀에 대한 국민의 지불 용의액을 알아보았다. 결과적으로 나온 값은 국내 쌀 가격의 약 3배, 국제 시세의 약 6배였다. 이런 엄청나게 높은 지불 용의액을 지표로 이용하면 새만금 간척 사업은 경제적으로 타당한 사업으로 둔갑하게 된다.

설령 이런 문제가 없다고 해도 또 다른 문제가 있다. 주민들이 써내는 지불 용의액은 보통 누가 어떻게 비용을 부담하느냐에 따라 크게 달라진다. 공사비 전액을 국고에서 부담한다고 하면 주민들은 가로등이나 교량을 공짜로 받아내고 싶은 욕심에 지불 용의액을 필요 이상 부풀리는 경향이 있다. 이 결과 특히 선거철이면 필요 이상으로 많은 공공 사업이 벌어진다. 반대로 수익자 부담의 원칙에 따라 지불 용의액을 많이 써낸 사람에게 그 지불 용의액에 비례해서 비용 부담을 지운다고 하면 주민들은 자신에게 부과될 부담을 줄일 욕심에서 지불 용의액을 적게 써내려고 할 것이며, 이 결과 경제적으로 타당한 사업이 줄줄이 폐기될 수도 있다. 이처럼 정치권에서는 상황에 따라 국민들이 표명하는 욕구와 그 강도가 달라지기 일쑤다.

정부가 국책 사업을 수행할 때 이런 거짓 선호 표명이 자주 골칫거리로 등장한다. 오죽하면 경제학자들이 이것을 막는 방책을 짜냈겠는가. 경제적 인센티브를 중요하게 생각하는 경제학자들이 늘 그렇듯이 거짓 선호를 막기 위해서 이들이 생각해낸 방법은 거짓 선호에 세금을 부과하는 것이다. 경제학 용어로 말하면 사람들의 솔직한 선호 표명을 유도하기 위하여 조세를 부과한다는 것이다. 특정인들이 거짓으로 선호를 표명해서 자신이 원하는 사업이 채택되게 한다면, 결과적으로 이들은 기각된 대안을 더 선호하던 사람들에게 피해를 입히는 셈이다. 바로 이런 의미의 피해액을 산정해서 그것을 바탕으로 세금을 계산한 다음 사업 채택에 결정적 역할을 한 사람에게 세금을 부과하는 방법이 가장 간단한 선호 표명 유도 방법이다.[1] 이 세금의 크기는 지불 용의액을 부풀리는 정도에 정비례하기 때문에 특정 사업이 채택되게 하려는 욕심에서 특정인이 자신의 지불 용의액을 부풀려 제시하면 그만큼 세금이 늘어난다. 이 조세는 선호를 과장한 만큼 손해를 줌으로써 거짓 선호 표명을 억제하려는 취지의 조세다. 그러나 이런 조세가 얼마나 현실적인지는 의심스럽다.

| 1원 1표 대 1인 1표 |

각 개인의 경우 합리적으로 행동하려면 우선 자신이 진정 원하는 것이 무엇인지 분명하게 알아야겠지만 이것만으로는 충분하지 않다. 원하는 것이 많을 때는 우선순위를 정해서 자신의 뜻을 일목요연하게 정리해야만 구체적인 행동으로 들어갈 수 있다. 예를 들어 결혼을 앞둔 여자가 세 남자와 데이트를 하고 있으며 세 남자 모두 마음에 든다고 하자. 그렇다고 세 남자와 결혼할 수는 없다. 세 남자 중 한 사람으로 마음을 굳혀야만 결혼을 위한 구체적인 행동을 취할 수 있다. 이 점은 집단이나 국가도 마찬가지다. 단순히 국민이 원하는 바를 아는 것만으로 충분치 않다. 국민이 원하는 것, 국민이 요구하는 것은 늘 아주 많고 다양하므로 우선순위를 정해야 한다. 그래야 국민의 이름으로 목표를 세우고 구체적인 행동을 취할 수 있다. 달리 말하면 국민들의 다양한 의견을 수렴해서 국민의 이름으로 '국민의 뜻'을, 경제학적으로 말하면 '국민의 선호'를 결정해야 한다는 것이다. 예를 들면 국민의 안전, 사회복지 확충, 부동산 공급과 가격 안정, 일자리 창출, 사회 간접 자본 형성, 개인과 정부의 부채 감축 등 많은 국가적 현안에 관하여 여론을 수렴하고 그것을 바탕으로 국민의 뜻을 결정해야 하며, 그러고 나서 이것을 가장 잘 달성하는 수단을 선택해야 한다는 점에서는 개인이나 국가나 마찬가지다.

정치 영역에서 국민이 원하는 바를 알아내기 위해서 가장 흔히 사용하는 방법은 투표다. 투표는 여러 개인의 가치나 선호를 수렴하는 한 가지 방법이다. 투표는 단순히 여론을 알아낼 뿐만 아니라 국민(집단)의 뜻을 결정하는 방법이기도 하다. 여론조사나 설문조사의 결과는 대부분 집단의 의사를 파악하기 위한 자료에 불과하지만 투표의 결과는 곧바로 국민이나 집단의 의사로 간주되는 경우가 많다. 예를 들면 대통령 선거에서 국민의 투표는 단순히 국민이 누구를 얼마나 지지하는가를 알아내기 위한 것이 아니다. 사전에 결정된 규칙에 따라 투표 결과가 곧장 대통령을 결정한다.

우리는 흔히 투표라고 하면 정치적 행위라고 생각하는데, 시장이라는 제도도 일종의 투표 제도라고 말하는 학자들도 있다. 쉽게 말해서 시장이란 돈으로 투표하는 장소이며, 시장을 통해서 결정한다는 것은 곧 돈으로 투표해서 결정한다는 의미라는 것이다. 자본주의 시장에 관해 '소비자 주권'이라는 말을 자주 한다. 이 말은 시장에서는 소비자가 돈으로 자신의 주권을 행사한다는 뜻이다. 500원짜리 라면이 1만 개 팔렸다는 것은 사람들이 라면에 대해 500원짜리 표 1만 개에 해당하는 권리를 행사했다는 얘기가 되며, 총 500만 원어치의 권리를 행사했다고 볼 수 있다. 이렇게 각 상품에 사람들이 돈으로 얼마나 많은 표를 던졌는가에 따라 그 상품의 생산량이 결정되고 누구에게 그 상품을 줄 것인가가 결정된다. 시장을 통해서 수렴되는 국민의 뜻이란 주로 돈을 주고 사고 팔 수 있는 것들에 관해 돈으로 나타낸 국민의 선호다.

이처럼 시장이라는 제도도 투표 제도의 일종으로 볼 수 있지만, 정치 영역의 투표와 시장의 투표는 한 가지가 근본적으로 다르다. 정치 영역에서 의사결정은 철저하게 평등주의에 입각하고 있는 반면 시장에서의 의사결정은 그렇지 않다. 정치학자들이 말하기를 정치 영역에서 의사결정 방법은 '1인 1표의 원칙'에 기초하고 있는 반면 시장을 통한 의사결정 과정은 '1원 1표의 원칙'에 입각해 있다는 것이다.[2] 정치 영역에서는 모든 사람이 똑같이 한 표의 권리만 행사하지만 시장에서는 사람들이 경제력에 비례해서 권리를 행사한다는 뜻이다.

그러나 신정치경제학 학자들의 입장에서 보면 1인 1표의 원칙은 근본적인 하자를 내포하고 있다.[3] 국가의 발전이나 다수의 이해관계가 걸린 문제에 관한 의견을 모든 투표자에게 똑같이 딱 한 표로 표현하라고 강요하는 것은 비합리적이라는 것이다. 대통령 선거나 국회의원 선거에서 흔히 보는 일이지만 정치 현실과 각 후보에 관해 어떤 사람은 정확한 정보를 많이 가지고 있는 반면 어떤 사람은 전혀 알지도 못하고 굳이 알려고 노력하지도 않는다. 그럼에도 불구하고 모든 유권자에게 각자의 생각을 한 표로 나타내라고 하면 국민의 생각이 투표를 통해서 제대로 반영된다고 보기 어렵다는 것이다. 1인 1표의 원칙 하에서는 선호의 강도도 무시된다. 다시 말해서 투표자 개인의 생각과 선호의 강도를 충분히 표출하지 못한다는 것이다. 뒤에서 구체적으로 살펴보겠지만 경제학적으로 보면 이것은 비효율적이다. 그래서 신정치경제학 학자들은 정치권의 투표 제도, 나아가서 민주주의에 대단히 비판적일 수밖에 없다.

그렇지만 위에서 설명하였듯이 시장에서 통용되는 1원 1표의 원칙은 돈 많은 사람들에게는 돈에 비례해서 더 많은 권리를 부여하는 한편 돈 없는 사람의 의사는 묵살한다는 점에서 매우 불평등한 원칙이라고 할 수 있다. 돈으로 표시되지 않으면 시장은 절실한 욕구와 하찮은 욕구를 구별할 재간이 없다. 시장은 오직 구매력을 가진 선호만 취합하는 까닭에 가난한 사람들은 자신의 절실한 선호도 관철하기 어렵지만 부자들은 하찮은 선호도 충족할 수 있다. 1원 1표의 원칙은 내용상 심히 불평등하기 때문에 이 원칙이 반복적으로 적용되다 보면 결과적으로 불평등이 점점 더 심화할 수 있다. 이런 점에서 보면 정치권의 1인 1표 원칙은 시장에서 1원 1표 원칙의 강행이 초래할 불평등을 정치 영역에서 상쇄하기 위한 제도라고 할 수도 있다.

정치학자들과 마찬가지로 정치경제학 학자들도 투표 제도에 큰 관심을 가지고 연구하지만, 경제학자로서 정치경제학 학자들이 투표 제도를 보는 시각은 정통 정치학자들의 시각과 다를 수밖에 없다. 일반적으로 시장에 관한 경제학의 주된 관심은 두 가지다. 하나, 시장에서 수요와 공급의 균형이 존재하는가. 둘, 존재한다면 그 균형이 안정적인가. 경제학자들이 이런 균형의 문제를 주된 연구 대상으로 삼듯이 정치경제학 학자들의 투표 제도에 관한 관심 역시 균형의 문제에 집중된다. 즉 투표 결과에도 균형이라는 것이 존재하는지, 존재한다면 그것이 안정적인지에 주목한다는 것이다.

균형은 경제학에서 핵심적인 개념이다. 일단 어느 상태에 도달했을 때 이탈하려는 힘이 작용하지 않아 이 상태가 계속 유지되면 균형이 존재한다고 말한다. 그리고 이 균형을 깨뜨리는 충격이 외부에서 가해졌을 때 충격을 흡수하거나 완화함으로써 재빨리 또 다른 균형으로 복귀하려는 힘이 작용할 때 균형은 안정적이라고 말한다. 만일 시장에 안정적 균형이 존재하지 않는다면 약간의 충격만 가해져도 가격은 널을 뛰게 되고 그 결과 시장이 파행으로 치달으면서 혼란이 가중될 것이다. 그래서 균형의 개념이 현실적으로 중요해진다. 그러나 경제학자들의 연구에 의하면 다행히도 예외적인 경우를 제외하면 시장에서는 각 상품별로 수요와 공급이 잘 맞아 떨어지는 상태에서 대체로 안정적 균형이 이루어지며, 결과적으로 경제 전체가 안정을 유지하게 된다. 그러나 정치경제학 학자들의 연구에 의하면 정치 영역은 그렇지 않다. 정치권은 구조적으로 불안정과 혼란의 씨를 안고 있다. 만일 정치경제학 학자들의 연구가 옳다면 이런 점에서 정치 영역은 시장과 상당히 다르다고 할 수 있다.

2. 다수결의 의미

| 투표의 목적 |

우리는 민주주의라고 하면 으레 선거와 다수결을 연상하는 동시에 그리스 민주주의를 떠올리게 된다. 그렇지만 엄밀하게 말해서 그리스 민주주의는 그리스라는 나라의 민주주의가 아니라 아테네의 민주주의이거나 코린트의 민주주의, 아니면 다른 도시국가의 민주주의였다.[4] 다시 말해서 그것은 소규모 도시별로 독자적으로 채택되고 시행된 직접민주주의였다는 것이다. 시민들이 모여서 직접 법률을 정하고 주요 정책을 결정하였을 뿐만 아니라 도시 행정에 능동적으로 참여하였다. 모든 시민은 거의 틀림없이 최소 1년 동안 어떤 공직을 맡았다고 한다.

그러나 잘 알려져 있듯이 그리스 민주주의의 한계는 그것이 본질적으로 소규모 사회에서만 가능하다는 점이다. 소규모라는 점이 특히 참여의 면에서 보듯 이익이 될 때도 있지만, 규모의 이익, 즉 규모가 커지는 데서 오는 이익을 누릴 수 없다는 단점도 있다. 외국과 큰 전쟁이 벌어졌을 때 소규모 도시국가는 효과적으로 대처하기 어렵다. 그래서 페르시아 제국이 침략했을 때 그리스 여러 도시국가들은 연합하여 싸울 수밖에 없었다. 그러나 연합이란 대체로 일시적인 방편일 뿐이다. 더 현실적인 문제는 근대에 들어와서 도시국가가 급격히 소멸하고 대규모 민족국가가 대거 등장하였다는 점이다. 직접민주주의는 대규모 사회에서 사실상 불가능하다. 그렇지만 그리스인에 의해서 도입된 민주주의 이상은 서구인의 마음속에서 결코 지워지지 않았다. 정치학자들은 그리스 이후 유럽에서 끈질기게 이어 내려온 각종 공화주의 정치, 예를 들면 로마 공화정, 베니스 공화정, 영국의 입헌군주제 등에서 민주주의 이상을 향한 애착의 자취를 찾는다.

이런 서구인의 애착이 민주주의 이상을 대규모 민족국가에 접합하려는 노력으로 이어졌고 그 결과가 오늘날 우리가 보통 말하는 민주주의, 즉 국정을 운영할 대표를 국민이 직접 선출하는 대의민주주의이다. 물론 그리스인은 대의민주주의를 결코 민주주의라고 생각하지 않았지만 사실 서구에서도 19세기에 와서야 대의민주주의가 민주주의의 한 형태로 본격적으로 인정되기 시작하였다. 당시 어느 저명한 정치학자는 대의민주주의야말로 근대의 위대한 발견이며 그 속에서 모든 정치적 난제를 해결할 수 있을 것이라고 선언하였다.[5] 오늘날 민주주의가 대의제여야 한다는 것은 명백하고 논쟁의 여지가 없는 전제다. 대의민주주의에서는 국정을 운영할 대표자를 국민이 직접 선출할 뿐만 아니라 중요한 정책 과제 역시 국민의 투표로 결정되기도 한다. 그만큼 대의민주주의에서는 투표가 핵심 수단이다.

그렇다면 대의민주주의에서 투표 제도는 어떤 의미를 갖는가? 경제학자들과는 달리 정치학자들은 투표 제도에 아주 큰 의미를 부여하는 경향이 있다. 그렇다고 정치학자들이 일치된 견해를 보이고 있다는 것은 아니다. 투표의 의의에 관해 크게 두 가지 견해가 갈린다. 하나는 옳고 그름에 관한 궁극적 규범으로서 국민 전체의 뜻을 알아내는 데에 투표의 의의가 있다고 보는 견해다. 국민투표의 결과에 엄청난 도덕적 의미를 부여하는 사람들이 상당히 많다. "국민의 소리는 신의 소리"라는 서양 중세 사회의 믿음, "민심은 천심"이라는 옛 동양 사회의 믿음은 동서양을 막론하고 아직도 많은 사람의 마음속에 깊이 뿌리박고 있다. 천심이나 신의 소리는 무조건 옳다. 루소가 말하는 일반의지(general will)도 이런 맥락의 개념으로서 항상 옳은 것이다. 국민들이 자유롭게 자신의 의사를 표명하게 하면 투표 결과로 나타난 국민의 뜻 역시 옳은 것이므로 따라서 존중되어야 한다는 것이 루소의 주장이다. 이렇게 본다면 투표는 과연 무엇이 사회적으로 옳고 그른지를 판가름하는 궁극적 근거를 찾기 위한 여론 수렴 방법으로 이해된다.

그렇지만 국민이 항상 옳다는 생각은 한낱 환상에 불과하다고 반박하는 학자들도 많다. 이런 가운데 투표의 목적은 관료를 통제하는 수단에 불과하다는 견해가 힘을 얻고 있다. 국민의 투표는 자유민주주의 정부의 필요조건에 불과하다. 선거와 한정된 임기가 충분조건이다. 다시 말해서 국민의 자유를 보호하는 유일한 수단은 국민의 뜻에 의한 관료 교체라는 것이다. 투표가 큰 의미를 가지는 이유는 관료의 횡포를 제약하고 관료를 교체함으로써 국민의 자유를 지켜내기 때문이다. 선거를 통한 관료의 교체는 다수의 횡포에서 오는 폐해를 최소화하기 위해서도 필요하다. 다수를 바꾸는 것만이 다수의 횡포를 최소화하는 길이기 때문이다.

투표의 의의에 관한 두 견해 중 신정치경제학 학자들은 첫 번째 견해를 거부하면서 두 번째 견해를 지지하는 편이라고 할 수 있다. 그러면서도 이들은 투표 제도가 과연 정부를 제대로 통제할 수 있을지에 관해 상당히 비관적이다. 어떻든 두 번째 생각을 받아들인다면, 실질적으로 그리고 일관성 있게 정부를 제약할 수 있는 투표 제도가 과연 존재하는지가 주된 관심사가 된다. 많은 역사적 사례가 보여주듯 국민의 투표로 선출되었다고 해서 정부가 국민의 자유를 보장하리라는 법은 없다. 이를테면 히틀러는 파시스트의 대명사처럼 인식되고 있지만 히틀러 정부는 국민투표에서 전폭적 지지를 받아 추대된 독재 정부다. 자유선거를 통한 참여가 '민주적인 것'의 핵심이라고 말한다면 미국의 노예제도와 인종차별은 미국 남부에서 민주적인 방법으로 채택된 정책이다. 결국 노예제도가 옳지 못한 제도라고 판명되었음에도 불구하고 이 제도는 민주적 투표가 아니라 결국 전쟁을 통해서 폐지되었다. 다시 말해서 민주적인 방법이 아니라 극히 비민주적인 방법으로 비민주적인 제도를 폐지했다는 것이다. 미국의 닉슨 대통령과 존슨 대통령은 국민의 지지를 받아 대통령으로 선출되었지만 국민의 대다수가 반대하는 베트남 전쟁을 강행하지 않았던가. 그래서 어느 정치가는 "공정하고 자유로운 선거를 통해서 성차별주의자, 파시스

트, 분리주의자들이 선출될 수 있다는 것, 이것이 딜레마다."라고 말한다.[6]

| 여론 수렴의 공정성 |

투표의 의의가 민심을 파악하는 데 있든 관료를 제약하고 다수의 횡포를 막아 개인의 자유를 수호하는 데 있든 학자들의 주된 관심은 투표라는 제도(혹은 통상 말하는 민주적 의사 수렴 제도)가 과연 그런 목적을 달성하는 효과적인 수단이 될 수 있는가이다. 우선 투표 방법에도 여러 가지가 있다는 점부터 생각해보자. 가장 보편적으로 쓰이는 방법은 다수결이지만 여기에도 과반수 다수결(과반수 이상의 찬성표를 얻은 의안을 집단의 의사로 결정하는 방법), 3분의 2 다수결, 4분의 3 다수결 등 여러 가지가 있다. 그런데 문제는 어떤 투표 방법을 사용하느냐에 따라서 궁극적으로 수렴되는 국민의 뜻 역시 달라진다는 것이다. 국민(집단)의 생각이나 선호가 이미 정해져 있고 변하지 않았더라도 투표 방법에 따라 국민(집단)의 뜻이라고 간주되는 내용이 달라진다면, 과연 어떤 투표 방법이 진짜일까? 각 투표 방법이 나름대로 장단점을 가지고 있다고 볼 수도 있지만, 그렇다면 가장 좋은 방법은 어떤 것일까?

　앞에서 말했듯이 합리적으로 행동하려면 우선 원하는 바를 분명히 알고 그것을 바탕으로 확고하게 뜻을 세워야 한다는 점에서는 개인이나 집단이나 마찬가지다. 그렇지만 집단의 경우에는 한 사람이 아닌 여러 사람의 다양한 선호나 의견을 취합하고 정리한다는 점에서 개인의 경우와 근본적으로 다르며, 바로 이 점이 가장 어려운 부분이기도 하다. 정치 영역에서는 거짓 선호 표명도 자주 문제가 되지만, 일단 여기에서는 유권자들이 자신의 생각을 솔직하게 밝힌다고 가정하기로 하자. 솔직하게 표명된 다수의 다양한 의견을 취합해서 집단의 뜻을 결정할 때 가장 민감하고 중요한 요건은 공정성이다. 공정하지 못한 방법으로 결정된 국민의 뜻은 그 권위와 정당성을 인정받을 수 없다. 관권이 개입한 부정선거 결과를 놓고 이것이 국민의 뜻이라고 우겼다가는 사회적 혼란은 물론 자칫 정권이 무너지는 최악의 사태가 터질 수 있다. 실제로 우리 역사에도 그런 사태가 있었고 외국에서도 흔히 벌어지는 일이다. 그만큼 여론 수렴 과정에서 공정성은 말할 수 없이 중차대하다. 그렇지만 그 공정성이 구체적으로 무엇을 의미하는지는 그리 간단하지 않다. 다만 각 투표자의 뜻을 가장 정확하고 충실하게 반영해야 한다는 원칙만 반복해서 강조될 뿐이다.

이런 원칙에 입각해서 가장 흔히 제시되는 공정성의 첫 번째 조건은 모든 유권자의 한 표 한 표를 똑같이 소중하게 대우해야 한다는 것이다. 달리 말하면 어느 누구의 표든 다른 사람의 표와 차별 대우를 하지 말아야 한다는 것이다. 그래서 어떤 학자는 이 조건을 '무차별성 조건'이라고 표현한다. 수학적으로 말하면 찬성표가 반대표보다 많은지 적은지가 문제이지 찬성표와 반대표가 어떤 순서로 나왔는지는 전혀 중요하지 않다는 뜻이다. 예를 들어 세 명의 투표자가 있는데 이 중에서 두 명이 찬성표를 던졌고 한 명이 반대표를 던졌다면, 의사 표명의 순서가 '찬성, 찬성, 반대' 순이든 '찬성, 반대, 찬성' 순이든 '반대, 찬성, 찬성' 순이든 투표 결과는 같아야 한다. 요컨대 무차별성이란 모든 투표자가 의사 수렴의 결과에 똑같은 영향력을 행사할 수 있도록 해야 한다는 뜻이다.

학자에 따라서는 이런 공정성 조건을 익명성 조건이라고 표현하기도 한다. 누가 찬성표를 던졌고 누가 반대표를 던졌는지는 전혀 상관이 없다는 뜻이다. 다시 말해 특정인들이 찬성표를 던졌다거나 혹은 반대표를 던졌다는 사실이 투표 결과에 영향을 주어서는 안 된다는 것이다. 예를 들어서 김 씨, 이 씨, 박 씨 세 사람 중 두 사람이 찬성표를 던지고 한 사람이 반대표를 던졌다면 누가 찬성표를 던졌고 누가 반대표를 던졌든 상관없이 결과는 동일하게 찬성표 둘과 반대표 하나로 집계되어야 한다. 엄밀하게 말하면 무차별성은 익명성과 약간 다르다. 누가 어떻게 투표했는지가 공식적으로 알려지는 기명 투표인 경우 투표자를 상대로 한 매수와 압력이 횡행할 수도 있다. 그래서 비밀투표가 등장하게 되었다. 역사적으로 보면 익명성 조건은 투표가 무차별성을 가지기 위한 필요조건이었다. 비밀투표가 등장하며 실질적인 평등을 보장하게 되었다.

여론 수렴 방법이 공정하려면 모든 투표자가 동등한 대우를 받아야 할 뿐만 아니라 투표의 대상이 되는 의안이나 후보도 모두 동등한 대우를 받아야 한다. 이 조건을 중립성 조건이라고 부른다. 무차별성 조건이 투표자에게 적용되는 조건인 데 반해 중립성 조건은 투표의 대상에게 적용되는 조건이다. 특정 후보에게 유리했던 과거 대통령 선거가 4·19 혁명을 불러왔고 결국 정권의 붕괴를 초래하였다는 사실은 중립성이 얼마나 중요한지 잘 말해준다. 중립성은 어떤 특정 의안이 다른 의안에 비해서 특별히 유리해서는 안 된다는 뜻이다. 예를 들어서 이 씨와 박 씨 두 후보가 있고 현재 상태에서 투표하면 이 씨가 당선된다고 하자. 그런데 어떤 연유로 이 씨와 박 씨에 대한 국민들의 선호가 완전히 뒤바뀌었다고 하자. 다시 말해서 이 씨를 선호하던 사람들은 박 씨를 선호하게 되었고, 박 씨를 선호하던 사람은 이 씨를 선호하게 되었다. 그러면 선거 결과도 이 씨가 아닌 박 씨의 당선으로 바뀌어야 한다. 이렇게 국민의 선호가 정반대로 바뀌었는데도 여전히 이 씨가 당선된다면 그 투표 제도는 어딘가 이 씨에게 유리하게 구조화되어 있다는 의미이며 따라서 중립성 조건에 위배된다고 볼 수 있다.

여론 수렴의 공정성을 위한 세 번째 조건은 투표 결과가 민심의 변화를 민감하게 반영해야 한다는 것이다. 이 조건을 단조성 조건이라고 하는데, 예를 들어서 어떤 의안이나 후보에 대한 국민의 지지가 늘어났으면 그 의안이나 후보는 지지가 늘어난 만큼 투표에서 유리해져야 한다는 것이다. 만일 이 씨에 대한 국민의 지지가 늘어나는데 오히려 이 씨가 떨어질 가능성이 높아진다면 그런 투표 제도는 문제가 있는 것이다. 단조성 조건은 도덕적 의미를 가진 조건이라기보다는 투표 본래의 의의를 최대한 살리기 위한 조건이라고 할 수 있다.

| 과반수 다수결, 유일하게 공정한 방법 |

투표를 통한 집단의 의사 결정 방법이 매우 다양하다고 하지만 학자들의 증명에 따르면 위의 세 가지 공정성 조건을 모두 충족하는 유일한 의사결정 방법은 흔히 말하는 과반수 다수결이다.[7] 좀 더 정확하게 말하면 다른 의안보다 더 많은 찬성표를 획득한 의안을 집단의 의사로 채택하는 방법, 즉 단순다수결(simple majority rule)만이 공정성의 세 조건을 모두 충족한다는 것이다. 이런 주장을 '다수결의 정리 I' 혹은 케네스 메이(Kenneth O. May)의 이름을 따 '메이의 정리'라고 부른다. 반대하지 않는 투표자를 찬성하는 투표자로 간주하면 단순다수결은 과반수 다수결을 의미한다. 따라서 다수결의 정리에 의하면 과반수 다수결은 가장 공정한 의사결정 방법이라고 할 수 있다. 단 단순다수결은 오직 두 의안을 놓고 의사결정을 할 때에만 위의 세 가지 조건을 충족한다는 점에 유념해야 한다. 이 문제는 매우 중요한 까닭에 뒤에서 다시 자세히 살펴보기로 하자.

그러면 과반수 다수결 이외에 보편적으로 많이 사용되는 다른 투표 방법은 왜 위의 공정성 조건들을 충족하지 못하는가? 헌법의 개정이나 집단의 정관 개정 같은 중대한 사안에 관해서는 3분의 2 다수결이나 4분의 3 다수결을 요구하는 경우가 많다. 그러나 이런 의사결정 방법은 공정하다고 말할 수 없다. 왜냐하면 현상 유지안이 절대적으로 유리한 입장에 있기 때문이다. 말하자면 개정하자는 의안이 차별 대우를 받는다는 것이다. 예를 들어서 3분의 2 이상이 찬성해야 정관을 개정할 수 있다고 하자. 정관 개정 여부를 투표로 결정할 때 현상 유지 의안은 3분의 1에서 한 표만 더 얻으면 이긴다. 실제로 현상 유지 의안이 3분의 1에서 한 표를 더 얻어서 이긴다고 하자. 그런데 구성원 모두 종전과 정반대의 선호를 가지게 되었다고 하자. 그러면 이번에는 개정하자는 의안이 3분의 1에서 한 표를 더 얻게 된다. 그러나 개정하자는 의안은 탈락되고 여전히 현상 유지 의안이 이기게 된다. 어떤 경우든 현상 유지 의안이 이기게 되어 있다. 따라서 중립성에 위배된다. 많은 의사결정 방법이 현상 유지나 특정 의안에 유리하게 되어 있는데 이것은 중립성 조건에 위배된다. 가부동수일 때는 부결된 것으로 보는 의사결정 방법 역시 중립성에 위배된다. 중립성 조건을 충족하는 의사결정 방법은 비기는 것을 허용한다. 비겼는데도 그 결과를 허용하지 않고 특정 안이 채택된다면 그 의사결정 방법은 채택된 안에 유리한 방법이므로 공정하다고 볼 수 없다.

세 개 이상의 의안이 있을 때 두 단계에 걸쳐 과반수 다수결로 최종 승자를 뽑는 토너먼트 식 투표 방법도 공정성에 문제가 있다고 증명되었다. 보통 법률이나 정관을 개정하자는 주장이 나오면 이에 맞서서 일종의 타협안으로 약간 수정하자는 의안이 대두된다. 토너먼트 식 투표 방법을 채택할 경우 보통 1단계에서는 개정하자는 의안과 약간 수정하자는 의안이 대결하고, 여기에서 승리한 의안이 현상을 유지하자는 의안과 대결하게 된다. 문제는 이런 방법은 중립성 요건을 충족하지 못한다는 것이다.[8] 토너먼트 식 투표 방법과 아주 흡사한 방법으로 '상위 득표자 결선 방법'도 흔히 사용된다. 이 방법은 1차 투표에서 과반수를 얻은 의안이 없을 경우 1, 2위를 놓고 단순다수결로 결선을 벌이는 방법이다. 그러나 이 방법 역시 공정성의 조건을 충족하지 못한다는 것이 증명되었다.[9]

단조성 조건을 위배하는 의사결정 방법은 우리 주위에서도 흔히 볼 수 있다. 예를 들면 올림픽의 체조나 다이빙, 피겨스케이팅 경기 등에서 편파 판정이 늘 시빗거리가 되는데, 평가의 공정성을 높이기 위해서 현저하게 높은 점수나 낮은 점수를 무효 처리하고 나머지 점수를 합산하는 방법이 자주 사용된다. 그런데 역설적이게도 이 방법이 공정성을 위배할 수 있다. 예를 들어 두 후보 A와 B를 놓고 세 명의 심판이 각각 25점까지의 점수를 부여하는데 가장 큰 총점을 얻은 후보가 우승한다고 하자. 단 중위점수를 8점 이상 초과한 심판의 점수는 무효화하고 나머지 점수만 합산한다.

판정 결과 세 명의 심판에게 후보 A는 15점, 16점, 20점을 받아 총 51점을 획득하고, 후보 B는 10점, 10점, 15점을 받아 총 35점을 획득했다고 하자. 이 경우 후보 A가 무난히 승리하게 된다. 그런데 심판 3이 후보 A를 더 크게 지지한 결과 20점보다 더 높은 점수인 25점을 주었다고 하자. 상식적으로 생각하면 더 큰 지지를 받았으니 후보 A가 우승할 가능성이 더 높아져야 마땅하다. 그러나 이 점수는 중위점수인 16점을 8점 이상 초과하였으므로 무효 처리된다. 따라서 후보 A는 31점을 받아 탈락하고 후보 B가 우승한다. 더 높은 점수를 받으면 오히려 불리해진다. 따라서 단조성의 조건에 위배되는데, 심판 모두 후보 B보다 후보 A를 더 선호하는데도 후보 B가 우승하는 이상한 결과가 초래된다.

| 다수결은 정말 다수의 횡포일까? |

다수결에 관해 가장 흔하게 듣는 비판은 '소수 의견의 묵살' 혹은 '다수의 횡포'라는 말일 것이다. 이런 비판에도 충분히 일리가 있으나 과장된 측면도 없지 않다. 과반수 다수결에서 소수의 의견이 묵살되는 것은 시장에서 돈 없는 사람의 의견이 묵살되는 것과 차원이 다르다. 시장에서는 돈 없는 사람들의 의견이 아예 등록도 되지 않는 반면 정치권의 투표에서는 찬성이든 반대이든 모든 의견이 똑같이 등록되고 똑같이 심사를 받는다. 다만 소수의 의견이 다수의 의견 일부와 상쇄되어버릴 뿐이다.

설령 소수의 견해가 무시된다고 해도 그것은 일시적인 문제다. 정치 영역에서는 투표할 기회가 자주 발생하며 일단 그런 기회가 발생하면 모든 사람에게 똑같이 한 표를 행사할 권리가 부여된다. 그래서 어떤 투표에서는 소수에 속하다가도 다른 투표에서는 다수에 속하기도 한다. 예를 들어 어떤 유권자의 경우 대통령 선거에서는 자신이 지지하는 후보가 당선되었고, 국회의원 선거에서는 자신이 지지하는 후보가 떨어진 반면, 지방자치단체장 선거에서는 지지하는 후보가 당선되었다면 이 사람은 대체로 투표에서 자신의 의사를 관철했다고 볼 수 있지 않을까? 만약 이번 선거뿐만 아니라 앞으로 그 어떤 선거에서도 다수에 속할 기회가 전혀 없다고 생각하는 사람은 아마도 다수결을 별로 지지하지 않을 것이다. 시장에서는 가난한 사람이 부자 되기가 낙타가 바늘구멍 들어가기처럼 어렵지만, 정치 영역에서는 각 개인이 어떨 때는 소수에 속했다가 또 어떨 때는 다수에 속하는 등 처지가 뒤바뀌는 일이 허다하다. 다수에 속할 때는 집단의 의사가 자신의 의사와 부합하는 반면 소수에 속할 때는 그렇지 못하다. 따라서 각 개인의 입장에서 보면 다음과 같은 네 가지 경우에 당면하게 된다.

A. 찬성하는 의안이 부결되는 경우

B. 반대하는 의안이 가결되는 경우

C. 찬성하는 의안이 가결되는 경우

D. 반대하는 의안이 부결되는 경우

　A와 B가 나타나는 빈도가 적어질수록 C와 D가 나타날 빈도는 더 커질 것이다. A와 B가 나타나는 빈도가 적어진다는 것은 투표 결과로 결정된 집단 의사가 투표자 개인이 원하는 바와 부합한다는 뜻이다. 따라서 과반수 다수결, 3분의 2 다수결, 4분의 3 다수결 등 여러 투표 방법 중 합리적 개인이 가장 선호하는 집단의사 결정 방법은 A와 B가 나타날 가능성이 가장 낮은 방법, 다시 말해서 A와 B가 나타날 기대빈도(expected frequencies)의 합을 가장 적게 하는 의사결정 규칙이 될 것이다. 단순다수결이 바로 그러한 의사결정 규칙이라고 증명되었다.[10] 달리 말하면 각 개인의 입장에서 볼 때 단순다수결은 자신의 의사를 집단의사로 관철할 확률이 가장 높은 의사결정 방법이라는 것이다. 그래서 개인의 입장에서 볼 때 집단의 결정이 개인의 결정과 합치될 확률을 극대화하는 의사결정 규칙이 최선이라고 한다면, 최선의 의사결정 규칙은 바로 단순다수결이라는 주장이 성립한다. 이 주장을 흔히 '다수결의 정리 II'라고 한다. 그러므로 단순다수결은 흔히 말하는 다수의 횡포가 최소화되는 가장 공정한 투표 방법이라고 말할 수 있다.

| 정치논리 대 경제논리 |

신정치경제학 학자들은 다수결의 정리 I과 II에 모두 비판적이다. 다수결의 정리 II에 의하면 장기적으로 볼 때 과반수 다수결이 개인의 뜻을 집단의 결정으로 관철할 가능성이 가장 높은 방법이지만, 개인의 뜻이 관철되는 데서 오는 경제적 이익과 관철되지 않는 데서 오는 경제적 손해가 정확하게 상쇄된다는 보장은 없다. 의안에 따라서 소수는 극렬하게 반대하고 다수는 미지근하게 찬성하는 경우가 적지 않다. 다수에게 돌아가는 이익의 총액이 소수에게 떨어지는 손해의 총액보다 현저하게 적을 수도 있다. 그렇다면 사회적 순손실이 발생하므로 그런 의안은 경제적으로 비효율적이다. 그럼에도 불구하고 과반수 다수결로 집단의사를 결정할 경우 그런 비효율적인 의안이 무난히 통과될 수 있다. 특히 승리한 다수가 패배한 소수에게 비용을 전가하는 좋은 수단으로 과반수 다수결이 이용될 경우 비효율적 의안이 채택되는 경우가 많다.

예외는 있다. 만일 선호의 강도가 모든 사람에 걸쳐 비슷하다고 하면 이런 일은 벌어지지 않는다. 이럴 경우 집단적 행동으로 인한 총이익이 총 손실을 초과하는 의안만 과반수 다수결을 통과할 수 있기 때문이다. 예컨대 100명 중에서 51퍼센트가 A를 지지하고 49퍼센트가 A′를 지지한다고 하자. 이 경우 과반수 다수결은 A의 채택을 보장한다. 선호의 강도가 모든 사람에 걸쳐 동일하기 때문에 모든 투표자가 똑같이 만 원에 자신의 표를 팔 용의가 있다고 하자. 찬성하는 강도나 반대하는 강도 모두 똑같이 만 원에 상응한다는 뜻이다. 그러면

A가 채택될 경우 총 이익이 51만 원이고 총 손실이 49만 원이므로 2만 원의 순이익이 발생한다. 따라서 과반수 다수결은 0보다 더 큰 순이익을 올릴 기회를 잡게 해준다. 그러나 사람마다 선호의 강도가 크게 다르다면 과반수 다수결의 이런 장점은 사라진다. 만일 소수의 선호의 강도가 다수의 선호의 강도보다 현저하게 강하다고 하면 과반수 다수결은 사회 전체에 순손실을 초래하는 집단적 행동을 채택할 수도 있다. 순전히 경제적으로만 본다면 단순다수결은 치명적 결함이 있는 의사결정 방법이다. 바로 이 부분이 과반수 다수결을 포함한 이른바 민주적 집단의사 결정 방법에 신정치경제학 학자들이 가장 큰 불만을 나타내는 부분일 것이다.

이런 경제적 비효율의 문제에 대하여 신정치경제학 학자들이 제안하는 해결 방안은 피해자에게 뒷돈 지불을 통한 보상을 의무화하는 것이다. 이렇게 하면 비효율적인 정책이나 사업은 추진될 수 없다. 왜냐하면 비효율적인 정책이나 사업에는 피해자들에게 뒷돈을 지불할 여력이 없기 때문이다. 그러나 뒷돈으로 보상하는 일은 보통 어려운 일이 아니다. 우선 보상 받을 사람이 누구인지 파악해야 하고, 각 개인별로 보상액을 산정해야 하며, 그다음에는 예산을 따내서 돈을 일일이 나누어주어야 한다. 엉뚱한 사람들이 돈을 떼어먹는 일(이른바 '배달 사고')을 막으려면 감시도 해야 한다. 관련된 사람이 많을 경우 이런 절차에 소요되는 행정 비용이 감당하기 어려울 정도로 클 수도 있다. 보상을 하지 않으면 비효율적인 정책이나 사업이 마구 추진되고, 그렇다고 보상하자니 돈이 많이 든다. 그래서 현실적으로는 충분한 보상을 하지 못하거나 아예 보상을 하지 않는 일이 비일비재하다. 이것이 자유무역협정 체결이 논의될 때마다 격렬한 반대가 일어나는 이유 중 하나이기도 하다.

우리는 흔히 '다수의 횡포'라는 말을 자주 하지만 현실에서는 '소수의 횡포'도 얼마든지 있다. 과거 대다수 국민, 심지어 3분의 2 이상의 압도적 다수가 매우 싫어하는 정치인이 대통령이 된 적이 여러 번 있었다. 그러면 대다수 국민은 재임 기간 동안 대통령의 꼴을 보기 싫어도 꾹꾹 참아야 한다. 이런 고통은 국민의 3분의 1 정도의 소수가 3분의 2의 다수에게 주는 고통이다. 과반수 다수결을 통하든 다른 방법을 통하든 일단 집단의 의사가 결정된 다음에는 싫어도 결과에 복종하는 고통을 감수해야 한다. 당하는 사람 입장에서 이런 고통은 집단의 이름으로 일방적으로 강요된 불이익이다. 신정치경제학 학자들은 이런 불이익을 '정치적 외부효과' 혹은 '정치적 외부비용'이라고 부르는데, 보통 경제학 교과서에서는 잘 거론되지 않는 외부효과다.[12]

신정치경제학 학자들은 이 비용이 "주목받지 못한, 그러나 주목받아야 할" 외부비용이라고 주장하면서 그 대응책으로 집단행동에 필요한 최소 정족수(의결 정족수)를 사안별로 합리적으로 조정할 것을 촉구한다. 예를 들어서 의결 정족수가 10퍼센트라고 하자. 10퍼센트의 동의만 있으면 집단의 이름으로 집단행동에 돌입할 수 있다는 뜻인데, 이들의 동의를 얻어내는 데 소요되는 비용을 '합의 도출 비용'이라고 하자. 51퍼센트의 동의를 이끌어내기보다는 10퍼센트의 동의를 얻기가 훨씬 쉬울 것이다. 의결 정족수가 10퍼센트일 경우 합의 도출 비용도 적게 들 것이므로 집단행동도 그만큼 쉬울 것이다. 그렇지만 90퍼센트가 원하지 않는 집단행동도 그만큼 많아진다. 따라서 90퍼센트가 종종 고통을 겪게 되면서 정치적 외부비용도 커질 것이다.

반대로 의결 정족수가 90퍼센트라고 하자. 90퍼센트의 합의를 이끌어내기는 매우 어렵기 때문에 합의 도출 비용이 매우 클 것이므로 집단행동도 그만큼 어려워지겠지만, 외부비용도 적어질 것이다. 의사결정 규칙이 만장일치에 가까울수록 마지막으로 남은 합의 대상자들의 전략적 위치가 급격하게 높아진다. 합리적이라면 이들은 '전략적 버티기'의 이점을 최대한 활용할 것이다. 결국 만장일치에 가까워질수록 합의 도출 비용이 극적으로 커지면서 집단행동이 어려워진다. 한편 그만큼 외부비용은 적어질 것이다. 요컨대 의결 정족수가 클수록 합의 도출 비용은 커지는 반면 정치적 외부비용은 적어진다.[13]

만일 의사결정 방법이 만장일치라면 나를 제외한 나머지 사람들이 독단적으로 나에게 불리한 집단적 결정을 내릴 가능성이 제도적으로 봉쇄된다. 따라서 외부비용은 0이 된다. 정치적 외부효과만 생각하면 외부비용을 초래하지 않는 만장일치가 가장 좋은 의사결정 규칙인 것처럼 보인다. 그러나 우리 일상에서 흔히 보듯이 모든 사람을 설득해서 만장일치를 이끌어내기는 사실상 불가능한 경우가 많다. 이해관계가 얽혀 있을 경우에는 특히 더 그렇다. 정치적 외부비용과 합의 도출 비용을 종합적으로 고려한다면 합리적 의사결정 규칙은 이 두 비용의 합계를 최소화하는 규칙이다. 이 합계는 상황에 따라 달라질 것이다. 자본주의 사회에서 사유재산에 관한 문제는 개인에게 매우 중요한 사안이므로 의결 정족수가 더 많은 의사결정 규칙을 더 선호할 것이다. 이해관계자가 아주 많아서 합의 도출 비용이 너무 큰 사안은 아예 정치권에서 해결해주기를 원하는 경향이 있다. 어쨌든 과반수 다수결 같은 특정 의사결정 규칙을 모든 사안에 획일적으로 적용하기보다는 사안별로 외부비용과 합의 도출 비용을 최소화하는 의사결정 규칙을 적용해야 한다는 것이 신정치경제학 학자들의 주장이다.

경제학자 입장에서 보면 과반수 다수결이나 3분의 2 다수결 등 여러 민주적 집단의사 결정 규칙 중 어느 하나가 다른 방법에 비해서 더 좋다고 일률적으로 말하기 어렵다. 다만 만장일치는 경제학적으로 특별한 의미를 가진다. 다수의 이해관계가 걸린 두 의안을 놓고 어느 것이 사회적으로 더 바람직한가를 판단할 때 만장일치의 지지를 받는 의안만을 집단(국민)의 뜻으로 간주하자는 것이 경제학의 기본 입장이다. 파레토 원칙은 이런 입장에서 나온 것이다. 예를 들어서 x와 y에 관해 최소한 한 사람이 x를 더 선호하고 나머지 사람들은 x가 y보다 나쁘지 않다고 여긴다면, x는 y보다 사회적으로 더 바람직하다고 판단하는 것이 파레토 원칙이다. 이럴 경우 x와 y를 투표에 부칠 경우 x에 반대하는 사람이 한 명도 없다는 뜻이요, 따라서 x를 국민의 이름으로 추진하는 데 만장일치로 찬성한다는 뜻이다.

경제학자들은 파레토 원칙보다 더 강한 가치판단을 하지 않으려고 한다. 파레토 원칙을 고수한다는 것은 오직 모든 이해당사자가 동의하는 사업만 사회적으로 용인한다는 의미다. 그러나 현실적으로 모든 이해당사자가 동의하는 사업은 생각하기 어렵다. 거의 모든 국가사업은 특정인에게 불이익을 준다. 이와 같이 어떤 사람에게는 이익을 주고 어떤 사람에게는 불이익을 주는 사업에 관해서는 어떻게 말할 것인가? 바람직하다고 말하면 이 사업으로 이익을 얻는 사람의 편을 드는 셈이 되고, 바람직하지 않다고 말하면 불이익을 당하는 사람의 손을 들어주는 셈이 된다. 사람과 사람을 비교하는 문제가 발생한다. 경제학자들이 파레토 원칙을 고수하는 이유는 이 원칙을 넘어서는 순간 사람과 사람을 비교하는 문제에 봉착하기 때문이다.

그렇다면 만장일치를 이룰 수 없는 사업이나 정책에 관해서는 어떻게 해야 할까? 파레토 원칙만 고집하는 경제학자들은 침묵할 수밖에 없다. 모든 사람이 지지하는 사업이나 정책은 현실에서 거의 없다고 보면, 파레토 원칙은 현실성이 없는 원칙이라고 할 수 있다. 그래서 이런 현실을 고려한 실용적 원칙들이 고안되었다. 만일 어떤 사업을 실시한다고 했을 때 불이익을 당하는 사람들에게 충분히 보상하고도 남을 만큼 충분히 큰 이익을 발생시킨다면 이 사업은 파레토 원칙에 부합할 '잠재력'을 가진 사업이요, 만장일치를 얻어낼 '잠재력'을 가진 사업이다. 왜냐하면 이 사업으로 이익을 보는 사람들이 불이익을 당하는 사람들에게 충분히 보상함으로써 반대를 찬성으로 바꿀 수 있기 때문이다. 예를 들어 수질 오염을 초래하는 공장을 어느 지역에 유치한다고 하자. 만일 이 공장이 충분히 많은 돈을 벌기 때문에 수질 오염 피해를 입어야 하는 지역 주민에게 충분히 보상해주고도 남는다고 하면, 모든 사람이 이익을 얻는 방향으로 타협이 가능해진다. 결과적으로 만장일치로 이 기업의 유치가 용인될 수 있는 것이다. 이와 같이 파레토 원칙에 부합할 잠재력을 가진 사업(만장일치를 얻어낼 잠재력을 가진 사업)도 사회적으로 바람직하다고 보자는 입장이 소위 '보상의 원칙'이다. 사실상 경제학자들은 보상의 원칙까지는 눈감아 준다. 보상의 원칙을 받아들이면 국가사업의 경제적 타당성을 전문적으로 검증할 길이 열린다. 대규모 국책사업에 관해서는 경제적 타당성 검토 과정을 거치게 되어 있는데 이때 자주 이용되는 이른바 '비용·편익 분석'은 보상의 원칙에 근거한 경제적 타당성 검증 방법이다.

5장

투표의 역설과 정치의 실패

1. 셋 이상의 의안과 다수결

| 자연은 양자택일을 허용하지 않는다 |

집단의 의사결정 규칙으로서 과반수 다수결이 가장 공정한 규칙이라고 하지만 그것은 어디까지나 오직 두 개의 의안만 놓고 투표할 때나 그렇다. 그러므로 의안이 세 개 이상일 경우 과반수 다수결의 공정성을 살리려면 의안을 두 개로 압축해야 한다. 그러나 이렇게 의안의 수를 줄이는 과정에서 충분히 고려할 가치가 있는 의안이 투표에 부쳐지기도 전에 탈락된다는 문제가 있다. 애당초 두 가지 의안밖에 없기 때문에 자연스럽게 이 둘을 놓고 과반수 다수결로 집단의 의사를 결정하는 경우도 있을 수 있다. 그러나 표면상 두 개 의안이 투표에 부쳐진다고 하더라도 속사정을 보면 기실 셋 이상 다수의 의안이 있었으나 내부 조율을 거친 결과 두 개 의안으로 압축되는 경우가 대부분이다. 예를 들면 양당제가 잘 발달되어 있는 미국의 경우 대부분의 대통령 선거는 사실상 두 명의 후보를 놓고 국민이 한 사람을 선택하는 형식을 취한다. 그렇다고 원래부터 대통령 지망자가 딱 두 명만 있었던 것은 아니다. 많은 지망자가 있었지만 양당제를 통해서 걸러진 결과 두 명만 최종 주자로 올랐기 때문이다. 따라서 국민의 심판을 받아 보지도 못하고 탈락한 유능한 정치인이 얼마든지 있을 수 있다. 이런 일이 반복되다 보니 미국에서 양당제 자체에 대한 실망도 점차 커지고 있다.

자연스럽게 두 개의 의안만 존재한다고 하더라도 정치권이 허용하지 않는 경우도 무척 많다. 오직 두 개의 의안을 놓고 결판을 짓다가는 투표에서 패배하는 쪽은 큰 정치적 타격을 받을 수 있기 때문에 정치가들은 절충안을 슬쩍 끼워 넣어서 타협하기를 즐겨한다. 정치권의 권모술수도 의안 수를 늘리는 데에 한몫한다. 적을 이기려면 분열시키는 것이 상책이다. 그래서 상대편을 분열시키기 위해서 제3의 의안을 만들어서 슬쩍 끼워 넣는 일이 비일비재하다. "자연은 우리에게 양자택일의 상황을 거의 허용하지 않는다."는 말도 있듯이 현실적으로 거의 대부분의 경우 두 개 이상 다수 의안이 존재한다고 보아야 한다.

물론 의안을 효과적으로 심사하고 정리하는 여러 제도와 방법이 있다. 의회의 각종 전문위원회가 그 예다. 그러나 이 제도나 방법이 가장 타당한 의안만 걸러낸다는 보장은 전혀 없다. 의안을 정리하는 방법 그 자체가 불공정하다는 지탄을 받는다. 이를테면 미국 양당제

아래에서 다수 의안을 정리하는 과정의 공정성에 관해서는 다음과 같은 두 가지 심각한 우려가 제기된다. 첫째, 의안 선택에 이익단체나 압력단체의 영향력이 크게 작용한다는 것이다. 물론 이익단체의 로비 활동에는 정보를 제공한다는 긍정적인 측면도 있지만 그 정보는 대개 과장되고 왜곡되기 일쑤다. 이익단체의 금품 제공이나 선심 공세는 공공연한 비밀이다. 2008년 미국 금융시장 붕괴도 금융가의 치밀한 로비 활동이 정치권을 무력화했기 때문에 발생한 참사였다.[1]

의안이 일단 법제화되면 불특정 다수에게 피해를 미치게 되지만 대개 이런 피해자들은 조직화된 목소리를 내지 못하며, 국회의원을 상대로 금품 공세를 펼 수도 없다. 조직하는 데에 막대한 돈이 들기 때문이다. 이런 단골 피해자로 흔히 일반 소비자들이 꼽힌다. 어떤 의안은 은밀한 방법으로 돈 없는 소비자들에게 피해를 주지만 소비자들은 조직화된 목소리를 내기 힘들다. 그러므로 각종 위원회의 의안 선택 과정이 이익단체의 이익을 옹호하는 방향으로 진행된다면 민주적으로 의사결정이 이루어졌다고 보기 어렵다.

둘째, 선거 전략이 강하게 작용하여 양당제를 무의미하게 만드는 경향도 있다. 우리도 흔히 겪는 일이지만 선거철이 닥치면 거대 정당의 선거 공약 내용이 비슷해지고 정당의 색깔도 애매모호해진다. 보수 정당의 공약에 진보적 내용이 잔뜩 들어가 있고, 진보 정당의 공약은 보수적 색깔로 얼룩진다. 결과적으로 유권자들은 양당의 차이를 선명하게 구분하지 못한 채 어느 정당을 지지할지 몰라 우왕좌왕하게 된다. 국민의 판단을 돕고 여론을 정리하기 위한 양당제가 오히려 국민을 호도함으로써 투표 제도의 의미를 훼손한다. 그러면 왜 이렇게 정당의 선명성이 없어질까? 보수와 진보의 중간에 위치한 많은 중도 성향 유권자의 표를 끌어 모으려고 각 정당이 자신의 공약에 전략적 물 타기를 하기 때문이다.

예를 들어서 세 명의 유권자가 있다고 하자. 한 사람은 매우 보수적이고 다른 한 사람은 매우 진보적이며 나머지 한 사람은 중도적이라고 하자. 보수 성향 유권자는 보수 정책을 가장 선호하지만 진보 정책보다는 차라리 중도 정책을 더 선호한다. 반대로 진보 성향 유권자는 진보 정책을 가장 선호하지만 보수 정책보다는 차라리 중도 정책을 더 선호한다. 이 경우 보수 정책과 중도 정책이 대결한다면 진보 성향 유권자는 보수 정책보다는 중도 정책을 더 지지하므로 중도 정책이 과반수인 두 표를 얻어 선거에서 이긴다. 만일 진보 정책과 중도 정책이 대결한다면 보수 성향 유권자는 진보 정책보다는 중도 정책을 더 지지하므로 역시 중도 정책이 과반수를 얻어 선거에서 이긴다. 보수 정책과 진보 정책을 투표에 부치면 중도 성향 유권자가 어느 쪽에 붙느냐에 따라 결판이 난다. 이처럼 어느 경우든 중도 성향 유권자가 선거 결과를 결정하는 까닭에 이들의 표를 의식하는 정당들은 한결같이 보수도 아니고 진보도 아닌, 어정쩡한 정책 정강을 들고 나오게 된다. 그러다 보면 공약을 지키지 못하는 일도 자주 일어난다. 특히 보수 정당이 선거에서 승리할 경우 유세 기간에 내건 진보적 공약을 파기하는 일이 자주 발생한다. 박근혜 정부가 정권을 잡자마자 유세 기간 동안 가장 강조한 경제민주화 공약을 폐기해버린 일이 대표적인 사례가 될 것이다. 경제민주화 공약은 보수 정당이 도저히 실천할 수 없지만 선거에서 이기기 위해서 어쩔 수 없이 끼워 넣은 공약이었기 때문이다.

| 중간 계층이 선거 결과를 결정한다? |

이와 같이 중도 성향 유권자의 지지를 얻으려다가 각 정당이 어정쩡한 태도를 취하게 된다는 주장을 뒷받침하는 이론이 소위 '중위투표자 정리(median voter theorem)'다.[2] 중위투표자란 중위수에 해당하는 투표자를 말한다. 중위수란, 예를 들어 소득이 높은 투표자부터 차례로 배열하였을 때 그 중앙에 해당하는 값으로 중위투표자를 제외한 나머지 사람들의 50퍼센트는 중위투표자보다 부자이고 나머지 50퍼센트는 중위투표자보다 가난하다. 다섯 명의 소득이 각각 1억 원, 7000만 원, 5000만 원, 3000만 원, 2000만 원이라고 하면, 5000만 원이 중위수에 해당하며 이 5000만 원의 주인이 중위투표자이다. 중위투표자 정리에 의하면 과반수 다수결로 의안을 결정할 경우 중위투표자가 가장 선호하는 의안이 최종 선택된다. 그러므로 선거에 이기기 위해서 정당들은 중위투표자의 눈치를 보기 바쁘다. 그렇다면 양당제가 유권자들에게 확연히 구분되는 두 의안을 제시하고 이 중 하나를 선택하게 한다는 이론은 설득력을 잃는다.

중위투표자 정리는 정치경제학자들이 상당히 큰 의미를 부여하는 이론이다.[3] 이 이론은 지방정부의 재정 지출 규모에 몇 가지 중요한 시사점을 던진다. 대체로 소득 수준이 높을수록 공공재 및 준공공재에 대한 수요가 크게 증가하는 경향이 있다. 부자들은 돈과 재산을 많이 가지고 있기 때문에 방범이나 치안이 매우 절실하지만 가난한 사람들은 털릴 돈도 재산도 없기 때문에 치안에 대한 수요가 상대적으로 작을 수밖에 없다. 부자들은 공원이나 녹지, 아름다운 경관을 즐길 여유가 있지만 가난한 사람들은 입에 풀칠하기 바빠서 그럴 여유가 없다. 부자들은 놀러 다닐 여유도 있고 갈 데도 많기 때문에 길이 잘 뚫리면 신나지만 가난한 사람들은 돈이 없어서 갈 데도 별로 없다. 이런 저런 이유로 고소득 계층은 지방정부가 공공재 및 준공공재를 많이 공급하기를 원하는 반면 저소득 계층은 그렇지 못하다. 중간 계층이 원하는 양은 그 중간쯤 될 것이다. 이와 같이 계층별로 원하는 공공재 및 준공공재의 공급량이 다를 경우 과반수 다수결로 집단의사를 결정하면 중위투표자 정리에 의해서 중위투표자가 원하는 공급량이 최종 집단의사로 결정된다.

왜 그런지 구체적으로 살펴보자. 고소득 계층이 적절하다고 생각하는 공급량을 G(고), 저소득 계층이 적절하다고 생각하는 공급량을 G(저)라고 하자. 그리고 양 계층의 중간에 낀 중간소득 계층이 적절하다고 생각하는 공급량을 G(중)이라고 하자. 각 공급량의 크기를 비교하면 G(고) 〉 G(중) 〉 G(저) 순이 될 것이다. 각 계층은 자신에게 가장 적절한 공급량을 가장 선호하고, 차선으로 가장 가까운 공급량을 선호할 것이다. 고소득 계층은 G(저)가 너무 적다고 생각하면서 차라리 G(중)이 더 낫다고 여길 것이고, 저소득 계층은 G(고)가 지나치게 많다고 생각하면서 차라리 G(중)이 더 낫다고 여길 것이다. 그렇다면 고소득 계층은 G(고), G(중), G(저) 순으로 선호하고 저소득계층은 G(저), G(중), G(고) 순으로 선호할 것이다. 이 경우 중간소득 계층이 곧 중위투표자에 해당한다.

이제 세 대안을 놓고 다수결로 집단의사를 결정한다고 해보자. G(고)와 G(중)을 대결시키면 중간소득 계층과 저소득 계층이 G(중)

을 지지하므로 G (중)이 다수의 지지로 채택된다. G (저)와 G (중)을 대결시키면 중간소득 계층과 고소득 계층이 G (중)을 지지할 것이므로 G (중)이 다수의 지지로 채택된다. G (고)와 G (저)의 대결에서는 최종 결과가 중간소득 계층이 어느 쪽을 지지하느냐에 달려 있다. 어떤 경우든 최종 결과는 중위투표자의 선호에 따라 결정된다. 더 일반화해서 말하면 지방정부의 공공재 및 준공공재 공급을 위한 재정 지출 규모는 중위투표자의 선호에 의해서 결정된다는 것이다.

중앙에 위치한다고 해서 중위투표자가 반드시 한 나라나 한 지역의 평균 소득 수준을 누리는 사람은 아니다. 어느 나라나 잘사는 사람보다 못사는 사람의 수가 월등히 더 많은 법이다. 달리 말하면 한 나라의 평균 소득 수준을 기준으로 할 때 저소득자의 수가 고소득자의 수보다 월등히 더 많다는 것이다. 이런 상황에서는 통계적 중위수가 평균보다 적다. 그러므로 일반적으로 중위투표자의 소득 수준은 평균 소득 수준보다 훨씬 더 낮다. 달리 말하면 중위투표자들은 중간소득 계층에 속하지 않고 오히려 저소득 계층에 더 가깝다는 것이다. 소득 계층을 고소득 계층, 중상위 계층, 중간 계층, 중하위 계층, 저소득 계층으로 나눌 때, 중위투표자 정리에 의하면 선거를 의식하는 지방정부의 재정 지출 규모는 대체로 중하위 계층의 선호에 의해서 결정된다. 경제가 성장하면서 중하위 계층의 소득 수준이 점차 높아지면 지방의 공공재 및 준공공재 수요도 점차 늘어난다. 소득재분배 덕분에 중하위 계층의 소득 수준이 높아진다고 하자. 중위투표자 정리에 의하면 비록 평균 소득 수준은 변하지 않더라도 지방의 공공재 및 준공공재에 대한 수요는 증가한다. 이 말을 뒤집어보면 다른 계층의 수요가 아무리 변하더라도 중하위 계층의 수요에 아무런 변화가 없으면 정치적으로 결정되는 지방정부의 재정 지출 규모 역시 아무런 변화가 없다는 뜻이기도 하다.

물론 중위투표자 정리는 특정한 조건 아래에서만 성립할 뿐 항상 성립하는 것은 아니다. 그 조건과 의미는 뒤에서 다시 자세히 살펴보기로 하겠으나, 조건이 성립하는 경우 중위투표자 정리는 중요한 정치적 의미를 지닌다. 진정한 민주주의 사회에서 국민은 주인이고 정치가와 관료는 국민의 이익을 위해서 봉사할 임무를 부여받은 대리인이다. 그런데 국민이 정치가와 관료 들을 일일이 감시하고 감독할 수 없는 틈을 타서 대리인들이 주인의 이익을 저버리고 자기 이익만 추구할 수도 있다. 이런 우려를 구체화한 이론을 흔히 주인-대리인 이론이라고 한다. 그러나 만일 중위투표자 정리가 옳다면 정치가는 국민의 대다수를 차지하는 중위투표자들이 무엇을 원하는지 알아내서 정책에 반영하려고 노력하려는 인센티브를 가지게 된다. 다시 말해서 정치권에서 주인-대리인 문제가 해결될 가능성이 충분히 있다는 것이다. 많은 경우 다양한 이해관계자 사이의 상충되는 생각이 '최적 타협점'에 근접하도록 중위투표자들이 여론 수렴에 기여한다는 연구 결과도 있다.[4] 그렇다면 마치 시장에서 보이지 않는 손이 작동하듯이 정치판에서도 선거상의 경쟁이 보이지 않는 손과 비슷한 작용을 하면서 정치가들이 결국 투표자의 이익에 봉사하게 만드는 희망적인 상황이 전개될 수도 있다. 그러한 보이지 않는 손이 정치 영역에서도 작용하려면 어떤 조건이 충족되어야 하는가에 관해서는 정치경제학자들 사이에서 열띤 토론이 계속되고 있다.

세상에는 두 종류의 정치가가 있다고 한다. 합의정치가(consensus politician)와 신념정치가(conviction politician)다. 합의정치가는 투표자의 마음을 잘 읽는 정치가이며 신념정치가는 공익 정신이 투철한 정치가다. 합의정치가는 중위투표자 정리에 따라 행동하는 정치가라고 할 수 있고, 신념정치가는 중위투표자의 선호를 주어진 것으로 보지 않고 재형성할 수 있다고 믿는 정치가라고 할 수 있다. 현실에서는 신념정치가보다 합의정치가가 더 많이 당선되는 것을 보면 중위투표자 정리가 현실을 잘 설명하는 이론인 것 같다.[5]

| 최강자가 패배하는 종다수결의 맹점 |

과반수 다수결이 아무리 이론적으로 공정하다고 하더라도 앞서 살펴본 대로 의안을 두 개로 압축하는 제도가 불공정하고 비민주적이라면 과반수 다수결은 사실상 불공정하고 비민주적인 의사결정 방법이 된다. 다시 말해서 과반수 다수결을 떠받치는 제도가 불공정하다면 과반수 다수결도 결과적으로는 넓은 의미에서 민주적이지 못하다고 할 수 있는 것이다. 투표 제도가 정말로 공정하다면 둘 이상 다수 의안이 있을 경우에도 공정하게 투표자들의 의사를 수렴하고 집단의사를 결정할 수 있어야 한다.

세 개 이상 다수 의안이 있을 경우 가장 많이 사용되는 집단의사 결정 방법은 종다수결(plurality voting rule)이다. 최다득표제라고 불리기도 하는 종다수결은 모든 투표자가 한 표씩 투표하고 가장 많은 찬성표를 획득한 의안을 집단의 의사로 채택하는 의사결정 규칙이다. 종다수결은 사실상 투표자의 선호 순위에서 1위를 차지하는 빈도가 가장 높은 의안을 집단의 의사로 채택하는 방법이다. 우리나라의 국회의원 선출이나 대통령 선출에 흔히 쓰이는 방법이기도 하다.

종다수결의 최대 약점은 압도적 다수가 가장 싫어하는 의안이 가장 많은 표를 얻어 집단의 의사로 채택될 수 있다는 점이다. 실례를 하나 들어보자. 1987년 대통령 선거 때 세 명의 유력한 후보가 출마를 선언했다. 당시 여론조사로는 야권이 단합하여 단일 후보를 내면 여권 후보인 노태우 후보를 물리치고 확실히 이길 수 있다고 예측됐다. 그래서 야권에서는 후보 단일화를 강력하게 요구했다. 당시 야권 후보이던 김영삼 후보와 김대중 후보 중 누가 나오더라도 노태우 후보와 일대일 대결에서 무난히 승리한다는 것이 여론조사 결과였고, 선거 후 각 후보의 득표율 분석도 이것을 뒷받침했다. 노태우 후보는 국민의 3분의 2 정도가 싫어하는 후보였다. 그러나 두 야당 후보가 동시에 출마한 덕분에 야권 표가 분열되면서 노태우 후보는 30퍼센트를 조금 넘는 표를 얻어 가까스로 당선되었다.

지지도 자료에 의하면 김영삼 후보는 노태우 후보와의 일대일 맞대결에서 승리하며 김대중 후보와의 일대일 맞대결에서도 승리한다. 이처럼 일대일 맞대결에서 더 많은 표를 얻어 다른 의안을 모두 압도하는 의안을 콩도르세 승자(Condorcet winner)라고 부른다. 1987년 대선에서는 김영삼 후보가 바로 콩도르세 승자였다. 반대로 노태우 후보는 김영삼 후보와의 일대일 맞대결에서 패배하며 김대중 후보와의 일대일 맞대결에서도 패배하는 것으로 나타났다. 이처럼 일대일 과반수 다수결에서 다른 모든 의안에 패배하는 의안을 콩도르세 패자(Condorcet loser) 혹은 콩도르세 열등해(inferior solution)라고 한다. 1987년 대선에서 노태우 후보가 바로 콩도르세 패자였다. 종다수결의 가장 큰 문제점은 콩도르세 승자가 탈락하고 콩도르세 패자가 집단의 의사로 채택될 가능성을 안고 있다는 것이다. 1987년 대선 결과가 증명하듯이 말이다. 비슷한 현상이 미국 대통령 선거와 국회의원 선거에서도 실제로 있었다고 한다.[6]

보통 과반수 다수결에서는 모든 표가 똑같은 한 표로 인정받는 탓에 반대표와 찬성표가 1대 1로 상쇄되어버린다. 예를 들어 다섯 명의 후보자를 놓고 아홉 명의 유권자가 투표한다고 하자. 과반수 다수결에서는 최소한 다섯 표를 얻은 후보가 당선되는데 이 경우 패배자에게 던진 네 표는 당선자에게 던진 다섯 표 중 네 표와 1대 1로 상쇄되어버린다. 즉 찬성표나 반대표나 똑같은 한 표로 대우받는다. 그러고도 한 표가 남기 때문에 과반수를 얻은 후보가 당선된다. 그러나 종다수결에서는 두 표만 얻어도 당선될 수 있다. 그러면 패배자에게 던진 일곱 표 중에서 두 표는 당선자에게 던진 두 표와 1대 1로 상쇄되지만 나머지 다섯 표는 그냥 묵살된다. 반대자가 던진 다섯 표는 박치기 한번 해보지 못하고 사표가 되어버린다. 이처럼 종다수결에서는 찬성표와 반대표가 똑같은 한 표로 대우받지 못하는 사태가 발생한다. 선거 때마다 좌파 진영을 압박할 때 쓰이는 '사표 논리'가 이런 맹점을 잘 보여준다. 따라서 종다수결은 정치 영역 의사결정의 가장 중요한 요건인 평등의 요건을 충족하지 못하는 의사결정 방법이라고 할 수 있다.

어떻든 콩도르세 승자가 탈락하고 콩도르세 패자가 당선될 가능성을 내포하고 있다는 점이 종다수결의 큰 약점으로 꼽힌다. 상식적으로 봐도 콩도르세 승자는 가장 좋은 선택이고 콩도르세 패자는 가장 열등한 선택이다. 예를 들어 우리나라 프로 야구팀 중 최강 팀을 알아내는 방법은 모든 팀을 맞대결시켜보는 것이다. 그 결과 A팀이 다른 모든 팀과 일대일 맞대결에서 전부 이겼고 B팀은 전패했다고 하면 콩도르세 승자인 A팀이 우리나라 최강 팀이며 콩도르세 패자인 B팀은 가장 약한 팀이라고 보는 것이 상식이다. 그런데 전패 팀이 최강 팀, 전승 팀이 최약 팀으로 결정된다면 누가 봐도 이상하다. 바둑의 경우에도 일대일 맞대결을 통해 최강자를 결정한다. 축구도 그렇다. 야구, 바둑, 축구뿐만 아니라 일상생활에서도 맞대결 방법이 빈번히 이용된다. 종다수결의 여러 약점 때문에 세 개 이상의 의안이 있을 때는 콩도르세 승자가 집단의 의사로 채택되어야 한다는 조건을 앞서 열거한 세 가지 공정성 조건에 추가하는 학자도 있다. 이 조건을 콩도르세 조건이라고 부르기도 한다. 그렇다면 공정성 조건은 다음과 같이 네 가지가 된다. (1) 무차별성(혹은 익명성), (2) 중립성, (3) 단조성, (4) 콩도르세 조건.

그렇다면 이런 네 가지 공정성 조건을 모두 충족하는 투표 방법은 존재하는가? 이제까지 학자들이 연구한 바에 따르면 그런 방법은 없다. 세 가지 이상의 의안을 다루는 어떤 방법이든 네 조건 중 하나 이상을 위배하게 된다는 것이다.[7] 정치경제학 교과서에 자주 소개되는 '보다 점수제(Borda count)'를 예로 들어보자. 전형적인 보다 점수제는 각 투표자가 자신의 선호에 따라 가장 좋아하는 의안에 가장 높은 점수를 부여하고 덜 좋아하는 의안에는 낮은 점수를 부여하게 한 다음 의안별로 점수를 합산하여 가장 높은 점수를 딴 의안을 집단의 의사로 채택하는 방법이다. 위에서 설명한 종다수결은 보다 점수제의 특수한 유형이라고 볼 수 있다. 각 투표자가 자신이 가장 선호하는 의안(선호 순위에서 1위를 차지하는 의안)에 1점을 부여하고 나머지 의안에 대해서는 0점을 부여한 다음 가장 높은 점수를 획득한 의안을 집단의 의사로 채택하는 셈이기 때문이다. 보통 말하는 다수결은 찬성 혹은 반대의 뜻만 반영할 뿐 그 강도를 반영하지 못한다는 점이 흔히 약점으로 지적된다. 다시 말해서 각 의안이 투표자의 선호에서 차지하는 '순위'에 관한 정보를 충분히 고려하지 못한다는 것이다. 보다 점수제에서 점수는 각 투표자가 각 의안을 선호하는 정도가 얼마나 강한지를 반영한다. 선호의 강도를 가장 체계적으로 고려하는 방법이라는 점이 보다 점수제의 매력인 동시에 큰 약점이기도 하다. 콩도르세 승자를 탈락시킬 가능성을 안고 있기 때문이다. 왜 그럴까?

흔히 있는 일이지만 두루 무난한 후보도 있고 유별나게 모난 후보도 있다. 예를 들면 열성 지지자와 극렬한 반대자를 함께 가진 정치가가 있는가 하면 열성 지지자가 많지는 않지만 특별히 싫어하는 사람도 별로 없는 정치가도 있다. 유능하지만 유별나게 모난 후보는 국론을 분열시켜 정치권을 혼란에 빠뜨릴 우려가 있는 반면 특별히 유능하지 않지만 두루두루 무난한 후보는 국민적 화합을 바탕으로 정치를 안정시키는 데 적합할 수도 있다. 유능하고 모난 후보는 다수의 열성 지지자를 고정적으로 확보하고 있으므로 다른 어떤 후보와 일대일로 맞장 뜨더라도 이길 가능성이 높다. 따라서 이 후보는 콩도르세 승자일 가능성이 높다. 그러나 유능하고 모난 후보는 최고 점수만큼 빵점도 많이 받는다. 반면 두루두루 무난한 후보는 모든 투표자가 그리 나쁘지 않게 생각하는 까닭에 그에게 중간 이상의 높은 점수를 몰아주게 된다. 따라서 보다 점수제는 무난한 후보에게 유리한 면이 있다. 그 결과 무난한 후보가 콩도르세 승자를 제치고 당선될 가능성이 있다. 즉 보다 점수제는 콩도르세 조건을 어길 수 있다.

이처럼 네 가지 공정성 조건을 모두 충족하는 투표 방법이 없다면, 조건을 좀 완화하면 어떨까? 문제는 네 조건 중에서 어떤 것이 더 중요하고 어떤 것이 덜 중요하다고 판단할 규범적 근거가 박약하다는 것이다. 그러니 어떤 조건을 완화할지 판단하기도 난감하며, 각 투표 방법이 어느 한 조건을 어겼다고 해서 어떤 방법이 더 좋거나 나쁘다고 말하기도 어렵다. 여기에서 우리는 일종의 딜레마에 봉착한다. 과반수 다수결은 공정성 조건을 충족하지만 불평등한 제도의 지원을 받아야 작동 가능하고, 셋 이상의 의안을 다루는 방법은 모두 공정성의 요건을 충족하지 못하고……

2. 순환이 정치적 혼란을 낳는다

| 합리적 선호와 투표의 역설 |

과반수 다수결이 공정성 조건을 충족하는 유일한 방법이며 콩도르세 승자가 최선의 선택이라고 하자. 그렇다면 셋 이상의 의안이 있을 때 무리하게 둘로 압축하는 대신 모든 의안을 상대로 둘씩 짝지은 다음 리그전 식으로 과반수 다수결을 여러 차례 적용해서 콩도르세 승자를 찾아낸 뒤 그것을 집단의 의사(사회적 선호)로 보면 되지 않느냐는 반문이 제기될 수 있다. 다시 말해서 야구나 바둑처럼 맞대결을 시켜서 최종 승자를 가리자는 것이다. 예를 들어 세 개의 의안 x, y, z가 있다고 하면, 세 쌍의 짝 x와 y, y와 z, z와 x 각각에 과반수 다수결을 적용하여 콩도르세 승자를 찾아낸다는 것이다. 충분히 일리 있는 주장이다. 그렇지만 유감스럽게도 이런 방법 역시 '투표의 역설'이라는 매우 이상한 결과를 초래할 수가 있다.

세 의안 x, y, z에 대한 투표자 A, B, C의 선호가 다음과 같다고 하자. 이 표에도 각 투표자가 좋아하는 순서대로 의안 x, y, z가 나열되어 있다. 예를 들면 xyz는 x를 가장 좋아하고 그다음으로 y를 좋아하며 z를 가장 싫어한다는 의미다.

투표자	의안
A	xyz
B	yzx
C	zwy

투표자의 선호가 위와 같을 경우, x와 y를 맞대결시키면 A와 C는 y보다 x를 더 선호하고 B 홀로 y를 x보다 더 좋아하므로 x가 과반수의 지지를 받아 이긴다. y와 z를 맞대결시키면 A와 B가 z보다 y를 더 선호하므로 y가 과반수의 지지를 받는다. 이처럼 과반수 다수결 맞대결

의 결과 x가 y를 압도하고 y가 z를 압도한다면 당연히 x는 z를 압도할 것으로 예상된다. 그런데 정작 x와 z를 맞대결시키면 B와 C가 x보다 z를 더 선호하므로 z가 과반수의 지지를 받아 x를 이긴다. 그러므로 과반수 다수결을 연속적으로 적용하는 방식을 따르면 이 집단은 z보다는 y를 더 선호하고 y보다는 x를 더 선호하는데 x보다는 z를 더 선호하는 것으로 나타난다. 집단의 선호가 이렇게 계속 꼬리에 꼬리를 물고 이어질 때 선호가 순환을 이룬다고 말한다. 이 집단은 z를 가장 선호하는 것 같으면서 또한 z를 가장 싫어하며, y를 가장 좋아하는 것 같으면서 y를 가장 싫어하고, x를 가장 좋아하는 것 같으면서 x를 가장 싫어하는 것으로 보인다. 그러니 과연 어떤 것을 가장 선호하고 어떤 것을 가장 싫어하는지 알 수가 없다. 콩도르세 승자도 없다. 일상 용어로 말하자면 이 집단의 선호에는 일관성이 없다. 투표자들의 선호가 앞의 표와 같을 경우 모든 의안을 둘씩 짝지어서 과반수 다수결을 여러 차례 적용해서 찾아낸 집단의 선호는 순환을 이룬다. 이런 현상을 흔히 '콩도르세 역설' 혹은 '투표의 역설'이라고 말한다.

개인이나 집단이나 합리적으로 행동하려면 원하는 바에 일관성이 있어야 한다. 경제학적으로 좀 더 정확하게 말하면, 합리적으로 행동하려면 선호가 두 가지 조건을 충족해야 한다. 첫 번째 조건은 선호가 분명해야 한다는 것이다. 두 가지 대안이 있을 때 이것이 좋은지 저것이 좋은지 혹은 똑같이 좋은지(무차별한지)를 분명하게 말할 수 있어야 한다. 경제학자들은 이 조건을 완비성(completeness) 조건이라고 부른다. 어떤 것이 좋은지 몰라서 쩔쩔맨다면 우왕좌왕하게 되니 합리적으로 행동할 수 없다. 두 번째 조건은 선호의 일관성이다. 셋 이상의 대안이 있을 때 좋아하는 순서대로 나열할 수 있어야 한다. 위에서 보듯이 선호가 순환하지 않아야 한다는 것이다. 예를 들어 어떤 사람이 냉면보다는 자장면을 더 좋아하고 자장면보다는 라면을 더 좋아한다면 이 사람은 당연히 냉면보다는 라면을 더 좋아해야 한다. 경제학에서 흔히 쓰는 말로는 선호가 이행적(transitive)이어야 한다는 것이다.[8]

이런 두 조건을 경제학자들은 종종 '합리성 조건'이라고 하며, 이 조건들을 충족하는 선호를 '합리적 선호'라고 부르기도 하고 그냥 '잘 정돈된(well-ordered) 선호'라고 부르기도 한다. 어떻든 경제학적으로는 두 조건을 충족하지 못하는 욕망이나 선호를 가진 사람은 합리적으로 행동할 수 없다. 예를 들면 이행성 조건을 충족하지 못하는 선호를 가진 사람은 일관성이 없어서 남에게 이용당하기 딱 좋다. 남에게 농락당하는 것은 합리적이라고 볼 수 없다. 그러므로 경제학에서 선호라고 하면 으레 '합리적 선호' 혹은 '잘 정돈된 선호'를 의미한다.

욕망이나 선호가 합리성 조건을 충족해야만 합리적으로 행동할 수 있다는 점은 집단의 경우에도 마찬가지다. 투표 방법을 사용하든 혹은 다른 집단의사 결정 방법을 사용하든 결과적으로 나타난 집단의 욕망이나 선호가 합리적이어야만(즉 잘 정돈되어야만) 그 집단이 합리적으로 행동할 수 있다는 것이다. 투표를 통해서 나타난 집단의 선호가 순환하면서 잘 정돈되지 못한다면 그 집단은 남에게 농락당하기 쉽다. 그 이유를 구체적으로 살펴보자.

| 정치꾼의 손에 좌우되는 국민의 뜻 |

투표의 역설에 관해서는 여러 가지 엇갈린 반응이 나오고 있다. 하나는 집단 선호가 순환한들 무슨 문제가 있냐는 입장이다. 사람들이 모여서 투표하면 어떻게든 결말이 난다. 투표를 통해서 어느 하나의 선택에 합의하면 이것을 곧 '최선의 사회적 선택'이자 '국민(집단)의 뜻'으로 보면 된다는 것이다. 예를 들어 x와 y를 대결시켰더니 x가 이기고 x와 z을 대결시켰더니 z가 이겼다면, 그냥 z를 집단의 뜻 혹은 국민의 뜻으로 보면 되지 않느냐는 것이다. 굳이 모든 의안을 맞대결시킬 필요 없이 토너먼트 식으로 결정하자는 주장이다.

그러나 토너먼트 식 접근 방법은 무책임하다. 셋 이상의 의안 중 둘을 뽑아 짝지어 과반수 다수결을 적용할 때는 순서에 따라 최종 결과가 달라지기 때문이다. x와 y를 먼저 대결시킬 것인지, x와 z를 먼저 대결시킬 것인지, y와 z를 먼저 대결시킬 것인지 그 방식에 따라 최종적으로 나타나는 집단의 뜻이 달라진다. 어떻게 이런 일이 가능한지 앞으로 돌아가서 살펴보자. 세 의안 x, y, z가 있을 때는 그림5-1처럼 세 가지 의사진행 방식이 있을 수 있다.

우선 첫 번째 의사진행 방식부터 살펴보자. 1단계에서 y와 z를 맞대결시키면 A와 B의 지지를 받아 y가 이긴다. 다음 단계로 넘어가 y와 x의 대결에서는 A와 C의 지지를 받는 x가 이긴다. 따라서 첫 번째 의사진행 방식에서는 x가 최종 승자가 된다. 두 번째 의사진행 방식에 따라 z와 x가 1단계에서 맞붙으면 B와 C의 지지를 받는 z가 이긴다. 다음 단계로 넘어가 z와 y의 대결에서는 A와 B의 지지를 받아 y가 이

그림5-1 | 의사진행 방식과 투표의 결과

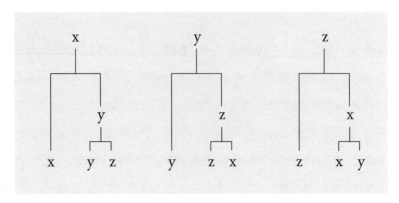

긴다. 따라서 두 번째 의사진행 방식에서는 y가 최종 승자가 된다. 세 번째 의사진행 방식의 1단계에서 x와 y의 맞대결에서는 x가 이기며 z와 x의 맞대결에서는 z가 이긴다. 따라서 세 번째 의사진행 방식에서는 z가 최종 승자가 된다. 결국 어떤 의사진행 방식을 채택하느냐에 따라 최종 결정되는 집단의 의사가 달라진다. 그렇다면 무엇이 이 집단의 참된 뜻인가?

이처럼 어떤 순서로 투표하느냐에 따라 최종 결정되는 집단의 뜻이 달라질 수 있다는 것은 누가 의사진행을 맡느냐에 따라 집단의 뜻이 달라진다는 의미다. 이 경우 특정인이 자신의 구미에 맞게 투표 결과를 조작할 수 있다는 현실적인 문제가 발생한다. 의사진행을 맡는 사람들이 x를 국민의 뜻으로 밀고 싶으면 x가 최종 선택되는 투표 진행 순서를 짜면 되고, y를 국민의 뜻으로 밀고 싶으면 y가 최종 선택되는 투표 진행 순서를 짜면 된다. 그야말로 엿장수 마음대로다.

그러면 누가 의사진행 방식을 결정하는가? 정부 기관, 기업, 정당,

대학 등에는 반드시 공식적 의사결정 기구가 있다. 어느 사회에서나 의시진행 방식의 결정은 집단의 리더 혹은 권력을 장악한 사람의 고유 권한이자 주요 기능이다. 지도자들은 의사결정 기구에서 토론 주제를 선택하며 최종 의사결정이 이루어지기까지 절차를 총괄한다. 지도자들의 의사진행에 시비를 걸면 곧 지도자나 권위에 도전하는 행위로 간주된다. 늘 그렇듯이 지도자나 권력가를 중심으로 파벌이 형성되면서 이들이 집단의 뜻 혹은 국민의 뜻을 좌지우지하게 된다. 앞의 경우처럼 집단의 선호가 순환하는 상황에서 만일 x를 가장 선호하는 파벌이 권력을 장악하고 있으면 첫 번째 의사진행 방식을 사용함으로써 x가 집단의 의사로 최종 채택되게 할 것이요, y를 가장 선호하는 파벌이 권력을 장악하고 있으면 두 번째 의사진행 방식을 사용함으로써 y가 최종 집단 의사로 채택되게 할 것이며, z를 가장 선호하는 파벌이 권력을 장악하고 있으면 세 번째 의사진행 방식을 사용함으로써 z를 집단의 의사로 관철할 것이다. 결국 어떤 파벌이 권력을 장악하고 있느냐에 따라 정치권이 말하는 국민(집단)의 뜻이 달라지고 최선의 사회적 선택이 달라진다. 달리 말하면 집단의 뜻이나 국민의 뜻이 정치꾼의 손에 좌우된다는 것이다. 그렇다면 투표의 결과를 무조건 최선의 사회적 선택 혹은 국민(집단)의 뜻으로 보자고 말할 수 있을까?

약간 다른 차원에서 집단선호의 순환 문제를 살펴보자. 집단의 구성원들이 앞의 표와 같은 선호를 가지고 있다고 하면 어떤 의안도 안정적인 지지를 받지 못하면서 정치권이 엎치락뒤치락하는 일이 반복되는 가운데 집단의 뜻이 끊임없이 표류할 수 있다. 정치적 불안이 계속된다는 것이다. 반대를 위한 반대가 항상 가능하고 어떤 세력도 집단을 안정적으로 이끌지 못한다. 예를 들어서 어느 집단 구성원의 3분의 1이 A와 같은 선호를 가지고 있고 3분의 1이 B와 같은 선호를 가지고 있으며 나머지 3분의 1이 C와 같은 선호를 가지고 있다고 하자. 주위에서 늘 보듯 어느 집단이든 주류가 있고 비주류가 있기 마련이다. 만일 주류가 의안 x를 들고 나와 구성원들의 지지를 호소하면 비주류는 의안 z를 들고 나와 과반수의 지지를 획득함으로써 주류를 박살낼 수 있다. 비주류가 먼저 z를 들고 나와 선수를 치면 주류는 y를 내세워서 과반수를 획득함으로써 비주류를 혼내줄 수 있다. 만일 주류가 먼저 y를 들고 나오면 어떨까? 비주류는 x라는 특효약으로 주류에게 망신을 줄 수 있다. 두 세력 중 한 세력이 어떤 카드를 제시하든 반대 세력은 항상 이것을 압도할 수 있는 비장의 카드를 가지고 있다. 주류와 비주류는 엎치락뒤치락하게 되고 그러는 사이 집단은 아무것도 결정하지 못하는 정치적 불안의 늪에 빠진다.

이런 상황을 경제학적으로 말하면 균형이 존재하지 않는다고 할 수 있다. 만일 x가 콩도르세 승자라고 하면, 어느 한 세력이 x를 들고 나올 경우 x를 엎을 반대 의안이 나오지 못하며 따라서 집단의 의사는 x로 낙착되고 이 상태가 계속 유지된다. 이때 x에서 균형이 이루어진다고 말한다. 그러나 앞서 보았듯이 집단의 선호가 순환을 이루면 이런 균형이 존재하지 않는다. 경제학적으로 집단선호 순환의 문제는 곧 불균형의 문제라고 말할 수 있다.

| 집단의 선호는 왜 순환하는가 |

투표의 역설에 관한 또 다른 반응은 현실적으로 선호가 순환하는 경우가 예외적이기 때문에 별 문제가 없다는 입장으로 요약된다. 집단의 선호가 순환하는 것은 사람들의 선호가 우연히 특정 형태를 취할 때나 발생하는 현상인데, 현실에서 사람들의 선호는 그리 우발적이지 않다는 것이다. 대체로 사람들의 생각이 중구난방으로 매우 다양하게 엇갈릴 때 집단의 선호가 순환하기 쉽다. 그러나 사람들은 서로 영향을 주고받는다. 우리의 선호는 제도나 관습의 영향을 받기도 한다. 주위를 돌아보면 사람들의 성격은 제각각이라지만 결국 비슷한 선호를 가진 사람들이 다수를 형성하는 경우가 많다. 극 보수 성향을 가진 사람도 있고 극좌 성향의 사람들도 있지만 대체로 이들은 소수이며 대다수는 그 중간쯤 위치한다. 투표자들 사이에 어느 정도 공감대가 형성되면서 대다수가 여기에 속하게 되면 투표 결과 집단의 선호가 순환할 가능성은 거의 없다. 그러므로 이 문제를 크게 걱정할 필요가 없다는 것이다.

그러나 그간의 많은 연구 결과는 이런 안일한 주장을 불허한다. 투표의 역설이 발생할 가능성은 의안의 수와 투표자의 수가 많아질수록 높아진다.[9] 의안의 수가 셋이고 투표자의 수도 셋일 때 투표의 역설이 발생할 확률은 0.056으로 매우 낮지만, 의안의 수가 두 배로 늘어나면 투표의 역설이 발생할 확률도 0.2로 높아진다. 의안의 수가 여섯이고 투표자의 수가 매우 많아지면 거의 세 번에 한 번 꼴로 투표의 역설이 나타난다. 의안의 수가 여섯 개보다 더 많아지면 투표의 역설이 발생할 확률은 급격히 높아진다. 현실적으로 의안의 수가 그렇게 많아질 수 있는가? 얼마든지 많아질 수 있다. 대통령 선거만 봐도 여섯 명 이상이 후보로 출마하는 경우가 종종 있다. 요컨대 의외로 상당히 많은 경우 집단의 의사결정에서 콩도르세 승자가 존재하지 않으며 따라서 투표의 역설이 발생한다는 것이다.

설령 의안 수와 유권자 수가 적다고 해도 투표의 역설이 발생할 가능성은 얼마든지 있다. 유권자들 사이에 폭넓은 공감대가 쉽게 형성될 경우 투표의 역설이 발생할 가능성이 극히 낮다는 주장은 투표자들이 오직 한 가지 기준만으로 의안을 평가할 때만 성립한다. 그러나 실제로는 그렇지 않다.[10] 이를테면 투표자들이 대통령 후보를 평가할 때 크게 내치와 외치의 측면을 구분하여 각 후보의 수완이 어떤지를 생각해보고, 세부적으로 들어가서 경제를 잘 다룰 수 있는지, 사회적 갈등을 잘 수습할 수 있는지, 환경 의식이 강한지, 문화를 이해하는 자질은 어떤지 등 여러 측면에서 각 후보를 뜯어본다. 현실에서 의안을 평가할 때는 양적인 측면과 질적인 측면을 동시에 따져봐야 하는 경우가 무척 많다. 예를 들어 국방을 강화한다고 할 때 무기의 양도 중요하지만 질도 중요하다. 도서관을 확충한다고 할 때는 책의 수와 함께 질을 동시에 고려해야 할 것이다. 이처럼 투표자들이 의안을 여러 측면에서 평가할 경우, 다시 말해 평가의 척도가 다차원일 경우 투표 결과 집단의 선호가 순환을 이룰 가능성이 매우 높아진다.[11]

집단의 선호가 순환하게 만드는 요인이 하나 더 있다. 여태까지 우리는 각 의안이 독립적으로 분리되어 있는 경우만 생각했지만 의안들이 연속선상에 있는 경우도 많다. 국회에서 조세 인상률을 결정할 때를 예로 들어보자. 5퍼센트 인상과 50퍼센트 인상 두 의안만 놓고 토론하기보다는 두 극단 사이의 모든 인상률이 논의의 대상이 되는 경우가 많다. 예산 규모 역시 150조 원부터 200조 원에 이르는 모든 규모가 논의의 대상이 될 수 있다. 숫자가 아닌 말로 표현된 의안도 상당한 정도로 거의 연속적일 수 있다. 예컨대 대통령이 사과 발언을 해야 국회에 등원하겠다고 우기는 야당은 사과의 수위를 놓고 내부 진통을 겪을 수 있는데, 이때 용인 가능한 사과의 수위는 거의 연속선을 이룬다. 극좌에서 극우까지 정치 지망생들의 이념 성향에 0점에서 10점까지 점수를 매긴다고 하면 이들은 거의 연속선상에 있다고 보아야 한다.

이처럼 평가가 다차원적이거나 의안들이 연속선상에 있으면 사람들의 선호가 약간만 다양해도 콩도르세 승자가 존재할 가능성이 희박해진다. 그뿐만 아니라 의안 조작을 포함하여 특정인들의 전략적 행위가 더 쉬워진다. 설령 콩도르세 승자가 있어도 모든 투표자의 선호가 상당한 정도로 동질적이지 않은 한 투표의 역설을 피할 수 없다는 연구 결과도 있다.[12] 평가의 척도가 다수이고 의안들의 연속성이 높아질수록 투표자들의 생각도 더욱 더 다양해질 가능성이 높으며, 따라서 다수결을 통해서 집단의 의사가 안정적으로 결정되는 것은 사실상 물 건너갔다고 보아야 한다는 것이다. 그렇다고 전혀 불가능하다는 것은 아니다. 다만 투표로 결정되는 집단의 의사가 균형에 이르는 조건이 매우 까다로워진다고 말할 뿐이다. 그렇지만 현실적으로 투표자들이 여러 측면에서 의안을 평가하며 의안들이 연속성을 이루는 경우가 매우 많기 때문에 현재까지 개발된 이론에 의하면 다수

결에 의한 집단의사 결정이 순환을 피할 가능성이 그리 높지 않다고 보아야 할 것이다.[13]

요컨대 공정한 절차를 거쳐 집단 구성원들의 의사를 수렴한다고 하더라도 투표자들의 선호가 다양하게 분열되어 있을 경우 집단선호의 순환과 뒤따르는 정치적 불균형은 거의 고질적인 문제라는 얘기다. 이 문제는 우리에게 중요한 정치적 시사점을 던진다. 첫째, 투표자들의 선호에 관해 완전한 정보를 가진 지도자들은 의사진행 조작을 통해서 그들이 원하는 결과를 사회에 강요할 수 있다. 둘째, 정치적 선택이 극에서 극으로 선회하고 반대를 위한 반대가 반복되면서 불안정이 끊임없이 이어지고 정치권이 끝없이 표류할 가능성을 배제할 수 없다.

| 투표의 역설에서 탈출하기 |

투표의 역설로 인한 정치적 불안정을 방지하기 위해 여러 편법이 제시되며 실행되고 있다. 그중 하나는 의안 각각에 찬반 투표를 실시한 다음 과반수의 찬성표를 획득한 의안을 채택하고 그렇지 않은 의안은 기각하는 것이다. 일상생활에서도 흔히 사용되는 이 방식에서는 각 의안별로 투표자들에게는 오직 찬성과 반대 두 가지 선택지만 주어진다. 투표자 입장에서 보면 투표할 때마다 사실상 두 가지 안건을 놓고 과반수 다수결을 적용하는 셈이다. 따라서 의안의 수가 아무리 많더라도 모든 의안에 집단의 의사가 확실하게 결정될 수 있다. 경제학적으로 말하면 안정적 균형이 항상 존재하므로 정치적 혼란의 문제는 해결될 수 있다는 것이다.

이런 식의 의사결정이 집단 구성원의 선호를 충실하고 일관성 있게 반영하지 못할 수도 있다는 점은 학자들에 의해서 이미 밝혀졌으니 논외로 치자.[14] 찬반 투표를 실시한 결과 상정된 모든 의안이 과반수의 지지를 얻지 못해서 모조리 기각될 수도 있다. 일상생활에서도 흔히 경험하는 일이다. 국회의원 선거에 출마한 후보 모두 유권자들의 마음에 들지 않는 경우가 얼마나 많은가. 이럴 경우 찬반 투표를 실시한다면 아마도 국회의원이 한 명도 없는 지역이 적지 않을 것이다. 상정된 의안이 모두 거부된다면 정부나 집단은 아무것도 할 수 없게 된다.

정치적 불안정을 초래할 가능성이 높은 문제를 아예 정치권에서 다루지 못하게 한 다음 시장에 일임하자고 주장하는 학자도 있다.[15] 예를 들면 소득분배에 관한 문제는 전적으로 시장에 맡기자는 것이다. 이것도 정치적 혼란을 방지하는 하나의 편법이 될 수는 있다. 그러나 이것은 시장이 이상적으로 잘 작동할 때나 통하는 편법인데 현실은 그렇지 못하다. 이를테면 시장에 맡긴 결과 빈부격차가 점점 더 커질 수도 있다. 실제로 많은 경제학자는 시장이 소득분배의 불평등을 확산하는 경향이 있다고 주장한다.[16] 사실 현실적으로도 빈부격차의 문제가 자본주의 시장의 정당성을 위협하게 되며, 그 순간 정부 개입의 문이 활짝 열린다. 정치권이 일체의 소득분배 문제를 포함한 경제적 문제에서 완전히 손을 뗄 수 없는 이유가 여기에 있다. 손을 뗄 수도 없고 깊숙이 개입할 수도 없다면 현실적 타협안은 한정된 범위

안에서 미조정하는 문제, 달리 말하면 소득분배 양태를 사후적으로 재조정하는 문제(소득재분배 문제)에 정치권의 개입을 한정하는 것이다. 소득재분배란 부자를 가난뱅이로 만들지 않는 범위 안에서, 다시 말해서 소득 계층의 위계를 뒤바꾸지 않는 범위 안에서 부자한테서 가난뱅이에게 소득을 이전하는 것이다.

설명의 편의상 가상의 예를 하나 들어보자. 표5-1에서 보듯이 대안 A에서는 갑의 소득이 100만 원으로 제일 가난하고 병이 300만 원으로 제일 부자이며, 반대로 대안 B에서는 갑이 제일 부자이고 병이 제일 가난하다. 따라서 두 대안 중 어느 하나를 선택하는 것은 누구를 최고 부자로 만들고 누구를 극빈자로 만드는가의 문제요, 소득분배의 위계질서를 완전히 바꾸는 문제다. 따라서 둘 중 하나를 선택하는 문제는 소득재분배의 문제가 아니라 소득분배의 문제다.

아무튼 두 대안을 투표에 부친다고 해보자. 갑은 자신이 극빈자로 추락하는 대안 A를 극력 반대할 것이고, 병은 자신이 극빈자로 떨어지는 대안 B를 죽어라고 반대할 것이다. 정치권에 극한투쟁이 전개된다. 을이 대안 A를 지지하는 바람에 이 대안이 선택되었다고 하자. 갑이 결코 가만히 있지 않을 것이다. 예컨대 10만 원의 뒷돈을 주고 을을 꾀어낸다면 과반수를 형성하면서 대안 A를 저지할 수 있다. 그러나 병 역시 이것을 좌시하지 않을 것이다. 20만 원의 뒷돈을 주고 을을 꼬여내 다수를 형성하면 갑의 의도를 좌절시킬 수 있다. 그러나 이번에는 갑도 가만히 있지 않고 더 많은 웃돈을 주고 을을 꾀어낼 것이다. 이런 식으로 세 사람 사이에 이합집산이 끊임없이 이어지면 정국은 혼란에 빠지게 된다.

표5-1 | 소득분배와 소득재분배

(단위: 만원)

	대안 A	대안 B	대안 C
갑의 소득	100	300	150
을의 소득	200	200	210
병의 소득	300	100	240

이런 혼란을 막는 하나의 효과적인 방법은 정부가 예컨대 표5-1에서 보는 대안 C를 제시하는 것이다. 대안 A를 기준으로 보면 여전히 갑이 제일 가난하고 병이 제일 부자이니 정부의 대안은 소득재분배의 상태이다. 다만 소득 격차가 줄었을 뿐이다. 대안 A와 정부 대안을 투표에 부치면 과반수를 형성하는 갑과 을의 지지로 정부 대안이 통과된다. 대안 B도 정부 대안을 압도할 수 없다. 과반수인 을과 병이 정부 대안을 지지하기 때문이다. 따라서 정부는 과반수의 지지를 받아 소득재분배 안을 강력하게 밀어붙여 정국의 안정을 꾀할 수 있다. 소득 계층의 위계를 뒤바꾸지 않는 범위 안에서 소득을 이전해야 하는 까닭에 소득재분배에는 물리적 한계가 있고, 경제적으로도 한계가 있다. 이런 한계 안에서 정부가 적절한 소득재분배 정책을 편다면 한편으로는 시장의 부작용을 교정하면서 다른 한편으로는 정치적 안정을 꾀할 수 있다.

현실적으로 양당제나 정부의 각종 위원회 제도는 의안 수를 합리적으로 줄이거나 평가의 다차원 문제를 효과적으로 해결함으로써 정치적 혼란을 방지하기 위한 제도적 장치다. 대부분 이런 제도적 장치는 유권자들의 선호나 가치를 바꾸지는 않는다. 만일 자료 공개, 공청회, 설명회, 토론회 등을 통해서 유권자들을 설득하고 이해시켜 유권자들이 자신의 생각을 수정하고 보완할 기회를 풍부히 제공한 결과 유권자들 사이에 폭넓은 공감대가 형성되었다고 하자. 그렇다면 균형이 존재하게 되며, 투표를 통하여 결정된 집단의 결정에 모든 유권자들이 승복하고 정치적 안정이 찾아올 것이다. 그러나 매번 국민들 사이에 공감대를 형성한다는 것은 결코 쉬운 일이 아니다. 특히 개성이 중시되고 선호와 가치의 다양성이 찬양받는 자유민주주의 여건에서는 균형이 존재할 가능성이 점점 더 옅어지고 공감대를 형성하기가 점점 더 어려워진다. 우리가 겪는 정치적 불안정은 이런 선호와 가치의 다양성 탓일 수도 있다. 많은 연구가 이론상 사람들의 선호와 가치가 다양할수록 균형이 희귀해진다고 보여주고 있다. 따라서 정치적 안정을 위해서 국민의 선호나 가치를 잘 조정하고 조화시키는 각종 제도적 장치를 동원하여 인위적으로 균형을 유도해 정치적 안정을 확보할 수 있다는 것이다.[17] 교육 제도나 토론 문화가 그 예가 될 것이다.

6장

민주적 수단으로
달성할 수 없는 민주주의?

1. 공정한 동시에 합리적일 수 없다

| 네 가지 공정성 조건 |

앞서 살펴본 대로 여론 수렴의 네 가지 공정성 조건을 모두 충족하는
투표 방법은 없거나, 충족하더라도 투표 결과로 나타난 국민(집단)의
선호가 일관성(합리성)을 결여하게 되므로 정치적 안정이나 안정적 국
정 수행이 보장되지 않는다. 그렇다면 네 가지 공정성 조건이 너무 강
한 것이 아닌지, 만일 조건을 좀 완화하면 합리적인 집단선호를 낳는
투표 방법이 존재하고 결과적으로 합리적인 집단행동이 가능한지, 이
런 질문이 많은 학자들의 관심을 끌면서 긴 논쟁이 벌어졌다. 이 논쟁
에 종지부를 찍은 경제학자가 바로 케네스 애로다.

애로는 기존의 네 가지 공정성 조건을 약간 수정하여 나름대로 공

정성 조건을 제시했다. 첫 번째 조건은 모든 사회 구성원의 선호를 있는 그대로 인정하고 빠짐없이 받아들여야 한다는 것이다. 물론 남의 눈살을 찌푸리게 하는 이상한 취향을 가진 사람도 있고, 쓸데없이 남의 일에 참견하는 괴팍한 사람도 있다. 좌파는 모조리 감옥에 처넣어야 한다고 고함치는 할아버지도 있고 속이 훤히 들여다보이는 미니스커트를 금지해야 한다고 소리치는 할머니도 적지 않다. 애로의 첫 번째 공정성 조건은 민주주의 사회에서는 남의 생각을 묵살할 어떤 규범적 근거도 없다는 그의 생각을 반영하고 있다. 좀 더 학문적으로 얘기하면 구성원의 선호가 합리적이라면(즉 완결성과 이행성을 가지는 한), 정당한 이유 없이 특정인의 선호를 배제해서는 안 된다는 것이다.

애로의 두 번째 공정성 조건은 파레토 원칙인데, 쉽게 말해서 만장일치의 원칙이다. 즉 반대하는 사람 없이 구성원 모두 동의하는 사항은 곧 그 집단의 뜻 혹은 국민의 뜻으로 간주해야 한다는 것이다. 세금을 약간 더 걷어서 우리 사회의 빈민을 도와주는 복지 정책이 고속도로 건설보다 더 중요하다는 데에 모든 국민이 동의한다면 복지 정책을 국민의 뜻으로 봐야 한다는 것이다.[1] 애로의 세 번째 공정성 조건은 비독재 조건으로, 간단히 말해서 여론 수렴 과정에서 독재자가 없어야 한다는 것이다. 즉 특정인이 집단(국민)의 뜻을 좌지우지해서는 안 된다는 것이다. 애로의 네 번째 공정성 조건은 다른 조건에 비해서 좀 덜 당연해 보이지만 매우 중요한 조건인데, 집단의 뜻이나 국민의 뜻을 결정할 때는 오직 구성원들의 순수한 선호만 반영해야 하고 다른 잡음은 끼어들어서는 안 된다는 것이다. '무관한 대안으로부터의 독립성 조건'이라고 불리는 이 조건은 여론 수렴 과정에서 흔히

발생하는 전략적 행위나 농간을 막기 위한 조건이다.[2]

　간단한 가상의 예를 하나 들어보자. 대통령 선거에 보수 후보, 중도 후보, 진보 후보 세 명이 출마했다고 하자. 여론 조사 결과에 의하면 예정대로 선거를 실시할 경우 진보 후보의 당선이 확실시된다고 하자. 보수 성향의 여당은 진보 후보를 가장 싫어하지만 불행하게도 가장 좋아하는 보수 후보가 당선될 가능성이 없다고 하자. 꿩 대신 닭이라고, 여당은 차라리 중도 후보가 당선되는 게 더 낫다고 여긴다고 하자. 이럴 경우 여당은 판 흔들기를 시도할 수 있다. 하나의 편법은 얼치기 인물을 물색하여 후보로 등록시키는 것이다. 국민 대부분이 얼치기 후보를 그다지 좋아하지 않기 때문에 어차피 그는 당선될 수 없다. 그가 후보로 추가되었다고 해도 기존 세 후보에 대한 국민 각자의 선호에는 아무런 변화도 없다고 하자. 그가 있든 없든 상관없이 보수 후보를 좋아하던 사람들은 여전히 그를 가장 좋아하고, 중도 후보를 좋아하던 사람들 역시 여전히 그를 가장 좋아하며, 진보 후보를 좋아하던 사람들도 여전히 그를 가장 지지한다. 그렇다면 어차피 기존 세 후보 사이의 한판 승부로 선거가 결정되는 마당에 얼치기 후보는 그야말로 '무관한 대안'이다. 그런데 얼치기 후보가 다른 후보들보다 진보 후보의 표를 더 많이 갉아먹는다면 기존 세 후보 각각의 득표수가 달라진다. 그래서 순위가 뒤바뀌면서 여당이 가장 싫어하는 진보 후보가 떨어지고 대신 차선책으로 생각하는 중도 후보가 최고 득표로 당선될 수 있다. 여당의 판 흔들기 전략이 보기 좋게 성공한다. 그러나 국민의 순수한 뜻과 상관없이 여당의 장난에 따라 국민의 뜻이 결정되는 꼴이 연출되니 이 결과는 무관한 대안으로부터의 독립성 조건에 위배된다. 바로 이런 정치 술수 때문에 애로의 독립성 조건이 큰 의미를 가진다. 이런 '끼워 넣기' 혹은 '물 타기'는 실제로 정치판에서 권모술수의 핵심이며 자주 이용되는 술책이다.

지금까지 설명한 애로의 네 가지 공정성 조건을 정리하면 다음과 같다.[3]

① 선호의 무제한 수용(unrestricted domain): 집단의 뜻(국민의 뜻)을 결정할 때는 논리적으로 가능한 구성원의 모든 선호를 빠짐없이 수용해야 한다.

② 무관한 대안으로부터의 독립성(independence of irrelevant alternatives): 의사결정의 대상이 되는 현안과 관계없는 제3의 요인에 대한 사회 구성원의 선호가 사회적 의사결정에 영향을 주어서는 안 된다.

③ 파레토 원칙(the Pareto principle): 사회적 의사결정의 대상이 되는 두 의안 x와 y가 있다고 할 때, 사회 구성원 모두 x가 y보다 나쁘지 않다고 생각하면 사회적으로도 x가 y보다 더 선호되는 것으로 보아야 한다.

④ 비독재(non-dictatorship): 특정인의 선호가 사회적 선택을 결정해서는 안 된다.

| 불가능성 정리 |

애로의 네 가지 공정성 조건은 매우 타당해 보인다. 만일 어떤 투표 제도가 네 조건 중 하나라도 충족하지 못한다면 공정치 못한 제도라고 할 수 있다. 그러나 애로는 어떤 투표 방법을 사용하든 위의 네 조건을 모두 충족하면서 수렴된 '합리적 집단선호(사회적 선호)'는 존재하지 않는다는 것을 수학적으로 증명해 보였다. 이 놀라운 사실이 '불가능성 정리(impossibility theorem)'로 불리게 되었다. 다시 말하면 어떤 투표 방법이든 여론 수렴 과정에서 애로의 공정성 조건을 위배하거나 아니면 수렴된 집단의 선호가 합리적이지 않을 수 있다는 것이다. 물론 이때 합리적이지 않다는 말은 수렴된 집단의 선호나 사회적 선호가 완결성 조건과 이행성 조건을 충족하지 못한다는 뜻이다. 예를 들어 투표의 역설에서 설명하였듯이 민주주의 사회에서 보편적으로 이용되는 과반수 투표제는 이행성 조건을 어기는 집단선호(순환성을 가진 사회적 선호)를 낳을 가능성이 있다. 이것을 방지하려면 이상한(?) 선호를 가진 사람들을 배제해야 하지만, 그렇게 하면 애로의 첫 번째 공정성 조건을 포기하게 된다.[4]

불가능성 정리를 발표한 애로의 논문은 수십 년 동안 인문·사회과학 분야에서 가장 많이 인용되는 논문이 되었으며 그에게 노벨 경제학상을 안겼다. 그러나 사실 그의 논문은 경제학계보다는 오히려 정치학계에 더 큰 충격을 주었다. 민주주의 사회에서 많은 사람이 가져온 굳은 믿음, 즉 국민의 의사를 민주적으로 충실하게 수렴해서 공정하게 국민 전체의 뜻을 정하고 그 뜻에 따라 국가 정책을 일관성 있게 안정적으로 추진할 수 있다는 굳은 믿음이 한낱 환상에 불과함을 수학적으로 증명한 것처럼 보였기 때문이다. 애로의 네 가지 공정성 조건을 충족하는 투표 방법을 민주적인 방법이라고 하자. 그리고 국민이 원하는 바를 잘 헤아려서 국민의 뜻을 정하고 이것을 바탕으로 국정을 안정적이고 합리적으로 수행하는 것이 민주주의 정치의 목적이라고 해보자. 그렇다면 공정성 조건을 충족하면서 합리적인 집단선호를 낳는 투표 방법이 존재하지 않는다는 것은 민주적 수단으로는 민주주의 정치의 목적을 원만하게 달성할 수 없다는 뜻이 아닌가? 이것은 민주주의 정치에 대한 신뢰에 큰 타격을 준다. 공산주의 이념은 참으로 옳고 숭고하지만 그 이념을 달성하는 마땅한 수단이 없었기 때문에 과거 공산주의 국가들이 몰락했다고 흔히들 말한다. 애로의 불가능성 정리가 옳다면 민주주의에 관해서도 똑같은 말을 할 수 있게 된다. 어느 학자가 말했듯이 민주적인 방법으로 민주주의 이념을 달성하는 것이 '불가능'함을 애로가 증명하였기 때문이다.[5]

애로의 불가능성 정리는 다수의 국민이 굳게 믿고 있는 투표 제도의 의의에 심각한 의구심을 품게 한다. 민주주의 사회에서 투표 제도는 정부와 관료를 제약함으로써 국민의 자유를 확보한다는 큰 의미를 지닌다고 주장하지만, 만일 투표의 결과가 이랬다저랬다 일관성을 결여하고 그 결과 특정인이 농간을 부릴 수 있다면 과연 관료를 제대로 제약할 수 있을까? 파벌의 영향력이나 파벌 사이의 세력 균형 등 사회 구성원의 선호와 무관한 다른 우연적 요인이 최종적으로 집단의 뜻을 좌지우지한다면, 그 결과 누구는 쫓겨나고 누구는 감투를 쓰는 것 역시 우연적 요인에 의해서 결정되는 것 아닌가? 이럴 때 과연 투표 제도 본래의 의의가 제대로 지켜졌다고 말할 수 있는가? 옳고 그름에 대한 궁극적 규범으로서 국민 전체의 뜻 혹은 민심을 알아내는 데에 투표 제도의 의의가 있다는 견해를 받아들인다고 하자. 투표의 결과로 결정된 국민의 뜻이 일관성을 결여하고 있다면 무엇이 옳고 무엇이 그른지를 판정하는 규범 그 자체가 일관성을 결여하고 있다는 뜻인데, 그런 규범이 어떻게 도덕적이고 절대적인 의미를 가질 수 있을 것인가? 국민 개개인의 생각은 변함이 없는데 투표로 결정되는 국민의 뜻이 투표 방법에 따라 바뀐다면 과연 투표로 결정된 국민의 뜻이 무슨 의미를 가질 것인가? 이처럼 많은 질문이 쏟아질 수밖에 없다.

| 집단은 합리적으로 행동할 수 있을까? |

이런 이념적인 차원의 문제는 논외로 치고 현실적인 문제를 살펴보자. 애로의 불가능성 정리가 옳다면 우리는 선택의 문제에 당면하게 된다. 투표를 통해 수렴된 집단의 뜻에 일관성이 있든 없든 개의치 않고 단지 여론을 공정하게 수렴하는 것, 즉 '공정성'만을 최우선 목표로 삼을 것인가, 아니면 여론 수렴 과정의 공정성을 어느 정도 희생하더라도 집단의 뜻이 일관성을 갖게 함으로써 집단이 합리적으로 행동하게 하는 것, 즉 '합리성'을 최우선 목표로 삼을 것인가?

우선 합리성 조건부터 다시 살펴보자. 우리는 흔히 전근대적인 것은 비합리적이고 근대적인 것은 합리적이라고 생각하는 경향이 있다. 비합리적이라고 하면 어리석음을 뜻하는 경우가 많다. 심지어 합리적인 것은 옳고 좋은 것, 비합리적인 것은 틀리고 나쁜 것으로 생각하는 경향도 있다. 그만큼 합리성은 현대 사회에서 무척 중요한 가치로 자리 잡고 있다. 한 번 더 강조하자면 개인이든 집단이든 합리적으로 행동하려면 선호가 합리적이어야 한다. 그런데 문제는 보통 말하는 합리성, 특히 경제학에서 말하는 합리성의 개념은 기본적으로 개인에게 적용되는 개념이지 집단에게 적용되는 개념이 아니라는 것이다. 합리적이라는 말이 개인의 선호에는 자주 사용되지만 집단의 선호에는 잘 사용되지 않는다는 뜻이다. 과연 서울 시민 전체도 개인처럼 합리적 선호를 가져야 하는가? 예를 들어 세 가지 대안 x, y, z가 있을 때, 마치 각각의 서울 시민 개인이 이 대안을 좋아하는 순서대로 나열할 수 있어야 하듯이 서울 시민 전체도 세 대안을 좋아하는 순서대로 나열할 수 있어야 하는가? 이 질문에 부정적인 학자들은 집단의 선호에 관해서는 합리성 여부를 불문에 부치자고 주장한다. 집단을 구성하는 각 개인이 합리적이라면 집단도 합리적 선호를 가져야 한다고 굳이 우길 필요가 없다는 것이다. 집단행동이 필요한 경우 구성원 개인들의 의사를 충실히 반영하면 그만이다. 뷰캐넌과 털럭도 이런 입장을 취한다. 이들은 집단선호나 사회적 선호라는 용어 자체가 말이 되지 않는다고 본다.[6] 이런 점에서 애로의 불가능성 정리는 일부 신정치경제학 학자들이 집단선호의 개념을 강하게 부정할 수 있게 도와주는 이론적 기반을 제공하였다.

우리는 흔히 바보들의 집단은 바보처럼 행동하고 똑똑한 사람들의 집단은 똑똑하게 행동할 것이라고 생각한다. 과연 그럴까? 국회의원들을 개별적으로 뜯어보면 다 똑똑하다. 똑똑하다고 해서 뽑힌 선량들이 아닌가. 그런데 그런 똑똑한 사람들로 구성된 국회는 왜 허구한 날 정쟁을 일삼고 국민에게 실망만 안기는가? 합리적인 개인으로 구성된 집단은 왜 비합리적으로 행동하는가? 어이없어 보이는 이 질문에 애로의 이론이 논리적인 답을 주고 있다고 할 수 있다. 즉 '합리적 개인, 비합리적 사회'가 얼마든지 가능하다는 것이다. 애로의 이론은 '합리적 개인, 합리적 사회'라는 환상에서 벗어날 것을 촉구한다. 애로의 불가능성 정리로 인해 합리성의 개념은 와해되었다는 말이 나올 만큼 그의 이론은 합리성 추구에 찬물을 끼얹었다.[7] 집단(사회)이 합리적으로 행동하게 하려면 여론 수렴 과정에서 공정성을 어느 정도 희생해야 한다. 원래 애로가 증명해보인 내용은 집단이 합리적으로 선택하고 행동하려면 집단의사 결정 과정에서 어느 정도 독재의 요소를 감수해야 한다는 요지의 이른바 '일반 가능성 정리'였다.[8]

애로의 불가능성 정리가 충격적이기는 하지만 지나치게 과장해서 받아들이는 경향도 있다. 마치 그가 공정한 의사 수렴이 존재하지 않거나 집단은 합리적 선호를 가질 수 없다고 증명한 것처럼 인용되기도 한다. 그러나 이것은 사실이 아니다. 사회 문제에 관해 국민들 사이에 충분히 폭넓은 공감대가 형성되어 있다면 민주적인 방법으로 국민 전체의 뜻을 결정하고 합리적으로 추진할 수 있다. 물론 결코 쉬운 일은 아니다. 특히 민주주의 사회처럼 개인의 개성과 다양성이 존중되는 사회에서 언제나 폭넓은 공감대가 형성되기는 무척 어렵다. 설령 폭넓은 공감대가 형성되어 있지 않다고 해도 애당초 단 두 개의 의안만 있을 경우 네 가지 공정성 조건을 모두 충족하면서 집단의 의사를 안정적으로 일관성 있게 결정할 수 있다. 과반수 다수결이 그런 방법이다. 현실적으로 애당초 딱 두 가지 의안만 존재할 가능성이 얼마나 될지는 의심스럽지만 그것은 별개의 문제다.

보통 경제학자들은 애로가 "개인들의 선호를 적절하게 집약할 수 있는 집단적 의사결정 방법이 존재하지 않는다."고 증명하였다든가 "일정 조건을 동시에 충족하는 바람직한 집단적 의사결정 방법이 존재하지 않는다."고 증명하였다는 식으로 애로의 불가능성 정리를 설명하는데, 이런 식의 설명은 불가능성 정리의 핵심 메시지를 흐리고 오해를 부를 수 있다는 비판도 나온다.[9] 애로는 의사 수렴 과정에서 충족되어야 할 공정성 조건과 결과적으로 수렴된 집단의 의사가 갖추어야 할 합리성 조건을 엄격하게 구분하였다. 애로의 불가능성 정리가 우리에게 전달하려는 메시지는 이 두 조건을 모두 충족하는 집단의사 결정 방법은 존재하지 않으므로 우리는 둘 중의 하나를 선택해야 한다는 것이다.

민주적 의사결정 방법에 심각한 구조적 결함이 있다는 사실은 이미 많은 학자들이 인지하고 있었고 애로는 그것을 수학적으로 증명하였을 뿐이다. 그러나 많은 사람들이 그런 구조적 결함을 잘 알지 못하고 있다는 사실 또한 심각한 문제다. 보통 국민들은 정당이나 기관에는 큰 불만을 품지만 선거 그 자체에는 그리 큰 불만을 품지 않는다. 선거 결과를 놓고 다소 불만을 품더라도 대체로 국민의 뜻을 반영한다고 보고 승복하는 경향이 있다. 그렇지만 민주적 의사결정 방법에 구조적 결함이 있다는 사실을 국민이 숙지하고 정치권을 철저하게 감시해야 민주주의 이념이 제대로 구현될 수 있다는 점 또한 분명하다. 그만큼 민주적 공론화와 민주주의 교육이 중요하다. 이렇게 애로의 불가능성 정리가 많은 사람에게 민주주의에 관한 막연한 환상에서 벗어나 현실을 직시할 것을 촉구했다는 점은 높이 사야 할 것이다.

| 정의로운 독재 |

신정치경제학 학자들의 주장대로 집단적 합리성을 포기해야 한다면, 공정성은 어떤가? 대다수 국민이 경제적 효율성보다 공정성에 훨씬 더 예민한 반응을 보이지만 어느 정도는 공정성의 훼손을 눈감아주기도 한다. 이것이 현실이다. 이런 점에서 애로의 네 가지 공정성 조건은 현실감을 결여하고 있으므로 완화할 여지가 있다는 비판도 나온다. 민주주의 사회에서 가장 당연시될 만한 네 번째 공정성 조건(비독재 조건)부터 살펴보자. 이 조건은 여론 수렴 과정에서 독재의 요소가 없어야 한다고 요구하지만 대부분의 사회는 자비로운 독재, 정의로운 독재는 어느 정도 예쁘게 보아 넘긴다. 왕이 상징적인 존재에 불과한 국가에서 정치가 혼란에 빠질 때 사회 안정을 위한 국왕의 독재적 개입이 국민의 환영을 받는 일이 종종 있다. 우리나라에도 과거 박정희 정권의 독재를 그리워하는 노인들이 적지 않고, 이들의 표가 2012년 대통령 선거에 상당한 영향을 주었다고 알려져 있다.

애로의 이론 틀에서 보면 롤스가 『정의론』에서 제시한 이른바 '차등의 원칙'은 특정인의 독재를 허용하는 원칙이라고 할 수 있다. 소득 불평등을 초래하는 국가 정책은 사회에서 가장 불우한 사람들에게 이익이 되는 범위 안에서만 용인해야 한다는 것이 이 원칙의 핵심 내용이다. 사회적 최약자에게 이익이 되는 정책은 용인되고 그렇지 않은 정책은 용인되지 않는다. 그렇다면 이 원칙은 사회에서 가장 불우한 사람을 독재자로 만드는 셈이다. 불평등을 초래하는 모든 국가 정책에 관한 집단적 의사결정이 가장 불우한 계층의 의사에 따라 좌우되기 때문이다. 그러나 우리가 사회적 최약자의 편을 드는 이유는 상대적으로 너무 열악한 상황에 빠진 이들을 도와주기 위함이지 부자들을 끌어내리기 위함이 아니다. 부자나 중산층보다는 가장 불우한 처지에 있는 사람들에게 사회가 상대적으로 더 많이 배려하는 것은 결코 비정상으로 볼 수 없다. 오히려 많은 사람들이 바람직하다고 생각한다.

소득 불평등은 어느 나라에서나 가장 심각한 사회적 현안이며 불평등을 완화하는 데 정부가 적극적으로 나서서 소득재분배 정책을 펴야 한다는 목소리가 점점 더 커지고 있다. 그러나 이런 주장이 애로의 독립성 조건에 위배된다면서 트집을 잡을 수도 있다. 소득재분배를 정당화하는 가장 강력한 논리는 공리주의다. 앞에서 살펴보았듯 공리주의에 따라 소득재분배 정책을 추진할 경우, 예컨대 똑같은 100만 원이 부자에게 얼마나 큰 즐거움을 주고 가난뱅이에게는 얼마나 큰 즐거움을 주는지 비교해보아야 한다. 다시 말하면 사람들이 느끼는 즐거움(선호)의 강도를 비교할 수 있어야 한다. 그러려면 선호의 강도를 숫자로 표시해야 하는데, 이렇게 하는 순간 무관한 대안으로부터의 독립성 조건을 어길 수 있다. 왜 그런가?

원래 경제학이 말하는 선호의 개념은 오직 어느 것을 더 좋아하는 지만 따질 뿐 얼마나 더 많이 좋아하는지는 따지지 않는다. 자장면과 냉면 중 무엇을 더 좋아하는지만 알면 그만이지 자장면을 냉면보다 두 배 더 좋아하는지, 세 배 더 좋아하는지 전혀 알 필요가 없다. 얼마나 더 좋아하든 냉면보다 자장면을 더 좋아하는 데는 변함이 없고, 따라서 냉면이 아닌 자장면을 선택하는 데도 변함이 없다. 냉면보다 자장면을 세 배 더 좋아할 때는 자장면을 선택하고 두 배 더 좋아할 때는 냉면을 선택한다면 합리적인 선택이 아니며, 무관한 요인의 영향을 받은 선택이니 독립성 조건을 위배한 선택이다. 선호의 강도(선호도)에 관한 정보는 자장면과 냉면을 놓고 하나를 선택하는 데 아무런 도움이 되지 않는 쓸데없는 잡음이자 선택에 영향을 주어서는 안 되는 '무관한' 요인이다. 마치 보다 점수제가 무관한 요인의 영향을 받듯이 소득재분배 정책에 관한 여론 수렴 결과도 국민의 뜻과 무관한 요인의 영향을 받게 된다. 예를 들면 세 가지 소득재분배 정책 대안이 있다고 할 때 국민들이 어느 것을 '얼마나' 더 좋아하는지 숫자로 나타내게 하고 합산한다고 하면, 국민 각자가 어떤 식으로 숫자를 표명하는지에 따라 세 대안의 순위가 달라질 수 있다는 것이다.

요컨대 애로의 공정성 조건은 오직 집단 구성원의 선호만 반영해서 집단의 뜻을 결정할 것을 요구하는 조건이지 선호의 강도까지 고려하기를 요구하는 조건은 아닌데, 공리주의 요구대로 선호의 강도를 고려하는 것 자체가 무관한 요인을 끌어들이는 일이라는 것이다. 그렇지만 요즘음처럼 소득 불평등의 심화가 심각한 사회 문제로 여겨지고 확고한 정부 대책이 있어야 한다는 여론이 들끓는 마당에 무관한 대안으로부터의 독립성 조건을 무작정 고집하는 것이 과연 사회적으로 타당한지 지극히 의심스럽다. 많은 보수 경제학자들이 적극적 소득재분배에 거부감을 보이지만 아마티아 센(Amartya Sen)이나 조지프 스티글리츠 등 노벨 경제학상을 받은 거물급 경제학자들을 비롯해 많은 석학들이 적극적 소득재분배 정책의 필요성을 역설한다. 여기에 최근에는 피케티도 힘을 보태고 있다. 극심한 소득 불평등은 사회적

위기를 초래할 수 있다. 무관한 대안으로부터의 독립성 조건이 우리 사회를 위기로부터 구해주지는 않는다.

2. 자유민주주의의 역설

| 자유와 민주의 근원적 갈등 |

아무리 민주주의 사회라고 해도 반사회적인 요구까지 국가 정책에 반영하면 곤란하다. 인종차별주의, 배타적 지역주의, 동성애자들을 없애야 한다는 종교적 과격주의 등 반사회적 선호는 분명 어느 사회에나 횡행하고 있다. 그렇지만 많은 사람이 그런 반사회적 선호를 질타하며, 그런 선호를 가지지 말 것을 강력하게 촉구하는 사회적 분위기가 조성되기도 한다. 영·호남 지역감정이 우리 사회에서 없어져야 한다는 데는 많은 사람들이 동감한다. 그러나 다른 한쪽에서는 "내가 경상도 사람을 싫어하든 말든 당신들이 무슨 상관이냐." "내가 동성애자를 혐오하든 말든 당신들이 무슨 상관이냐." "내가 음란물을 좋아하든 말든 당신들이 무슨 상관이냐." 등의 볼멘소리도 터져 나온다. 이런 볼멘소리는 오늘날 세계를 풍미하는 자유주의 물결을 타고 더욱 더 탄력을 받고 있다. 자유주의자들의 이런 반발은 남의 일에 이러쿵저러쿵 간섭하는 심보를 못마땅하게 생각하는 데에서 나온다.

남의 일에 상관하지 말라고 자유주의자들은 외쳐대지만, 극빈자의 가난을 속상하게 생각하는 사람들의 애틋한 심정도 묵살해야 하는

가. 어떻든 한쪽에는 다른 사람의 선호에 왈가왈부하는 권위주의적 태도가 있고, 다른 한쪽에는 남들의 선호에 관한 관심은 되도록 억제되어야 한다고 보는 자유주의적 태도가 존재한다. 이런 두 태도는 정면으로 충돌하고 있다. 여론 수렴 과정 그 자체의 공정성이나 민주성도 중요한 관심사이지만 이런 충돌은 결국 여론 수렴의 '원재료'가 되는 각 개인의 선호가 과연 어떤 성격인지도 큰 관심사가 될 수밖에 없음을 시사한다. 이처럼 어떤 선호는 무시하고 어떤 선호는 수용할 것인지가 현실적 논쟁거리라는 점에 비추어볼 때 모든 선호를 차별 없이 무제한 수용할 것을 요구하는 애로의 첫 번째 조건은 이런 현실과 거리가 멀어 보인다.

애로의 불가능성 정리는 민주주의를 다루었을 뿐 자유민주주의에 관해서는 얘기하지 않았다. 오늘날 선진국을 비롯하여 우리 사회에도 자유주의의 물결이 휩쓸고 있다. 자유민주주의는 자유주의와 민주주의를 합친 개념이며, 개인의 자유와 민주적 합의를 가장 기본적인 신성불가침의 가치로 삼는 사상이다. 이런 점에서 자유민주주의는 실로 숭고한 이념이라고 할 수 있지만, 이것이 과연 실현 가능한 이념일까? 이 질문에 관해서도 부정적인 답이 나와 있다. 자유민주주의 사상 자체가 근본적 모순을 안고 있기 때문이다. '센의 불가능성 정리'는 바로 이 모순을 수학적으로 증명한 이론이라는 평가를 받는다.[10] 구체적으로 말하면 국민들 사이의 합의는 최대한 존중되어야 한다는 민주주의 원칙과 개인의 자유는 절대적으로 보장되어야 한다는 자유주의 원칙 사이에는 근원적인 갈등이 존재한다는 것이다.

우선 집단 구성원의 의사를 수렴하고 집단의 뜻을 결정하는 목적을 분명히 알아야 한다. 노벨 경제학상 수상자인 아마티아 센에 의하면 크게 두 가지 목적이 있을 수 있다. 하나는 선택하는 것이요, 다른 하나는 평가하는 것이다. 예를 들어서 영화 감상 동아리가 있다고 하자. 이 집단에는 많은 영화 중 어떤 영화를 단체로 볼지 결정하는(선택하는) 규칙이 있어야 한다. 또한 이 집단에는 같이 볼 여러 영화 중 어떤 영화가 가장 좋은지를 단체로 결정하는(평가하는) 규칙도 있어야 한다. 센에 따르면 평가할 때는 합리성이 매우 중요하다. 그러나 선택할 때는 구성원 간 합의가 매우 중요하다. 센이 말하는 선호의 합리성도 일관성을 뜻하는데, 선호의 합리성과 파레토 원칙 중 어느 쪽을 더 중요하게 고려할 것인가는 상황에 따라 달라져야 한다는 것이다. 즉 '집단적 평가'가 핵심 관건일 경우 합리성이 중요하지만 '집단적 선택'이 핵심 관건이 될 경우 집단 구성원 간 합의가 중요하고 따라서 파레토 원칙이 최우선 고려사항이 되어야 한다. 민주주의 사회에서 사회적 결정은 오직 사회 구성원들의 선호나 선택에 관한 정보만을 바탕으로 이루어져야 한다는 생각이 널리 유포되어 있는데, 파레토 원칙은 이런 생각에 동조하는 원칙이다.

집단의 뜻을 결정할 때 파레토 원칙에 덧붙여서 고려해야 할 또 하나의 중요한 사항은 자유주의 원칙이다. 센이 생각하는 자유주의자들의 금과옥조는 남에게 직접 해를 끼치지 않는 한 각 개인의 일은 각 개인이 전적으로 알아서 결정하고 행동할 권리가 있으며, 이 권리를 사회가 전폭적으로 인정하고 보장해야 한다는 것이다. 센은 이런 주장을 집단의사 결정 과정이 충족해야 할 또 하나의 조건으로 구체화하였다. 예를 들어 한 개인이 밤에 잠을 잘 때 엎드려 자든 반듯하게 누워 자든 그건 전적으로 그가 알아서 할 일이므로 그의 결정을 사회가 그대로 인정해주어야 한다. 그가 엎드려 자는 것이 더 좋다고 주장한다면 사회적으로도 그것이 더 좋다고 인정하자는 것이다. 즉 한 개인이 순전히 자신의 사적인 일인 x와 y에 관하여 x가 y보다 더 좋다고 주장한다면 사회적으로도 x가 y보다 더 좋다고 인정하며, 반대로 x보다 y가 더 좋다고 주장한다면 사회적으로도 x보다 y가 더 좋다고 인정하자는 것이다. 이 조건이 센이 말하는 '최소 자유(minimal liberty)' 조건이다.[11]

센은 최소 자유의 조건에 애로가 제시한 선호의 무제한 수용 조건과 파레토 조건을 합쳐서 세 가지 조건을 집단의사 결정의 조건으로 삼았다. 그리고 나서 그는 이 조건을 모두 충족하는 집단의사 결정 방법(이른바 사회후생함수)은 존재하지 않는다는 것을 증명하였다. 센의 이 불가능성 정리가 이른바 '자유민주주의 역설(Paretian liberal paradox)'로 알려져 있다.

| 포퓰리즘이라는 이중 잣대 |

그러면 이처럼 자유민주주의 이념에 찬물을 끼얹는 센의 불가능성 정리에서 빠져나갈 탈출구는 없는가? 이 경우에도 역시 방법은 선호의 무제한 수용 조건을 완화하든가 파레토 원칙을 완화하는 것이다. 센의 자유민주주의 역설은 주로 남의 일에 참견하려는 선호 때문에 발생한다.[12] 청소년에게 음란물이나 폭력 영화를 보게 해서는 안 된다고 생각하는 권위주의적 주장과 음란물이나 폭력물을 보든 말든 그 것은 전적으로 개인들이 알아서 할 일이라고 생각하는 자유주의자 들의 주장은 정면으로 충돌하기 마련이다. 그럼에도 불구하고 파레토 원칙은 각 개인의 선호가 순전히 사적인 것인지 아니면 남의 일에 참 견하는 것인지 따지지 말고 오직 사회 구성원의 선호에 따라 집단의 의사를 결정하라고 요구한다.

센은 파레토 원칙에 비판적이다. 파레토 원칙은 개인들이 올바른 정보를 바탕으로 올바른 선호를 가지고 있다고 전제한다. 합리성이라 는 개념 역시 올바른 정보를 가지고 있음을 전제한 개념이다. 그러나 행태경제학은 개인들이 자기 자신의 일에 관해서도 합리적이지 못하 다는 많은 근거를 제시하고 있다. 하물며 사회적 이슈에 관해 국민 각 자가 언제나 충분한 정보를 바탕으로 올바른 생각을 할지는 매우 의 심스럽다. 앞서 합리적 무지 가설을 설명할 때에도 언급하였듯이 사 회적 이슈에 관해서 국민들이 충분한 정보를 수집하거나 올바른 견 해를 가지려는 인센티브가 그리 크지 않다. 그러므로 특히 사회적 이 슈에 관하여 다수가 잘못된 생각을 할 수 있다. 이럴 때 파레토 원칙 을 고집하다가는 자칫 어리석은 집단적 결정이 나올 가능성이 충분 히 있다. 더욱이 개인들의 선택은 주로 개인의 선호(1차적 선호)에 바탕 을 둔 것으로 공익 정신이 결여되기 마련이다. 그래서 센은 사회의 주 요 결정이 오직 국민 개개인의 이기적 선호나 선택에 의존하는 것이 과연 바람직한지 대단히 회의적이다.

센은 진보 성향의 석학이기 때문에 파레토 원칙에 관해 비판적 태 도를 보이는 것도 충분히 이해된다. 그런데 보수 우파가 파레토 원칙에 정면으로 위배되는 언행을 보이는 것은 좀 아이러니하다. 보수 우파는 자유민주주의를 가장 강력하게 지지하는 집단으로 알려져 있다. 한국에서 보수 우파 세력을 대표하는 새누리당의 당헌은 자유민주주의와 시장경제를 기본 이념으로 설정하고 있다.[13] 실제로 보수 우파는 틈만 나면 개인의 자유와 권리를 최고의 덕목으로 강조한다. 특히 북한이나 급진 좌파를 비난할 때 그렇다. 따라서 이들이야말로 파레토 원칙에 충실해야 할 것으로 보인다. 그런데 과연 그런가? 이들이 자주 사용하는 말 중 하나가 포퓰리즘(populism)이다. 포퓰리즘은 다수의 어리석은 생각을 비난할 때 정치권이 즐겨 사용하는 말이다. 2012년 대선, 그리고 그 이전의 총선과 기초자치단체장 선거에서 사회복지 확충을 적극 지지하는 사람들에게 보수 우파는 일제히 포퓰리즘이라고 비난해댔다. 포퓰리즘은 우리말로 대중영합주의 혹은 인기영합주의라고 번역되는데, 일반 대중의 뜻을 한낱 치기로 치부하거나 대중이 무식한 탓으로 돌리려는 의도를 담고 있으며 은연중에 엘리트 의식이 배어 있는 말이기도 하다. 따라서 포퓰리즘의 이름으로 대중을 비난하는 태도는 파레토 원칙에 위배된다.

정치가들의 태도는 그렇다고 치자. 그러나 경제학자들마저 포퓰리즘의 이름으로 대중을 비난하는 것은 어딘가 앞뒤가 맞지 않는다. 경제학자들이 밥벌이로 삼고 있는 경제학은 인간의 합리성을 전제하며 파레토 원칙을 가장 기본적인 원칙으로 수용하는 학문이다. 물론 비합리적인 사람도 있을 수 있다. 그러나 '대수의 법칙'을 믿는 경제학자들은 사람의 수가 많아질수록(집단이 클수록) 비합리적인 것이 서로 상쇄되는 경향이 있기 때문에 이들의 평균적 선택이 옳을 가능성이 높아진다고 본다. 과거 많은 부동산 시장과 금융시장의 거품이 꺼지며 이런 견해가 옳지 않다고 밝혀졌지만, 그럼에도 불구하고 보수성향 경제학자들은 인간의 합리성과 대수의 법칙을 굳게 믿는다. 그렇다면 이들은 '대중의 지혜'를 믿는다는 뜻이다. 따라서 개인의 합리성을 믿으면서 개인들을 포퓰리즘의 이름으로 비난하는 것은 결국 사안에 따라 이중 잣대를 들이대는 격이다.

센은 파레토 원칙을 고집하는 한 자유민주주의 역설은 피할 수 없다고 주장한다. 센의 주장을 액면 그대로 받아들인다면 우리는 자유민주주의를 포기하거나 파레토 원칙 또는 선호의 무제한 수용 조건을 포기해야 하는 선택의 문제에 직면하게 된다. 그렇다면 대안은 무엇인가? 민주주의 교육과 토론 문화의 수준을 크게 높여 국민들이 현실을 직시하게 하고 이것을 바탕으로 소통과 설득을 통하여 폭넓은 공감대를 형성해나가는 것이다.

3. 정치를 교란하는 전략적 행위

| 거짓 의사 표명 |

애로가 여론 조작이나 여론 수렴 결과의 조작 등 전략적 행위를 배제하기 위해서 공정성 조건의 하나로 독립성 조건을 추가하였다고 앞에서 설명했다. 그렇다면, 전략적 행위가 얼마나 심하면 그가 그런 조건을 특별히 끼워 넣었을까? 애로의 불가능성 정리 발표 이후 쏟아진

많은 연구는 전략적 행위가 정치권에서 거의 고질적이고 만연한 현상임을 증명하고 있다.[14] 그래서 원래 정치란 더러운 것이라고들 하는 모양이다.

전략적 행위는 대체로 다음 두 가지 형태를 취한다. 첫째는 투표 대상 의안의 수를 조정하거나 의안이 투표되는 순서를 임의로 결정하는 등의 '의안 조작'인데, 주로 여론 수렴 절차를 관장하는 사람들이 하는 행위다. 둘째는 '거짓 선호 표명', '적진 분열', '투표 거래' 등의 방법으로 투표자들이 전략적으로 행동함으로써 투표 결과를 조작하는 것이다. 물론 전략적 행위에 의한 투표 결과의 조작은 쉬울 수도 있고 어려울 수도 있다. 특히 의안 수와 투표자 수를 바꾸기 쉬울수록 조작의 여지는 커진다. 그렇지만 두 가지를 바꿀 수 없는 상황(정태적 상황)에서도 전략적 행위는 얼마든지 가능하다.

어떻게 가능한지 구체적으로 살펴보기 위해서 과반수 다수결로 집단의 선호가 순환하는 경우를 예로 들어보자. 세 의안을 놓고 보수당, 진보당, 녹색당이 팽팽하게 맞서고 있으며 여당인 보수당이 의사진행을 맡고 있다고 하자. 정상적으로 투표하면 보수당이 지지하는 의안이 채택되게 되어 있는데, 진보당은 그 의안에 극력 반대한다고 하자. 의사진행을 맡고 있지 않기 때문에 어차피 진보당이 지지하는 의안은 채택되지 못하지만 가장 싫어하는 의안을 저지할 수는 있다. 달걀로 바위를 깰 수는 없으나 더럽힐 수는 있는 법이다. 전형적인 수법 중 하나가 거짓 선호 표명이다. 이를테면 진보당이 자신의 참된 선호를 감추고 녹색당이 가장 원하는 의안에 표를 몰아주는 것이다. 그러면 녹색당이 원하는 의안이 콩도르세 승자가 되면서 의회를 통과한다. 과반수 다수결을 택하지 않고 보다 점수제를 택하더라도 여전히 거짓 선호 표명에 의한 전략적 행동이 가능하다.

투표 제도에 관하여 이제까지 살펴본 각종 이론은 투표자들이 솔직하게 자신의 뜻을 표명한다고 가정하고 있지만, 사실은 그렇지 않다. 특히 콩도르세 승자가 없을 때는 거짓 선호 표명이 효과적일 수 있다. 정당이 거짓 의사 표명으로 장난을 치면 정당들 사이의 끊임없는 이전투구가 전개될 수 있다. 물론 거짓 의사 표명 전략이 항상 가능한 것은 아니다. 다음과 같은 네 가지 조건이 성립하는 경우 거짓 의사표명 전략으로 이익을 얻기 어렵다. (1) 투표자들의 수가 매우 많거나, (2) 투표자들이 조직화되어 있지 않거나, (3) 다른 투표자들의 선호 양상을 알지 못하거나, (4) 어떤 의안이 유력한지에 관한 사전 정보가 없을 경우에 그렇다. 이런 조건은 경제학이 늘 상정하는 완전 경쟁 시장의 조건과 흡사하다. 따라서 위의 조건들이 성립하지 않는 상황은 독과점이나 불완전경쟁의 상황에 비유할 수 있다. 시장에서 불완전경쟁의 상황은 게임의 요소가 개입되는 상황이다. 마치 완전경쟁 시장이 현실과 동떨어진 상황이듯이 위의 네 가지 조건이 성립하는 상황도 비현실적인 상황이라고 할 수 있다. 따라서 현실에서는 거짓 선호 표명에 의한 전략적 행위는 항상 존재한다고 보아야 한다.

| 적진 분열 |

정태적 상황이라고 해도 투표 결과 조작이 항상 가능한 것은 아니다.

예를 들어서 특정 의안에 모든 사람이 만장일치로 동의하는 경우 아무도 투표 결과를 조작할 인센티브를 가지지 않으며 조작이 불가능하다.[15] 그러나 투표자 수와 의안 수가 가변적인 상황(동태적 상황)에서는 투표자들의 선호와 상관없이 조작이 가능하다. 예를 들어 n개의 의안이 있고 이 중 한 의안에 만장일치했다고 하더라도 이것을 깨뜨릴 수 있는 의안을 만들어서 끼워 넣어 투표 결과를 조작할 여지가 얼마든지 있다. 의안 수를 늘리거나 지지자 수를 늘리는 데에 소요되는 돈과 노력을 흔쾌히 감수한다면 투표에 의한 여론 수렴 및 집단의사 결정의 조작이 사실상 언제나 가능하다는 것은 이미 수학적으로 증명되었다.

가상의 예를 들어보자. 현 시국에 대한 국민의 불만을 잠재우려고 여당과 야당이 개혁안을 제시하였다고 하자. 두 의안 중에서 하나라도 채택되지 않으면 현 시국이 유지된다. 늘 그렇듯이 개혁안을 놓고 여당과 야당의 견해가 극단적으로 갈린다고 하자. 여당은 야당 개혁안보다는 차라리 현상 유지가 낫다고 생각하며, 야당 역시 여당 개혁안보다는 차라리 현상 유지가 낫다고 생각한다고 하자. 여당이 의석의 60퍼센트를 차지하고 있기 때문에 여당 개혁안이 무난히 의회를 통과하리라고 예상된다. 그러면 야당이 가만있지 않을 것이다. 야당이 할 수 있는 일은 지지자의 수를 늘리는 것인데, 대개의 경우 어려운 일이다. 보통 더 용이한 수법은 여당을 분열시키는 새로운 의안을 만들어 끼워 넣는 것이다. 야당이 적절한 미봉책을 고안하여 의안으로 올렸더니 여당이 주류와 비주류로 분열되면서 주류는 환영하는 반면 비주류는 반대한다고 하자. 야당 미봉책은 그야말로 전략적으로 제시한 것이기 때문에 야당 자신도 그다지 좋아하는 것은 아니다. 비록 미봉책이 의안이 되었다고 해도 원래의 두 개혁안에 대한 여당 의원들의 선호에는 변함이 없다고 하자. 그러면 여당 개혁안과 야당 개혁안의 맞대결에서는 여당 개혁안이 이긴다. 야당 개혁안과 미봉책을 맞대결시키면 어떻게 될까? 여당 의석의 절반을 차지하는 비주류는 세 의안 중에서 미봉책을 가장 싫어하기 때문에 차선책으로 야당 개혁안을 지지하므로 야당 개혁안이 미봉책을 누르게 된다. 여당 개혁안이 야당 개혁안을 압도하고, 야당 개혁안이 미봉책을 압도하면 합리성 조건에 따라 당연히 여당 개혁안이 미봉책을 압도해야 옳다. 그러나 정작 미봉책과 여당 개혁안을 맞대결시키면 야당이 던진 미끼를 덥석 문 여당의 주류가 야당에 가세하는 바람에 미봉책이 이긴다. 결국 여당 개혁안, 야당 개혁안, 미봉책 세 의안에 대한 집단의 선호가 순환을 이루면서 어느 안도 채택될 수 없다. 따라서 개혁은 물 건너가고 불만족스러운 현상이 유지된다. 어렵사리 개혁안이 나왔지만 정치판의 술수로 결국 아무것도 이루어지지 않는다.

이런 식의 죽도 밥도 아닌 적진 분열 전략은 보통 능력의 정치가도 능히 할 수 있는 일이다. 진정한 고단수 정치가는 더 건설적인 의안을 고안해서 원만하게 관철시켜 일이 되게 만드는 리더십을 가진 인물이다. 위의 예에서 개혁안도 미봉책도 통과되지 못한 채 전부 흐지부지된 이유는 야당 미봉책이 여당을 너무 극단적으로 분열시켰을 뿐만 아니라 야당 자신의 지지를 좀 더 많이 끌어내지 못했기 때문이다. 따라서 여당의 비주류가 봐도 최악이 아니면서 야당에게도 최소한 현상 유지보다는 더 좋아 보이는 타협안을 만들어서 제안한다면 이 새로운 타협안은 콩도르세 승자가 될 수 있다. 어떻든 야당의 유능한 리더는 비록 수적 열세로 야당의 최선안을 통과시키지 못하더라도 차선책을 관철시키는 정치적 수완을 가진 인물이다. 이와 같이 콩도르세 승자를 만들어내는 능력이 정치 지도자가 갖추어야 할 덕목의 하나라고 할 수 있다.

| 투표 거래 |

끼워 넣기 이외에 흔히 사용되는 전략은 이른바 투표 거래(vote trading)다. 투표 거래란 말 그대로 표를 주고받는 것이다. 이번에 내 등을 긁어주면 다음에는 당신 등을 긁어주겠다는 식의 거래다. 앞서 적진 분열의 예를 다시 살펴보자. 수적으로 열세인 야당이 자신의 개혁안을 꼭 통과시키고 싶다면 의안 끼워 넣기가 아닌 다른 전략을 구사할 수 있다. 여당의 일부와 뒷거래를 하는 것이다. 예를 들어 다음 회기에 상정될 의안 중 여당의 일부가 무척 좋아할 의안을 확실하게 밀어주기로 약속하고 대신 이번 회기에서는 이들의 지지를 받아 야당 개혁안을 관철시키는 전략을 추진하는 것이다.

투표 거래는 정치권에서 흔히 나타나는 전형적인 전략이지만 항상 가능한 것은 아니다. 투표 거래에서는 다른 기회에 지지해준다는 약속을 함으로써 다른 사람들의 지지를 획득하는 것이므로 투표가 여러 차례에 걸쳐 시행되어야 하며, 한 쌍이 아닌 여러 쌍을 놓고 투표할 때 가능하다. 언제 어떤 의안으로 투표할지 불확실한 경우에는 투표 거래가 이루어지기 어렵다. 비밀 투표의 경우도 마찬가지다. 투표 거래 상대방이 약속을 성실하게 지키는지 확인하기 어렵기 때문이다. 이론적으로는 콩도르세 승자가 없을 때만 투표 거래가 가능하다.[16]

노골적인 투표 거래는 많은 사람에게 좋지 않은 인상을 준다. 대체로 투표 거래는 민주주의 순리에 어긋나는 비정상적 술책으로 인식되며 심지어 부패한 정치 혹은 부도덕한 정치의 한 단면으로 매도되기도 한다.[17] 그렇지만 투표 거래는 매우 광범위하게 발생하는 현상이며 결코 예외적인 현상이 아니다.[18] 투표 거래가 아무리 부패한, 혹은 비도덕적인 정치 행태라고 해도 이것을 현실로 인정하고 이해하려는 노력이 필요하다는 주장도 나온다. 대체로 신정치경제학 학자들은 투표 거래를 금기시하고 외면하는 풍토를 못마땅하게 생각한다. 투표 거래의 긍정적 측면을 강조하는 학자도 있다. 5장에서 설명한 뒷돈 지불이 다수결의 맹점을 보완함으로써 경제적 효율의 달성에 기여하듯이 투표 거래 역시 효율에 기여하는 측면이 있다는 것이다. 물론 투표 거래는 일종의 물물교환이라서 뒷돈 지불의 완전한 대체품이 될 수는 없지만 의안의 범위가 넓어지고 투표의 기회가 많아지면서 투표 거래의 결과는 뒷돈 지불의 결과에 근접하게 된다고 이들은 주장한다. 만일 뒷돈 지불이나 투표 거래가 허용되면 사회적 순손실을 초래하는 의안은 통과되기 어렵다. 큰 손해를 보는 측이 약간의 이익을 보는 측을 돈으로 매수하거나 표를 거래하는 등의 수법으로 큰 손해를 피하려는 강력한 인센티브를 가질 뿐만 아니라 그럴 수 있는 여유도 있기 때문이다. 뒷돈 지불과 투표 거래의 허용은 다수와 소수 모두에게 이익이 될 수 있다. 따라서 투표 거래를 불허하는 것은 경제적 효

율 증진의 여지를 없애버리는 어리석은 짓이라는 주장이 나온다.[19]

현실적으로 뒷돈 지불이나 투표 거래가 허용되지 않으면 아무 일도 할 수 없는 경우도 있다. 예를 들어서 비슷한 크기의 땅을 가진 100명의 농부가 사는 지역에 여러 개의 지방도로가 있는데, 이 도로의 개보수에 소요되는 비용을 100명의 농부가 균등하게 분담한다고 하자. 농민 누구든지 자기 마을 지방도로의 개보수를 요청할 수 있고, 요청이 들어올 때마다 해당 지방도로를 개보수할지 개별적으로 투표하며 다수결로 결정한다고 하자. 개보수에 소요되는 모든 비용은 모든 농민이 똑같이 분담해야 하기 때문에 각 농민이 합리적이라고 할 때 자기 지역의 도로를 개보수하는 사업에는 찬성표를 던지고 다른 지역의 사업에는 반대표를 던질 것이다. 개인의 입장에서 보면 비용의 100분의 1만 부담하면서 자신이 사는 마을의 도로를 개보수할 수 있다. 우리 지역의 도로를 개보수하는 비용의 99퍼센트를 다른 지역 사람들이 부담해주니 큰 이익이다. 그렇다면 도로 개보수 사업을 하나씩 주민투표에 부치면 어떤 지방도로의 개보수도 주민투표를 통과하지 못한다. 투표 대상이 되는 지방도로 부근에 사는 사람만 찬성하고 나머지 농민들은 모두 반대할 것이기 때문이다. 따라서 내버려두면 어느 지역의 도로도 개보수되지 못하면서 교착 상태에 빠질 것이다.

이 경우 투표 거래가 허용되면 숨통이 트이게 된다. 자기가 사는 마을의 도로를 꼭 보수하고 싶은 주민들은 다른 주민들과 투표 거래를 시도하게 된다. 다음에는 당신을 지지해줄 테니 이번에는 나를 지지해달라고 부탁하는 것이다. 이렇게 해서 지지자를 50명만 확보하면 내 지역의 도로를 개보수하는 사업이 과반수를 얻어 통과된다. 그래서 어떤 학자는 투표 거래가 집단의사 결정을 가능하게 만들어주는 윤활유와 같다고 말하기도 한다.[20]

많은 경제학자들이 그렇듯이 신정치경제학 학자들 역시 어느 한 측면을 너무 과장하는 경향이 있다. 일부 신정치경제학 학자들의 주장을 듣다 보면 마치 투표 거래를 허용하면 항상 사회적으로 바람직한 결과를 가져오는 것처럼 느껴지기도 한다. 그러나 경우에 따라서는 투표 거래의 허용이 비효율을 유발할 수도 있다. 도로 개보수를 둘러싼 100명 농부들의 투표 거래를 다시 살펴보자. 개보수 사업을 할 때 농민 각자는 공사비의 100분의 1만 부담하고 나머지는 다른 사람이 부담한다. 각자의 입장에서 보면 사실상 거의 공짜나 다름없는 사업이니 그 경제성을 생각할 필요가 없다. 설령 대부분의 도로가 그런대로 멀쩡해서 개보수가 전혀 경제성이 없다고 해도 각 개인의 입장에서는 거의 공짜나 다름없는 사업을 마다할 이유가 없다. 이들이 돌아가며 투표 거래를 하다 보면 개보수 사업의 경제성이 없는 도로도 모두 개보수될 것이다. 농부 개인의 입장에서 보면 수지맞는 사업이지만 마을 전체 입장에서 보면 전혀 경제성이 없는 다수의 사업이 투표 거래를 통해서 추진될 수 있다.

투표 거래는 장기적으로 투표자 모두에게 손해를 입힐 가능성을 안고 있다. 투표 거래가 이루어지면 거래에서 제외되는 투표자들은 큰 손실을 입을 수 있다. 물론 이들은 다른 투표나 다음번 투표에서 다른 무리와 거래함으로써 이 손실을 어느 정도 보전하려고 하겠지만, 이 경우에도 제외되는 또 다른 투표자들이 반드시 있을 것이다.

이처럼 투표 거래에서 제외되는 무리, 이른바 '왕따'들이 현저한 손실을 입는 경우 설령 투표 기회가 자주 있다고 해도 그때마다 투표 거래가 행해지면 결국 거래에서 제외되면서 입는 손실이 계속 누적되며 결과적으로 모두가 순손실을 입는 결말이 날 수도 있다. 예컨대 투표 거래를 통해 보조금 지급, 특정 공공사업의 추진, 가격 통제 등에 관한 법안이 통과되면 소수가 큰 이익을 얻는 반면 장기적으로는 물가 상승, 비효율 등으로 전 국민이 큰 손해를 입을 수 있다.

현실적으로 투표 거래를 포함한 전략적 투표는 모든 투표 제도에 불가피한 요소이다. 그렇지만 전략적 투표는 사회적 의사 수렴의 의미를 애매하게 만든다. 수렴된 결과가 실은 조작에 능한 소수의 뜻일 수도 있다. 그렇다면 의사 수렴의 결과는 전략적 행위자들이 원하는 결과에 불과하다. 그래서 전략적 투표를 일체 금지해야 한다는 주장이 강력하게 제기된다. 그러나 이것은 가능하지도 않고 타당하지 못할 수도 있다. 그러므로 옥석을 가려내는 방법을 연구해야 하고, 이런 연구를 바탕으로 바람직한 투표 거래는 최대한 허용하고 그렇지 못한 투표 거래는 최대한 억제하는 제도적 장치를 마련해야 한다.

4. 참여하지 않는 국민들

| 투표 행위의 역설 |

선거에서 전략적 행위가 정치의 실패를 불러오는 중요한 요인이라는 점을 부정하기는 어렵지만, 그것이 전부는 아니다. 더 근원적인 요인이 있다. 앞에서도 여러 차례 강조하였듯이 정치에 관한 국민의 무관심과 참여율 저조(낮은 투표율)가 바로 그것이다. 이것이 전략적 행위가 성행하는 온상을 제공한다. 따라서 정치에 관한 국민의 무관심과 낮은 투표율을 방치하다가는 자칫 민주주의는 껍데기만 남고 "국민에 의한, 국민을 위한, 국민의 정부"를 향한 열망은 한낱 물거품이 되어버릴 것이다. 이런 무관심과 낮은 투표율이 얼마나 심각한지에 관해서는 설이 분분하다. 심각하다고 보는 학자도 있고 그렇지 않은 학자도 있다. 신정치경제학 학자들은 합리성이 지배하는 시대에 정치에 관한 무지와 낮은 투표율은 당연하다고 주장하지만, 국민이 정치에 관하여 그리 무식하지 않다는 증거를 제시하는 학자들도 많이 있다.

또한 정치에 관한 국민의 관심을 높이고 투표를 독려하는 여러 제도가 있다. 선거관리위원회나 정당도 그러한 제도 중 하나다. 정당이 존재하는 중요한 이유 중 하나는 투표자들에게 많은 정보를 제공하며 쉽고 저렴한 정보 획득을 돕는 것이다. 정당이 이런 기능을 수행하는 덕분에 후보가 어느 정당에 속해 있는지 알면 대충 그 후보가 어떤 사람인지도 알 수 있다. 물론 편파적 정보를 공급하는 정당이나 자기들 잇속만 차리는 집단도 있지만 많은 유권자가 그런 이기적이고 편파적인 정보는 가감해서 듣고 믿을 수 있는 친구나 집단에 더 귀를 기울이는 경향도 있다.[21] 투표율도 신정치경제학의 예상만큼 낮지 않다. 우리나라 대통령 선거 투표율은 70~80퍼센트에 이른다. 이런 높은 투표율은 신정치경제학의 합리적 설명과 예상을 크게 벗어난다. 그래서 어떤 학자는 그런 높은 투표율을 일종의 역설(투표 행위의 역설)

로 표현하기도 한다. 이것이 진정 역설이라면, 그것을 설명하는 새로운 이론이 나오기 마련이다.

투표는 신정치경제학에서 말하는 계산적 행위보다 응원하는 행위에 더 가깝다는 주장이 있다.[22] 야구장에서 특정 팀을 응원하는 사람 대부분은 구체적인 이익을 노리고 그러는 것이 아니다. 왜 그 팀을 응원하느냐고 물으면 대부분 "그냥 그 팀이 좋아서"라고 대답할 것이며, 이런 식으로 대답했다고 해서 이상하게 생각하거나 욕하는 사람도 없다. 왜 좋아하느냐고 굳이 물으면 아마도 대부분 우물쭈물하거나 오히려 그런 질문을 하는 사람을 이상하게 쳐다볼 것이다. 다시 말해 응원을 통해서 표명된 개인의 뜻이나 선호가 논리적으로 응원자 자신의 구체적 이익 추구의 결과여야 할 필요는 없다는 것이다. 이런 점에서 투표도 응원과 유사하다는 것이다.

그러나 응원과 투표 사이에는 다른 점도 있다. 예를 들어서 보수 여당에게 표를 던진 유권자에게 왜 그랬냐고 물었을 때 그냥 보수 여당이 좋아서 그랬다고 대답한다면 아마도 경박하다든가 무책임하다고 힐난하는 사람이 적지 않을 것이다. 그래서 대개 옳든 그르든 보수 여당에 표를 던진 자기 나름의 이유를 구체적으로 나열한다. 야당 꼴이 보기 싫어서, 박정희 시대가 그리워서, 경기가 너무 나빠서 등의 이유 말이다. 선거를 전후해서 논리정연한 말다툼을 벌이는 가족도 적지 않다. 이런 에피소드는 사람들이 단순히 응원하는 마음으로 투표하는 게 아니라 최소한 표면상으로는 사회의식이나 정치의식에 따라 투표한다는 것을 보여준다. 이처럼 투표가 응원에 가깝다는 주장을 액면 그대로 받아들이기는 어렵지만, 정치 영역은 무언가 시장과는 다르다는 생각이 들게 한다.

정치 영역은 한 가지 매우 중요한 점에서 시장과 큰 차이가 있다. 신정치경제학은 시장에서나 정치 영역에서나 사람들이 합리적 손익계산을 바탕으로 자신의 이익을 추구한다고 가정하고 있지만, 사실 정치 영역에서는 개인적 손익계산이 쉽지 않다. 시장에서는 소비자든 기업이든 자신이 추구하는 이익을 분명히 알고 행동한다. 아이스크림을 사러 가게에 가는 사람은 그 아이스크림이 자신에게 어떤 즐거움을 얼마만큼 주는지 분명히 알고 있다. 그리고 마음만 먹으면 자신의 행동이 그 즐거움을 실현한다는 믿음도 있다. 그래서 경제학은 시장에서 활동하는 사람들이 자신의 이익을 분명히 알고 있으며 행동의 결과도 잘 알고 있다고 가정한다.

이런 가정이 정말 타당한지는 다퉈볼 여지가 있지만 최소한 정치 영역에서만은 그리 타당해 보이지 않는다. 우선 대부분의 유권자는 자신이 투표를 해서 얻게 되는 개인적 이익을 구체적으로 분명하게 느끼지 못한다. 대부분 그냥 기분이 좋다든가 앞으로 좀 더 잘사는 사회가 되겠지 하는 정도일 것이다. 그뿐만 아니라 정치 영역에서는 개인의 선택이 결정적이지도 않다. 한 사람의 투표가 선거 결과에 영향을 미칠 확률은 극히 낮다. 그래서 보통 여러 명의 투표자가 실수로 엉뚱한 후보에게 투표하더라도 선거 결과는 달라지지 않는다. 이와 같이 정치 영역에서는 투표자 개인이 추구하는 이익의 구체적 내용도 분명치 않고 행동의 결과에 대한 믿음도 약하기 때문에 손익계산을 해보고 나서 투표하라고 말해주어도 그렇게 하기 어렵다. 그런데도 대다수 유권자가 투표에 참여하는 것을 보면 신정치경제학 학자들의 생각과 달리 정치 영역에서는 유권자들이 개인적 이익 이외의 다른 무언가에 따라서 행동할 가능성을 생각해보지 않을 수 없다. 그 것이 무엇일까? 이른바 '합리적 규범 이론'이 새로 찾아낸 요인은 바로 '투표 행위 그 자체와 결부된 이익(효용)'이다. 즉 투표 결과와 상관 없이 투표하는 행위 자체가 큰 의미를 가진다는 것이다. 이를테면 유 권자에게 강한 시민의식이나 공익 정신이 있다면 투표 행위가 이런 것을 충족해서 즐거움을 준다고 생각할 수 있다.

이 점에 관한 실증 연구도 많이 있다. '시민으로서의 의무감'을 시 민의식이나 공익 정신을 대변하는 변수로 삼고 조사한 연구에 따르면 이것이 다른 어떤 요인보다 유권자의 투표 행위에 훨씬 더 큰 영향을 주는 것으로 나타났다. 시민으로서의 의무감이 강한 사람 중에는 압 도적 다수인 87퍼센트가 투표했는데 이런 의무감이 약한 사람들 중 에는 단지 51퍼센트 정도만 투표했다. 선거가 치열한 경합을 벌일 때 유권자들이 한 표의 중요성을 강하게 의식하고 적극적으로 투표할 것 이라고 흔히 생각하는데, 의외로 그렇지 않은 것으로 나타났다. 실증 연구에 따르면 매우 근소한 표차의 치열한 경합이라고 생각하는 사 람들의 78퍼센트가 투표를 하였고, 그렇게 생각하지 않은 사람들 중 에서도 72퍼센트가 투표하러 갔다. 이제까지 실증 연구 중 가장 방대 한 자료에 입각해서 가장 의욕적으로 수행했다고 평가받는 또 다른 연구도 비슷한 결과를 얻었다.[23] 요컨대 시민으로서의 의무감이 투표 행위를 가장 잘 설명한다는 것이다. 이것이 유권자를 투표장으로 끌 어들이는 중요한 요인일 뿐 아니라 일단 투표장 안에 들어가서 누구 에게(혹은 어느 의안에) 표를 던질 것인지 결정하는 데도 상당히 중요한 요인이라는 사실이 드러났다. 예를 들어 지방세 개혁에 대한 투표 성향을 분석한 연구에 의하면 이 개혁으로 약간의 손해를 보는 사람들의 약 46퍼센트가 찬성표를 던졌으며 큰 손해를 보는 사람들의 약 33퍼센트가 찬성표를 던진 것으로 드러났다. 이런 일련의 실증 연구는 시민의식이나 공익 정신이 투표 행위의 가장 중요한 동기라고 보는 합리적 규범 이론을 지지한다.

| 공익에 따라 움직이게 하려면 |

그러나 우리 현실에서는 민주주의의 장래를 걱정할 정도로 투표율이 저조한 경우도 많다. 민주주의가 최고로 발달하였다는 미국에서도 많은 정치학자들이 투표율 저하를 심각한 사회 문제로 받아들이고 있다.[24] 이런 점에 비추어보면 신정치경제학의 투표 이론을 전면 거부하기도 어려워 보인다. 그래서 신정치경제학의 투표 이론과 합리적 규범 이론을 절충한 이론이 눈길을 끈다. 이 '절충 이론'은 사람들이 사익에 더 무게를 두고 행동하는 상황이 있고 공익에 더 무게를 두고 행동하는 상황이 있다는 점에 착안한다. 달리 말하면 상황에 따라 사익과 공익에 적절한 '가중치'를 둔다는 것이다. 예를 들어서 경제학에 의하면 시장에서는 사람들이 사익에 압도적으로 큰 가중치를 두고 행동한다. 가중치가 0에서 1 사이의 값을 가진다고 하면, 사람들이 시장에서는 사익에 1에 가까운 가중치를 두고 행동한다는 것이다. 합리적 규범 이론에 의하면 정치 영역에서는 유권자들이 공익에 1에 가까운 가중치를 두고 행동한다.

상황에 따라 가중치가 달라지기도 하지만 사람에 따라 가중치가 달라질 수도 있다. 예를 들어 경제 개발이 본격적으로 시작되던 1960년대에 국산품 애용 운동이 한창 전개되었다. 이때 적지 않은 사람들이 애국심에 따라 의식적으로 국산품을 구매하였는데 이런 사람들은 시장에서도 공익에 큰 가중치를 두고 행동하였다고 볼 수 있다. 아마도 오늘날에는 시장에서 공익에 높은 가중치를 두고 쇼핑하는 사람은 거의 없을 것이다. 그러나 정치 영역에서는 시민의식이 강한 유권자는 공익에 1에 가까운 가중치를 두고 행동할 것이다. 높은 투표율은 공익에 상대적으로 높은 가중치를 두는 유권자가 많았다는 의미이고, 반대로 낮은 투표율은 공익에 상대적으로 낮은 가중치를 두는 유권자가 많았다는 의미이다.

그렇다면 투표율이 오르락내리락하게 만드는 요인은 무엇일까? 아마도 매우 많을 것이다. 시국의 성격, 후보자의 면면 등 일시적인 요인도 있고 좀 더 구조적인 요인도 있을 것이다. 이제까지의 연구에 의하면 성장기의 가정환경, 교육, 종교 등 개인의 윤리관이나 도덕심 함양에 영향을 주는 여러 요인이 투표 행위에 영향을 준다. 교육에 초점을 둔 실증 연구가 많이 있는데, 거의 대부분의 연구에서 교육 수준이 높으면 투표율도 높아지는 것으로 나타났다.[25] 그렇다고 무조건 그런 것은 아니다. 교육의 내용이 중요하다. 입시, 취직, 출세를 위한 학교 교육은 이기적이고 타산적인 인간을 만들어내기 때문에 도리어 투표율을 낮출 가능성이 높다. 반대로 남을 위한 배려, 협동 정신, 시민으로서의 의무감, 공과 사를 구분하는 능력 등을 함양하는 교육은 투표율 제고에 긍정적인 효과를 가져올 것이다. 실증 연구에 의하면 소득 수준이 높은 사람들의 투표율이 높다. 대체로 보아 소득 수준이 높은 사람들은 사회 규범 및 규칙을 중요하게 생각하며 시민으로서의 의무감도 강한 것으로 알려져 있다. 그러나 이런 결과는 오해의 소지가 있다. 대체로 보아 소득 수준이 높은 사람들은 교육 수준이 높은 사람들이다. 따라서 소득 수준이 높은 사람들이 사회 규범을 중요하게 생각하고 시민으로서의 의무감이 강한 이유는 교육을 많이 받았기 때문일 수도 있다.

절충 이론은 인간 심리의 이중성 이론이나 애덤 스미스의 심리학 이론에 부합하기 때문에 실증적인 근거가 있을 뿐만 아니라 이론적으로도 믿을 만하다. 그러나 이 이론이 완성되려면 사람에 따라 그리고 상황에 따라 가중치가 어떻게 결정되며 왜 그런지 체계적이고 일관성 있게 설명할 수 있어야 한다. 그래야 투표 행위를 설명하고 예측할 수 있다. 시장에서는 사람들이 왜 1에 가까운 가중치를 두고 행동하는지 설명하는 이론이 있다. 흔히들 기업이 이윤을 추구하는 존재라고 말하지만 실제로 조사해보면 현장의 기업들이 말하는 이윤의 개념이 매우 애매모호할 뿐만 아니라 기업이 반드시 이윤 극대화만 추구하는 것도 아니다. 그럼에도 불구하고 경제학은 예나 지금이나 변함없이 기업이 이윤 극대화를 추구한다고 가정한다. 왜 그럴까? 개별 기업이 반드시 의식적으로 이윤 극대화를 추구하지 않을지도 모른다. 의식적으로 이윤 극대화를 추구했든 안 했든 이윤을 많이 남기지 못한 기업들은 어차피 치열한 경쟁을 이기지 못하고 자연 도태될 것이며, 그래서 장기적으로 보면 이윤을 남기는 기업들만 살아남을 것이라고 볼 수 있다. 이 경우 시장의 경쟁 메커니즘은 기업이 이윤에 1의 가중치를 두고 행동하게 여건을 조성했다고 할 수 있다. 다시 말해서 시장의 경쟁 메커니즘은 기업이 이윤 극대화를 추구하도록 길들였다는 것이다. 심리학적으로 말하면 조건화되었다고 할 수 있다.

이런 논리는 기업뿐 아니라 보통 사람에게도 적용될 수 있을 것이다. 아마도 대부분의 사람들은 가중치의 구체적인 값을 미리 결정한 다음 이 값에 맞추어 의식적으로 행동한다기보다는 사회적 여건에 따라서 거의 무의식적으로 행동할 가능성이 높다. 아마도 공공 영역에서도 그럴 것이다. 만일 공공 영역에서 사람들이 공익에 1의 가중치를 두어 행동하도록 효과적으로 사회적 여건이 조성된다면 결과적으로 사람들은 공익 정신에 따라 행동하도록 길들여질 것이다. 예를 들어서 집단행동이 필요한 상황에서 사람들이 공익을 최우선으로 생각하도록 유도하는 규범이나 제도가 잘 확립되어 있을 경우, 죄수의 딜레마가 쉽게 극복되어 모두가 이익을 얻게 되는 사례는 무척 많다. 사실 과거에는 국민이 공익에 따라 행동하도록 유도하는 사회적 관례나 관습이 많이 있었다. 그러나 그런 관습은 시장의 힘과 논리에 밀려 없어지거나 퇴색되어버렸다. 이제 참된 민주주의 정치를 구현하고 정부가 진정 국민에 봉사하게 만들려면 국민이 공익에 따라 행동하도록 길들이는 사회적 관례나 관습을 복원하며 공익 정신을 함양하는 교육과 시민운동이 절실히 요구된다. 시장의 실패나 부작용이 날로 심해지고 있는 현실에 비추어볼 때 비단 정치 영역뿐 아니라 시장에서도 어느 정도 공익을 의식하면서 행동하도록 유도할 필요가 있다. 예를 들어 영세 상인들이 극심한 경제적 어려움을 겪고 있을 때 경제적 여유가 있는 사람들이 전통 시장을 찾아가 상품을 사준다면 경제 살리기에도 큰 도움이 될 것이다.

3부

—

정부의 실패

7장

거대 정부의 공포

1. 정부 재정 지출의 급격한 팽창

| 비대해진 정부 |

국민이 정치에 무관심하고 투표율이 저조하게 된 데는 또 다른 요인이 있다. 합리적이고 이기적인 유권자는 투표장에 가는 대신 이익단체를 찾아가서 이런 단체를 통하여 정치적 영향력을 행사해 개인적이익을 취하려는 경향이 있다. 이런 경향이 점차 뚜렷해지고 있다고여러 연구가 보고한다.[1] 신정치경제학 학자들은 바로 이런 경향을 눈여겨본다. 20세기 들어 미국 정치권에서 가장 주목받은 현상은 바로이익단체의 엄청난 위력이라고 뷰캐넌과 털럭은 말한다.[2] 이들에 따르면 임금 인상, 세금 감면, 관세 특혜, 각종 보조금, 기득권 유지 등에관해 큰 목소리를 내는 이익단체에 가입하면 실질적 이익을 얻을 수 있는데, 특별히 기분을 낼 게 아니라면 굳이 투표하러 갈 필요가 없다. 그래서 투표율은 자연히 떨어질 수밖에 없다.

로비 활동이 합법인 미국은 이익단체를 대변하는 로비스트의 천국으로 알려져 있다. 그러나 이익단체가 미국에만 있는 것은 아니다. 서구뿐 아니라 세계 어느 나라에나 이익단체가 있다. 우리나라의 경우 재벌의 이익을 대변하는 전경련(전국경제인연합회)이 가장 잘 알려져 있지만 이 밖에도 상공회의소와 각종 업종별 협회 등도 손꼽히는 이익단체다. 이들은 자신의 주장을 관철하고 기득권을 지키기 위해 풍부한 자금력과 인력, 네트워크를 동원하여 조직적인 영향력을 행사하며 정치적 로비 활동도 활발하게 전개하고 있다.[3] 표면상으로는 이익단체처럼 보이지 않지만 막강한 영향력을 행사하는 사실상의 이익단체도 무척 많다. 퇴직한 고위 관료 집단이 그 예다. 우리나라나 일본에서 낙하산을 타고 업계에 내려앉은 퇴직 고위 관료들이 정경유착의 중요한 고리라는 사실은 잘 알려져 있다. 바로 그런 정경유착이 20년에 걸친 일본 장기 침체의 한 원인으로 지목되었으며 우리나라에서도 2014년 정치권을 뒤흔든 세월호 대참사의 한 원인임이 밝혀졌다. 세월호 대참사는 '관피아(퇴직 관료 집단)'니 '해피아(해양수산부 퇴직 관료 집단)', '모피아(퇴직 경제관료 집단)' 등 각종 퇴직 관료 집단의 막강한 영향력이 국민에게 널리 알려지는 계기가 되었다.

만일 각종 이익단체가 정치적 영향력 행사의 좋은 통로가 된다는 주장이 옳다면, 투표율 저하 경향은 또 다른 심각한 문제를 내포하고 있다. 왜냐하면 각종 이익단체의 발호는 '정부의 실패', 즉 정부가 공공 서비스를 효율적으로 공급하지 못하는 현상과 직결되기 때문이다. 이런 문제의식에서 신정치경제학의 또 다른 긴 얘기가 시작되는데, 정부의 실패를 보여주는 포괄적 징후와 관련하여 신정치경제학자들이 주목한 현상은 정부의 비대화 현상 혹은 공공부문의 급속한 팽창이다. 이제 대부분의 선진국에서 정부의 재정 지출이 경제에서 차지하는 비중이 40퍼센트를 넘어 절반에 육박하고 있다. 20세기가 시작될 때만 해도 미국, 영국, 독일, 스웨덴 등 서구 여러 나라에서 이 비중이 10퍼센트 미만이었다는 점을 고려하면 실로 놀라운 현상이 아닐 수 없다.[4] 특히 1960년부터 1985년까지 정부 지출의 팽창이 두드러졌는데, 표7-1에서 보듯이 이 기간 동안 국내총생산(GDP) 대비 정부 지출의 비율은 모든 OECD 국가에서 크게 증가하였다.[5] 1990년에는 이 비율이 몇몇 나라에서 약간 하락하였다고는 하지만 여전히

표7-1 | OECD 국가 정부 지출이 국내총생산에서 차지하는 비율의 변화

	1960년	1985년	1990년
미국	27.6	36.7	33.3
일본	18.3	32.7	31.7
독일	32.5	47.2	45.2
프랑스	34.6	52.4	49.8
영국	32.6	47.8	39.9
이탈리아	30.1	58.4	43.2
캐나다	28.9	47.0	45.9
여타 OECD 국가 평균	26.2	47.6	46.6
OECD 국가 전체 평균	27.2	47.1	45.2

출처: McNutt, P. A., *The Economics of Public Choice* (Cheltonham, U.K.: Edward Elgar Publishing Ltd., 2002), p.101.

1960년에 비해서는 모든 나라에서 높은 값을 보이고 있다. OECD 국가 중 미국, 일본, 독일, 영국, 이탈리아, 캐나다 등의 GDP 대비 정부 지출 비율의 평균값은 1960년의 29.2퍼센트에서 1990년에는 42.7퍼센트로 급격히 높아졌다. OECD 전체로는 1960년에 27.2퍼센트에서 1990년 45.2퍼센트로 늘어났다. 1990년 프랑스의 경우 정부 지출이 GDP에서 차지하는 비율이 거의 50퍼센트에 육박하였다. 결과적으로 정부가 한 나라의 경제에서 차지하는 비중이 거의 절반에 이르고 있다는 얘기다. 세계 경제위기로 선진국들이 긴축재정을 폈다고는 하지만 2011년에도 GDP 대비 정부 예산 비율의 OECD 평균값은 43.2퍼센트였다.

우리나라의 경우 이 비율이 30.1퍼센트로 한참 낮기 때문인지 아직까지는 선진국처럼 정부의 비대화 문제가 우려의 대상으로 여겨지지는 않는다. 그럼에도 불구하고 2012년 대선을 전후해서 증세 논쟁이 벌어졌다. 빈부격차는 날로 악화되는데 우리나라 재정 지출에서 사회복지 지출이 차지하는 비중은 선진국에 비해서 턱없이 낮다. 이 비중을 높이려면 증세가 불가피하다는 주장이 퍼지는 가운데 보수 진영의 지지를 등에 업은 당시 박근혜 후보는 "증세 없는 복지"를 선거 공약으로 내세웠다. 증세에 보수 진영이 워낙 완강하게 반대했기 때문이었다. 그러나 막상 박근혜 정부가 들어선지 2년이 흐른 뒤 증세 없는 복지가 사실상 어려워지면서 담뱃값 인상, 지방세 인상 등의 편법이 시도되자 이를 둘러싸고 다시 증세 논쟁이 벌어졌다.

정부의 비대화 현상을 어떻게 볼 것인가? 그 대답은 아마도 정부를 어떻게 생각하느냐에 따라 크게 달라질 것이다. 정부를 '자비로운 독재자' 혹은 '공익을 대변하고 실현하는 존재'라고 보는 사람들은 정부의 비대화 현상을 그리 대수롭지 않게 생각할 가능성이 높다. 그러나 정부의 각 부처는 부처 이익을 추구하고 정치가는 자신의 정치적 이익을 추구한다고 굳게 믿는 신정치경제학의 시각에서 보면 정부의 비대화는 공포에 가까운 경계 대상이다. 거대한 정부는 고압적으로 국민 위에 군림하면서 개인의 자유를 속박하고 사유재산권을 침해한다고 신정치경제학 학자들은 굳게 믿는다. "강하고 능률적인 정부는 그 힘과 능력을 우리가 결코 원하지 않는 일에도 공공연히 사용한다." 이 말은 신정치경제학 창시자 중 하나인 털럭이 한 말이다.[6] 뒤에서 자세히 살펴보겠지만 신정치경제학자들은 근원적으로 정부의 비대화는 관료, 정치가, 이익단체의 행태가 서로 맞물려 상승 작용을 일으킨 결과라고 생각한다. 그렇기 때문에 더욱 더 정부의 비대화를 문제 삼지 않을 수 없다.

순전히 경제학적으로만 봐도 거대한 정부는 방대한 예산 낭비의 징후다. 정부 지출이 급격히 팽창하던 1970년대부터 정부의 실패를 보여주는 사례가 자주 보고되었다. 작은 정부를 외치는 신정치경제학 학자들은 '시장의 실패'를 초래하는 요인이 또한 '정부의 실패'를 초래하는 요인이라고 본다. 정보의 비대칭성, 주인-대리인 문제, 독점, 외부효과 등이 시장의 실패를 유발하듯이 또한 정부의 실패를 유발하는 주된 요인이라는 것이다. 다만 이러한 요인들이 시장에서는 선택적이고 일시적으로만 존재하는 데 반해 공공 부문에서는 광범위하게 퍼져 있고 고질적이라는 점에서 차이가 있다고 주장한다.[7]

그러면 왜 선진국 정부의 재정 지출 규모가 어마어마하게 커졌을까? 우리나라는 이제 선진국 문턱에 와있고 정부 재정 지출의 규모도 꾸준히 증가하였기 때문에 그 원인에 우리도 관심을 가지지 않을 수 없다. 그동안 정부의 거대화에 관한 연구가 많이 있었고 그만큼 여러 학설이 등장하였다. 크게 보아, 한편으로는 그 원인을 공공 서비스에 대한 국민의 수요가 증가하는 추세(수요 측면)에서 찾아보려는 연구가 있고, 다른 한편으로는 정부가 공공 서비스를 공급하는 과정이나 방식(공급 측면)에서 찾아보려는 연구가 있다. 수요 측면을 집중적으로 살펴보는 연구들은 산업화와 도시화가 진전하면서 공공 서비스를 원하는 국민의 요구가 자연스럽게 늘어나면서 정부 재정 지출의 규모도 자연히 팽창할 수밖에 없다는 견해를 편다. 국민의 요구를 더 많이 들어주면 그만큼 국민의 복지 수준도 높아질 것이다. 그래서 수요 측면의 연구는 대체로 정부 재정 지출 팽창에 긍정적인 태도를 취하는 편이라고 할 수 있다. 그러나 공급 측면의 연구들은 다른 입장을 취한다. 설령 국민의 요구에 부응해서 정부가 재정 지출을 늘릴 수밖에 없었다고 하더라도 어떤 식으로 국민의 수요에 부응하느냐에 따라 재정 지출의 규모와 내용이 크게 달라질 수 있다. 비효율적인 방법으로 수요에 부응할 수도 있고 고도의 정치적 계산을 깔고 돈을 쓸 수도 있다. 요컨대 국민 복지의 뚜렷한 향상도 없이 정부 재정 지출만 크게 증가할 수도 있다는 데에 문제의 심각성이 있다는 것이다. 신정치경제학 학자들은 바로 이것이 정부의 실패의 핵심이라고 본다.

그러나 사실 이들에 훨씬 앞서 이미 150여 년 전에 유사한 경고의 메시지를 던진 학자가 있다. 바로 칼 마르크스다. 마르크스는 국민 위에 군림하는 거대 정부의 출현이 자본주의 사회에서 필연적임을 체계적으로, 논리적으로 설명하고 예측한 사상가다. 자본주의 시장은 개인의 이기심을 바탕으로 한다. 개인의 이기심을 정당화할 뿐만 아니라 조직적으로 조장한다. 그런 가운데 국민 개개인은 자기 자신의 이익 추구에만 정신이 팔려서 공익에 관한 것, 집단행동에 관한 것은 생각조차 하기 싫어하게 된다. 그래서 모조리 정부가 해주기를 바란다. 그러면서 사익 추구에만 열심히 매달린다. 그러다 보면 정부가 무섭게 팽창하여 거대화된다는 것이 자본주의 사회에 대한 마르크스의 진단이다.

| 바그너의 법칙 |

인구가 증가하고 경제 활동의 규모가 증가하면서 정부 재정 지출도 자연스럽게 늘어나는 경향이 있다. 구체적으로 어떤 요인이 정부 재정 지출의 팽창을 초래하는지 실증적으로 연구하고 그 결과를 법칙으로 정식화한 최초의 학자로 독일의 경제학자 아돌프 바그너(Adolf Wagner)가 자주 꼽힌다.[8] 바그너는 장기적으로 정부 재정 지출이 늘어나는 데는 크게 세 가지 요인이 있다고 보았다. 첫 번째 요인은 공공재 혹은 준공공재에 대한 수요의 상대적 증가이다. 경제 성장의 결과

사적재에 대한 수요도 늘어나지만 대체로 공공재나 준공공재에 대한 수요는 상대적으로 더 빠르게 증가하는 경향이 있다. 특히 교육과 문화에 대한 수요는 대단히 소득 탄력적이라고 알려져 있다.

두 번째 요인은 정부의 규제 활동의 증가다. 산업화와 도시화는 경제 활동과 인간관계를 점점 더 복잡하게 얽히게 하고, 그 결과 외부효과가 점점 더 극성을 부리게 된다. 환경오염이 대표적인 예다. 근래 우리 사회에서는 조망권 침해, 일조권 침해, 경관 침해 등을 둘러싼 분쟁이 눈에 띄게 늘어나고 있다. 이런 추세에 따라 국민의 요구 사항은 늘어만 가고, 이 결과 정부가 나서서 나쁜 외부효과를 규제하는 일이 잦아진다. 흔히 정부의 규제는 공짜인 것처럼 생각하는 경향이 있지만 사실 많은 비용이 드는 활동이다. 따라서 외부효과를 규제할 필요성이 점증하는 가운데 정부의 재정 지출도 늘어날 수밖에 없다.

세 번째 요인은 민간부문의 비효율을 교정할 필요성의 증대다. 자본주의 시장경제의 큰 결함으로 독점화 경향이 흔히 거론된다. 바그너가 활동하던 100여 년 전은 독점화의 사회적 폐해가 특히 심하던 시대로 꼽힌다. 그런데 시장경제가 발달하면서 독과점 현상이 줄어들기는커녕 점점 더 늘어나는 경향이 있다. 독과점은 시장의 실패의 큰 원인이므로 이것을 억제하려는 정부의 노력도 커지기 마련이다. 정부의 각종 독과점 규제가 그 대표적인 예다. 독점화의 폐해를 방지하는 또 하나의 방안은 시장에서 자연독점이 형성될 가능성이 높은 산업을 정부가 인수하는 것이다. 이것이 공공부문 비대화로 이어진다. 독과점과 더불어 시장에서 불공정 거래에 대한 시비도 점점 더 늘어나고 있다. 대표적인 예가 각종 가격에 관한 국민의 불만이다. 경제학자들은 시장에서 형성되는 가격을 자연스럽다고 보지만 일반 국민은 절대 그렇지 않다. 임금, 부동산 가격, 금리, 각종 공공요금, 심지어 생필품 가격을 놓고 각종 불만과 시비가 끊이지 않는다. 그때마다 정부가 개입하게 되고, 그러다 보면 자연히 정부 재정 지출도 늘어난다.

이런 세 요인이 필연적으로 정부의 비대화를 촉진한다는 주장을 흔히 '바그너의 법칙'이라고 부른다. 세 요인 중 가장 눈길을 끄는 부분은 공공재 및 준공공재에 관한 것이다. 공공재 및 준공공재의 공급은 정부 본연의 역할이자 가장 큰 비중을 차지한다고 인식된다. 인구 증가와 경제 성장에 따라 공공재 및 준공공재 수요도 자연히 증가한다는 점에 비추어보면 바그너의 법칙은 지극히 당연해 보인다. 그런데 의외로 이 법칙은 아직 실증적으로 확고한 뒷받침을 받지 못하고 있다.[9] 서구 선진국의 경우 인구 증가율은 높지 않았다. 따라서 인구 증가는 정부 재정 지출 팽창의 큰 원인이라고 볼 수 없다. 그렇다면 경제 성장 및 이에 따른 시장의 부작용 증가가 정부의 서비스에 대한 수요를 크게 증가시켜 결과적으로 재정 지출의 급팽창을 주도하였다고 생각해볼 수 있다. 만일 바그너의 법칙이 옳다면 소득 수준이 높아짐에 따라 1인당 정부 재정 지출은 더 빠른 속도로 증가해야 한다. 그러나 실제로는 그렇지 않다. 실증분석 결과에 의하면 1인당 재정 지출은 1인당 국민소득에 거의 정비례해서 늘어날 뿐이었다.[10] 달리 말하면, 경제 성장과 소득 수준의 향상이 정부 재정 지출의 증가를 초래하는 것은 사실이지만 그렇게 폭발적으로 증가시키지는 않는다는 것이다. 그렇다면 바그너가 말한 요인 이외에 다른 요인들이 정부 재정 지출의 급팽창을 초래하였을 가능성을 생각해봐야 한다.

| 버멀 효과 |

설령 정부의 공공 서비스에 대한 국민의 수요 그 자체는 경제 성장률
을 크게 초과하지 못한다고 하더라도, 만일 그것을 공급하는 비용, 특
히 공공부문의 인건비가 급격히 불어나면 정부 재정 지출은 경제 성
장보다 더 빠르게 늘어날 수 있다. 공급 비용은 생산성과 밀접한 관
계가 있다. 공공부문의 생산성 향상 속도가 민간부문에 못 미친다는
점은 이미 잘 알려져 있는데, 여기에는 그럴 만한 이유가 있다. 정부나
공공부문이 공급하는 재화나 서비스의 가장 큰 특징은 대단히 노동
집약적이며 특히 인적 서비스(대면 서비스)의 비중이 매우 높다는 것이
다. 예를 들면 민원 업무, 치안, 보건의료, 사회봉사, 교육 등의 서비스
에는 얼굴을 맞대고 수행해야 하는 부분이 많다. 그래서 공공부문의
인적 서비스는 대량 생산이 매우 어렵다. 라면 수요가 두 배로 늘어나
면 라면 생산도 순식간에 두 배로 늘릴 수 있지만, 민원이 두 배로 늘
어났을 때 공무원의 행정 서비스를 순식간에 두 배로 늘리기는 매우
어렵다. 대량 생산이 용이한 재화의 경우 기술 진보가 빠르지만 인적
서비스의 경우는 그렇지 않다. 이를테면 학교에서 강의하는 방법은
예나 지금이나 별로 큰 차이가 없다. 이처럼 여러 구조적 요인 탓에 민
간부문의 공급은 빠르게 증가하는 데 반해서 공공부문의 서비스 공
급은 느리게 증가할 수밖에 없다고 할 때, 만일 두 부문에 대한 국민
의 수요가 똑같이 증가한다면 공공부문의 인적 서비스는 민간부문의
재화와 서비스에 비해서 상대적으로 희소해질 것이며 따라서 상대적
으로 비싸지는 경향이 나타날 것이다. 이런 현상은 이미 선진국들이

오래전부터 경험해온 현상이자 경제학자들이 촉각을 곤두세운 현상이기도 했는데, 정부 재정의 만성적 팽창의 원인을 규명하는데 시사점이 컸기 때문이다. 이처럼 공공부문이 공급하는 재화와 서비스가 상대적으로 비싸지면서 GDP 대비 정부 지출의 비율이 증가하는 효과를 '버멀 효과(Baumol effect)' 혹은 '상대가격 효과'라고 한다.[11]

공공부문이 공급하는 재화와 서비스가 노동집약적이라는 것은 인건비의 비중이 매우 높다는 뜻이다. 공공부문이 책임지는 분야에서 생산성 향상이 느린 데 반해 이 분야의 임금이 민간부문의 임금과 같은 속도로 높아진다면 이는 곧 재정 지출의 급속한 증대를 의미한다. 결국 경제학자들이 발견한 것은 자본주의 시장경제에서 거의 필연적으로 나타나는 인적 서비스 비용의 급상승이 정부 재정 지출 팽창의 큰 원인이라는 것이다. 그렇다면 정부 재정 지출의 팽창 역시 거의 필연적이라고 볼 수밖에 없다.

그러나 엄밀히 말하면 공공부문의 임금과 민간부문의 임금 사이에 필연적인 관계는 없다. 경우에 따라서 정부가 공공부문의 임금을 민간부문 임금 수준 이하로 강력하게 통제할 수도 있고, 심하면 공무원의 수를 대폭 줄일 수도 있다. 이 경우 버멀 효과는 없어질 것이다. 1980년대 영국이 그 좋은 예다. 당시 영국에서는 공공부문 혁신이 진행되고 있었다. 정부가 공공부문 임금 인상을 강력하게 억제하였으며 생산성 임금 제도가 광범위하게 도입되기 시작하였다. 따라서 영국의 경우 버멀 효과는 의문시된다. 다른 OECD 국가에서도 공공부문의 임금 인상에 정부가 강력한 억제 정책을 채택한 바 있다. 실제로 1980년대 후반 대부분의 OECD 국가에서 민간부문에 견준 공공부문의 상대적 임금이 크게 떨어졌다고 한다.[12] OECD 국가에서 버멀 효과를 검증해본 한 연구에 의하면 1980년대 후반에는 버멀 효과가 거의 없는 것으로 나타났다.[13]

물론 정부의 공공부문 인건비 억제 의지가 과연 얼마나 강하며 얼마나 오래 지속될 수 있을지 의문스럽다. 또한 나라마다 사정이 다를 것이다. 공공부문 안에서도 목소리가 큰 부서, 예컨대 군부, 경찰, 소방서, 보건·의료 등은 여러 편법을 동원하여 실질임금을 올리는 반면 목소리가 작은 공공부문의 실질임금은 상대적으로 뒤떨어지는 형평성의 문제가 발생할 수도 있다. 정부가 공공부문의 임금 상승을 무리하게 억제할 경우 공공 서비스의 질이 크게 떨어지는 문제가 생긴다. 교사 1인당 학생 수를 늘리면 교사의 생산성은 높아지는 것처럼 보이지만 학생들이 실제로 받는 교육 서비스의 질은 떨어지게 된다. 보건의료의 경우에도 마찬가지다. 이와 같이 공공 서비스의 질이 떨어진다면 설령 재정 지출의 팽창이 억제된다고 해도 결국 국민 복지의 희생 위에 이루어진 것이므로 반드시 바람직하다고 말할 수는 없다. 어떻든 버멀 효과에 관해서는 논란이 많이 있으나 바그너의 법칙에서 다루어지지 않은 비용 측면을 부각한 점은 높이 사야 할 것이다.

| 늘어나는 시장 뒤치다꺼리 |

3장에서 자세히 살펴보았듯이 선진국 정부의 재정 지출에는 공공재 및 준공공재 말고도 다른 명목의 지출이 상당히 많다. 그중에서도 가장 두드러지는 것은 소득재분배 명목의 지출이다. 특히 20세기 후반 OECD 국가의 재정 지출 팽창에서 두드러진 현상은 소득이전이 매우 큰 규모로 이루어졌다는 것이다.[14] 그렇다면 소득재분배 측면을 무시한 이론은 지난 수십 년간 관측되는 정부 재정 지출의 급격한 팽창을 충분히 설명하지 못한다는 결론에 이른다.

그러면 소득재분배를 위한 정부 재정 지출이 왜 급격히 증가하였는가? 여기에도 물론 여러 요인이 작용하고 있다. 그중에서도 인구·사회적 요인을 강조하는 학자들이 많다. 이들은 사회 구조, 경제 체제, 정부 지출 사이의 삼각관계가 정부의 비대화를 이해하는 데 기본이라고 말한다. 인구·사회적 요인은 매우 다양한 경로를 통해서 정부 재정 지출의 팽창을 유발한다. 제2차 세계대전 이후 세계 여러 나라, 특히 선진국에서 혈족 및 이웃 공동체가 급속히 해체되었다. 경제 활동에 참여하는 인구의 증가, 개인의 이동성 증가, 개인의 경제력 증가 등이 공동체 생활이나 대가족 생활의 필요성을 크게 줄였다. 과거 각종 공동체나 대가족이 맡았던 각종 사회 문제를 이제 고스란히 정부가 떠안게 되다 보니 정부 재정의 많은 부분이 바로 이런 변화의 뒤치다꺼리를 하는 데 투입된다.

예를 들면 실업이나 빈곤 문제의 상당 부분을 과거에는 가족공동체나 지역공동체가 맡아주었다. 그렇지만 그런 공동체들이 해체되어 없어지다 보니 급격한 산업화와 치열한 경쟁이 낳은 대량의 낙오자를 정부가 돌보지 않을 수 없게 되었다. 또 다른 예는 정부의 보건·의료 서비스나 기타 다양한 사회복지 서비스다. 과거 산업화 이전에는 유소년이나 노인을 위한 보건·의료 서비스나 사회 서비스의 많은 부분을 대가족이나 친족공동체, 지역공동체가 담당하였다. 그러나 분업화와 전문화의 시대인 오늘날에는 경제 활동이 가능한 사람들은 시장에서 돈 버는 일에 전념하고, 정부는 이들이 낸 세금으로 노약자를 위한 각종 보건·의료 서비스를 공급하는 일을 담당한다. 이렇게 과거에 하지 않던 많은 일을 정부가 새로이 담당하다 보면 씀씀이가 늘어날 수밖에 없다. 이런 지출은 앞으로도 계속 늘어날 기세다. 현대 사회에서 유소년 및 노인 등 경제 활동 인구가 부양해야 하는 인구, 달리 말하면 부양률(dependency ratio, 부양 대상 인구를 경제 활동 인구로 나눈 값)이 대부분의 OECD 국가에서 올라가고 있으며 앞으로도 계속 올라갈 것으로 전망된다. 유소년과 노인을 위한 보건·의료 비용은 여타 인구의 그것에 비해서 2배 내지 9배에 이를 만큼 덩치가 크다.

경제 활동에 참여하는 인구가 크게 늘어나면서 교육 서비스 수요도 크게 늘어났다. 성인 교육에 참여하는 남성과 여성의 인구가 늘어나고 초등 교육에 참여하는 유소년의 수도 크게 늘어났다. 선진국에서나 우리나라에서도 1인당 교육 기간은 앞으로도 계속 늘어날 것으로 전망된다. 21세기 무한 경쟁의 시대를 맞아 국가 경쟁력 제고를 위해서도 교육 서비스가 대폭 확대되어야 한다. 인구·사회적 요인으로 인한 재정 지출 팽창의 다른 예는 은퇴연금이다. 대부분의 OECD 국가에서 연금 지출은 재정 지출의 큰 부분을 차지한다. 예컨대 영국에서는 1989년 총 재정 지출의 23퍼센트가 은퇴연금 지출이었다. 노동시장의 변화, 특히 여성의 노동 시장 참여 급증이 은퇴연금 지출을 증가시킨 두드러진 요인으로 꼽힌다. 앞으로 급격한 노령화를 겪게 될 우리나라에서도 이미 이런 조짐이 나타나고 있다.

| 정치적 계산 |

이론상으로 소득재분배의 주된 목적은 정의로운 사회, 최대 다수의 최대 행복, 공공재로서의 이타심 충족 등의 명분에 부응해서 빈부격차를 줄이고 불평등을 완화하는 것이다. 이것이 소득재분배의 필요성에 관한 전통적인 주장이기도 하다. 만일 이 주장이 옳다면 빈부격차가 완화되면 소득재분배를 목적으로 한 정부의 재정 지출도 줄어들어야 한다. 그러나 선진국의 경우에는 전혀 그렇지 않았다.

우선 과거 선진국의 추세를 살펴보자. 2008년 세계 경제위기 이전 수십 년 동안 소득재분배에 관해서 학자들의 눈길을 끄는 중요한 현상은 다음 두 가지였다. 첫째, 제2차 세계대전 이후 1980년대까지만 하더라도 빈부격차가 상당히 완화되었는데 같은 기간에 정부의 재정 지출은 급팽창하였다. 둘째, 중산층이 매우 넓어졌을 뿐만 아니라 중산층 안에서의 소득 격차도 줄어드는 현상이 나타났다. 1840년부터 1975년에 걸친 소득 관련 자료와 정부 재정 지출 자료에 관한 통계 분석에 의하면 미국의 경우 소득분배 불평등도와 정부 재정 규모 사이에는 부의 상관관계가 있는 것으로 나타났다. 다시 말해서 빈부격차가 완화되는데 정부의 소득재분배 지출은 더 늘어난다는 것이다. 영국에서는 이런 현상이 미국보다 더 강하게 관측되었으며, 민주화 이후 일본에서도 비슷한 현상이 관측되었다.[15]

왜 이런 이상한 현상이 발생하는가? 현실에서는 소득재분배가 '고도의 정치적 계산' 혹은 '유권자 표 긁어모으기'에 따라 이루어지는 경우가 너무 많아 이론과 거리가 멀기 때문이다. 결과적으로 소득이전을 절실히 필요로 하는 국민에게 도움이 되는 방향으로 소득재분배가 이루어지기보다는 특정 계층이나 특정인의 이익에 봉사하는 방향으로 변질되고 있다. 따라서 현실적으로 정치적 계산과 소득재분배 사이의 밀접한 관계를 깊이 짚어볼 필요성이 제기되면서 그동안 많은 이론적, 실증적 연구가 쏟아져 나왔다. 그중 하나가 이른바 디렉터의 법칙(Director's law)으로 요약되는 이론인데, 정부 재정 지출의 주된 수혜자는 중산층인 반면 그 조세 부담의 상당 부분은 고소득 계층과 저소득 계층에 귀착된다는 이론이다. 디렉터의 법칙이 전달하려는 핵심 메시지는 정부에 대하여 우월한 영향력을 행사할 수 있는 일부 계층이 자신의 이익을 위해서 정부를 이용하는데, 어떤 특정한 상황에서는 중산층이 바로 그런 우월한 계층이라는 것이다.[16]

그러나 디렉터의 법칙은 중위투표자 정리와 맞지 않는 면이 있다. 5장에서 설명한 중위투표자 정리는 정치경제학에서 매우 큰 비중을 차지하는 이론인데, 이 정리에 의하면 선거의 판세를 좌우하는 계층은 디렉터의 법칙에서 말하는 막연한 중산층이 아니라 중위투표자 집단이다. 소득분배의 불평등이 심할 경우(소득분배 양태가 정규분포를 현저하게 벗어날 경우)에는 중산층 중에서 하위 계층(하위 중산층)이 중위투표자가 된다. 그러므로 중위투표자 정리에 의하면 하위 중산층이 선거의 결과를 좌우한다. 디렉터의 법칙이 중상위 계층에 초점을 둔 이론이라고 한다면, 중위투표자 정리는 중하위 계층에 초점을 둔다는 점에서 차이가 있다. 그래서 하위 중산층의 정치적 영향력을 주시한 연구가 여럿 있는데 그중에서도 샘 펠츠먼(Sam Peltzman)의 연구가 많이 인용된다. 미국, 영국, 일본뿐만 아니라 다른 OECD 국가를 모두 포함한 방대한 통계 자료를 분석한 결과로부터 펠츠먼은 소득재분배와 관련해서 가장 강력한 정치적 영향력을 행사하는 계층은 하위 중산 층이며, 소득재분배에 대한 이들의 요구가 재정 지출의 팽창을 설명 하는 가장 강력한 변수라는 점을 알아냈다.[17]

그렇지만 디렉터의 법칙이나 펠츠먼의 연구는 과거 중산층이 두텁 던 케인스 경제학 시대에나 적용될 수 있을까, 1980년대 이후에는 설 득력이 약한 이론인 것처럼 보인다. 신자유주의 바람이 불면서 미국 을 비롯한 선진국 여러 나라에서 중산층이 몰락의 길을 걸어왔기 때 문이다. 우리나라에서도 지난 30년 동안 중산층이 급속도로 줄어들 었다. 그렇다면 중산층의 정치적 영향력도 그만큼 위축될 수밖에 없 다. 물론 중산층이 구체적으로 어떤 계층을 말하는 것인지를 놓고 견 해가 갈린다. OECD가 말하는 중산층의 기준은 중간소득 계층이다. 가처분소득을 기준으로 최고 부자부터 극빈자까지 일렬로 세울 때 한가운데에 해당하는 사람의 소득을 중위소득이라고 하는데, 이 중 위소득의 50퍼센트에서 150퍼센트 사이의 소득을 얻는 사람을 중산 층이라고 한다. 이런 정의에 따르면 2012년 기준으로 월평균 중위소 득은 177만원이므로 가처분소득이 88.5만 원에서 265.5만 원 사이 에 있는 사람들이 중산층에 속한다고 할 수 있다. 그렇다면 우리나라 인구의 65퍼센트가 중산층이다. 그러나 문제는 이처럼 객관적 지표 를 통해서 중산층으로 분류된 사람들의 상당수가 자신을 중산층이 라고 여기지 않는다는 점이다. 정치적 의미를 가진 중산층은 그런 객 관적 지표에 의해서 정의된 중산층이 아니라 주관적으로 느끼는 중 산층이다. 바로 이런 중산층이 날이 갈수록 줄어들고 있다. 1980년대에는 전체 인구의 60~80퍼센트가 스스로를 중산층이라고 느낀 반면, 1990년대 중반에는 42퍼센트, 2006년에는 20퍼센트만이, 그리고 2013년에는 20.2퍼센트만이 그렇게 느꼈다.

2. 관료의 예산 극대화 추구

| 주인-대리인 문제 |

정부 재정 지출의 거의 대부분은 국민의 세금으로 충당된다. 세수가 늘어난다는 것은 곧 민간부문이 쓸 돈이 줄어든다는 의미다. 그러므로 많은 경우 공공부문의 팽창은 민간부문의 희생 위에 이루어진다. 물론 민간부문을 희생하더라도 결과적으로 더 높은 경제 성장을 달성하거나 국민의 복지를 더 많이 증진할 수 있다면 정부 재정 지출의 팽창은 용납될 수 있다. 그러나 사실은 그렇지 못하다는 결론을 내린 연구도 적지 않다. 국민의 복지 증진에 크게 기여하지 못하면서 정부의 재정 지출이 급속도로 팽창했다는 것이다.

이렇게 생각할 만한 중요하고도 근본적인 이유가 있다. '주인-대리인 딜레마'가 그것이다. 대리인은 주인에게 봉사하라고 고용된 사람이다. 참된 민주주의 국가에서 국민은 주인이고, 정치가와 관료는 국민에게 봉사할 임무를 부여받은 대리인이다. 그럼에도 불구하고 주인이 대리인을 제대로 감시할 여력이 없다는 점을 이용하여 대리인이 주인을 저버리고 자신의 이익만 추구한다는 것이 주인-대리인 딜레마의 핵심이다. 이 이론에 의하면 정치가와 공무원은 겉으로는 국민을 위해서 봉사한다고 떠들면서 뒤로는 자기 이익을 챙기기에 바쁘다. 끊임없이 나도는 '부처이기주의'라는 말도 많은 사람들이 정부 각 부처가 과연 국민의 이익을 최우선적으로 생각하는지 의심을 품고 있음을 암시한다.

이런 주인-대리인 문제가 발생하는 원인은 크게 두 가지다.[18] 첫째는 주인의 이익과 대리인의 이익이 일치하지 않기 때문이다. 물론 국민의 이익과 관료 및 정치가의 이익이 일치하는 경우도 있겠지만 그렇지 않은 경우도 적지 않다. 수년 전 우리 사회에서 큰 물의를 일으킨 새만금 간척 사업을 예로 들어보자. 원래 이 사업은 쌀을 재배할 농지 조성을 목적으로 하는 대규모 간척 사업이었다. 이 사업으로 인한 환경파괴 문제는 제쳐두고라도 쌀 소비가 매년 감소하는 통에 쌀이 남아돌아 골치를 앓고 있는 우리 현실에서 순전히 쌀농사를 위해 서울시 면적에 버금가는 어마어마한 규모의 논을 조성한다는 것은 상식적으로 이해가 안 되는 일이었다. 전문가들 역시 그 타당성에 끊임없이 의문을 제기하였다. 그럼에도 불구하고 정부는 미곡 증산을 위해서 간척 사업이 꼭 필요하며 충분히 경제적 타당성이 있다고 강변하였다. 그리고 끝내 이 사업을 강행했다. 그런데 얼마 후 사업 진행 도중 사업의 목적이 미곡 증산을 위한 농지 조성에서 복합산업단지 조성으로 슬그머니 바뀌었다. 무슨 일이 있어도 처음의 미곡 증산 목적을 끝까지 관철하겠다고 공언한 당시 관료들은 모른 체할 뿐이었다. 사업 목적이 바뀌었다는 것은 애당초 강행한 사업이 경제적으로 타당하지 못했다고 정부 스스로 인정한 것이다. 결국 정부가 눈 가리고 아웅 한 격이다.

이명박 정부가 강행한 4대강 사업이 종료된 지 여러 해 지났지만 과연 이 사업이 진정 국민을 위한 사업이었는지 의심하는 목소리가 날이 갈수록 높아지고 있다. 이 사업은 이명박 정부 출범과 함께 야심차게 추진한 '한반도 대운하 사업'이 여론의 반대에 부딪치자 그 대타로 추진된 것이었다. 대타라고 하지만 사실상 원래의 사업과 본질적으로 차이가 없다. 따라서 새만금 간척 사업처럼 눈 가리고 아웅 한 격이라는 비난을 샀다. 4대강 사업은 소요 예산만 해도 20조 원을 웃도는 대형 사업이었다. 원래 500억 원을 초과하는 대형 공공사업은 반드시 경제적 타당성 검토를 거치게 되어 있지만 이명박 정부는 경제적 타당성 검토를 면제하는 특별법까지 만들면서 사업을 강행했다. 급조된 사업이고 졸속으로 추진되다 보니 2014년 12월에 발표된 4대강 조사평가위원회의 평가 보고서가 지적했듯 수많은 부실이 노출되었다. 그러나 이 보고서는 주로 재난, 치수, 수질 등에 관한 사항만 다룰 뿐 경제적인 측면은 언급하고 있지 않다. 문제는 애당초 정부가 호언장담한 수익이 발생하지 않은 채 결과적으로 막대한 부채를 남겼다는 점이다. 정부는 그 부채를 수자원공사에게 떠넘겼는데 아직도 10조 원에 이르는 빚이 그대로 쌓여 있을 뿐만 아니라 앞으로도 4대강 사업의 수익으로 이 빚을 갚을 희망은 거의 없어 보인다. 해마다 시설 유지 및 관리에 들어가는 비용만 해도 엄청나다.

정부가 진정 국민의 이익에 봉사하는지 의심케 하는 사례는 이밖에도 수없이 많다. 국민의 이익과 관료의 이익이 충돌할 때 관료들은 자신이 가진 풍부한 정보와 관변 전문가의 지식을 총동원하여 자신의 존재와 이익을 옹호하는 온갖 논리와 주장을 퍼뜨린다. 또한 자신이 추진하는 정책이나 사업의 타당성을 선전하는 데 동원할 자금도 풍부하게 가지고 있다. 그러나 일반 국민들은 그렇지 못하다. 물론 이에 맞서서 각종 시민단체가 실상을 고발하는 자료와 정보를 수집하고 배부하지만 거의 대부분 조직과 자금 면에서 결코 관료 집단의 상대가 되지 못한다. 충분한 정보를 가지지 못한 일반 국민이나 이들을 대변하는 시민단체는 관료 집단의 논리와 주장에 밀리기 일쑤고, 이런 가운데 국민의 이익이 맥없이 스러진다. 이런 정보 부족의 문제, 더 정확하게 말하면 정보의 비대칭성 문제가 주인-대리인 문제를 낳는 또 하나의 중요한 원인으로 꼽힌다. 사실 대부분의 일반 국민들은 먹고살기에 바빠서 자신과 직접 관련되지 않은 정부 정책이나 국책 사업에 별로 신경을 쓰지 않으며 그럴 인센티브도 없다. 따라서 국민을 저버리는 행위에 효과적인 제재를 가할 수 없게 된다.

시장주의자들은 정부를 상대하는 로비스트 단체나 각종 이익단체가 일반 국민의 이익에 관한 정보를 정치가나 관료에게 제공해 이들이 균형 잡힌 시각을 갖도록 유도한다고 주장한다. 그렇지만 이런 주장은 지나치게 과장돼 있다. 물론 이익단체들이 정보 획득에 많은 돈을 쓰지만 이들은 오직 자신에게 유리한 정보의 획득 및 배포에만 관심을 가질 뿐 일반 국민의 폭넓은 이익을 대변하려는 인센티브는 가지지 않는다. 예를 들어 전경련은 한국이 '규제 왕국'이어서 기업하기 가장 힘든 나라라고 틈만 나면 홍보하고 정부에 압력을 넣는다. 2013년에는 그 근거로 다보스포럼(세계경제포럼)과 국제경영개발원(IMD)의 '세계 경쟁력 조사 결과'를 인용하고 있는데, 문제는 재벌에 유리한 정보만 소개하고 불리한 정보는 쏙 빼버렸다는 것이다. IMD 보고서에 의하면 사회적 책임의식이나 윤리의식 면에서 한국의 기업은 조사 대상 국가 중 하위권에 속하며, 감사와 회계 관행의 투명성 측면이나 이사회의 경영진 감독 면에서도 바닥이고, 한국의 노동자는 세계에서 가장 긴 시간 노동함에도 불구하고 노동자의 건강이나 안전에 관한 기업의 관심 역시 바닥이라고 한다. 요컨대 한국 기업은 사회적 책임의식도 없고 윤리적이지도 못하며 회계 장부를 믿기 어렵고 이사회는 경영진을 감독하지도 않으며 노동자의 권익에도 별로 관심이 없다는 것이다. 비슷한 내용이 다보스포럼의 보고서에도 나와 있다.[19] 그러나 전경련은 관료나 국민에게 이런 내용을 알려주지 않는다.

더욱 심각한 문제는 기득권을 수호하려 하는 보수 진영은 막강한 이익단체를 움직이고 있는 데 반해 정작 보호받아야 할 대부분의 일반 서민들은 이익단체의 형성 자체에서 소외되어 있다는 것이다. 보통 이익단체 구성과 활동에는 많은 자금이 필요한데 서민들은 그럴 만한 돈과 시간적 여유가 없기 때문이다.[20]

그렇다면 이런 주인-대리인 문제를 어떻게 해결할 것인가? 가장 원론적인 대답은 주인이 대리인을 철저하게 감시해야 한다는 것이다. 국민이 정치가들에게 낙선이나 재선이라는 카드를 이용하듯이 관료들에게도 당근과 채찍을 확실하게 사용해야 한다. 시장주의자들은 한 가지 방안으로 관료 사회에 공개 채용이니 성과급 제도 등 시장의 원리를 도입하자고 주장한다. 실제로 1980년대와 1990년대 신자유주의 바람이 불 때 이들의 주장이 많이 먹혀들어갔다. 그렇지만 시장주의자의 이런 주장은 정치권과 시장의 차이를 너무 가볍게 보는 데에서 나온다. 시장에서는 투입과 산출(혹은 비용과 성과)의 개념이 명확하며 둘 사이의 인과관계 즉, 투입과 산출 사이의 연결고리가 비교적 분명하다. 따라서 투입-산출 비율이나 비용-성과 비율이 좋은 평가의 잣대가 된다. 기업이 100만 원을 투입해서 102만 원밖에 벌지 못했다면 수익률이 은행 이자율보다 못하니 그런 기업은 망할 것이고, 130만 원을 벌었다면 높은 수익률을 올렸으니 번창할 것이다. 이와 같이 투입-산출 및 비용-성과의 연결고리가 비교적 확실하기 때문에 시장에서는 설령 주인-대리인 문제가 있더라도 한시적일 수밖에 없다. 예를 들어 회사 간부가 회사 돈을 빼돌리는 현상이 만연하게 되면 그 회사는 망해서 결국 간부도 직장을 잃게 된다.

시장의 경우와 달리 정치 영역에서는 투입-산출이나 비용-성과의 연결고리가 분명하지 않다. 우선 국민의 이익이나 공익 등 정치 영역의 성과나 산출이 구체적으로 무엇을 의미하는 것인지 애매하기 짝이 없다. 그렇게 애매한 개념으로 특정 관료의 기여도를 어떻게 측정하고 어떻게 책임을 추궁할까? 국익의 이름으로 사익을 챙기는 데에 매우 유능하고 열심인 관료도 적지 않을 것이다. 이 경우 사익을 챙겼는지 국익을 챙겼는지 어떻게 일일이 색출한다는 말인가.

국익이라는 개념이 어느 정도 분명하다고 하자. 그렇다고 문제가 끝나는 것이 아니다. 국민을 위해서 충실히 봉사한다고 하더라도 결국 관료는 국민이 낸 세금으로 공무를 추진한다. 공무 추진에 소요되는 돈이 관료의 호주머니에서 나오는 것이 아니다. 국민의 입장에서 정부 예산은 피땀 흘려 모은 돈의 일부이지만 관료의 입장에서는 남이 대준 공짜 돈이다. 기업에 비유해서 말하면 자신이 피땀 흘려 모은 돈으로 사업을 하는 것이 아니라 누군지도 모르는 사람들이 무한정 대준 돈으로 사업을 하는 것과 흡사하다는 것이다. 공짜를 낭비하게 되는 것은 인지상정이다. 관료가 정부의 돈을 낭비하는 행위는 국민의 입장에서는 지탄의 대상이지만 관료의 입장에서는 합리적이기도 하다. 시장에서는 비용을 최소화하지 못하는 기업은 자연도태 된다. 그러나 정치권에는 비용을 최소화하지 못하는 관료나 부서가 자동 퇴출되는 장치가 마련되어 있지 않다. 따라서 관료들은 국민의 돈을 아끼려는 인센티브도 적을 수밖에 없다. 이런 시각에서 보면 굳이 정치경제학자들의 말을 듣지 않더라도 관료들이 국민의 돈을 낭비하는 경향이 있으리라는 점은 쉽게 짐작할 수 있다. 관료의 그런 낭비 성향이 정부의 비대화를 초래하고 나아가서 정부의 실패를 초래하는 또 하나의 원인이 된다.

| 관료는 어떤 이익을 추구하는가? |

주인-대리인 이론이 주장하듯이 국민의 이익과 관료 및 정치가의 이익이 엇갈린다면 관료 및 정치가는 구체적으로 어떤 이익을 추구하는가? 신정치경제학 창시자 중 하나인 윌리엄 니스카넨(William A. Niskanen)은 특히 관료 집단의 속성에 주목하고 이들의 행태를 집중 분석했다. 표면상으로는 관료들이 정치 지도자의 신분을 가지고 있지 않더라도 국민이나 의회의 통제에서 그럭저럭 벗어나 사실상 상당한 정치적 영향력을 행사한다.[21] 이런 점에서 니스카넨이 관료 집단에 특히 주목하는 데에는 충분히 일리가 있다.

니스카넨은 관료들이 철저하게 사익을 추구한다고 보았다.[22] 그렇다고 관료들이 돈만 밝힌다는 것은 아니다. 기업가와 달리 관료가 추구하는 가치는 봉급, 명예, 직책상 특권, 영향력, 신분상의 위세, 직장의 안정성, 탁월한 전문성 등 매우 다양하다. 특히 고위 관료는 위신이나 명성, 영향력 등 비금전적 가치에 더 큰 비중을 부여하는 것으로 알려져 있다. 이제까지 나온 증거에 의하면 관료들은 일 자체의 본원적 가치 그리고 일과 결부된 비금전적 효용에 더 큰 관심을 가지며, 금전적 이익 추구는 한정된 범위로 제약된다는 주장이 상당히 설득력 있다.[23] 그렇다고 관료들이 금전적 이익을 무시한다는 것은 절대아니다. 돈은 관료들이 마음속에 담고 있는 중요한 가치를 추구하는 가장 효과적인 수단이다. 더 많은 예산을 따내서 돈을 많이 쓸수록 더 큰 영향력을 행사할 수 있으며, 다른 가치도 더 많이 달성할 수 있다. 니스카넨은 기업이 이윤 극대화를 추구하듯 관료는 예산 극대화를 추구할 뿐만 아니라 예산을 최대한 우려낼 능력도 있다고 보았다. 관료는 마음먹은 사업을 정당화할 자료와 정보를 풍부하게 가지고 있을 뿐만 아니라 자기 편을 들어줄 고급 전문가를 얼마든지 동원할 수 있다. 그래서 관료의 예산 극대화 노력을 막기는 현실적으로 매우 어렵다.

관료가 예산 극대화를 추구한다는 주장은 정부가 집합재를 과다 공급할 뿐만 아니라 그 비용을 크게 부풀림으로써 막대한 사회적 낭비를 초래하는 경향이 있다는 주장으로 이어진다. 공공 서비스를 적정 수준으로 공급하려면 국민이 누리게 될 혜택(편익)과 소요되는 비용을 꼼꼼히 비교하면서 더 많이 공급할 때 국민이 얻을 혜택이 과연 돈을 들일 가치가 충분한지 따져봐야 한다. 경제학적으로 말하면 공공 서비스를 추가로 공급하는 비용(한계비용)이 추가로 창출되는 혜택(한계편익)보다 더 커지지 않도록 공급량을 조절해야 한다는 것이다. 이것은 경제학의 기본 원리다. 한계비용이 한계편익보다 더 크다면 1만 원어치 혜택을 주려고 1만 5000원을 쓰는 격이니 그만큼 사회적 손실이 발생한다. 그러나 예산 극대화를 추구하는 관료는 이런 경제학의 기본 원리를 무시하며, 사실 알 필요도 없다. 이들은 되도록 많은 사업을 벌이려고만 생각할 뿐 그 사업이 투입될 돈에 견줘 충분히 많은 가치를 창출하는지는 생각하지 않는다. 그러다 보면 돈을 들일 가치가 별로 없는, 절실하지 않은 사업까지 국민의 이름으로 마구 추진하게 된다. 이런 연유로 정부 예산이 과다 책정되고 과다 지출되며 공공재 및 준공공재가 과잉 공급되기 쉽다.

그렇다고 관료가 무작정 공공 서비스 공급을 늘리기만 하는 것은 아니다. 니스카넨 이론의 요점은 어디까지나 관료가 공공 서비스 공급이 아닌, 예산을 극대화하려는 경향이 있다는 것이다.[24] 예산 극대화가 목적일 경우 공공 서비스의 실제 혜택이나 민생 살피기와 별 관계가 없는 용도로 많은 예산을 유용할 수 있다. 관공서를 건설할 때마다 으레 '호화 청사'라는 비난이 빗발친다. 고급 관용차, 크고 화려한 집무실, 지나치게 많은 품위 유지비, 더 많은 참모진, 과다 책정된 기밀비 등 국민의 눈살을 찌푸리게 하는 관료들의 행태가 한두 가지가 아니다. 한 연구에 의하면 정부의 각 기관은 자신에게 배당될 예산을 늘리려고 열심히 뛰지만 일단 예산이 배정되면 아껴 쓸 생각은

하지 않고 기관 구성원의 복지에 돈을 뿌리는 경향이 있다.[25]

공공재 및 준공공재를 공급하는 방법이나 여기에 소요되는 비용에 관한 정보는 관료들이 거의 독점하고 있다. 관료가 많은 예산을 따내서 일부를 공공재 공급과 별 관계없는 용도로 유용하면서도 다 국민에게 봉사하기 위해 꼭 필요한 것이라고 우기면 대부분의 사람들은 할 말을 잃고 만다. 결국 국민이 정부의 집합재 과다 공급의 대가를 지불하게 된다. 일단 예산이 배정된 다음에도 관료들이 그 예산을 목적에 맞게 제대로 사용하는지에 관해 외부 사람들은 구체적인 정보가 없다. 정보 부족(정보의 비대칭성)으로 국민이나 의회의 감시·감독이 미약한 틈을 이용해 관료는 마음먹으면 얼마든지 과잉 공급을 할 수 있는 처지에 있고, 따라서 주인-대리인 문제는 늘 발생한다고 보아야 한다. 예산 극대화를 추구하는 관료는 민간 기업의 광고 및 홍보와 유사한 활동을 통해 공공사업의 사회적 혜택을 과장하려는 인센티브를 가진다는 면도 간과할 수 없다. 경제학적으로 말하면 정부의 광고와 홍보는 공공 서비스에 대한 국민의 수요를 인위적으로 부풀림으로써 수요곡선을 위로 밀어 올린다. 그만큼 정부의 활동이 국민에게 주는 혜택이 크고 절실한 것처럼 보이기 때문에 관료들은 더 많은 예산을 따낼 수가 있다.

관료의 예산 집행을 감시·감독하는 제도가 있지 않느냐고 반론할 수도 있지만 이런 제도 역시 보통 관료들이 주도한다. 각종 감시 및 자문기구나 위원회에 고급 관변 전문가를 다수 포진시키고 비우호적인 민간인을 양념처럼 살짝 끼워 넣는 식으로 눈 가리고 아웅 하는 방법은 관료들이 애용하는 수법이다. 정부의 많은 자문기구나 위원회는 거의 대부분 들러리에 불과하다. 그렇지만 속내를 잘 모르는 일반 국민들은 그런 자문기구나 위원회가 대단한 일을 하는 것처럼 생각하기 일쑤다.

물론 대민 접촉이 빈번한 지방정부의 경우 주민투표를 통해서 공공 서비스 공급의 수준을 결정하면 되지 않느냐고 말할 수도 있다. 2003년 우리나라 정부 예산 중 지방정부 예산이 거의 40퍼센트에 이른다.[26] 그러니 적지 않은 규모지만 주민투표가 관료의 예산 극대화 의지를 효과적으로 통제할 수 있을지는 매우 의심스럽다. 주민의 의사를 타진할 때 적정 예산의 구체적인 액수를 묻기가 어렵기 때문이다. 예를 들어서 치안 서비스나 도로 건설을 얼마나 원하는지 돈으로 환산해서 대답하라고 주민에게 묻는다면, 아마도 제대로 대답할 사람이 거의 없을 것이다. 그러므로 대부분의 경우 주무 관청이 가능한 대안을 만들어서 주민에게 제시하고 하나를 고르라고 요구하는 정도다. 대체로 현상을 유지할 것인지 아니면 지방정부가 제시하는 대안을 받아들일 것인지 양자택일하게 한다. 니스카넨의 이론이 맞다면 지방정부는 사회적 최적 대안(주민들이 가장 흡족하게 생각할 대안)을 제시하기보다는 관료의 예산 극대화 욕구를 상당한 정도로 충족하면서도 현 상태보다는 주민에게 혜택을 더 주는 대안을 제시할 것이다. 지방정부는 이 대안을 현상 유지안과 맞대결시켜 관료가 원하는 대안을 통과시키려고 할 것이며 그럴 능력을 충분히 갖추고 있다. 결국 지방 주민도 지방정부의 뜻에 따를 수밖에 없게 된다는 것이다.[27] 다수결로 결정할 경우 원천적으로 공공부문의 과잉 투자 및 과잉 공급 가능성이 있다는 점은 이미 5장에서 자세히 살펴보았다.

| 예산 극대화에 제동 걸기 |

논리적으로 보나 여러 정황에 비추어 보나 관료가 예산 극대화를 추구한다는 주장을 핵심으로 하는 니스카넨의 이론은 상당히 설득력이 있다. 그러나 관료 사회를 너무 단순화했다는 비판도 샀다. 사실 관료는 공공부문의 예산 결정에 영향력을 행사하는 하나의 집단에 불과하다. 정치가 집단도 큰 영향력을 행사한다. 그러나 정치가와 관료 사이에는 미묘한 공생 관계가 있다. 털럭은 국민의 요구와 관료의 요구 사이에서 타협점을 찾아내는 것이 정치가의 역할이라고 보았다. 정부의 공공 서비스 공급에 관하여 우선 두 가지 수요곡선을 생각해 볼 수 있다. 하나는 국민의 참된 수요이고, 다른 하나는 관료가 주장하는 수요다. 니스카넨의 이론이 옳다면 관료들이 주장하는 수요는 국민의 참된 수요보다 훨씬 더 클 것이다. 니스카넨은 두 배 정도 된다고 주장한다. 따라서 관료의 요구를 들어주면 결국 국민이 적절하다고 생각하는 수준을 훨씬 초과한, 과다한 예산을 관료의 손에 쥐어 주는 꼴이 된다. 정치가는 유권자를 배반할 수도 없고 그렇다고 현실적으로 관료를 무시할 수도 없다. 그야말로 유권자와 관료 사이에 끼어 있다. 정치가들이 빠져나올 구멍은 두 수요를 적절히 절충한 타협안을 제시하는 것이다. 이와 같이 정치적으로 타협된 수요가 사실상 관료가 직면하는 현실적 수요가 된다.[28] 따라서 최종 결정되는 공공재 및 준공공재 공급량 역시 국민의 요구보다는 크지만 관료의 요구보다는 작은 수준에서 낙착될 것이므로 관료의 요구를 전적으로 들어주었을 때에 비해 사회적 손실도 그만큼 적어질 것이다. 그렇다고 하더라도 사회적 손실이 어느 정도 완화될 뿐이지 완전히 해소되는 것은 아니다.

이와 같이 관료의 예산 극대화 추구에 제동을 거는 여러 현실적 제약을 파헤치는 연구들이 털럭의 연구에 이어 연달아 나왔다. 그중에서도 조세가 관료의 예산 극대화에 미치는 영향을 짚어보는 일련의 연구들이 눈에 띈다.[29] 관료의 예산 극대화 추구로 인한 과다 예산은 자연히 과다한 조세 징수로 이어질 것이다. 과다한 조세 징수는 한편으로는 근로 의욕 및 기업 의욕 감퇴를 불러와서 결국 세원(tax base)의 감소를 초래하게 되며, 다른 한편으로는 조세 저항을 불러일으킨다. 세원의 감소는 관료의 예산 극대화 추구에 물리적 한계로 작용하며, 조세 저항은 그 정치적 한계가 된다. 따라서 관료는 조세가 세원에 미치는 영향과 조세 저항을 고려해야 하기 때문에 현실적으로 관료의 예산 극대화 추구는 상당한 제약을 받는다는 것이다.

니스카넨 이론에 가해진 또 다른 비판은 예산의 종류와 관료 세계 내부의 다양성을 간과했다는 것이다. 마치 경제학이 기업을 하나의 개체로 취급하면서 그 내부의 역학관계를 소홀히 하듯 니스카넨 이론도 관료 세계 내부의 역학관계를 외면하는 오류를 범하고 있다는 것이다. 관료가 예산 극대화를 추구한다는 말은 너무 막연하다. 우선 예산에도 여러 종류가 있다. 패트릭 던리비(Patrick Dunleavy)의 분류에 의하면 관료의 봉급을 포함한 인건비, 기관의 운영비, 행정비 등 핵심만 포함한 '핵심예산'이 있고, 여기에 민간 기업과 계약하는 비용 및 민간부문에 지불하는 모든 지출을 합친 '관청예산'이 있다. 한 기관이 다른 기관에 넘기는 돈도 있는데, 관청예산에 이 돈을 합친 것을

'사업예산'이라고 한다. 정리하면, (1) 핵심예산, (2) 관청예산(핵심예산+민간부문에 지불하는 돈), (3) 사업예산(관청예산+다른 공공기관에 공여하는 돈)의 세 종류가 있는 것이다.[30] 그렇다면 관료가 예산 극대화를 추구한다고 말할 때의 예산이란 어떤 예산인가? 니스카넨의 이론에서 말하는 예산은 대체로 핵심예산에 가까운 개념으로 보인다. 관료가 추구하는 다양한 가치를 얼마나 많이 달성하는가는 핵심예산의 크기에 거의 정비례하기 때문에 이것이 관료의 이익에 직결되는 예산이라고 할 수 있다. 그렇다면 관료들은 관청예산이나 사업예산을 최대한 따내려는 노력은 하지 않는다는 말인가? 그렇지는 않다. 다만 핵심예산을 극대화하는 전략과 관청예산이나 사업예산을 극대화하는 전략이 다르다.

관료 조직에도 여러 가지가 있다.[31] 관료가 핵심예산의 극대화를 추구한다는 주장은 관료 조직 전체를 대상으로 했다기보다는 주로 민간부문 규제를 책임지는 기관(규제기관)이나 공공재 및 준공공재 공급을 전담하는 기관(공급기관)에 한정된다고 할 수 있다. 두 기관 예산의 대부분은 핵심예산이기 때문이다. 반면에 핵심예산보다는 관청예산이나 사업예산을 훨씬 더 많이 지출하는 기관은 관청예산이나 사업예산을 최대한 확보하려고 애쓸 것이다. 핵심예산 이외의 돈은 대체로 다른 공공기관이나 민간부문에 제공되는 것이므로 이것을 이용해서 대외적으로 큰 영향력을 행사할 수 있거나 반대급부를 얻을 수 있기 때문이다. 관료 내부에서도 이해관계가 엇갈린다. 대체로 중하위직 관료는 주로 핵심예산에 큰 관심을 가지는 반면, 고위 관료는 관청예산에 더 큰 관심을 가진다고 한다.[32] 어떻든 예산과 관료 조직의 종류가 다양하기 때문에 관료 세계와 이들의 예산에 이렇다 저렇다 한 마디로 일률적으로 말할 수는 없다고 던리비는 주장한다.

그러나 서구 선진국 국가에서 공공부문이 크게 비대해져온 것은 분명한 사실이다. 털럭을 필두로 한 신정치경제학 학자들은 정치권과 공생 관계를 유지하는 관료 제도가 정부 비대화의 원인이자 결과라고 결론짓고 있다. 이들은 경험적으로도 공공부문 비대화의 주된 수혜자는 정치가와 관료라는 사실이 명백하다고 주장하면서 초지일관 정부의 비대화를 막아야 한다고 외친다.[33] 그리고 많은 경제학자들이 여기에 동의한다. 그러면 정부의 비대화를 어떻게 막아야 할까? 국민투표제의 활용이나 헌법 개혁이 필요하다는 주장이 제기되기도 하는데, 물론 이것들도 방법이다. 예를 들면 뷰캐넌은 정부 예산의 상한선을 헌법에 못 박아두자고 주장한다. 그러나 민주적 방법에 회의적인 시장주의자들은 그런 방법이 공공부문에 기생하는 각종 이익집단의 거센 반발에 부딪쳐 좌초되기 십상이므로 차라리 시장의 기능을 대폭 확대하는 쪽이 더 바람직하다고 주장한다. 좀 더 많은 집합재의 공급을 시장에 맡긴다면 정치적 과정의 거센 반발을 피하면서 정부의 규모를 줄일 수 있다는 것이다. 그러나 이런 주장을 펴는 학자들은 시장 확대가 수반하는 각종 부작용을 외면하거나 과소평가하는 경향이 있다는 점도 잊지 말아야 한다.

8장

지대를 좇는 사람들

1. 지대추구의 현장

| 고소득 계층을 위한 소득재분배? |

정부 재정 지출 규모의 급팽창에는 여러 가지 '정치적 요인'이 작용했을 터인데, 신정치경제학의 창시자 3인방 중 니스카넨은 관료의 예산 극대화 쪽에 무게를 두는 반면 뷰캐넌과 털럭은 이익단체의 발호 쪽에 더 무게를 두는 것으로 보인다. 어떻든 국민복지 수준을 크게 향상시키지도 않고 경제 성장에도 크게 기여하지 못하는 정부 재정 지출의 팽창이 문제가 되는데, 그 이유를 규명하려 시도한 신정치경제학자들은 공공부문의 비효율 그리고 정부의 각종 특혜와 이 특혜를 둘러싼 이익집단의 발호를 특히 눈여겨보았다. 이 결과 바그너의 법칙이 다루지 못한 또 다른 중요한 요인을 찾아낼 수 있었고, 정치경제학에 새로운 지평을 열었다. 그렇다면 그런 비효율이나 특혜가 정부 재정 지출에서 차지하는 비중이 어느 정도일까? 어떤 학자는 미국의 경우 정부 예산의 약 12퍼센트라는 증거를 제시한다.[1] 이 비율이 과소추정 되었다는 주장도 있고, 공공부문의 비효율 측면만 과장하고 있다는 주장도 있다.[2] 이 수치에 관해서는 논란의 여지가 있지만 신정치경제학 학자들은 비효율과 특혜는 단순히 숫자만의 문제가 아니라고 주장한다. 구조적인 요인이 있다는 것이다. 지대추구를 둘러싼 정경유착이 바로 그것이다.

이익단체의 문제를 구체적으로 논의하기에 앞서 표8-1을 살펴보자. 이 표의 숫자는 소득재분배를 명분으로 한 정부의 소득이전 지출 총액에서 각 소득 계층에 최종 귀착되는 부분의 비중을 나타낸다. 원래 정부가 수행하는 소득이전의 주된 목적은 저소득 계층을 대상으로 소득을 재분배해 빈부격차를 완화하거나 병약자, 노인, 무의탁자, 유아 등 사회적 약자를 보호하는 것이다. 그러므로 정부의 소득이전은 저소득 계층이나 사회적 약자에 집중되어야 한다. 이런 점에 비추어보면 오스트레일리아에서는 정부의 소득이전이 그런대로 본래의 취지를 잘 살렸다고 할 수 있다. 오스트레일리아 정부의 소득이전 지출 총액에서 사회 최하위 계층에 귀착된 몫이 1981년에는 42.8퍼센트였고 1985년에는 40.1퍼센트였다. 2분위 계층까지 고려하면 오스트레일리아의 경우 소득이전 지출 총액의 약 65퍼센트가 최하위와 2분위 계층(하위 40퍼센트)에 떨어졌다. 벨기에나 스위스도 대체로 잘하고 있었다고 볼 수 있다. 이번에는 프랑스의 경우를 보자. 1979년에는 소득이전 총액 중 저소득 계층(하위 40퍼센트)에 귀속된 몫이 약 40~41

표8-1 | 정부의 총 소득이전 지출에서 각 소득 계층이 차지하는 몫

		최하위	2분위	3분위	4분위	최상위	평균이전*
오스트레일리아	1981	42.8	22.2	13.3	12.5	9.2	10.8
	1985	40.1	24.6	14.4	12.9	8.0	11.3
벨기에	1985	22.9	22.5	21.9	16.6	16.1	33.3
	1988	21.5	23.6	20.1	16.1	18.7	34.9
스위스	1982	38.5	19.2	15.6	13.3	13.3	7.3
캐나다	1981	33.0	22.9	17.9	14.1	12.1	10.1
	1987	29.5	24.2	19.2	15.0	12.1	12.4
프랑스	1979	19.7	21.2	18.8	17.7	22.6	22.2
	1984	17.5	21.8	18.4	17.7	24.7	25.0
독일	1984	21.8	22.2	16.7	21.0	18.3	19.8
아일랜드	1987	32.0	21.9	21.3	15.2	9.6	20.5
이탈리아	1986	15.6	16.4	19.7	20.7	27.6	21.4
룩셈부르크	1985	17.3	18.3	19.5	22.5	22.4	23.7
네덜란드	1983	21.8	21.8	18.4	20.4	17.6	28.5
	1987	24.9	21.3	16.9	17.7	19.2	28.3
노르웨이	1979	34.0	20.9	16.4	13.6	15.1	13.5
스웨덴	1981	18.0	23.9	19.8	19.5	18.7	35.0
	1987	15.2	25.8	21.7	19.9	17.4	35.5
영국	1979	30.6	20.0	17.4	17.0	15.0	18.5
	1986	26.7	25.9	19.4	16.1	11.9	24.3
미국	1979	29.7	21.1	17.4	14.7	17.1	8.9
	1986	29.2	21.2	17.1	17.5	15.1	9.4
핀란드	1987	25.9	22.6	18.2	15.8	17.6	27.7

* 평균이전은 중위자에 해당하는 사람의 소득에 대한 백분율로서의 평균을 말함.

출처: 다음 문헌에 나온 자료를 재편성.

S. L. Winer & H. Shibata(eds.), *Political Economy and Public Finance*(Cheltonham, U.K. : Edward Elagar Publishing Ltd., 2002).[3]

퍼센트로 고소득 계층(상위 40퍼센트)에 귀속된 몫과 비슷하다. 1984년에는 고소득 계층에게 돌아간 몫(42.4퍼센트)이 저소득 계층에게 돌아간 몫(39.3퍼센트)보다 오히려 더 크다. 이탈리아의 경우 저소득 계층에게 돌아간 몫이 32퍼센트인 반면 고소득 계층에게 돌아간 몫은 48.5퍼센트에 이른다.

15개국의 소득이전 자료를 전체적으로 보면 세월이 흘러도 각 나라의 소득이전 양태는 크게 변하지 않는다는 점을 알 수 있다. 대체로 저소득 계층만이 아닌 모든 소득 계층이 상당한 정도로 소득이전을 받았는데, 두 국가(오스트레일리아, 아일랜드)에서만 상위 20퍼센트 부유층이 이전소득 총액의 10퍼센트 미만의 이전소득을 받았고, 오직 한 나라(오스트레일리아)에서만 최하위 20퍼센트 계층이 소득이전 지출 총액의 40퍼센트 정도를 받았다. 프랑스, 이탈리아, 스웨덴에서는 최하위 20퍼센트 계층이 실제로 가장 적은 몫을 받은 것으로 나타났다. 프랑스와 이탈리아에서는 상위 20퍼센트의 부유층이 총 이전소득의 가장 큰 몫을 챙겨갔다.

요컨대 서구와 북미 15개국 실증 자료에 따르면 대부분의 나라에서 소득이전 총액의 상당한 부분이 가난한 사람들에게 돌아가지 않고 다른 계층으로 흘러들어갔다는 것이다. 이런 괴상한 현상을 어떻게 설명할 것인가? 분명한 점은 소득재분배에 관한 전통적 이론, 예컨대 3장에서 자세히 살펴본 사회정의 이론이나 공리주의 이론, 공공재 공급 이론 등으로는 이런 괴상한 현상, 특히 고소득 계층이 소득이전 총액의 상당한 부분을 가져가는 현상을 도저히 설명할 수 없다는 것이다. 중위투표자 이론도 실망스럽기는 마찬가지다. 중위투표자를 포함하는 중간 계층(3분위 계층)은 다른 계층에 비해서 높은 비율의 이전 소득을 받지 못하였다.

이런 괴상한 현상을 이해하기 위해 한 신정치경제학 학자는 소득 이전 총액 중 고소득 계층으로 흘러들어가는 돈이 구체적으로 어떤 사람들의 손에 떨어지는가를 추적했다. 이 결과 상당 부분이 강력한 이익집단으로 흘러들어갔다는 사실을 확인하였다. 예를 들면 유럽연합 국가들의 경우 소득이전 총액의 절반 이상이 농업 부문으로 흘러들어갔는데, 그중 상당 부분이 부농의 손에 떨어졌다.[4] 어느 특정 해에만 그런 것이 아니고 다른 해에도 그랬다. 유럽연합 농민의 평균소득은 전체 납세자의 평균소득보다 더 높다. 분명한 점은 특히 서구 여러 나라에서 부농 집단은 정부나 정치가가 무시하지 못하는 막강한 정치적 영향력을 행사하는 이익단체라는 것이다. 어떻든 미국 등 서구 국가에서 사회적 약자도 아니고 저소득 계층도 아닌 사람들이 정부로부터 막대한 소득이전의 혜택을 받을 뿐만 아니라 심지어 가난한 계층에서 부유층으로 소득이 이전되기도 하는데, 신정치경제학 학자들은 이런 괴상한 현상은 결국 이익단체의 활발한 활동으로밖에 설명할 수 없다는 결론을 내렸다. 오늘날 소득재분배 현실은 이익단체 사이의 관계나 이익집단과 정부 부문 사이의 복잡한 구조와 결부되어 있으며, 이타주의나 사회정의 구현 등 철학자들이 강조한 재분배 정책의 이상과는 대부분 거리가 멀다. 이런 생각은 이제 일반 경제학자들 사이에도 점차 받아들여지고 있다고 신정치경제학 학자들은 믿고 있다.[5]

이익단체의 활동을 통해서 고소득 계층이 정부의 소득이전 총액에서 큰 몫을 챙기는 현상, 나아가서 정부가 국민 다수의 이익을 희생하고 오직 소수에게만 혜택을 몰아주는 현상이 현실에서 대단히 광범위하게 일어난다. 그렇지만 워낙 은밀하게 일어나는 까닭에 대다수 국민은 잘 알지도 못하고 알기도 어렵다. 어떻게 보면 국민의 '합리적 무지'가 그런 현상을 낳았다고 말할 수도 있고, 특정 지식인들이 현실을 호도한 측면도 있다. 사실 그동안 소득재분배에 관한 연구 중 특히 시장주의 성향이 강한 경제학자들의 연구는 이익단체의 빼돌리기 문제를 외면한 채 오직 저소득 계층을 상대로 한 정부의 소득재분배 정책의 비효율성만 집중적으로 물고 늘어지는 경향이 있었다.[6] 도덕적 해이를 빌미로 한 시장주의 비판이 그 전형적인 예다. 정부의 방만한 소득재분배 정책이 저소득 계층의 근로 의욕을 떨어뜨리고 각종 비리를 조장해 사회적 손실을 가져온다는 것이다. 그러나 미국 공공선택학회 전 회장이던 올슨은 오늘날 민주주의 사회에서 빈민 계층을 상대로 한 소득재분배 정책의 부작용보다는 고소득 계층의 이익을 대변하는 이익단체의 사회적 폐해가 경제적으로 훨씬 더 큰 악영향을 미친다고 단정한다.[7] 신정치경제학 학자들은 이익집단에 의한 경제 왜곡과 사회적 폐해를 그저 막연하게 지적한 것이 아니라 '지대추구 행위'의 개념을 이용하여 논리적으로 설명하였다.

| 지대의 개념 |

요즘 우리나라에서도 '지대추구(rent-seeking)'라는 용어가 자주 인용

된다. 이 개념을 가장 먼저 논리적으로 설명한 학자로 털럭이 꼽힌다. 그는 신정치경제학의 창시자 3인방 중 하나이기도 하다. 털럭이 예로 들어 설명한 '절도'는 좀 극단적으로 보이기는 하지만 지대추구가 왜 문제가 되는지 아주 명쾌하게 설명해준다.[8] 절도 행각은 이미 생산된 것이나 존재하는 것을 이 세상에서 없애는 행위가 아니라 단순히 어느 한 사람(피해자)으로부터 다른 사람(범죄자)에게 옮길 뿐이다. 그러니 국민총생산의 증감에 아무런 영향을 주지 않는다. 그렇다면 절도 행각은 도덕적으로 비난받아 마땅하지만 경제적으로는 별 문제가 없어 보인다.

그러나 털럭은 절도가 순전히 경제적으로도 심각한 문제가 될 수 있다고 보았다. 그가 집중 부각한 것은 훔친 돈이나 절도 그 자체가 아니라 절도에 사용된 각종 물적·인적 자원이다. 예를 들어서 어느 전문 절도단이 100억 원을 훔치는 과정에서 50억 원어치의 고급 두뇌와 첨단 장비를 동원했다고 하자. 절도단 입장에서 보면 이 사업은 곱절을 남겼으므로 아주 수지맞는 장사다. 그러나 국민경제 전체로 보면 얘기가 전혀 달라진다. 훔친 돈 100억 원은 단순히 한 곳에서 다른 곳으로 옮겨간 것에 불과하니 국민경제 전체에는 아무런 이익도 손해도 없지만, 절도 행각에 소요된 50억 원은 다른 유용한 용도에 사용될 수도 있었으나 그러지 못한 돈이다. 국민경제에 아무런 기여 없이 50억 원이라는 거금이 사용되었다. 그러니 낭비다. 이처럼 이미 있는 것을 단순히 한 곳에서 다른 곳으로 옮기는 데에 많은 자원을 소모함으로써 낭비를 초래하는 행위가 바로 털럭이 개탄한 지대추구 행위의 사회적 폐해다.

지대추구 행위란 "인위적으로 생성되는 이전소득을 얻기 위해서 경쟁하는 행위"라고 흔히 정의된다.[9] 이전소득이란 말 그대로 단순히 한 곳에서 다른 곳으로 옮겨진 돈(소득, 지출)을 말한다. 부모가 자식에게 넘긴 유산이나 정부가 기업에 공여한 보조금이 그 예다. 그러면 왜 '이전소득 추구'라는 말을 쓰지 않고 굳이 '지대추구'라고 부를까? '지대'라는 단어가 오랫동안 잉여 또는 불로소득의 인상을 강하게 풍겨온, 문제의식을 담은 단어이기 때문에 '이전소득 추구'보다는 '지대추구'라는 말이 문제의 심각성을 더 잘 표현하기 때문이다. 그러나 지대라는 단어가 너무 광범위하게 사용되다 보니 혼란스럽다고 해서 '렌트추구'라는 말을 쓰는 학자도 있다.[10] 어떻든 경제학에 흔히 나오는 지대(rent)란, 쉽게 말하면 공연히 지불된 돈 혹은 굳이 지급하지 않아도 아무런 지장이 없는 소득을 말한다. 교과서에는 사람들로 하여금 경제 활동을 계속하도록 유도하기 위해서 꼭 지불해야 하는 최소한도의 수준을 초과한 소득이라고 되어 있다.

유명 연예인이나 스포츠 스타 들은 엄청난 소득을 올린다고 알려져 있는데, 이 소득의 상당한 부분이 바로 지대 성격의 소득이다. 그래서 경제학 교과서에서 지대를 설명할 때는 으레 이들을 예로 든다. 인기 배우이면서 광고 모델이기도 한 K가 왜 그렇게 높은 소득을 올리는가? 우선 K가 다른 보통 여자들과 달리 뛰어난 미모와 매력을 가졌기 때문이다. K와 똑같이 생긴 여자들이 서울 거리 어디를 가나 즐비하다면 그녀가 그렇게 높은 인기와 소득을 누릴 리가 없다. 경제학적으로 말하면 K가 갖춘 미모와 매력의 공급이 극히 한정되어 있는 까닭에 높은 소득을 올릴 수 있다는 것이다. 이처럼 희소하면서 공급이 한정되어 있거나 잘 증가하지 않는 자원을 가진 사람은 일종의 특권을 누리게 되는데, 이 특권과 결부된 소득이 지대다. 그래서 공급의 고정성 내지는 비탄력성 때문에 누리게 되는 소득을 포괄적으로 지대라고 부르기도 하는데, 이런 설명만으로는 지대의 특성을 충분히 드러내지 못한다.

| 생산적 경쟁과 소모적 경쟁 |

공급이 한정되어 있다고 해서 무조건 지대를 누리는 것은 아니다. K가 아무리 빼어난 미모와 매력을 가지고 있다고 해도 아무도 그것을 알아주지 않는다면 소용이 없다. 지대를 누리려면 충분한 수요가 있어야 한다. K가 높은 소득을 얻는 이유는 그녀의 인기가 높아서 수많은 연예기획사들이 그녀를 놓고 치열하게 경쟁한 결과 그녀의 몸값이 크게 치솟았기 때문이다. 연예 활동으로 K가 연간 20억 원의 순소득을 올린다고 하자. 이 중에서 과연 얼마만큼이 지대이고 얼마만큼이 K를 연예 활동에 계속 붙잡아두는 데 꼭 필요한 최소 수준일까? 정부가 그녀의 소득에 19억 원의 세금을 징수했다고 하자. 그런데도 K가 배우로서 연예 활동을 계속한다고 하자. K의 연예 서비스 공급은 계속되고, 그녀의 팬들은 전과 다름없이 여전히 그녀의 활동을 즐길 수 있다. 19억 원의 세금을 징수하기 전이나 후나 아무런 변화가 없다. 다시 말해서 1억 원만 받아도 K는 연예 활동을 한다는 것이다. 그렇다면 20억 원 중에서 19억 원은 지불하지 않아도 상관이 없는 소득이다. 다시 말하면 공연히 지불한 돈이다. 지대란 이런 성격의 소득이다. 이번에는 정부가 K에게 19억 5000만 원의 세금을 징수했다고 하자. K의 손에 떨어지는 소득은 5000만 원에 불과하다. 그러자 K가 배우 생활을 때려치우고 회사에 취직했다고 하자. 그렇다면 K의 팬들은 더 이상 그녀의 활동을 즐길 수 없게 된다. K의 연예 서비스 공급이 감소하거나 중단되었다는 것은 정부가 너무 많은 세금을 징수했다는 뜻이다. K가 연예 활동을 계속하게 하기 위해서 꼭 지불해야 하는 최소한의 소득은 아마도 5000만 원에서 1억 원 사이가 될 것이다. 이 금액을 초과한 부분이 지대다.

연예 기획사들이 그녀를 데려오려고 치열한 경쟁을 하기 때문에 그녀의 몸값이 그렇게 높아졌다고 하면, 만일 모든 기획사가 일치단결해서 대표를 선출한 다음 K와 단독으로 계약할 권리를 가지게 하고 그녀를 고용해서 번 돈은 서로 나누어 가지기로 굳게 약속하면 어떻게 될까? 대표가 그녀에게 연 8000만 원의 순소득을 제시했다고 하자. 이 제의를 받아들이지 않으면 K는 연예계를 영원히 떠나 다른 분야에 종사해야 한다. 만일 8000만 원이라도 받고 연예 활동을 계속하는 것이 더 낫다고 판단하고 그녀가 이 제의를 받아들인다면, 그녀가 과거에 받은 20억 원 중 8000만 원을 제외한 나머지 19억 2000만 원은 지대에 해당한다. 이 19억 2000만 원은 연예계가 일치단결했더라면 주지 않아도 될 돈인데, 서로 경쟁하다 보니 공연히 치르게 된 돈이다. 그렇게 많은 돈을 지불했다고 해서 K의 연예 서비스 공급이 증가하는 것도 아니다. 그러므로 이 경우 기획사들 사이의 경쟁은 소모적 경쟁이다.

지대추구는 이런 소모적(비생산적) 경쟁과 밀접한 관계가 있다. 지대추구의 성격을 좀 더 잘 이해하기 위해서 예를 또 하나 들어보자. 100억 원의 재산을 가진 어떤 노인에게 다섯 명의 아들이 있는데 오직 한 사람만이 유산을 받게 된다고 하자. 이들은 모두 100억 원의 유산을 받으려고 치열하게 경쟁한다. 부모의 환심을 사기 위해서 얼마나 많은 돈을 쓸 것인가 각자 고민할 것이다. 이들 모두 하나같이 미련해서 90억 원을 쓰더라도 100억 원을 따면 10억 원 수지맞는 장사라고 생각하고 각각 90억 원의 돈을 쓴다고 하자. 그렇지만 결국 그중 한 아들만 유산을 받는 데 성공한다. 유산을 받은 아들은 10억 원을 벌지만 나머지 자식들은 각각 90억 원을 날리게 된다. 결과적으로 보면 노인한테서 자식에게 100억 원의 돈이 단순히 이전되는 데 총 450억 원의 돈이 쓰인 셈이다. 경쟁에 쓰인 450억 원은 지대추구에 소모된 비용에 해당한다. 이 경우 경쟁으로 이룬 것은 아무것도 없다. 경쟁을 치열하게 했다고 해서 유산의 총액이 늘어나는 것도 아니다. 그러므로 유산을 둘러싼 경쟁은 소모적 경쟁일 뿐이다.

　만일 아들들이 좀 더 합리적이라면 상속받을 확률을 계산할 것이다. 아들이 다섯 명이므로 상속받을 확률은 5분의 1, 따라서 기대소득은 100억 원을 5로 나눈 20억 원이다. 그러므로 아들들이 합리적이라면 각자 20억 원 이상의 돈은 쓰지 않을 것이다. 그래서 각각 20억 원의 돈만 쓴다고 해도 결과적으로 자식에게 100억 원이 이전되는 데에 총 100억 원의 돈이 소모되는 셈이다. 지대소득은 100억 원인데 지대추구에 소모된 비용이 100억 원이다. 만일 아들들이 아주 현명하다면 주사위를 던져서 상속자를 미리 정하고 나서 다른 자식들은 떡고물이나 받기로 합의할 것이다. 그렇다면 상속받기 위해서 서로 경쟁할 필요도 없으니 100억 원의 돈이 고스란히 굳는다. 100억 원의 지대만 있고 지대추구에 소모된 비용은 없다. 100억 원을 잘 나누어 가진다면 모두 이익이다. 그런데도 일상생활에서 상속 싸움 얘기를 늘 듣게 된다.

지대추구 행위에서 말하는 지대의 개념은 경제학 교과서에 나오는 지대와 본질적으로 큰 차이가 없지만 형식상으로는 다른 면이 있다. 보통 경제학에서 말하는 지대는 대체로 시장에서 자연스럽게 발생하는 것이다. 예를 들면 빠른 기술 진보 덕분에 과거에는 버려졌던 희소 광물의 경제적 가치가 급속히 커지기도 한다. 공급이 한정된 희소 광물을 둘러싸고 시장에서 경쟁이 벌어지면서 광산이 떼돈을 번다. 이 떼돈 중 상당 부분이 시장에서 자연적으로 형성되는 지대다. 지대란 원래 토지와 결부된 개념이다. 토지의 공급은 자연적으로 고정되어 있지만, 토지를 둘러싼 시장의 경쟁 때문에 토지와 결부된 지대도 자연스럽게 발생한다.[11] 맛집으로 소문난 음식점이 텔레비전에 자주 소개되는데, 이들은 자신의 요리가 다른 음식점의 요리보다 더 맛있다는 점을 대중에게 인식시키는 데 성공함으로써 더 많은 돈(초과이윤)을 번다. 차별화에 성공했다는 것은 다른 음식점이 흉내 내지 못하는 맛을 개발했다는 의미이며, 이것으로 시장에서 어느 정도 독점적 지위를 누린다는 뜻이다. 그래서 이런 초과이윤도 지대의 성격을 띤다고 해서 경제학에서는 '준지대'라고 부른다. 보통 경제학에서 말하는 지대는 대체로 시장에서 자연스럽게 형성되는 독과점에 결부된 초과이윤을 의미한다.

그러나 신정치경제학 학자들이 말하는 지대는 주로 정경유착을 통해서 공급을 전략적으로 제한함으로써(달리 말하면 공급을 인위적으로 비탄력적이 되게 함으로써) 인위적으로 만들어진 일종의 특혜를 의미한다. 다시 말해 정치권과 결탁해서 '인위적으로 조작된 지대'라는 것이다. 아무리 카지노 사업이 돈벌이가 된다고 해도 아무나 카지노를 열 수 있는 것은 아니다. 정부가 발급하는 면허를 따야 한다. 정치권과 줄이 닿아서 면허를 딴 소수의 사람들만 카지노를 열 수 있으므로 이들은 독점적 지위를 획득하게 된다. 이 독점적 지위를 이용하여 획득한 소득은 공급이 제한된 상태에서 번 것이므로 지대의 성격을 띤다.

정부 주도의 고도 경제 성장을 이룩한 우리나라의 경우 사업 진출권, 금융의 여신관리, 세제 등을 정부가 주도하였으며 대기업 위주의 성장 정책은 자연히 각종 진입 규제를 낳았다. 중화학 공업뿐만 아니라 골프장, 카지노, 금융기관, 학교, 병원 등 많은 사업의 설립과 관련하여 정부가 인허가권을 틀어쥐고 있다. 신정치경제학 학자들이 볼 때 이런 상황이 풍부한 지대추구의 기회를 낳는다.[12] 기밀비, 접대비, 비자금, 고위층과의 밀착, 방대한 정치 자금 등은 지대추구의 간접적 증거다.

| 보이지 않는 발 |

지대란 공급이 한정되어 있거나 잘 늘어나지 않는 경우(비탄력적인 경우)에 발생하는 소득이라고 설명하였는데, 정부는 공권력을 이용하여 공급을 제한함으로써 인위적으로 지대를 만들어낼 수 있는 위치에 있다. 인위적 지대를 가장 효과적으로 창출하는 방법은 생산량을 제한하는 법이나 생산 활동에 대한 인허가 제도를 제정하는 것이다. 그런 법 제정을 누가 주도하는가? 1장에서 소개한 스티글러에 따르면 정치적 영향력을 가진 업계요, 이들의 앞잡이 노릇을 하는 로비스트다. 이들은 공급을 제한하는 법과 규제를 제정하도록 정치권을 압박해 지대가 고이게 만든 다음 이것을 빨아 먹는다. 물론 지대추구를 둘러싸고 기업들이 치열하게 경쟁하지만 법과 규제에 의해서 공급량이 제한되므로 그런 경쟁은 생산을 확대하지 못한 채 지대만 크게 올릴 뿐이다. 따라서 이 경우도 소모적 경쟁이다.

사실 이런 소모적 경쟁으로 인한 사회적 폐해는 경제학의 창시자 애덤 스미스도 200여 년 전에 이미 심히 우려한 문제다. 흔히 경제학자들은 시장 메커니즘의 최대 장점으로 경쟁을 통한 개선이나 발전을 꼽는다. 돈을 좀 더 벌어보려는 욕심으로 생산자들이 서로 경쟁하다 보면 '보이지 않는 손'에 의해서 결국은 국민 모두에게 이로운 결과가 온다는 주장이 『국부론』의 핵심 주제라고 말한다. 그러나 시장에는 이런 '보이지 않는 손'도 작용하지만 여기에 반하는 힘도 작용한다고 애덤 스미스는 『국부론』에서 분명히 지적하고 있다. 사업하는 사람들은 모이기만 하면 으레 음모와 담합을 일삼는다는 말이 『국부론』에 나온다. 기업이 생리적으로 경쟁을 싫어한다는 사실을 애덤 스미스도 분명히 알고 있었다. 그의 이런 생각이 이어 내려오면서 털럭보다 훨씬 이전부터 사실상 지대추구 이론으로 발전했다.[13] '지대추구'라는 용어를 처음으로 사용했다는 앤 크루거(Anne O. Krueger) 역시 독과점에서 오는 이익이 충분히 클 경우 개별 기업들은 무슨 수를 써서라도 경쟁을 회피하려고 노력하는데 이런 노력이 지대추구로 이어진다는 결론에 이른다. 사실 기업뿐만 아니라 보통 사람들도 가능하면 경쟁하지 않으려고 한다. 경쟁은 끊임없이 스트레스를 주며 사람을 피곤하게 하고 건강을 해친다. 경쟁하지 않고 돈을 벌 수 있다면 어떻게 해서든 경쟁하지 않으려 하는 것이 기업의 생리다. 경쟁을 하지 않고 큰돈을 만지는 아주 좋은 방법은 정부와 정치권에 기대서 독점적 특혜를 따내거나 경쟁자를 따돌리는 것이다. 애덤 스미스가 이상적으로 생각하였던 자유방임주의는 기대와 달리 늘 거대 독점을 탄생시켰다.[14]

이와 같이 경쟁을 회피하려는 강한 유혹에 따라 지대를 획득하기 위해서 열심히 뛰는 현상을 어느 학자는 "보이지 않는 발"로 표현하였다.[15] 경제학의 성서인 『국부론』에서 정통 경제학자들은 '보이지 않는 손'만 읽었지 '보이지 않는 발'은 제대로 읽지 못했다. 보이지 않는 손과 보이지 않는 발이 모두 작동하는 것이 우리의 엄연한 현실이다. 보이지 않는 손은 바람직하지만 신속하지 못하다는 치명적 약점이 있다. 경제학자들은 이 점을 간과한다. 반면 보이지 않는 발은 열심히 뛰고 신속하며 끈질기다. 우리 현실에서 지대추구가 다반사로 일어나면서 잘 없어지지 않는 이유는 보이지 않는 손의 위세가 보이지 않는 발의 부지런함과 신속함을 따라가지 못하기 때문이다. 장사꾼은 돈 냄새를 귀신같이 맡는다고 하는데, 지대추구자에 관해서는 다음과 같은 지대추구 철칙이 있다. "지대가 발생하게 되어 있는 곳은 어디든 그 지대를 취득하려는 지대추구자가 존재하기 마련이다."[16]

국민을 위해 아무것도 새로이 생산하지 않으면서 소모적 경쟁에 자원을 소모하는 것, 그것도 정부에서 오는 이권을 둘러싼 소모적 경쟁에 자원을 소모하는 것, 바로 이것이 지대추구 이론이 문제 삼는 핵심 내용이다. 국민 전체에 봉사하고 공익을 실현해야 하는 정부와 정치가가 한 나라에서 대규모로 벌어지는 지대추구의 중심에 있다는 사실은 신정치경제학 학자들뿐만 아니라 보통 사람들에게도 개탄할 일이다. 세월호 참사가 엄청난 국민적 공분을 산 이유도 지대추구를 둘러싼 부정부패와 비리였다.

이렇게 보면 경쟁이라는 것이 항상 좋은 것만은 아니라는 사실을 알 수 있다. 그러나 시장주의 성향이 강한 경제학자들이나 정치경제 학자들은 정부의 개입이 최소화되는 자유방임 시장에서는 생산적인 경쟁이 이루어진다고 주장한다. 그러나 경쟁이 우월한 기업과 그렇지 못한 기업을 가리기 위한 것이라면, 경쟁은 필연적으로 승자와 패자를 낳는다. 승자는 점점 더 커지고 강해지면서 결국 독과점 기업이 된다. 그러므로 독과점 기업의 증가는 정부의 개입이 없는 자유방임 시장의 당연하고도 자연스런 귀결이자 역사적 사실이기도 하다. 경제학자들이 독과점을 그토록 지탄하지만 현실 시장에서는 독과점이 줄어들기는커녕 날로 늘어가고 있다. 우리나라에서 대기업이 경제에서 차지하는 비중이 급속도로 커지고 있지 않은가? 독과점의 증가는 우리나라와 선진국에서 빈부격차를 날로 크게 하는 중요한 요인이 되기도 한다.

요컨대 정부 개입이 없는 자유방임 시장에서도 대기업과 독과점 기업은 늘어나기 마련이라는 것이다. 기업의 독과점화와 거대화는 경제력이 커진다는 의미다. 이 경제력을 바탕으로 대기업과 독과점 기업은 정치권과 결탁하기 시작한다. 스티글러는 우리에게 이 점을 분명하게 얘기해주고 있다. 정부의 규제는 업계가 요구하고 업계가 주무르는 정부 특혜의 묶음에 불과하며, 따라서 규제는 이익집단의 이익을 위해서 존재한다고 그는 단언한다.[17] 경제학적으로 말하면 업계는 '정부 규제'를 구매하고 그 대가로 정치권에 각종 '정치 자금'을 공여한다는 것이다. 신정치경제학 학자들이 묘사하는 정치 세계는 이처럼 이익집단과 정치권이 서로 주고받는 상생의 세계다. 이러한 시각이 스티글러 이후 발전한 규제 이론과 딱 맞아 떨어지면서 신정치경제학 학자들의 독특한 지대추구 이론으로 발전하였다. 정부의 규제와 인허가가 보이지 않는 발의 지대추구를 유발하기 때문에 정부 규제에 관한 1970년대의 풍성한 연구들이 지대추구 이론의 개발에 크게 기여한 것은 당연하다.

급증하는 이익단체와 정치권의 상생 관계에 신정치경제학이 주목하는 큰 이유는 이것이 결국 정부 재정 지출 증가, 나아가서 공공부문 팽창의 주된 요인이요, 큰 규모의 예산 낭비를 초래하는 요인이 된다고 보기 때문이다. 예산 극대화를 추구하는 관료는 정부의 서비스 공급이 공익에 따라 결정되기보다는 이익집단에 의해서 결정되도록 허용하고, 정치가들이 이것을 묵인함으로써 이익집단에게 막대한 지대소득을 안긴다. 결국 관료의 예산 극대화 추구, 이익집단의 지대추구, 정치권의 득표 극대화 추구가 맞물리면서 정부의 실패를 초래하는 데 상승작용을 한다는 것이다.[18] 정치에 관해 무지하고 무관심한 많은 일반 국민이 그런 상승작용을 더욱 더 부채질한다. 일반 국민 중

정치에 관심 있는 약삭빠른 사람들은 선거에 참여하는 대신 임금 인상이나 관세 부과, 수입 금지, 보조금 지급, 진입 제한 등 자신의 이익을 가장 잘 대변하는 목소리 큰 이익단체에 가입하려는 경향이 나타나면서 이익단체들이 더욱 더 성공적으로 활동할 수 있는 풍토가 조성된다.[19]

2. 고전적 지대추구 이론

| 하버거의 삼각형만 쳐다보는 정통 경제학 |

경제학 교과서마다 독과점을 넓은 의미의 시장의 실패로 취급하고, 경제학자는 누구나 독과점을 심각한 문제라고 생각한다. 다만 어느 정도로 심각하게 생각하는지는 학자에 따라 다르다. 경제학 교과서에 나오는 독점의 전형적인 특징은 공급량을 의도적으로 줄임으로써 가격을 높여서 독점이윤을 착복한다는 것이다. 그러나 엄밀히 말하면 도둑이 물건을 훔쳤다고 해서 그 물건이 이 세상에서 없어지는 것이 아니듯이 독점이윤 역시 단순한 이전소득일 뿐 없어지는 것은 아니다. 즉 독점이윤의 취득은 소비자의 손에 있었던 것(경제학자들이 말하는 이른바 '소비자 잉여'의 일부)이 독점 기업의 손으로 옮겨간 것에 불과하므로 그 자체는 경제학적으로 무익무해하다는 것이다.

그렇다면 무엇이 문제인가? 독점화되면 자유경쟁의 경우에 비해서 시장에 공급되는 양이 줄어들고 가격이 인상되기 때문에 소비자의 복지도 감소한다. 경제학은 이런 생산량 감축에서 오는 복지 감소만 사회적 손실로 간주한다. 경제학 원론 교과서는 흔히 이 사회적 손실의 크기를 '하버거의 삼각형'이라고 불리는 조그마한 삼각형으로 나타낸다. 문제는 삼각형으로 나타낸 이 사회적 손실을 경제학자들은 '새 발의 피'로 생각한다는 것이다. 사회적 손실의 크기는 독점 가격이 얼마나 높은지에 달려 있다. 독점 가격은 경쟁 가격보다 8퍼센트 정도밖에 높지 않다는 추정치가 나왔고, 이어서 독점으로 인한 사회적 손실의 총액이 국내총생산의 1퍼센트도 채 되지 않는다는 주장이 나왔다.[20] 이 수치가 맞다면 정말 '새 발의 피'인 것처럼 보인다. 이런 추정치가 나오자 독과점을 관대하게 보는 분위기가 경제학계에 퍼지기 시작하였다. 이 분위기를 타고 재벌을 은근히 옹호하는 경제학자들이 등장하였으며, 우리나라에서는 이들이 업계의 대환영을 받고 있다.

지대 이론을 펴는 정치경제학자들은 독과점에 관대한 정통 경제학자들의 태도에 제동을 걸려고 했다. 앞장선 학자가 털럭이다. 지대추구 이론의 선구자 털럭은 정통 경제학자들이 독과점의 사회적 손실을 과소평가하고 있다는 비판을 시작으로 공격의 포문을 열었다. 마치 절도 행각 과정에 소모된 물적, 인적 자원도 사회적 손실이듯 독과점 기업이 독점이윤을 취득하려고 열심히 발로 뛰는 과정에서 소모한 물적, 인적 자원도 엄연히 사회적 손실이다. 그럼에도 불구하고 정통 경제학자들은 이런 측면을 제대로 짚지 못했다.[21] 독과점이 순전히 시장의 힘에 의해서 자연스럽게 형성된 것이라면 정통 경제학자들의 말이 어느 정도 맞을지도 모른다. 그러나 현실에서는 정치권과 결탁한 독과점이 극성을 부리고 있고, 신정치경제학 학자들이 문제 삼는 것은 바로 이런 독과점이다. 물론 시장에서 자연스럽게 형성된 독과점 기업이라고 해서 문제가 없다는 것은 아니다. 이런 기업들도 자신의 독점적 지위를 계속 유지하려면 새로운 기업의 진입을 막아야 하며, 그러기 위해서 정치권과 결탁해야 하고 돈을 뿌려야 한다.

기업이 독점이윤을 취득하거나 유지하기 위해서 백방으로 열심히 뛰는 과정에서 많은 자원을 소모하며 생기는 사회적 손실의 크기는 아마도 상황에 따라 다를 것이다. 털럭이 가장 전형적이라고 본 상황부터 살펴보자. 예를 들어서 1000억 원에 이르는 독점이윤을 노리고 다섯 개의 대기업이 뛴다고 하자. 이 경쟁에서 승리할 확률을 5분의 1이라고 생각하면 기대이익은 1000억 원을 5로 나눈 200억 원이다. 따라서 합리적이라면 각 대기업은 독점이윤을 획득하기 위해서 200억 원의 돈을 쓸 것이다. 그러나 경쟁 결과 한 기업만 독점이윤을 차지하고 나머지는 돈만 날리게 된다. 다섯 기업 전체의 입장에서 보면 결과적으로 1000억 원의 지대를 따기 위해서 총 1000억 원의 돈을 공연히 쓴 꼴이다. 다시 말해 1000억 원의 독점이윤을 얻기 위해서 1000억 원의 돈이 지대추구 비용으로 탕진되어버린다는 것이다. 국민경제 전체의 입장에서 보면 독점이윤이 지대추구 비용으로 흩어져 없어진다고 해서 '완전소산(exact dissipation)'이라는 말을 쓴다. 완전소산의 경우 지대추구로 인한 사회적 손실의 크기는 독점이윤의 크기와 같아진다. 경제학 교과서는 이 독점이윤의 크기를 사각형(가격인상분×공급량)으로 나타내고 있다. 그렇다면 결국 정치권과 결탁한 독점이윤 추구의 사회적 총 손실은 하버거의 삼각형에 독점이윤(=지대추구 비용)까지 합친 만큼이 된다. 즉 독점이윤의 크기를 나타내는 사각형에 하버거의 삼각형을 합친 사다리꼴의 크기에 해당한다. 흔히 "털럭의 사다리꼴"이라고 부르기도 하는 이 사다리꼴의 극히 일부에 불과한 하버거의 삼각형만 쳐다보는 정통 경제학자는 독과점의 사회적 손실을 크게 과소평가할 수밖에 없다.

많은 경우 비용에서 가장 큰 부분을 차지하는 것은 인건비다. 지대추구 비용도 예외가 아니다. 지대추구 비용 중 털럭이 특히 주목하는 부분은 고급 인력이다. 미국 수도권에 거주하는 정치경제학자들이 대개 그렇듯 털럭 역시 많은 로비스트와 개인적으로 잘 알고 지냈다. 의회를 통해 영향력을 행사하는 로비스트들은 "매우 똑똑하고 야심에 차 있으며 …… 지대추구에 종사하지 않았더라면 다른 일로도 많은 돈을 벌 수 있는 재능 있는 사람들"이라고 털럭은 술회한다.[22] 국민경제에 아무런 보탬이 되지 않는 일(지대추구)을 하느라 능력 있는 인재들이 썩고 있다는 점을 털럭은 몹시 안타까워했다. 지대추구는 또한 형평성 면에서도 문제다. 성공적인 정경유착이 엄청난 규모의 지대를 특정 기업, 특히 대기업에 안기기 때문이다. 그러므로 권력, 특혜, 조직 비용의 차이 등이 존재하는 현실 세계에서 지대추구는 소득분배의 형평성을 더욱 더 악화시킬 가능성이 높다.[23]

털럭은 지대가 완전소산 되는 경우만 주로 생각했다. 그러나 지대추구로 인한 사회적 손실이 털럭의 사다리꼴보다 훨씬 더 클 수도 있다. 복권의 경우를 생각해보자. 총 복권 판매액은 복권 당첨 상금의 총액보다 훨씬 더 크다. 털럭의 말대로 만일 복권에 당첨될 확률을 사람들이 정확하게 계산하고 이 확률에 따라 기대이익을 추정한 다음 기대이익만큼만 복권 구매에 돈을 지출한다면 아마도 총 복권 판매액이 복권 당첨 상금보다 훨씬 더 커지는 일은 벌어지지 않을지도 모른다. 총 복권 판매액이 복권 당첨 상금보다 훨씬 더 커지는 한 가지 이유는 사람들이 복권에 당첨될 확률을 터무니없이 높게 잡기 때문이다. 이런 일이 지대추구에서도 일어나지 말라는 법은 없다고 털럭은 말한다. 1000억 원에 상당하는 독점이윤을 노리고 다섯 명의 지대추구자들이 경쟁하는데, 이들 모두 투기적 성향이 있어서 자신이 승리할 확률을 5분의 1보다 훨씬 더 높게 잡는다고 하자. 이를테면 그 확률을 5분의 2로 생각한다고 하자. 그러면 각자의 기대이익은 400억 원이 되고, 따라서 각자 400억 원까지 지대추구에 투입한다. 지대추구자 전체로 보면 1000억 원의 지대를 따기 위해서 2000억 원의 돈을 쓰는 꼴이다. 이런 경우에 '과다소산(over dissipation)'이라는 말을 쓴다. 과다소산은 지대추구자들이 너무 투기적이거나 왜곡된 정보를 받아서 과잉 경쟁하는 경우에 발생한다. 주인-대리인 관계가 있을 때에도 과다소산이 일어난다고 한다. 기업주의 위임을 받아 대리인들이 지대추구를 하는 경우 이들은 대체로 모험 지향성이 강해서 지대추구에 지나치게 많은 돈을 쓰는 경향이 있다.[24]

| 기득권 수호와 사회적 손실 |

일단 지대추구자들이 독점권을 획득하면 이것을 유지하기 위해서 계속 정치권과 결탁하면서 자원을 소모하는 경우가 많다. 예를 들어 잠재적 경쟁자의 진출을 차단하거나, 이미 획득된 독점권과 결부된 상품에 세금이 부과되는 것을 은밀히 방해하거나, 기득권을 정당화하는 홍보에 많은 돈을 쓴다. 모두 지대 방어에 포함된다고 할 수 있다. 지대 추구의 승자는 잠재적 경쟁자보다 우위에 서서 정치적 영향력을 행사한다. 이들은 정치적 특혜를 둘러싼 미래의 게임 규칙을 자신에게 유리하게 바꾸려는 강한 인센티브를 가지면서 으레 각종 이익단체를 만든다. 대기업의 모임인 전경련이 그런 예다. 이렇게 지대추구자들이 기득권을 수호하는 과정에서 소모된 비용을 '지대 방어 비용' 혹은 '지대 회피(rent avoidance) 비용'이라고 부른다. 지대 방어 비용까지 포함하면 지대추구로 인한 사회적 비용은 털럭의 사다리꼴보다 훨씬 더 커지게 된다. 이 경우에도 과다소산이 일어났다고 말할 수 있다.

그러면 그 크기는 구체적으로 어느 정도일까? 한 연구에 의하면 미국에서 지대추구 행위로 발생하는 사회적 비용은 세계 대부분 국가의 GNP보다 크다는 추산이 나왔다. 아마도 다른 나라에서도 지대추구에서 오는 사회적 손실은 상상 외로 클 것이다. 우리나라의 경우 공식적인 추정치는 없지만 상당한 규모에 이를 것이라는 심증은 굳다. 한국이나 중국, 일본에서도 옛날부터 고위 관료가 되거나 정부와 긴밀한 관계를 맺는 것이 출세의 지름길이었다. 그동안 터져 나온 수많은 비리 사건은 사회 엘리트들이 새로운 가치를 창조하기보다는 지대추구 행위를 자행했다는 사실을 여실히 보여준다. '물 좋은 자리'를 둘러싼 추문은 익히 듣는 일이다. 뇌물을 받는 관직을 얻기 위한 치열한 경쟁에 소요된 자원도 지대추구의 사회적 손실의 일부로 보아야 할 것이다. 털럭은 이렇게 말한다.

필자는 지대추구가 매우 바람직하지 못할 뿐 아니라 비극적인 일이라고 생각한다. 지대추구 행위로 얻는 이윤은 세상에 상처를 입힘으로써 얻는 것이다. 그런 행위는 물론 범죄가 아니고 그것을 범죄로 규정하는 법을 통과시키기도 거의 불가능할 것이다. 그러나 그 행위는 다른 어떤 범죄보다도 더 사회에 악영향을 끼친다.[25]

털럭의 이런 생각에 동조하는 소위 버지니아 학파의 지대추구 이론을 흔히 고전적 지대추구 이론이라고 부른다. 고전적 지대추구 이론의 핵심 메시지는 다음 두 가지로 정리된다.[26] 첫째, 사회 구성원 개인들이 합리적으로 행동한다고 해서 그 결과가 사회적으로도 합리적이지는 않다. 신정치경제학 학자들은 지대추구자들이 비합리적으로 행동한다고 보지 않는다. 지대추구자 각자는 합리적으로 자신의 이익을 추구하지만, 그 결과는 사회적 낭비를 낳으므로 사회적으로는 비합리적이라는 것이다. 둘째, 지대추구 행위는 정부 재정 지출의 팽창과 밀접한 관계가 있다. 지대추구자들이 관료와 짜고 경제성 없는 공공사업을 추진함으로써 예산 낭비를 초래하는 사례가 비일비재하다. 무리하게 추진한 대형 도로 건설 사업이 사후적으로 경제성이 없다고 판명되면서 사회적 물의를 일으킨 적이 한두 번이 아니다. 이명박 정부의 4대강 사업에 제기된 의혹 중 하나는 굵직한 토목회사들과 정권 사이의 야합이었다. 이런 야합이 잦아지면서 우리나라는 '토목 국가'라는 말도 나왔다.

신정치경제학 학자들은 최소국가의 제약을 넘어 정부가 시장 메커니즘에 인위적으로 개입하는 정치 풍토가 지대를 낳는다고 주장한다. 이 지대는 자동 소멸되지 않는다. 지대추구로 인한 사회적 손실을 최소화하는 근원적인 대책은 정부를 최소국가로 제약하는 것이라고 신정치경제학 학자들은 입을 모은다.

| 고전적 지대추구 이론을 보는 다양한 시각 |

고전적 지대추구 이론에 관해 여러 비판이 제기되었다. 그중 하나는 지대추구의 사회적 손실에 관해 털럭이 제시한 척도, 예컨대 털럭의 사다리꼴이 과연 정확한 척도인가이다. 만일 지대추구자들이 지나치게 모험 기피적인 성향을 띤다면 지대추구의 성공률을 낮게 잡을 것이므로 지대추구에 많은 돈을 쓰지 않을 수도 있다. 그러나 고전적 지대추구 이론가들은 장기적으로 지대추구자들이 비교적 정확한 정보에 입각하여 지대추구 행위를 수행할 것이므로 이럴 가능성은 낮다고 본다.[27] 지대추구 비용을 몽땅 사회적 낭비로 간주하는 털럭의 견해에도 이의가 제기되었다. 지대추구 비용의 구체적 내용을 살펴보아야 한다는 것이다. 예를 들어서 관료들이 이익단체에게 받은 뇌물을 생산적인 용도로 사용할 수도 있는데 이 경우에도 지대추구 비용이 전부 사회적 낭비라고 볼 수 있는가? 그러나 이런 반론은 뇌물이 관료들을 더욱 더 부패하게 만들어서 결과적으로 사회 전체의 지대추구 행위의 총량을 크게 증가시킬 수 있다는 점을 간과하고 있다. 지대추구자만 날뛴다고 해서 지대추구 현상이 일어나는 것이 아니다. 관료와 정치가 들이 지대추구자들의 요구에 적극 호응해야 하는데, 이들의 호응 정도는 자신에게 얼마나 많은 떡고물이 떨어지느냐에 달려 있다. 떡고물이 클수록 지대추구자를 지원할 인센티브가 그만큼 커질 것이며, 결과적으로 지대추구의 미끼가 될 독점권이나 규제 등을 고안하고 남발할 가능성이 높다. 그러면 결과적으로 사회 전체의 지대추구 건수가 많아지면서 사회적 손실의 총액은 오히려 더 커질 수도 있다.

활동 목적이 상이한 이익단체 사이의 다툼도 지대추구의 사회적 손실을 측정하기 매우 어렵게 만든다. 예를 들어 독과점에 대한 소비자 보호 단체의 강력한 반발이 지대추구 활동에 제약이 될 수 있다.[28] 미국의 경우 소비자 보호 운동이 지대추구를 막는 매우 효과적인 방법이라는 주장이 제기되고 있다.[29] 그러나 기업들은 방대한 자금을 바탕으로 조직적으로 지대추구 활동을 벌이는 데 반해 대체로 소비자들(혹은 시민단체들)은 그렇지 못하기 때문에 소비자 보호 운동의 효과는 제한적일 수밖에 없다는 주장도 만만치 않다.[30]

고전적 지대추구 이론은 지대추구가 사회적으로 이익이 될 가능성을 고려하지 않았다는 비판도 제기되었다. 예를 하나 들어보자. 경제학자들이 보기에 대부분 관세 부과는 인위적으로 상품의 가격을 왜곡해서 사회복지를 떨어뜨리는 효과를 낳는다. 그렇다면 왜곡성 관세가 철폐될 경우 이익을 보는 업자들, 이를테면 외국의 값싼 원료를 들여와서 저가 상품을 대량 공급하면 큰 독점이윤을 챙길 수 있다고 생각하는 업자들이 벌이는 관세 철폐 운동도 나쁘다고 보아야 하는지 묻지 않을 수 없다. 요컨대 왜곡을 유발하는 지대추구가 있는가 하면 이미 존재하는 왜곡을 시정하기 위한 지대추구가 있는데, 대체로 고

전적 지대추구 이론은 이를 구분하지 않은 채 왜곡을 유발하는 지대추구 행위에만 집착하는 경향이 있다는 것이다. 이런 비판을 받아들인다면 고전적 지대추구 이론이 말하는 지대추구 행위란 경제 왜곡에 따른 이득을 얻기 위하여 사회적 비용을 치르며 경쟁하는 행위로 한정해서 이해해야 할 것이다.

비록 거센 도전을 받고 있지만 고전적 지대추구 이론이 우리에게 현실을 보는 새로운 통찰력을 제공하였다는 것만은 분명하다. 지대추구 이론을 펴는 신정치경제학 학자들은 이 이론이 단순한 공리공담이 아닌 현실적인 이론이라고 강조한다. 지대추구는 신문 1면을 매일같이 장식하는 문제다. 그뿐 아니라 지대추구 이론에 관한 과학적, 경험적 증거 역시 점점 더 확고해지고 있다고 이들은 자평한다.[31] 신정치경제학 학자들은 지대추구 이론을 바탕으로 국민들에게 정부가 결코 공짜가 아니라는 사실을 분명하게 알아달라고 간곡히 당부한다. 지난 반세기 미국을 비롯한 선진국에서 이익집단이 급증한 현상에 관해 기존 이론은 공중도덕의 전반적 쇠퇴에서 그 원인을 찾았다. 신정치경제학 학자들은 이익집단의 활동이 정치적 결탁으로부터 얻는 '이윤'의 함수라는 가설로 맞섰다.[32] 이 새로운 가설에 의하면 이익단체의 영향력 증대는 정부의 규모 내지는 공공부문의 규모와 밀접한 관계가 있다. 물론 옛날에도 이익단체는 있었다. 그렇지만 그 수나 영향력에는 한계가 있었다. 공공부문이 워낙 왜소해서 이익단체가 달려들어 뜯어먹을 거리가 별로 많지 않았기 때문이다. 그러나 공공부문이 점차 비대해지면서 정부의 특혜성 영향력도 자연히 커지기 마련이고, 따라서 이익집단의 규모나 수도 늘어나게 된다.

신정치경제학 학자들은 이 역도 성립한다는 사실을 밝혀냈다. 즉 이익집단의 규모나 수가 늘어나면 공공부문도 커진다는 것이다. 이익집단은 정부의 특혜가 존재하게 만드는 탁월한 능력이 있기 때문이다. 신정치경제학 학자들이 집중 조명한 지대추구 행위는 이 둘 사이의 연결고리다. 이 연결고리를 매개로 이익집단과 공공부문 사이에 일종의 악순환이 성립한다. 이런 악순환을 타고 공공부문이 끝없이 팽창하여 오늘날 선진국에서는 국민경제의 거의 절반을 차지하기에 이르렀다. 이익집단이 압력 단체화하여 정치적 의사결정 과정의 일부가 되었다는 점을 신정치경제학 학자들은 크게 우려하고 있다. 2008년 미국 금융시장 붕괴가 금융권의 큰손들과 정치권의 결탁에서 비롯되었다는 사실은 이미 잘 알려져 있다. 세월호 대참사 역시 업계와 퇴직관료 집단 사이의 유착관계가 작용하여 낳은 결과라는 사실이 언론을 통해서 많이 알려졌다.

지대 이론을 펴는 신정치경제학 학자들은 우리의 현실을 직시하는 이론의 필요성을 강조한다. 현대 경제학은 현실 정책과 별 관계없는 분석 기법의 정교화와 수학화에 집착한 결과 공리공담에나 몰두하고 있다는 비판이 거세다. 이런 경향은 경제학이 일반 대중과 멀어지게 하고, 그 참뜻을 이해하지 못하는 기술자의 학문으로 전락시키고 있다. 이제 경제학은 털럭이 우리에게 제공한 것처럼 참신한 통찰력을 필요로 하는데, 지대추구 이론은 그런 통찰력의 한 결과라는 평가를 받고 있다.[33]

9장

조세라는 악마 또는 천사

1. 조세를 보는 새로운 시각

| 덜 악한 악마 찾기 |

이제까지 살펴본 주인-대리인 문제, 정치가의 사익 추구, 관료의 예산 극대화, 경제력을 업은 이익단체의 지대추구 등이 한편으로는 정부의 과도한 조세 징수로, 다른 한편으로는 방만한 재정 지출로 구체화되면서 정부 및 공공부문의 비대화를 낳는다는 것이 신정치경제학 학자들의 일관된 주장이다. 이들은 조세 징수와 재정 지출에 관해서도 독특한 견해를 편다. 물론 이들의 주장이 주로 거대 정부에 대한 우려에서 나온 것이라서 조세부담률(조세 수입이 GDP에서 차지하는 비중)이 주요 선진국에 비해서 현저하게 낮은 우리나라에는 적합하지 않다고 말할 수도 있지만, 바람직한 조세 제도에 관한 이들의 주장은 우리도 귀담아 들을 필요가 있다.

이 세상에 확실한 것은 죽음과 세금뿐이라는 말이 있다. 죽음에 견줄 정도로 세금은 피하고 싶은 것이다. 그러나 정부를 '자비로운 독재자' 혹은 공익을 구현하는 존재로 보는 기존의 경제학, 특히 케인스 경제학의 시각에서 보면 조세는 필요악이다. 이 말은 비록 조세가 나쁘기는 하지만 국민에게 더 큰 혜택을 제공하려면 불가피하다는 뜻을 담고 있다. 경제 전체의 시각에서 엄밀하게 말하면 조세 그 자체가 나쁜 것은 아니다. 정부가 국민에게 봉사하기 위해서 세금을 걷는다고 하면, 징수된 세금은 국민의 손에서 정부의 손으로 넘어갔다가 다시 국민의 손으로 돌아오게 되어 있다.

그렇다면 무엇이 문제인가? 조세 징수는 정부의 손에 돈을 쥐어주는 효과뿐만 아니라 여기에 더해서 경제 활동을 위축시키는 효과를 수반한다. 맥주에 세금을 부과하면 맥주 생산이 감소하면서 가격이 올라가서 맥주 소비가 위축되고, 청바지에 세금을 부과하면 청바지 생산이 감소하며 가격이 올라서 청바지 소비가 위축되며, 가전제품에 세금을 부과하면 가전제품 생산이 줄어들고 가격이 오르면서 가전제품 소비도 위축된다. 생산과 소비가 감소하면 그만큼 국민의 복지도 감소한다. 이것이 경제학자들이 말하는 조세 부과의 사회적 손실이다. 국민 입장에서 보면 이런 사회적 손실은 정부에게 바치는 납세액에 추가해서 당하는 손실이다. 예를 들어 국민이 정부에게 1000억 원의 세금을 바치는 과정에서 맥주, 청바지, 가전제품의 생산이 감소해서 100억 원의 사회적 손실이 발생하였다고 하자. 국민 입장에서는 일단 총 1100억 원의 손실을 입는 셈이다. 설령 정부가 1000억 원의 세금을 걷었다가 다시 국민에게 고스란히 되돌려준다고 해도 국민은 이미 100억 원에 해당하는 손해를 보는 셈이다. 이때 100억 원은 납세액 1000억 원을 초과해서 추가로 부담하는 손실이라고 해서 '초과부담'이라고 부른다. 다시 말해서 초과부담이란 조세 부과가 생산 및 소비를 위축시켜 야기되는 사회적 손실이다.

조세 얘기만 나오면 경제학자들은 으레 세금이 경제 행위를 왜곡해서 필연적으로 사회적 손실을 초래한다는 말을 한다. 경제학 원론 교과서마다 이런 말이 널려 있다. 여기에서 '왜곡한다.'는 말은 무슨 뜻일까? 조세가 부과되면 납세자는 생산을 줄이거나, 소비를 줄이거나, 탈세를 하는 등 조세 부담을 줄이기 위해서 어떤 식으로든 대응한다. 그러므로 조세가 부과되지 않은 정상적 상황에서 볼 수 없는 행위를 하게 되니 경제 행위가 왜곡된다는 것이다. 초과부담이란 이처럼 경제 행위가 왜곡되면서 발생하는 사회적 손실이다. 조세 부과가 납세자들의 경제 행위에 아무런 영향을 주지 않는다고 하면 초과부담도 발생하지 않을 것이다. 그래서 초과부담을 수반하는 조세를 '왜곡적 조세', 그렇지 않은 조세를 '중립적 조세'라고 구분하기도 한다. 그렇지만 중립적 조세란 이론적으로만 존재하지 현실적으로는 존재하지 않는다는 것이 경제학자들(재정학자들)의 주장이다.

그렇다면 초과부담의 크기는 어느 정도일까? 조세의 부과는 상품의 가격을 밀어올리고 생산량(공급량)을 줄이기 때문에 조세 부과로 생기는 사회적 손실은 앞서 설명한 독점의 사회적 손실과 내용상 같고, 그 크기 역시 같은 방법으로 설명된다. 경제학자들은 조세 부과로 인한 초과부담의 크기도 하버거의 삼각형을 그려서 설명한다. 만일 세율을 두 배로 올리면 직각을 낀 삼각형의 두 변의 길이가 두 배로 늘어나면서 삼각형의 넓이는 네 배로 늘어난다. 세금은 두 배로 늘었는데 초과부담은 네 배로 커진다. 일반적으로 정부가 세율을 높이면 초과부담은 세율의 증가율보다 훨씬 더 빠른 속도로 증가한다. 그렇기 때문에 특히 신정치경제학 학자들은 세금 인상에 매우 강한 거부감을 보이며, 여기에 업계가 동조한다.

이처럼 조세가 사회적 손실을 가져온다면 국민은 왜 세금을 내는가? 정부가 국민에게 걷은 세금을 진정으로 국민을 위해서 잘 쓴다고 하면 초과부담을 상쇄하고도 남을 만큼 충분히 큰 혜택이 국민에게 돌아간다고 믿기 때문이다. 예를 들어 정부가 1000억 원의 세금을 걷어간 결과 100억 원에 상당한 초과부담이 발생하였다고 하더라도 그 돈으로 공공재 및 준공공재를 효과적으로 생산한 결과 150억 원어치의 추가 혜택을 국민에게 안겨주었다고 하면 결국 100억 원어치의 초과부담을 빼고도 50억 원의 순이익이 국민에게 돌아간다. 그렇다면 국민은 세금을 낸 보람을 느낄 것이다. 그러나 설령 그렇다고 해도 이미 발생한 초과부담이 사라져 없어지는 것은 아니다. 다만 상쇄될 뿐이다. 100억 원의 초과부담이 이미 있었고, 이어서 150억 원의 사회적 이익이 뒤따랐을 뿐이다.

문제는 초과부담을 상쇄하고도 남을 만큼 정부가 국민의 돈을 잘 쓴다는 보장이 있느냐 하는 것이다. 신정치경제학 학자들은 그런 보장이 전혀 없다고 단언한다. 정치가와 정부가 국민의 세금을 곶감 빼먹듯 자기 이익을 위해서 함부로 쓴다면 어떻게 할 것인가? 정부는 예산을 최대한 확보하려는 속성이 있다. 그래서 정부는 꼭 필요한 수준을 크게 초과한 예산을 짜고 이 예산을 집행하기 위해서 가능하면 많은 세금을 걷으려고 한다. 신정치경제학 학자들이 볼 때 이런 경향은 국민의 과도한 조세 부담으로 이어진다. 표9-1에서 보듯 서구 국가들의 조세부담률은 매우 높다. 프랑스는 조세부담률이 50퍼센트에 육박하고, 스웨덴의 경우 54퍼센트를 상회하고 있다. 국민이 번 돈의 절반 이상을 정부가 가져간다는 얘기다. 이에 비하면 우리나라의 조세부담률은 아직 상당히 낮다. 2013년 우리나라의 조세부담률은 24.3퍼센트로 OECD 평균인 34.1퍼센트보다도 한참 낮다. 우리나라는 34개 OECD 회원국 중에서 조세부담률이 가장 낮은 세 나라 중 하나다. 이렇게 조세부담률이 세계적으로 낮은데도 증세에 대한 반대가 워낙 강해서 절실한 사회복지 지출마저 늘리지 못하고 있다는 점은 우리 사회나 정부에 무언가 심각한 문제가 있음을 시사한다. 물론 표에서 보듯이 그동안 우리나라의 조세부담률은 꾸준히 증가해왔다.

표9-1 | 조세부담률의 국제 비교

	한국	일본	미국	프랑스	영국	스웨덴	OECD 평균
1970	12.7*	20.0	27.7	34.1	37.0	38.7	
1980	17.7	25.1	27.0	40.6	35.2	47.5	
1990	19.1	30.1	26.7	43.0	36.8	53.6	
2000	21.8	27.1	29.6	45.3	37.1	54.2	
2013	24.3**						34.1

출처: 소병희, 『공공부문의 경제학』; *OECD Revenue Statistics 2014.*

* 1972년의 조세부담률.

** 우리나라 재정경제부가 발표한 조세부담률.

그렇지만 이런 추세가 지속된다고 해도 45년 후인 2060년의 조세부담률이 30퍼센트에도 못 미칠 것으로 예상된다.[1]

신정치경제학 학자들과 달리 일반 국민들은 '정부가 어련히 잘 알아서 하겠지.'라고 생각하는 경우가 많다. 여러 제약이 있기 때문에 정부가 국민을 위해서 그런대로 돈을 잘 쓴다고 생각하는 학자들도 적지 않다. 설령 정부가 예산을 낭비하지 않는다고 해도 조세 징수 자체가 사회적 손실을 수반한다. 그렇다면 남은 일은 그 사회적 손실을 가능한 한 줄일 수 있는 조세 제도를 알아내는 것이다. 이것이 조세 문제의 핵심이라고 재정학자들은 말한다.[2] 비유해서 말하자면 악마중 가장 덜 악한 악마를 고르자는 것이다. 가장 덜 악한 악마를 찾는 이론을 '최적 조세 이론'이라고 하며, 재정학이나 공공경제학 교과서에 빠짐없이 등장하는 이론이다.[3]

| 정치적으로 효율적인 조세? |

물론 신정치경제학 학자들은 최적 조세 이론의 취지에 강력하게 반발한다. 덜 악한 악마를 골라내기에 앞서 악마의 총 수에 제한을 두는 조치가 더 시급하다고 보기 때문이다. 이런 점에서 이들은 조세 문제를 좀 더 근원적으로 살펴보기를 요구한다. 조세에 대한 국민의 불만은 조세 제도가 잘못 운용된 탓에 발생할 수도 있지만 조세 제도 자체의 결함 탓에 발생할 수도 있다. 시대가 바뀌면 조세 제도 역시 바뀔 필요가 있다. 그러나 조세 제도는 법에 의해 결정되며 핵심 내용이나 기본 정신은 헌법에 규정된다. 헌법은 그대로 두고 주어진 제도의 틀 안에서 문제를 분석하고 해결책을 모색하는 것만으로는 조세에 대한 불만을 근원적으로 해소할 수 없다. 그런데 대체로 기존의 경제학자(재정학자)들은 헌법이나 조세 관련 기본법은 그대로 주어진 것으로 보고 이 틀 안에서 조세 문제를 다루는 데에만 급급했다.

일단 헌법과 조세 관련 기본법이 만들어진 다음에는 일상의 모든 재정적 결정은 거의 전적으로 예산 극대화를 추구하는 관료와 정치가에 의해서 내려진다. 설령 정부가 마음에 안 드는 결정을 한다고 한들 국민은 효과적으로 제동을 걸 수 없는 입장에 처한다. 정부는 국민이 통제할 수 없는 거대한 괴물로 변하면서 국민 위에 군림하게 된다. 이런 상황을 극히 경계하는 신정치경제학 학자들은 당연히 헌법 차원에서 조세 문제를 다루려고 한다. 이 방면에서는 뷰캐넌이 앞장섰다.

뷰캐넌과 그를 추종하는 신정치경제학 학자들은 자발적 합의를 특히 중요하게 여기며, 바로 이 자발적 합의가 시장의 최대 장점이라고 생각한다. 시장의 결과에 불만을 품을 수 있으나 그것은 이해당사자들이 자발적으로 합의한 결과이기 때문에 사람들은 승복하게 된다. 그러나 정치권에서는 그렇지 못하다고 신정치경제학 학자들은 말한다. 대부분의 민주적 정부는 마치 자기 자신의 권력을 스스로 정의할 권위를 가진 양 행동한다. 미국의 경우 1929년 연방정부의 재정 지출 규모는 국내총생산의 2.6퍼센트에 불과하였고 대부분 국방에 관한 것이었다. 그 이후 재정 지출이 엄청나게 팽창했지만 그것을 정당화하는 헌법상의 개정은 한 번도 없었다. 국민의 동의가 없는 무리한 재정 지출 팽창은 사회계약의 정신에도 위반되며, 사유재산권을 현저하게 침해한다고 신정치경제학 학자들은 생각한다. 그것이 정경유착 탓이라면 더욱 더 문제가 된다. 어떻든 결과적으로 선진국 경제에서 공공부문이 차지하는 비중이 40퍼센트를 넘어서 거의 절반에 육박하고 있다는 사실을 가볍게 생각할 전문가는 별로 없을 것이다. 그래서 뷰캐넌과 그의 동료들은 정부 재정 지출의 상한선을 국민의 합의로 정하고 이것을 헌법에 명시하자는 주장을 들고 나오게 되었다.

헌법은 국민과 정부 사이의 계약이다. 헌법으로 정부의 재량권을 제한하면서 근대 민주주의가 시작되었다. 그러나 19세기와 20세기에 걸쳐 새로운 정치사상이 유포되었다. 이 사상에 의하면 국민이 선거를 통해서 마음에 안 드는 정부를 갈아 치우는 수단만 보유하고 있으면 정부가 국민 위에 군림하는 일은 막을 수 있다. 따라서 정부의 재량권을 일일이 헌법에 규정하지 않더라도 정기적 자유선거를 통하여 정치가와 정부를 국민이 선택할 수 있도록 헌법에 못 박아 놓으면 충분하다는 것이다. 그러나 20세기 중반에 와서야 이런 생각이 틀렸다고 많은 사람들이 깨닫게 되었다. 정기적 자유선거에도 불구하고 민주주의 선진국에서 정부는 무섭게 거대화되었고 국민의 자유와 재산권을 크게 위협하고 있다. 그러므로 이제 우리는 헌법으로 정부의 재량권을 최대한 제한하는 18세기 정치사상으로 되돌아가야 한다고 뷰캐넌은 주장한다.[4]

정부의 거대화를 막는 한 가지 효과적인 방법은 정부의 과세권을 제약하는 것이다.[5] 뷰캐넌과 그의 동료들은 조세 제도의 형태에 따라 세수가 크게 달라질 가능성을 매우 중요하게 보았다. 그래서 국민 위에 군림하는 정부의 출현을 방지하려면 국민이 바람직한 조세 제도를 현명하게 선택해서 헌법에 못 박아 놓아야 한다고 주장한다. 헌법 차원에서 조세 제도를 선택할 경우 국민이 당면하는 문제는 거대 정부에 의한 착취(exploitation)의 가능성을 피하면서 공공 서비스의 혜택을 최대한 확보하는 것이다. 여기에서 눈에 띄는 것은 뷰캐넌이 마르크스주의 경제학에 늘 나오는 '착취'라는 말을 거침없이 쓰고 있다는 점이다.[6] 마르크스주의자들이 '자본에 의한 착취'를 주로 얘기한다면, 뷰캐넌을 비롯한 그의 동료들은 '정부에 의한 착취'를 주로 얘기한다. 뷰캐넌과 그의 동료들은 조세 수입 극대화 성향을 효과적으로 제약할 수 있는 조세 체계가 '정치적으로 효율적인' 조세라고 정의하면서 바로 이런 조세 제도를 선택하고 헌법에 규정함으로써 정부에 의한 착취를 효과적으로 제약할 수 있다고 주장한다.[7]

2. 무지의 장막 뒤 조세의 원칙

| 새로운 세원 발굴의 억제 |

그렇다면 조세와 관련해 구체적으로 어떤 내용을 헌법에 못 박아야 할까? 국민은 과연 어떤 조세 제도를 선택할까? 여기에서 뷰캐넌과 그의 동료들은 롤스의 '무지의 장막'과 비슷한 논리를 편다. 무지의 장막 뒤에서 국민이 조세 제도를 놓고 토론한다고 가정하는 것이다. 보통 헌법은 영속성을 가진다. 한번 헌법이 제정되면 보통 수십 년 지속된다. 헌법에 규정된 조세 제도 역시 상당한 정도의 영속성을 띠게 될 것이다. 그러므로 헌법에 조세 제도를 못 박을 때 국민은 수십 년 앞을 내다보고 선택해야 하지만, 국민 개개인은 앞으로 수십 년 동안에 자신이 어떻게 될지 잘 모른다. 부자가 될 수도 있고 가난뱅이가 될 수도 있다. 오늘날과 같이 변화무쌍한 시대에는 장차 어떤 직업을 가지게 될지, 어디에 살게 될지도 모른다. 심지어 내가 어떤 취향을 가진 사람으로 변할지도 잘 모른다. 그래서 헌법적 차원에서 조세 제도를 선택할 때 국민 개개인은 사실상 미래의 자신의 사회적 처지에 관해 무지한 상태에 있다고 뷰캐넌과 그의 동료들은 가정하였다. 또한 그래야만 공정한 조세 제도가 선택될 것이다.

마치 롤스가 사회 구성원들이 무지의 장막 뒤에서 세 가지 정의의 원칙에 합의할 것이라고 주장하였듯이 뷰캐넌도 미래의 자신의 사회적 처지에 관해 무지한 상태에 있는 국민은 대략 다음의 세 가지 사항에 합의할 것이라고 주장하였다.[8] 첫 번째 합의 사항은 통상의 금전적 소득원의 범위를 넘는 포괄적 세원에 대한 반대일 것이다. 여기에서 포괄적 세원이란 금전적 소득뿐만 아니라 시장에서 거래되지 않는 재화와 용역의 금전적 가치도 포함하는 세원을 말한다. 새로운 세원의 발굴을 무작정 용인할 경우 정부가 조세의 형태로 착취할 수 있는 세액이 점점 더 커질 수 있다. 예산 극대화를 추구하는 관료와 정치가의 속성을 잘 알고 있다면 국민은 포괄적 세원에 찬성하지 않을 것이며, 따라서 정부의 조세 징수 능력을 제약하기 위하여 헌법 차원에서 세원의 범위를 제한하기를 원할 것이다. 예를 들면 오직 통상적 소득원에만 조세를 부과하도록 제한하는 것이다.

저조한 경제 성장 탓에 세수 실적이 부진해지자 우리나라에서도 세원을 넓혀야 한다는 주장이 큰 탄력을 받고 있다. 세율 인상에 대한 정치적 반발을 불러일으키지 않으면서 재정 수입을 늘리는 방안으로 새로운 세원을 발굴해야 한다는 재정학자들의 주장이 끊임없이 나돈다. 이들은 세원을 넓힐 경우 조세 부담을 분산시킴으로써 국민 개개인이 부담하는 실 세율을 낮출 수 있다는 논리를 편다. 똑같은 100조 원을 징수하더라도 세원이 열 가지일 때보다는 100가지일 때 분명히 세율이 낮을 것이다. 세원을 넓히자는 주장에는 또 다른 이유가 있다. 세원을 넓히는 것이 초과부담을 줄이는 한 방법이기 때문이다. 앞에서 초과부담의 크기를 설명할 때 세율을 높이면 초과부담은 더 빠른 폭으로 커진다는 점을 보였다. 이 말은 세율을 낮추면 초과부담은 더 빠른 폭으로 감소한다는 의미다. 따라서 동일한 액수의 세금을 징수한다면 소수의 상품에 높은 세율의 세금을 부과하기보다는 다수의 상품에 낮은 세율의 세금을 부과하는 쪽이 초과부담을 훨씬 적게 발생시키는 길이다. 그러므로 과세 대상이 좁은 것보다 넓은 것이 사회적으로 더 바람직하다는 주장이 설득력을 얻는다. 그러나 뷰캐넌에 동조하는 신정치경제학 학자들은 이런 주장이 관료와 정치가의 속성을 모르는 순진한 탁상공론이라고 쏘아붙인다. 예산 극대화를 추구하는 관료들이 과연 세율을 낮추기 위해서 새로운 세원을 발굴하려고 노력할 것인가? 뷰캐넌과 그의 동료들은 강하게 고개를 가로젓는다. 이제까지 관료의 행태를 보면 오직 세수 증대만을 노리고 세원 확대에 전력을 다할 것이 뻔하다. 세율을 고정하고 조세의 종류를 늘리면 세수는 증가하겠지만 초과부담도 늘어날 것이다.

| 단순한 누진세 |

뷰캐넌 식 무지의 장막 뒤에서 국민이 두 번째로 합의해야 할 사항은 세수를 제약하는 세율 체계의 선택이다. 보통 세율 체계에는 비례세, 역진세, 누진세 등 크게 세 가지가 있다. 비례세 제도는 세금 징수액이 소득액에 정비례하도록 일정 세율을 적용하는 제도를 말한다. 소득이 500만 원이든 1000만 원이든 1억 원이든 세율이 10퍼센트로 고정되어 있으면 비례세다. 누진세 제도는 소득액이 증가함에 따라 점점 더 높은 세율을 적용하는 제도를 말한다. 500만 원의 소득에 적용되는 세율은 10퍼센트이고 1000만 원의 소득에 적용되는 세율이 20퍼센트, 1억 원의 소득에 적용되는 세율이 60퍼센트라면 세율이 누진적이다. 역진세 제도는 누진세 제도와 반대로 소득이 높을수록 낮은 세율을 적용하는 제도를 말한다.

이렇게 세 가지 세율 체계가 있다고 할 때 무지의 장막 뒤에서 국민은 과연 어떤 체계를 선택할 것인가? 국민이 각 세율 체계의 장단점을 잘 알고 있으며, 관료의 예산 극대화를 극히 경계하며, 이왕이면 초과부담이 적은 세율 체계를 원하고, 복잡한 것보다는 단순한 체계를 선호한다고 하자. 그리고 오직 금전적 소득만이 과세 대상이 된다고 하자. 그렇다면, 뷰캐넌에 의하면 국민은 누진세의 요소를 가미한 비례세 체계를 선택하고 이것을 헌법에 규정하려 할 것이다. 이 제도는 뷰캐넌과 그의 동료들이 추천하는 제도이기도 하다.

우선 이들은 정부의 거대화를 경계하는 국민은 역진세 제도를 기피한다고 보았다. 역진세 제도가 정부의 예산 극대화를 위한 방편이 될 수 있기 때문이다. 정부가 세금을 많이 걷으려면 모든 국민이 열심히 돈을 벌게 만든 다음 세금을 최대한 짜내야 한다. 한 가지 방법은 열심히 일해서 많은 돈을 버는 사람들에게는 낮은 세금을 부과하여 더 열심히 뛰게 만들고, 돈을 열심히 벌지 않는 사람들에게는 높은 세금을 부과하여 좀 더 열심히 일하도록 다그치는 것이다. 뷰캐넌과 그의 동료들에 의하면 국민의 경제 활동을 치밀하게 감시하고 세밀한(그들의 표현으로는 "이상적인") 역진세 제도를 만들어 적용한다면 비례세 제도보다 더 많은 세금을 걷어 들일 수 있다.[9] 그렇다면 예산 극대화를 추구하는 정부는 역진세 제도를 선호할 것이고 국민은 경계할 것이다. 반대로 정부는 누진세 제도를 기피할 것이다. 소득 수준에 따라 세율이 높아지면 고소득자들은 금전적 소득에서 비금전적 소득으로 옮겨가려는 인센티브를 가지게 돼 세수가 오히려 줄어들 수 있기 때문이다. 물론 누진세 부과로 세수가 얼마나 감소하는가는 세율 체계에 달려 있다. 세원이 동일할 때, 대체로 비례세 제도를 실시할 때에 비해 누진세 제도를 실시할 때 세수가 상대적으로 적어지고 초과부담의 크기 역시 상대적으로 작아지는 경향이 있다는 것이 뷰캐넌과 그의 동료들의 주장이다.[10]

정부가 예산 극대화만이 아니라 선거에서 득표를 염두에 둔다면 강력한 소득재분배 정책을 펴야 한다. 이 경우 누진세 제도가 효과적인 수단이 된다. 그렇지만 뷰캐넌과 그의 동료들이 이런 이유로 누진세 제도를 지지하는 것은 아니다. 이들이 추천하는 누진세 제도는 어느 소득 수준까지는 면세하고 그 이상의 소득에는 비례세를 적용하는 가장 단순한 제도이다. 어찌 보면 누진세 제도라기보다는 비례세 제도라고 표현하는 것이 더 적합해 보인다. 뷰캐넌과 그의 동료들은 이런 단순한 누진세 제도의 경우 비례세 제도의 경우보다 세수는 줄어들지만 초과부담도 비교적 줄어든다고 주장한다.

최적 조세 이론에 비추어볼 때 누진세가 바람직한지에 관해서는 학설만 분분할 뿐 아직 명쾌한 대답이 나오고 있지 않은 가운데, 보수 진영은 누진세 제도에 반대하는 목소리를 계속 내고 있다. 이들은 누진세 제도가 근로 의욕(특히 부유층의 근로 의욕)을 급격히 떨어뜨려서 오히려 세수의 감소를 가져온다고 주장한다.[11] 그렇다면 근로 의욕 감퇴 효과가 어느 정도로 클까? 지금까지의 연구 결과에 의하면 이론적으로나 실증적으로 아직 확고한 대답은 없다. 대부분의 사람들이 근로 의욕에 아무런 영향을 받지 않는다는 조사 결과도 있다. 설령 근로 의욕을 감퇴시키는 효과가 있다고 해도 조세가 노동 공급에 미치는 효과는 미미하다고 알려져 있다.[12]

누진세 제도는 조세 제도를 복잡하게 만들고 합법적 탈세를 부추긴다는 비판도 있다. 현실적으로 누진세 제도를 실시할 때에는 여러 가지 공제 제도를 함께 실시하는데 이것이 자칫 부유층에게 조세를 회피할 구멍을 제공하는 결과가 될 수 있다는 것이다. 그러나 공제 제도는 별개의 문제다. 이처럼 누진세 제도에 반발이 많기는 하지만 현실에서 소득세에 관한 한 누진 과세가 아닌 비례 과세 제도를 택하고 있는 나라는 드물다.[13] 누진 과세는 빈부격차를 완화하는 현실적 수단 중 하나이기 때문이다.

| 차별과세 반대 |

뷰캐넌과 그의 동료들에 의하면 무지의 장막 뒤의 국민은 차별과세에 반대하기로 합의하고 이를 헌법에 규정하려고 할 것이다. 차별과세란 상품과 사람에 따라 적용되는 세율을 달리하는 것이다. 차별 과세는 불공평하기도 하지만, 뷰캐넌과 그의 동료들은 이것이 예산극대화를 추구하는 관료에 의해서 악용될 소지가 다분히 있다는 점을 가장 우려한다.

조세에 대한 반응은 상품에 따라 다르다. 똑같은 세율의 세금을 부과하더라도 어떤 상품의 수요는 급격히 감소하는 반면 어떤 상품의 수요는 그렇지 않다. 예를 들어 똑같은 10퍼센트의 세금을 부과할 때, 삼겹살에 대한 수요는 크게 줄어들지만 소금에 대한 수요는 크게 감소하지 않을 가능성이 높다. 삼겹살의 경우 닭고기, 소고기, 오리고기 등 다른 대체품이 많다. 따라서 세금 때문에 삼겹살 가격이 올라가면 소비자들은 얼른 대체품으로 옮겨가므로 그 수요가 현저하게 줄어들 수 있다. 그러나 소금의 경우 대체품이 별로 없기 때문에 그 수요가 크게 감소하지 않는다. 삼겹살과 같이 그 수요가 가격의 변동에 민감하게 변하는 상품은 가격 탄력성이 큰 상품(가격 탄력적 상품)이라고 말하고 소금과 같이 가격의 변동에 둔감한 상품은 가격 탄력성이 작은 상품(가격 비탄력적 상품)이라고 말한다.

2015년에 담뱃값이 큰 폭으로 인상되었는데, 2014년에 담뱃값 인상을 놓고 논쟁이 벌어졌을 때 가격 탄력성이 문제가 되었다. 담뱃값을 인상하며 정부가 내세운 표면상의 명분은 담배 수요를 크게 줄임으로써 국민의 건강을 증진한다는 것이었다. 이런 주장은 담배 수요가 탄력적임을 전제한다. 그러나 담배는 중독성이 강할 뿐만 아니라 마땅한 대체품도 별로 없는 상품이어서 수요의 탄력성이 크지 않다는 비판이 쏟아졌고, 과거의 자료가 이 점을 어느 정도 뒷받침한다. 그렇다면 정부의 담뱃값 인상 조치는 세수를 늘리려는 꼼수라는 비난을 피하기 어렵다.

정부 입장에서 볼 때 가격 탄력적인 상품에는 낮은 세율을 적용하고 가격 비탄력적인 상품에는 높은 세율을 적용하는 차별과세가 더 많은 세수를 올리는 길이 될 것이다. 따라서 예산 극대화를 추구하는 정부는 차별과세를 최대한 활용하려고 할 것이다. 뒤집어 말하면 관료의 예산 극대화 추구를 억제하려면 차별과세를 자행하지 못하게 해야 한다는 뜻이다.

이런 논리는 일반 상품뿐만 아니라 사람에게도 그대로 적용된다. 가격 탄력성이 높은 노동이 있고 그렇지 않은 노동이 있을 것이다. 예를 들면 주식이나 부동산 등 다양한 자본을 많이 가진 노동자(예컨대 기업 간부들)의 근로소득에 높은 세율의 세금을 부과하면 이들은 근로소득보다는 자본소득을 더 많이 올리려고 할 것이다. 돈 벌기보다는 여가를 더 중요하게 생각하는 노동자들의 근로소득에 높은 세율의 세금을 부과하면 이들은 일하기보다는 여가를 더 많이 가지려고 할 것이다. 자본을 많이 가지고 있거나 여가를 특히 중요하게 생각하는 사람들은 이처럼 선택의 여지가 있으므로 이들의 노동은 아마도 가격 탄력적일 것이며, 따라서 이들에게 근로소득세 세율을 올리면 노동 공급량이 크게 감소하고 결과적으로 세수도 감소할 가능성이 있다. 반대로 몸을 팔지 않고는 입에 풀칠할 수 없는 노동자나 돈 벌기에만 집착하는 노동자들은 선택의 여지가 별로 많지 않으므로 세율을 올리더라도 이들의 노동 공급량이 크게 감소하지 않을 것이며 따라서 세수가 늘어날 것이다. 그렇다면 정부는 조세에 민감한 사람(가격 탄력성이 높은 노동)에게는 낮은 세율을 적용하고 조세에 둔감한 사람(가격 탄력성이 낮은 노동)에게는 높은 세율을 적용함으로써 세수를 극대화하려고 할 것이다. 세수를 극대화하는 방향으로 이렇게 차별과세를 할 경우의 세수는 동일한 소득을 올리는 사람에게는 동일한 세율을 적용하는 경우(균일세율 제도)의 세수보다 더 커진다.

근로소득세를 인상할 때 노동 공급을 크게 줄이지 않는 사람을 열심히 일하는 사람이라고 하고, 노동 공급을 크게 줄이는 사람을 열심히 일하지 않는 사람이라고 하자. 그렇다면 예산 극대화를 위해서 가격 탄력성이 높은 노동에 낮은 세율을 적용하고 가격 탄력성이 낮은 노동에 높은 세율을 적용하는 차별과세는 지속적으로 열심히 일하는 사람들의 세금 부담을 상대적으로 무겁게 하는 반면 열심히 일하지 않는 사람의 세금 부담은 상대적으로 가볍게 해주는 셈이다. 결국 열심히 일하지 않는 사람들이 열심히 일하는 사람들에게 조세 부담을 전가하는 꼴이다. 이것은 불공평하다. 소득이 같으면 세율도 같아지는 균일세율 제도에서는 이런 불공평한 일은 없어진다. 따라서 정부의 거대화를 막기 위해서나 불공평한 처사를 예방하기 위해서라도 국민은 차별과세 금지를 헌법에 규정하려 한다고 뷰캐넌과 그의 동료들은 결론지었다.

그러나 우리나라에서 보듯이 정부의 비대화에 크게 신경을 쓰지 않는다면 차별과세에는 바람직한 면도 있다. 순전히 경제학적으로만 보면 차별과세가 조세 징수에서 오는 사회적 손실(초과부담)을 줄이는 한 방법이기 때문이다. 세금을 부과했을 때 수요나 공급이 크게 감소한다는 것은 초과부담이 크다는 뜻이다. 그러므로 동일한 세금을 부과하더라도 삼겹살의 경우에는 초과부담의 크기가 매우 크고 소금의 경우에는 작을 것이다. 그렇다면 삼겹살에는 낮은 세율의 조세를 부과하고 소금에는 높은 세율의 세금을 부과하는 차별과세가 전체적으로 초과부담을 최소화하는 길이라고 할 수 있다. 수요의 가격 탄력성과 초과부담 사이에는 이른바 역탄력성의 법칙 혹은 '램지 법칙(Ramsey rule)'으로도 알려진 다음과 같은 법칙이 있다. 상품의 수요가 서로 독립적인 경우 수요의 가격 탄력성에 반비례하도록(탄력성이 높으면 세율은 낮게, 탄력성이 낮으면 세율은 높게) 세율을 정해 과세하는 것이 초과부담을 최소화하는 길이라는 것이다. 이 법칙에 의하면 균일과세보다는 차별과세가 더 바람직해 보인다. 그러나 이런 주장은 어디까지나 정부가 국민의 이익을 위해서 예산을 쓴다는 전제가 타당할 때에나 통한다고 뷰캐넌과 그의 동료들은 생각한다.

| 고율 과세 함정 |

뷰캐넌과 그의 동료들이 정부의 과세권을 헌법 차원에서 엄격하게 제한하고 싶어 하는 데는 또 다른 아주 중요한 이유가 있다. 현실에서 많은 사람들이 느끼듯 민주주의 정치의 심각한 단점 중 하나는 정치가와 관료 들이 장기적 안목에서 국익을 생각하기보다는 근시안적인 사고방식과 태도를 가진다는 점이다. 정기적 선거로 정부를 견제하는 민주주의 정치체제에서 관료와 정치가는 어쩔 수 없이 근시안적인 태도를 가지게 되기도 하고 또한 그쪽이 합리적이기도 하다. 관료들은 자신의 임기 이후 미래의 결과까지 고려할 필요성을 느끼지 않는다. 그래봐야 이익이 없기 때문이다. 단기적 효과에 집중하는 편이 임기를 연장하는 데에 도움이 되기도 한다. 정치적 건망증이나 무관심에 빠져 있는 대부분의 유권자는 최근의 일만 기억할 뿐 오래전 일은 잘 생각하지 못하기 때문이다. '합리적 무지'의 덫에 빠진 유권자들은 정책 결정이 먼 미래에 미치는 결과를 잘 이해하지 못하며, 보통 정치가들에게 책임을 물을 능력도 없다.

정치가들 역시 단기적 효과에만 매달리게 된다. 비록 장기적으로는 국익에 반하더라도 짧은 시간에 큰 효과를 초래하는 정책을 지지하고 추진하는 쪽이 선거에서 이길 확률을 높이는 길이기 때문이다. 특히 이익은 소수에게 집중되고 비용은 다수의 유권자에게 가볍게 분산되는 정책이 정치적으로 아주 매력적이다. 이익을 얻는 소수는 정치가들을 상대로 적극적으로 로비 활동을 펼치는 반면 가벼운 손실을 부담하는 다수는 굳이 적극적으로 나서서 반대하지 않기 때문이다. 만일 어떤 정치가가 소수에게 이익이 집중되고 다수에게 가벼운 부담을 주는 정책의 추진을 마다한다면 그는 손해를 보게 된다. 약삭빠른 다른 정치가들이 그런 정책을 가로채 큰 이익을 챙길 수 있기 때문이다. 그러므로 정치가들은 근시안적인 정책을 두고 공유재를 착취하는 사람들과 마찬가지 입장에 처해 있다. 공유재의 경우 선수 치는 사람이 큰 몫을 차지한다. 그래서 뷰캐넌과 그의 동료들은 정부가 장기적 관점에서 결정을 내리지 못하는 데에는 이런 구조적 요인이 있다고 보았다.

그렇다면 어떻게 할 것인가? 한 가지 효과적인 방법은 장기적 국익에 관한 사항을 헌법에 명시해놓는 것이다. 그럼으로써 관료와 정치가의 변덕으로부터 국민을 보호해야 한다는 것이 뷰캐넌과 그의 동료들의 주장이다. 이런 의미에서 조세 징수에 관한 사항을 헌법에 명시할 필요성이 절실해진다. 왜 그럴까? 관료와 정치가의 근시안적 사고방식은 예산을 효율적으로 집행하기보다는 오직 세금 올리기에만 집착하게 만들고 결과적으로 세금은 자꾸 늘어나기만 한다. 장사꾼, 노동자, 가정주부 모두 세금이 너무 비싸다고 불평한다. 그렇다면 사회 전체적으로 볼 때 세율이 얼마나 높아야 너무 높다고 말할 수 있을까? 아마도 그 상한선이 있음직하다. 이를테면 세율을 더 올려봐야 오히려 세수가 감소한다면 아마도 상한선에 이르렀다고 볼 수 있을 것이다. 한 나라의 경제가 이런 세율 상한선에 이르렀다고 하자. 이런 상황에서는 세율을 낮추면 오히려 세수가 증가할 것이다. 그러면 예산 극대화를 추구하는 정부도 좋고 조세 부담이 줄어드니 국민도 좋다. 누이 좋고 매부 좋다. 문제는 한 나라의 경제가 그런 세율 상한선에 이르렀는지 아닌지 알아내는 방법이다. 이에 관한 확증이 없는데도 사회 일각에서는 세율 상한선에 이른 것처럼 떠든다. 복지 정책에 지나치게 치중한 여러 서구 국가가 이미 세율 상한선을 초과한 고율 세금을 징수하고 있다는 주장이 나왔다. 복지 지출이 터무니없이 적은 우리나라에서도 보수 진영은 마치 우리나라도 세율 상한선에 이른 것처럼 증세에 극력 반대하고 있다. 선진국에서 복지 지출 비중이 가장 낮은 축에 속하는 미국에서는 이미 오래 전에 세율 상한선을 초과한 높은 세율의 세금이 부과되고 있다는 주장이 나왔다. 그러면서 1980년대 초 미국 경제학계에 큰 논쟁의 바람이 불었다. 이런 와중에 어느 날 홀연히 나타난 한 경제학자가 이 논쟁의 중심에 섰다. 아서 래퍼(Arthur B. Laffer)가 바로 그 사람이다.

래퍼는 장기침체에 빠진 미국 경제를 살릴 묘안이 있다고 큰소리쳤다. 세율을 낮추기만 하면 모든 문제가 해결된다는 것이었다. 높은 세율은 기업의 생산 의욕과 노동자의 근로 의욕을 꺾음으로써 경제를 위축시키며, 탈세를 조장함으로써 세수 증대에도 나쁜 영향을 준다. 따라서 세율을 낮추면 기업의 생산 의욕과 노동자의 근로 의욕이 높아져서 경제가 활성화될 뿐만 아니라 세수 증대를 가져올 수 있다. 생산이 증가하면 1970~1980년대 미국 경제를 괴롭힌 인플레이션도 잡을 수 있다. 실로 일석이조의 묘안인 것처럼 보인다. 비록 단순한 발상이기는 하지만 래퍼의 주장은 학계에 소위 '공급 중시 경제학'의 바람을 일으켰고 정치권과 국민에게는 장밋빛 환상을 안겨주었다. 드디어 공급 중시 경제학은 레이건 정부의 경제 정책으로 수용되기에 이르렀다. 한때나마 정치적으로는 최고의 인기를 누렸고 지금도 그 망령이 보수 진영을 떠돌고 있지만, 공급 중시 경제학은 학문적으로는 역사상 가장 인기 없는 이론으로 추락하기에 이른다.[14]

래퍼의 주장은 세율과 세수 사이의 관계를 나타내는 곡선으로 요약된다. 흔히 이 곡선을 래퍼 곡선(Laffer curve)이라고 부르는데, 세율이 0에서부터 점차 높아짐에 따라 세수는 증가하지만 여기에는 상한선이 있다. 이 상한선보다 세율이 더 높아지면 이번에는 세수가 오히려 감소한다. 만일 현재의 세율이 이 상한선보다 높다면 래퍼의 주장처럼 세율 인하가 세수의 증대를 초래한다. 세율 상한선에 관하여 학술적 논쟁이 많이 벌어졌지만 미국의 세율이 세율 상한선을 초과한 높은 세율인지, 그렇다고 하더라도 세율을 낮추면 경제가 정말 활성화되는지에 관해서는 확실한 실증적 근거가 나타나지 않았다. 다만 단기적으로는 세율 인하의 세수 증대 효과가 예상 외로 그리 크지 못하다는 점만은 밝혀졌다.[15] 세율을 낮추면 세수가 증가한다는 래퍼의 주장과 단기적으로는 그렇지 못하다는 주장, 언뜻 보면 상충된 이 두 주장에 관하여 뷰캐넌과 그의 동료들이 해결의 실마리를 찾아내면서 이른바 '고율 과세 함정'의 논리를 폈고 이것을 헌법과 연결했다.

보통 말하는 래퍼 곡선은 세율 변동에 납세자들이 충분한 시간적 여유를 가지고 완전히 적응한다고 가정하였을 때 세율과 세수 사이의 관계를 나타낸다. 세율을 인상한다고 해보자. 당장은 기업이 세금을 더 많이 낼 수밖에 없고 따라서 세수는 증가한다. 그러나 시간이 지남에 따라 기업은 생산량과 고용량을 줄이는 방법으로 부담을 줄이려고 할 것이다. 이렇게 새로운 세율에 적응하기 위해서는 상당한 시간이 필요하다. 소비자들 역시 세금 부담을 줄이기 위해서 여러 노력을 할 것이다. 높은 세율이 근로 의욕을 꺾는다는 주장은 보수 진영 사람들이 자주 하는 말이요, 이명박 정부가 부자 감세 조치를 감행할 때 고위 관료들이 내세운 주장이기도 하다. 실증적 근거가 박약한 주장이기는 하지만, 기업이나 소비자나 새로운 세율에 대처하는 방안을 모색하고 실시하는 데는 시간이 필요하다. 시간적 여유를 가지고 충분히 적응한 다음부터 세율 인상은 장기적으로 세수를 감소시킬 것이다. 래퍼 곡선은 이처럼 장기적인 차원에서 세율과 세수 사이의 관계를 나타내는 곡선일 뿐 단기적인 반응을 제대로 반영하지 않는다.

세율 인하의 경우도 마찬가지다. 만일 현 세율이 상한선 근처에 있다고 하면 세율 인하가 장기적으로는 경기를 활성화함으로써 오히려 세수를 늘리는 효과를 낳겠지만, 단기적으로는 납세자들이 충분히 적응하지 못하는 까닭에 세수가 줄어드는 효과만 나타난다. 이럴 때 정부는 어떻게 해야 할까? 만일 정부나 정치가가 먼 미래를 내다본다면 세율을 인하할 것이다. 그러나 정부나 정치가는 그럴 필요성을 느끼지 않는다. 단기적 이익만 노리는 정부나 정치가는 세율을 오히려 인상할 것이다. 당장 세수가 늘어나기 때문이다. 그러니 정부나 정치가는 세입 극대화를 위해서 늘 세금을 인상할 생각만 하게 된다. 다시 말해서 관료와 정치가는 '고율 과세 함정'에 빠지게 된다는 것이다. 그래서 현실의 세율은 장기적으로 바람직한 수준보다 늘 더 높을 수밖에 없다고 뷰캐넌과 그의 동료들은 주장한다.[16] 이들에 의하면 통상 말하는 래퍼 곡선은 정치적 감각을 반영하는 곡선이 아니다. 장기적으로는 래퍼의 주장이 옳을 수 있다고 해도, 정치적으로는 허구에 불과하다.

물론 정치가와 관료가 먼 미래를 보고 정책을 펴도록 국민이 따끔하게 교훈을 주면 되지 않겠느냐고 말할 수도 있다. 그렇지만 대다수 국민이 정치에 무관심한 현실에서 이것이 과연 가능할지 의심스럽다. 가령 어떤 계기가 있어 관료와 정치가가 장기적 안목에서 정책을 펴게 되었으며 이 결과 래퍼의 주장대로 정부가 장기적으로 경제를 활성화하기 위해서 세율 인하를 단행하였다고 하자. 이런 조치는 단기적 세수 감소의 아픔을 각오해야 한다. 그러나 정부의 기대대로 미래에 세수가 늘어날 것인지는 불확실하다. 또 하나의 중요한 변수가 도사리고 있기 때문이다. 정부에 대한 납세자의 신뢰가 그것이다. 정부가 그런 파격적 조치를 취하더라도 납세자들이 그것을 어떻게 받아들이는가가 관건이다. 정부는 늘 세수를 늘리려고 틈만 나면 세율을 인상한다는 믿음이 납세자들의 마음속에 굳게 자리 잡고 있으면 납세자들은 정부의 세율 인하 조치를 불신의 눈으로 볼 것이다. 섣불리 정부의 조치를 믿고 생산 증대, 투자 증대, 노동 공급 증대 등의 방법으로 세율 인하에 적응했다가 정부가 느닷없이 세율을 올리는 날이면 납세자들은 큰 낭패를 보게 되기 때문이다. 이것을 두려워하는 납세자들은 장기적으로도 인하된 새로운 세율에 적응하기를 꺼려할 것이다. 다시 말해서 정부에 대한 불신의 골이 깊은 상황에서는 장기적으로도 납세자들이 래퍼 곡선에 따라 행동하지 않는다는 것이다. 그 결과 세율 인하에도 불구하고 세수는 장기적으로도 증가하지 않고 오히려 감소할 것이다. 결국 정부의 정책은 실패하게 된다. 그래서 정부는 쉽사리 고율 과세 함정에서 빠져 나오지 못한다.

이런 사태를 막기 위해서는 정부에 대한 국민의 불신을 해소해야 한다. 그러려면 정부와 정치가는 인기에 연연하지 말고 장기적 관점에서 일관성 있게 꾸준히 정책을 펴야 하지만, 현실이 이것을 허용하지 않는다. 어쩔 수 없이 근시안적인 태도를 가지게 되는 정치적 현실이 정부와 정치가 들의 앞을 가로막고 있기 때문이다. 그러나 정부와 정치가가 국민에게 확신을 주기 위해서는 무언가 확실한 것을 국민에게 보여야 한다. 한 가지 효과적인 방법은 세율과 세입의 한도에 관한 내용을 헌법에 못 박아놓는 것이다. 이렇게 함으로써 정부와 국민은 고율 과세 함정에서 빠져나올 수 있다고 뷰캐넌과 그의 동료들은 역설한다.

3. 좋은 조세 늘리고 나쁜 조세 줄이기

| 좋은 조세와 나쁜 조세 |

뷰캐넌과 그의 동료들이 요구한 대로 일단 정부의 과세권에 대한 제한과 과세의 기본 원칙을 헌법에 못 박는다고 하자. 그렇다면 이제 남은 일은 이 헌법의 테두리 안에서 최적 조세 이론에 따라 초과부담이 최소화되도록 조세 제도를 운용하는 것이다. 달리 말해서 악마들 중 덜 악한 악마를 고르는 것이다. 우선 원칙만 생각해보자. 엄밀히 말하면 모든 조세가 무조건 다 나쁜 것은 아니다. 좋은 조세도 있고 나쁜 조세도 있다. 세상에는 악마만 있는 것이 아니라 천사도 있다. 그렇다면 나쁜 조세를 줄이고 그 자리에 좋은 조세를 채워 넣는 것, 달리 말하면 천사부터 모셔놓고 그래도 자리가 남으면 악마를 불러오되 덜 악한 악마를 고르는 것이 당연한 순서다.

그렇다면 어떤 조세가 나쁜 조세이고 어떤 조세가 좋은 조세인가? 이 질문에 대답하기 위해서는 초과부담의 의미를 다시 잘 새겨볼 필요가 있다. 초과부담이란 조세 부과가 생산과 소비를 위축시켜서 발생하는 사회적 손실이다. 경제적으로나 사회적으로 생산과 소비는 바람직한 행위다. 이런 바람직한 행위를 위축시키기 때문에 조세 부과가 사회적 손실을 낳는다고 말한다. 그러므로 생산과 소비에 부과되는 조세는 나쁜 조세다.

그렇다면 사회적으로 바람직하지 않은 행위에 조세를 부과하면 어떻게 될 것인가? 물론 이런 행위도 위축될 것이다. 사회적으로 바람직하지 못한 행위가 위축되는 현상은 사회적으로 바람직하다. 따라서 사회적으로 바람직하지 못한 행위에 부과되는 조세는 좋은 조세라고 할 수 있다. 그러면 어떤 행위가 사회적으로 바람직하지 못한가? 명백한 범죄 행위는 나쁜 행위이며 따라서 법에 따라 처벌된다. 그러나 꼭 집어서 범죄 행위라고 보기는 어렵지만 사회적으로 크게 지탄받는 행위가 있다. 환경을 오염시키는 행위와 부동산 투기가 바로 그것이다. 누구나 환경오염이 건강에 미치는 악영향을 걱정한다. 지구 온난화가 점점 더 심각한 문제로 우리에게 다가오고 있다. 환경오염뿐 아니다. 오래전부터 우리나라와 일본에서 부동산 투기는 대표적인 사회악으로 꼽혀왔다. 부동산 투기를 대수롭지 않게 생각하던 미국과 유럽에서도 2008년 미국 금융시장 붕괴에 이은 세계 경제위기가 터진 이후 부동산 투기를 크게 경계하게 되었다. 따라서 환경을 오염시키는 행위와 부동산 투기에 부과되는 조세는 사회적으로 바람직한 효과를 초래하는 조세이며 좋은 조세라고 할 수 있다. 구체적으로 환경세와 토지세가 바람직한 조세로 꼽힌다.

범지구적으로 환경오염 문제가 심각해지면서 환경을 오염시키는 행위를 대상으로 세금을 징수하자는 주장이 특히 서구에서 강력하게 제기되고 있다. 이미 100여 년 전부터 유럽의 경제학자들도 이런 세금을 권유해왔다. 환경오염 피해를 근거로 삼아 환경을 오염시키는 행위에 부과되는 세금을 흔히 환경세라고 한다. 그러나 사실 이렇게 정의된 환경세는 이론상의 환경세이다. 대부분의 경우 환경오염 피해의 크기를 추정하기가 무척 어려운 동시에 환경오염 피해란 때와 장소에 따라 매우 유동적이라서 과세하기가 현실적으로 매우 어렵다. 그래서 환경오염 피해가 대체로 오염 물질의 배출량에 비례한다고 보고 배출량을 대상으로 세금을 부과하게 되는데, 이 조세가 흔히 말하는 환경세다. 즉 환경오염 물질 배출량 단위당 일정액의 세금을 징수하는 형식을 취하는 조세를 말한다.

환경오염 문제는 결국 오염 물질을 지나치게 많이 배출하면서 경제 활동을 하기 때문에 발생하는 문제이다. 경제학자들은 환경오염의 원인자들이 적정량의 오염 물질을 배출하게 되면 환경오염 문제가 해결된다고 생각한다. 강에 폐수를 배출하는 유흥업소나 공장은 더러워진 강물 때문에 다른 사람들이 당하는 피해를 생각하지 않고 사업을 한 결과 폐수를 과다 배출하게 된다. 이런 원인자들이 환경오염 피해(외부효과)를 충분히 고려해서 경제 활동을 영위하게 하는 한 가지 방법은 충분한 값을 치르게 하는 것이다. 예를 들어 유흥업소가 폐수를 배출할 때마다 단위당 만 원씩 값을 치르게 한다고 하자. 10단위를 배출하는 유흥업소는 10만 원의 돈을 내야 한다. 이 단위당 가격이 환경세에 해당한다.

환경세 부과의 현실적 필요성을 구체적으로 살펴보기 위해서 예를 들어보자. 축산업은 환경을 심하게 오염시키는 산업으로 알려져 있다. 그런데도 축산업이 성행하는 이유는 소비자들이 육류와 유제품을 너무 많이 사 먹기 때문이다. 왜 너무 많이 사 먹는가? 경제학적으로 말하면 축산 제품의 가격이 사회적 적정 수준보다 너무 낮기 때문이다. 그래서 소비자들은 육류와 유제품 등 축산품을 과다 소비하게 되고 그 결과 지나치게 많은 축산 폐수가 배출된다. 달리 말하면 소비자 개인들이 수질 오염의 궁극적 원인자라는 것이다. 시장은 소비자들에게 환경오염에 관한 정보를 충분히 제공하지 않는다. 축산품 공급량이 시장에서 자연스럽게 결정되게 내버려두면 가격이 지나치게 저렴해지고 이것이 수질 오염에서 오는 사회적 손실로 연결된다. 이 사회적 손실은 시장의 가격이 왜곡되어서 발생하는 것이요, 오늘날의 심각한 환경오염은 그런 시장 왜곡의 전형적인 결과다. 그러므로 환경세 부과의 효과는 환경파괴 및 오염을 초래하는 상품의 가격을 사회적 적정 수준으로 복귀시켜 사회적 손실을 줄이는 것이다. 다시 말해서 시장 왜곡을 시정하는 것이다.

환경세가 부과되면 오염 물질을 많이 배출할수록 세금 납부액도 커지기 때문에 환경오염 업체는 조세 부담을 줄이기 위해 오염 물질 배출을 적정 수준 이하로 통제하지 않을 수 없다. 이처럼 환경세는 이미 잘못되어 있는 것, 이미 왜곡되어 있는 것을 올바르게 고쳐 사회복지를 증대하는 취지를 갖는 반면, 다른 대부분의 조세는 오히려 시장을 왜곡해 사회적 손실을 초래한다. 이런 점에서 왜곡을 시정하는 환경세는 경제학자들이 필요악이라고 표현하는 왜곡성 조세와 본질적으로 다르다는 점을 확실하게 알 필요가 있다.

우리나라에서도 환경세를 도입하자는 주장이 오래전부터 나왔다. 여기에서 한 가지 짚고 넘어가야 할 점은 이 주장이 의도하는 환경세와 원래 경제학에서 말하는 환경세는 취지가 근본적으로 다르다는 것이다. 1990년대 들어 굵직한 환경오염 사건이 잇달아 터지자 환경 문제에 관한 국민의 우려가 부쩍 높아졌다. 정부는 도대체 무얼 하고 있느냐는 비난의 목소리가 터져 나오는 가운데 우리의 환경이 이렇게 심하게 오염된 원인과 그 처방에 관하여 여러 견해가 쏟아져 나오기 시작하였다. 가장 자주 듣게 되는 주장은 환경오염 방지를 위한 기초 시설이 크게 부족하니 투자 재원을 좀 더 확보해서 기초 시설을 대폭 늘리는 일이 급선무라는 것이다. 이런 가운데 투자 재원 확보 차원에서 자연스럽게 떠오른 대안이 환경세 도입이었다. 이와 같이 재원 확보를 주목적으로 하는 환경세를 목적세로서의 환경세라고도 하는데, 이런 환경세를 도입하자는 주장에 다수의 환경전문가가 동조하였다.[17] 그러나 목적세로서의 환경세는 관료의 예산 극대화 요구에 부응하는 조세다.

목적세로서의 환경세 도입은 일단 환경 개선을 목적으로 한 투자 재원이 효율적으로 쓰임을 전제한다. 이 전제가 성립하지 않는다면 목적세로서의 환경세 도입은 정당성을 잃는다. 그럼에도 불구하고 목적세로서의 환경세 도입을 주장하는 전문가들은 한 번도 이 선결 조건에 의문을 제기하지 않았다. 대체로 우리 국민은 정부가 세금을 어련히 알아서 잘 쓰고 있으려니 막연하게 생각하는 경향이 있다. 신정치경제학 학자들은 바로 이런 안일한 태도가 더 문제라고 생각한다. 과연 우리나라에서 환경 개선을 위한 투자 재원이 효율적으로 쓰이고 있는지 의심하게 하는 사례가 너무나도 많다. 시화호 오염 사건이 우리에게 준 큰 교훈은 환경오염 기초 시설의 확보가 결코 환경 문제를 근원적으로 해결해주지 못한다는 점이다. 요컨대 국민이 어렵게 모은 돈을 정부가 환경 개선을 위해서 효과적으로 쓸 수 있다는 확고한 보장이 없다면 목적세로서의 환경세는 환경오염 억제 효과를 낳지 못하면서 공연히 돈만 날리게 한다는 것이다. 그동안 경제학자들이 강력하게 추천해온 환경세는 목적세로서의 환경세가 아니라 어디까지나 직접 환경오염 행위의 억제에 초점을 맞춘 조세이자 사회복지가 좀 더 증진되는 방향으로 모든 경제 주체가 우리의 환경을 이용하도록 유도하는 적극적 의의를 갖는 조세다. 바로 이런 조세가 좋은 조세다.

사실 역사적으로 환경세보다 훨씬 앞서 오래전부터 매우 바람직한 조세로 경제학자들이 권장한 조세는 토지세다. 애덤 스미스로부터 데이비드 리카도(David Ricardo)를 거쳐 존 스튜어트 밀(John Stuart Mill)에 이르는 약 100년 동안 서구 사회를 지배한 경제학을 흔히 고전경제학이라고 하는데, 고전경제학은 토지 문제를 핵심 주제로 다루었으며 토지세를 매우 바람직한 조세로 간주하는 전통을 확립하였다.[18] 그러나 여기에서 말하는 토지세는 좁은 의미의 토지세라는 점에 유의해야 한다. 크게 보면 토지를 매입할 때 부과되는 조세가 있고, 토지 보유에 부과되는 조세가 있으며, 토지를 매도할 때 부과되는 조세가 있는데 이들을 모두 토지세로 간주하는 경향이 있다. 우리나라의 경우 취득세는 매입 단계에서 부과되는 조세이고, 토지보유세(종합부동산세의 토지분)는 토지를 보유하는 단계에 부과되는 조세이다. 양도소득세는 매도 단계에서 부과되는 대표적인 조세로 부동산 매입 시의 가격과 매도 시의 가격 차이, 즉 자본 이득에 부과되는 조세다. 취득세나 양도소득세는 고전경제학에서 말하는 토지세가 아니다.

취득세와 양도소득세는 일단 좋은 조세의 범위에서 제외된다. 두 조세는 거래(매입과 매도) 단계에서 부과되는 까닭에 자연히 토지 거래를 위축시켜 토지의 효율적 이용을 저해하기 때문이다. 토지가 효율적으로 잘 이용되려면 토지를 잘 이용할 수 있는 사람이 필요한 토지를 손쉽게 구매할 수 있도록 거래가 원활해야 한다. 취득세와 양도소득세는 원활한 거래에 걸림돌이 된다. 그래서 많은 경제학자들이 거래세의 비중을 낮추고 보유세의 비중을 높여야 한다고 주장한다. 특히 양도소득세는 부동산 가격이 들먹들먹하거나 투기 과열 조짐이 일어나기만 하면 우리 정부가 전가의 보도처럼 휘둘러온 전략적 조세이며, 아마도 우리 사회에서 가장 많은 주목을 받는 조세 중의 하나일 것이다. 그러나 양도소득세는 부동산 투기 억제나 부동산 가격 안정에 관한 한 그 효과가 의심스러운 정책 수단이다.[19]

오랫동안 경제학자들이 바람직한 조세로 꼽아온 토지세는 거래 단계가 아닌 보유 단계에서 매년 발생하는 지대에 부과되거나 이 지대를 자본화한 토지 가치에 부과되는 조세다. 토지 가치가 같다면 용도가 어떠하든 상관없이 동일한 세금이 부과된다. 이런 조세가 경제학에서 보통 말하는 토지세. 대한민국 모든 토지에 무거운 토지세를 부과했다고 해서 대한민국의 땅이 줄어들지 않는다. 무거운 토지세를 부과하든 말든 대한민국 국토의 면적에는 아무런 변화가 없다. 토지세는 용도에 상관없이 오직 토지 가치에 따라 부과되므로 용도를 바꾼다고 해서 토지세 부담을 비켜갈 수는 없다. 토지세의 부과가 토지 이용 양태에 아무런 변화를 초래하지 않으므로 토지 이용의 효율성을 저해하지도 않고 따라서 아무런 사회적 손실을 낳지 않는다. 바로 이 점이 토지세가 다른 조세와 크게 다른 점이라고 많은 경제학자들은 오랫동안 믿어왔다.

물론 장기적으로는 토지세의 부과가 여러 경로로 토지 이용 양태에 영향을 줄 수 있다. 토지 소유자는 토지세의 부담을 줄이는 방안을 강구하게 되는데, 장기적으로는 이것이 가능하기 때문이다. 예를 들면 토지를 좀 더 집약적으로 이용한다든가 토지 개발을 통해서 좀 더 수익성이 높은 용도로 토지를 이용할 수도 있다. 다른 조세가 경제 활동을 위축시키는 반면 토지세는 경제 활동을 오히려 촉진하는 효과가 있다. 이런 점에서 토지세는 다른 조세와 크게 다르다. 흔히 많은 사람들이 토지세가 경제 활동을 위축시킨다고 주장하지만 이것은 이론에 맞지 않는 주장이다. 다만 토지세가 토지의 집약적 이용 및 개발을 촉진하는 효과가 과연 바람직한가에 관해서는 의견이 엇갈린다. 토지 개발 및 경제 성장을 우선으로 생각하는 사람들에게 이런 효과는 축복이다. 그러나 환경보전을 강조하고 과잉 개발을 우려하는 사람들에게는 재앙이다.

토지 가치에 부과되는 토지세는 전가가 어렵다. 빠져나갈 구멍이 있느냐 없느냐가 전가의 여부를 결정한다. 용도를 바꾸어도 토지세를 비켜나갈 수 없으므로 토지 소유자에게 남은 선택은 자신이 소유한 토지를 아예 부숴 없애버리거나 아니면 팔아버리는 것이다. 그러나 토지는 파괴할 수 없는 자원이다. 따라서 남은 유일한 방법은 팔아버리는 것이다. 그렇지만 팔아버린다고 해서 토지세의 부담을 벗어날 수는 없다. 왜냐하면 합리적이라면 토지 매입자는 앞으로 자신이 부담하게 될 토지세를 공제한 나머지만 가격으로 치르려 하기 때문이다. 이것은 양도소득세의 경우와는 다르다. 양도소득세는 매각 때만 부과되기 때문에 매각하지 않고 버티면 이 세금을 피해갈 수 있다. 그러나 토지 가치에 부과되는 토지세는 버티고 기다린다고 해서 피할 수 있는 것이 아니다. 양도소득세와는 달리 토지세는 세월이 지남에 따라 누적된다. 따라서 버티고 기다릴수록 오히려 손해다.

결국 토지 소유자가 꼼짝없이 토지세를 부담하게 되는데, 대체로 토지 소유자는 부유한 사람들이다. 그렇다면 토지세는 부유한 사람들이 주로 부담하는 조세가 된다. 따라서 토지세는 토지 이용의 효율을 저해하지 않을 뿐만 아니라 빈부격차를 완화하는 효과를 낳는다. 바로 이런 이유에서 많은 경제학자들이 토지세를 바람직한 조세로 꼽게 되었다. 또한 토지세의 부과는 땅값 상승으로 재미를 보려는 투기 심리에 찬물을 끼얹기 때문에 투기 심리를 억제함으로써 간접적으로 지가 안정에 기여한다. 이처럼 토지세는 사회적으로 지탄을 받는 행위인 부동산 투기를 억제하고 빈부격차를 완화하는 등 여러 가지 바람직한 효과를 낳기 때문에 사회적으로 매우 좋은 조세로 꼽혀왔다.

| 일자리 대신 환경에 세금을 |

이처럼 나쁜 조세가 있고 좋은 조세가 있기 때문에 나쁜 조세를 좋은 조세로 대체하자는 움직임이 오래 전부터 여러 OECD 국가에서 활발하게 전개되었다. 잘 알려져 있듯이 오늘날 서구 선진국이 당면한 가장 골치 아픈 문제는 실업과 환경 문제다. 실업자가 많다는 것은 그만큼 아까운 인적 자원이 놀고 있다는 의미이며 따라서 국민경제 전체의 막대한 자원 낭비를 뜻한다. 세계 어느 나라보다도 서구 선진국 국민의 환경의식은 높다. 따라서 환경 문제 또한 민감한 사회 문제로 대두되었다.

경제학적으로 환경 문제가 심각하다는 것은 오염 물질 배출에 환경이 과도하게 이용되고 있다는 뜻이다. 서구 선진국에서 실업 문제와 환경 문제가 공존한다는 것은 결국 '인적 자원'은 잘 활용하지 않으면서 '환경 자원'은 과도하게 이용하고 있다는 얘기가 된다. 이중으로 몸살을 앓고 있는 셈이다. 이런 이중의 문제를 동시에 해결하는 일석이조의 묘책은 환경 이용에 엄하게 세금을 부과한 다음 그 세수만큼 다른 왜곡성 조세, 특히 근로소득세를 경감하는 것이다. 바로 이것이 요즈음 서구에서 많이 거론되는 묘책이자 최근 서구 OECD 국가의 여러 경제학자들이 주장하는 조세 개혁의 핵심 내용이기도 하다. 이 묘책의 큰 특징은 환경세 세수입을 정부가 환경 개선 사업이나 기타 사업에 사용하도록 허용하는 것이 아니고 다른 왜곡성 조세를 경감함으로써 증가된 세수입을 국민에게 고스란히 되돌려준다는 데에 있다. 결과적으로 국민의 조세 부담은 늘어나지 않는다. 이처럼 총 조세 수입이 증가하지 않는 범위 내에서 특정 조세의 세수를 다른 조세의 감면에 이용하는 것을 '조세의 재순환'이라고 부르기도 한다.

환경세 세수를 재순환하는 조세 구조의 개편은 기본적으로 환경세의 장점에서 오는 이익과 다른 왜곡성 조세의 경감에서 오는 이익을 발생시킨다. 우선 환경세의 철저한 실시는 환경을 깨끗하게 만드는 사회적 이익을 국민에게 안기는데, 이 이익을 '환경배당금'이라고 부르기도 한다. 그리고 다른 왜곡성 조세가 감면되는 만큼 초과부담을 덜어줌으로써 한정된 국민경제의 자원을 더 잘 이용하게 하고 따라서 그만큼 사회복지를 증진한다. 이런 사회적 이익을 '효율배당금'이라고 한다. 환경세의 재순환이 이런 두 가지 배당금을 국민에게 안긴다는 요지의 주장을 흔히 '이중배당금 가설'이라고 부른다.[20] 환경세 세수 재순환 덕분에 경감될 다른 왜곡성 조세 중 가장 우선으로 꼽히는 조세는 물론 근로소득세다. 근로소득세의 경감은 근로자의 사회복지를 실질적으로 개선할 뿐만 아니라 기업 입장에서 보면 실질적으로 노동이 그만큼 저렴해진다는 의미이기도 하다. 따라서 기업은 고용을 늘릴 인센티브를 가진다. 환경세 세수를 근로소득세 경감으로 재순환하면 노동 수요가 늘어나기 때문에 결과적으로 고용이 늘어나면서 상품의 생산도 증가할 것이다. 그래서 환경도 개선하고 경제도 활성화하는 묘책이 된다는 주장이 성립한다. 200명의 미국 경제학자를 상대로 실시한 설문조사에 의하면 92퍼센트가 근로소득세 경감이 고용 증대에 효과적이라고 생각하였다.[21] 환경세 세수의 재순환에서 오는 고용 증대 효과를 특별히 '고용배당금'이라고 부르기도 한다.

고용 증대에 조바심이 심한 유럽에서는 근로소득세 경감보다 더 직접적이고 노골적으로 고용을 증대하는 방법을 원하기도 한다. 예컨대 기업에 고용보조금을 지급하거나 고용에 관련된 기업의 부담금을 경감해주는 방법이 많이 논의되고 있다. 고용자 입장에서 볼 때 이런 방법은 실질적으로 임금을 떨어뜨리는 효과가 있다. 물론 고용보조금은 환경세 세수에서 지급된다. 다시 말해서 환경세가 고용보조금으로 재순환된다. 실증 연구에 의하면 특히 저소득 계층에 대한 고용보조금이 고용 증대에 더 효과적인 것으로 나타났다.[22] 이렇게 저소득 계층을 위해서 환경세를 재순환하면 고용배당금뿐만 아니라 계층 간 소득분배를 개선하는 효과도 노려볼 만하다.

환경세 재순환의 첫 번째 목표가 환경 개선이기 때문에 환경세 재순환은 환경 친화적 조세 개혁이라고 할 수 있다. 이 개혁은 우리나라 환경 정책의 목표이기도 한 경제 개발과 환경 보전의 조화를 실질적으로 달성하는 길이며, 앞으로 세계를 지배하게 될 지속가능 발전의 이념에 부합하기도 한다. 실제로 OECD 여러 국가에서 1990년대 초부터 이런 환경 친화적 조세 구조 개혁이 학계뿐만 아니라 정치계의 관심을 끌기 시작하였다. 특히 고용배당금이 주목을 끌었다. 유럽공동체에서 환경 친화적 조세 구조 개혁에 관해 여론조사를 실시했다. 조사 결과 환경세 세수를 재순환하는 조세 개혁에 73퍼센트가 지지하였는데, 모든 연령층과 모든 소득 계층에서 골고루 지지하는 것으로 나타났다. 이 결과를 보면 유럽에서 환경 친화적 조세 구조 개혁안이 상당한 여론의 지지를 받고 있다는 것을 알 수 있다.[23]

환경세 세수를 근로소득세 경감뿐만 아니라 법인세 경감에도 재순환하자는 주장도 나오고 있다. 업계 사람들이나 이들을 두둔하는 경제학자들은 근로소득세뿐만 아니라 법인세도 나쁜 조세라고 주장한다. 법인세는 법인이 벌어들인 총수입에서 실 경비를 우선 차감하고 감가상각 및 설비투자에 대한 특별공제 등을 공제하고 난 후의 기업 이윤에 부과된다. 법인세는 투자를 위축시키고 장기적으로는 자본 형성에도 역효과를 줄 수 있다는 것이 법인세를 반대하는 주된 이유다. 그렇지만 우리나라의 경우 환경세 세수의 일부를 법인세 경감에 이용하자는 주장은 설득력이 별로 없어 보인다. 우선 투자와 고용이 자동적으로 늘어나지 않는다. 이명박 정부 때 법인세 세율을 3퍼센트포인트 낮추었지만 고용이 기대만큼 늘어나지는 않았다. 사실 지난 20년 가까이 우리나라는 고용 없는 경제 성장을 경험하고 있다. 법인세를 경감해봐야 기업의 사내유보금만 크게 늘어날 뿐 투자와 고용은 늘어나지 않자 2015년 정부는 사내유보금에 과세하는 조치를 취하게 되었다.

그런데다가 우리나라의 법인세 세율이 이미 낮기 때문에 법인세 세율을 더 낮추기는 어렵다는 측면도 있다. 2011년 우리나라 법인세 실효세율은 OECD 회원국 평균(15.9퍼센트)보다 0.8퍼센트포인트 낮은 15.1퍼센트에 머물렀다. 미국과 일본의 실효세율은 각각 27.6퍼센트, 27퍼센트 수준이다. 이와 같이 우리나라 법인세 실효세율이 낮은 이유는 각종 세금 감면을 많이 받고 있기 때문이다. 게다가 우리나라는 건강보험이나 국민연금 등 각종 기여금에 기업이 부담하는 부분이 다른 나라에 비해서 매우 작다. OECD 평균으로는 고용주가 피고용자보다 1.59배를 더 낸다. 복지국가로 분류되는 스웨덴은 고용주 부담 몫이 피고용자의 2.5배가 넘는다. 영국과 독일, 미국 모두 고용주 몫이 피고용자 몫보다 더 크다.

IMF 경제위기 때 우리나라도 심각한 실업 문제로 온 나라가 진통을 겪었고, 2008년 세계 경제위기 이후 초저성장 시대를 맞아 실업 문제는 우리 사회의 고질병이 되었다. 그러니 이제 21세기를 재단하면서 우리나라도 일자리 대신 환경에 세금을 부과하는 방안을 본격적으로 모색해보아야 할 것이다.

| 토지세 세수의 재순환 |

환경세 세수의 재순환은 21세기의 아이디어이지만 토지세 세수를 재순환하자는 주장은 이미 150여 년 전 전 세계에 걸쳐 선풍적인 관심을 불러일으킨 기발한 아이디어였다. 이른바 헨리 조지(Henry George)의 토지단일세 이론이 바로 그것이다. 위에서 언급한 토지세의 여러 장점은 토지세를 대폭 강화하고 다른 모든 조세를 없애버리자는 헨리 조지의 토지단일세 이론의 근거가 되었다.[24] 헨리 조지의 추종자를 흔히 조지스트라고 부르는데, 한때 전 세계적으로 조지스트의 수가 마르크스주의자보다 많았다고 한다. 현재 우리나라에도 조지스트 모임이 활발하게 활동하고 있다. 대체로 조지스트들은 토지 이용의 효율 측면보다는 형평의 측면을 더 강조하는 경향을 보인다. 우선 공평해야만 그 토대 위에서 효율을 살릴 수 있다고 보기 때문이다. 토지단일세까지 가지 못하더라도 토지세를 대폭 강화하고 그 세수를 재순환한다면 형평과 효율 모두를 달성할 수 있다고 조지스트들은 주장한다.

토지세 세수의 재순환이 필요한 이유가 또 있다. 환경세의 한 가지

흠은 역진적이라는 것이다. 저소득 계층이 주로 많이 소비하는 상품 중 특히 환경을 오염시키는 산업의 생산품이 많이 있다고 알려져 있다. 그래서 고소득 계층보다 저소득 계층이 환경세의 부담을 더 많이 지게 된다는 것이다. 환경세는 소비세의 일종이다. 일반적으로 소비세가 역진적이라는 주장은 상당한 근거를 가지고 있다. 미국에서 수행된 몇몇 실증적 연구는 소비세로 인한 부담이 고소득 계층보다 저소득 계층에게 상대적으로 더 크다는 결론을 끌어냈다.[25] 소비세의 일종인 환경세가 역진적이기 때문에 환경 친화적 조세 구조 개혁이 실시될 경우 이런 역진성의 문제가 증폭될 수도 있다. 형평성 측면에서 토지세의 장점에 주목하는 재정학자들은 이런 역진성의 문제를 보완하기 위해서 토지를 비롯한 재산에 부과되는 조세를 강화해야 한다고 이미 주장해왔다.

환경세는 간접세(납세자와 담세자가 달라지는 조세)다. 그러므로 조세 구조상으로 보면 환경 친화적 조세 구조 개혁은 직접세의 비중을 낮추고 그 대신 간접세의 비중을 높이는 방향으로 조세 구조를 개편하는 셈이 된다. 간접세 비중을 높이는 데 강력하게 반대하는 세력도 있다. 장기적으로 직접세의 비중을 높이고 대신 간접세의 비중을 낮추는 것이 바람직하다는 주장이 학계에서 제기되고 있다.[26] 이런 주장을 거스르지 않으면서 환경 친화적으로 조세 구조를 개혁하기 위해서도 환경세를 도입하는 동시에 토지세를 대폭 강화할 필요가 있다.

아무리 환경세와 토지세가 좋은 조세라고 해도 반발하는 세력은 늘 있기 마련이다. 이른바 조세 저항이 있다는 것이다. 오늘날 환경오염 문제가 인류의 미래를 위협할 정도로 심각하고 많은 경제학자들이 환경세의 필요성을 역설했는데도 업계의 강력한 반발에 부딪쳐 어느 나라도 참된 의미의 환경세를 본격적으로 실시하지 못하고 있다. 토지세를 비롯한 재산세에 대한 저항은 더 완강하다고 할 수 있다. 토지세는 잘 전가되지 않기 때문에 자연히 그 부담이 토지 소유자에게 집중되는데, 토지 소유자는 대체로 부유한 사람들이고 게다가 상당한 정치적 영향력을 가진 사람들이다. 부동산 투기가 극성을 부리고 지가 상승으로 여론이 들끓을 때마다 많은 경제학자들이 거래세 세율을 낮추고 토지세를 대폭 강화해야 한다고 끊임없이 요구해왔지만 그때마다 조세 저항에 부딪쳐 좌절되고 말았다. 결과적으로 아직도 우리나라 토지세(종합토지세) 실효세율은 0.16퍼센트에 불과하다.[27] 여기서 실효세율은 종합토지세 세수를 우리나라 지가의 총액으로 나눈 값으로 토지 소유자가 사실상 부담하는 세율을 말한다. 0.16퍼센트라는 세율은 주요 선진국의 10분의 1도 안될 정도로 낮은 수준이다. 그렇기 때문에 앞으로 대폭 올려야 한다는 주장이 많이 나오고 있지만 여전히 조세 저항이 큰 걸림돌이다.

토지세를 강화해야 한다는 주장에 관하여 가장 흔히 나오는 반론은 부동산 경기가 위축되고 건설 산업이 위축되면서 경제 전체에 악영향을 미친다는 것이다. 그러나 위에서 자세히 살펴보았듯이 토지세의 부과는 경제 활동을 위축시키기는커녕 오히려 촉진하는 효과를 수반한다. 미국의 경우 건물에 매기는 재산세 세율을 낮추는 대신 토지세 세율을 높인 결과 오히려 토지 개발이 크게 활성화되었다는 사례가 여러 지방자치단체에서 관측되었다. 이처럼 건설 경기를 살리려면 오히려 토지세를 강화해야 한다.

물론 토지세나 재산세에 대한 조세 저항이 우리나라에서만 강한 것은 아니다. 1978년 미국 캘리포니아 주에서는 토지 및 건물에 대한 재산세를 올리려는 주정부에 대항하여 재산세 한도를 시장 가격의 1퍼센트로 제한하는 주민발의안을 주민투표로 가결하여 큰 파문을 일으켰다.[28] '조세 저항의 백미'로 꼽히는 이 사건은 한편으로는 토지세에 대한 저항이 얼마나 강한지 잘 보여주지만 다른 한편으로는 여러 교훈을 던져주기도 한다. 우선 지방자치가 잘 발달한 나라에서 주민투표가 지방정부 재정 지출의 팽창을 제한하는 효과적인 수단이 될 수도 있다는 점을 보여준다. 주민투표와 주민발의 제도를 포함하여 직접민주주의를 잘 활용하고 있는 지방이 대의민주주의에 주로 의존하는 지방에 비해서 재정 지출 규모나 공공 부채 규모가 더 작을 뿐만 아니라 탈세도 적고 공무원이 주민들에게 더 친절하다는 실증 연구가 많이 있다.[29] 그렇다면 거대 정부의 출현을 경계하는 정치경제학자들의 입장에서 볼 때 지방정부 차원에서는 직접민주주의를 잘 활용하는 것이 공공부문의 비대화를 막는 한 가지 효과적인 방법이 될 수 있다. 그러나 이런 방법에는 적지 않은 부작용도 뒤따른다. 주민들이 들고 일어나 지방정부의 세수를 깎을 경우, 지방정부가 고분고분 수용하지만은 않기 때문이다. 지방정부는 여러 가지 반응을 보이는데 그중 하나는 공공재 공급을 줄이거나 공공 서비스의 질을 낮추는 것이다. 이런 현상이 실제로 많이 나타난다고 한다.[30] 이를테면 만만한 것이 공교육이기 때문에 특히 공교육 서비스의 질이 크게 떨어지는 경향이 나타난다. 도로 개보수도 형편없어지고, 의료 서비스도 저질이 된다. 주민발의안 통과 이후 캘리포니아 주에서 이런 현상이 눈에 띄게 나타났다.

그러나 중앙정부나 지방정부가 국민이 모아준 세금을 정말로 국민을 위해서 알뜰하게 잘 사용한다면 조세 저항도 크게 줄어들 것이다. 그러므로 근원적으로 본다면 정부로 하여금 효율적으로 국민에 봉사하게 만드는 일이 무엇보다도 긴요하다. 그러기 위해서는 국민이 정치에 깊은 관심을 가지고 정확한 정보와 근거를 확보해 이것을 바탕으로 정치가와 관료를 감시하고 투표에 적극 참여함으로써 이들을 효과적으로 응징할 수 있어야 한다. 이런 기본적인 조건이 충족된다면 나쁜 조세를 줄이고 좋은 조세를 늘리는 조세 제도 개혁이 좀 더 용이해질 것이다.

시민이 만드는 새로운 시대의 정부

아나톨 칼레츠키는 2008년 세계 경제위기 때 붕괴된 것이 단순히 은행이나 금융 체계만이 아니라고 보았다. 그때 산산이 부서진 것은 기존의 정치철학과 경제체제 전체에 대한 믿음이며 이 세상을 살아가는 방식 그리고 이 세상에 대한 사고방식이라는 것이다.[1] 칼레츠키의 말이 약간 과장되게 들리기는 하지만 2008년 미국 금융시장 붕괴 이후 자본주의 시장에 관한 깊은 회의가 급속하게 확산되고 있는 것은 사실이다. 그러면서 정부가 좀 더 많은 역할을 하는 방향으로 시장과 정부의 역할 분담이 재조정되어야 한다는 목소리가 높아졌고, 많은 경제학자들이 동의하는 분위기다. 미국 금융시장의 붕괴 이후 최소한 2, 3년 동안은 업계도 그런 목소리에 동의하는 태도를 보였다. 그러나 그 동의는 총론적인 것이고, 막상 구체적인 조치가 나오면 강력하게 저항하다 보니 각종 개혁이 흐지부지되었다. 박근혜 후보도 2012년 대선에서 경제민주화 공약을 앞세워 승리하였지만 대통령이

359

되자 언제 그랬냐는 듯이 공약을 파기해버리지 않았던가.

설령 업계의 저항과 압력을 극복한다고 해도 시장과 정부의 역할을 재정립하는 구체적인 방안은 간단한 문제가 아니다. 이제까지 살펴보았듯이 시장의 실패도 심각하지만 정부의 실패도 심각하기 때문이다. 우리나라는 시장과 정부의 역할 분담에 관하여 체계적으로 정립하거나 재정립해본 경험이 없다. 사실 서구 사회에서도 시장과 정부의 역할을 분담할 때 어느 쪽에 더 무게를 두는가는 역사적 자본주의 발전 단계에 따라 크게 순환해왔다.

많은 경제학자들이 서구 자본주의가 세 단계를 거쳐 발전하였다고 본다. 칼레츠키는 그 세 단계를 자본주의 1, 2, 3으로 명명하였다. 자본주의 1은 제2차 산업혁명에서 1930년대 대공황까지 약 60여 년간 서구 사회를 지배하던 고전적 자본주의 시대를 가리킨다. 이 시대는 애덤 스미스의 '보이지 않는 손'에 대한 믿음이 아주 강하던 시대였다. 내버려두면 시장은 보이지 않는 손에 이끌려 부를 최대한 창출할 뿐만 아니라 그 안에 자동 조절 장치를 갖추고 있어서 안정적이라고 믿었다. 자본주의 1을 관통하는 한 가지 분명하고 의심의 여지가 없는 이념은 이윤 추구 동기와 사유재산 제도에 기반을 둔 자본주의 체제는 태풍이나 조수의 파도와 같이 인간이 마음대로 조정할 수 없는 자연적 질서라는 믿음이다. 이러한 믿음은 시장에 대한 정부의 간섭을 배제하고 시장의 자율을 최대한 살려야 한다는 자유방임주의를 낳았고 '작은 정부, 큰 시장'이라는 구호로 구체화되었다.

제2차 산업혁명 이래 서구 경제가 놀라울 정도로 발전하였지만 아이러니하게도 그 속에 역사상 최대의 자본주의 위기로 꼽히는 대공황의 씨앗이 자라고 있었다. 자유방임은 늘 독과점, 투기, 부정부패를 심화했고 큰 빈부격차를 낳았다. 전대미문의 경제적 번영 덕에 겉으로는 낙관적 분위기가 사회에 퍼져 있는 가운데 뒤로는 그런 악재가 누적되면서 잘나가던 서구 경제는 어느 날 느닷없이 대공황의 나락으로 빠지게 되었다. 단순한 시장의 실패가 아니라 체제를 위협하는 엄청난 시장의 실패가 터진 것이다. 이와 함께 시장이 최고로 생산적이라는 믿음, 그리고 시장이 자동 조절 기능을 갖추고 있다는 믿음도 산산조각 났다. 자본주의가 생존하느냐 아니면 파멸하느냐의 기로에서 서구 각국의 정부가 적극 나서서 절체절명의 위기로부터 자본주의를 구출함으로써 새롭게 등장한 체제가 바로 자본주의 2이다. 때마침 등장한 미국 루스벨트 대통령 정부의 리더십에 힘입어 자본주의 2는 더욱 더 탄력을 받게 되었다. 독과점 규제가 강화되었으며, 사회복지 제도가 도입되었고, 공공에 의한 대규모 실업 구제가 벌어졌다. 요즘 말로 하면 일련의 강력한 경제민주화 조치가 단행되었다고 할 수 있다. 이런 가운데 자연스럽게 '큰 정부, 작은 시장'의 시대가 열리게 되었다.

물론 대공황의 발발이 경제에 대한 정부의 적극적 개입을 정당화하였다고 할 수 있지만, 그것만이 전부는 아니었다. 정부의 적극적 개입을 필요로 하는 분위기가 다각적으로 전개되었다. 그중 하나는 극심한 빈부격차였다. 미국의 경우 대공황 직전에 최상위 1퍼센트의 부자가 미국 국민소득의 23.1퍼센트를 차지하는 지경에 이르렀다. 자본주의 체제의 가장 큰 위협은 바로 이런 극심한 빈부격차에서 배양된 계급 갈등이었다. 마르크스의 자본론이 1867년 발간되면서 반자본주의 사고방식과 운동이 본격화되었다. 빈부격차와 대량 실업에 대한 대중의 분노가 점차 극한으로 치닫고, 공산주의 혁명과 파시즘 독재의 등장이 자본주의 체제를 뿌리부터 위협하기에 이르자 자연히 정치가들이 경제에 개입하지 않을 수 없게 되었다. 때마침 1931년 영국의 금본위제 포기와 더불어 전통적 금본위제가 붕괴되면서 전에는 상상할 수 없었던 정도로 정부가 경제에 개입할 여지가 넓어졌다. 실업이나 경기변동은 자연적인 힘이라서 정부로서도 어쩔 수 없는 현상이라는 생각 역시 제1차 세계대전 이후 서서히 사라지게 되었다. 이런 여러 요인이 상호작용하면서 경제학자, 정치가, 일반 국민 모두 정치와 경제가 밀접하게 연결되어 있음을 점차 깨닫게 되었다. 바로 이런 깨달음이 자본주의 2를 정의하는 특징이다. 즉 정부가 인도하지 않으면 자본주의는 태생적으로 불안정하기 때문에 스스로 파멸에 이른다는 것이다. 자유시장의 그러한 혼란으로부터 대중과 경제를 보호하기 위하여 자비롭고 유능한 정부를 선출하는 것이 정치의 가장 중요한 기능으로 인식되기 시작했다.

비록 경제에 대한 정부의 적극적 개입이 정당화된다고 해도, 구체적으로 어떻게 개입하는 것이 가장 효과적인가 하는 물음은 남는다. 이 물음에 답을 준 시대의 풍운아가 바로 케인스다. 자본주의 2를 지배하던 시대정신은 케인스의 경제사상이다. 시장과 정부는 상호 보완적이라는 생각, 그리고 시장은 정부의 적절한 개입이 있을 때 비로소 가장 효과적으로 부를 창출할 수 있다는 생각이 케인스 경제학을 통해 이론적으로 뒷받침 받으면서 널리 퍼지게 되었다. 선진국 정부들이 케인스 경제학의 정책적 시사점을 받아들이면서 제2차 세계대전 이후 1970년대까지 황금기를 구가하였다.

그러나 시장에 대한 정부 개입의 폭이 점차 커지면서 정부가 급속도로 비대화되었다. 선진국 여러 나라에서 정부 재정 지출의 규모가 국내총생산의 40퍼센트를 넘어서는 지경에 이르게 되었다. 그러자 보수주의자들이 목소리를 높이기 시작하였다. 높은 세율로 인한 근로 의욕 저하, 거만한 정부에 의한 사기업의 질식, 노동조합의 득세 등을 집중 성토하는 가운데 '큰 정부, 작은 시장'의 폐해가 대규모 정부의 실패와 정치의 실패를 낳았다는 비판이 쏟아져 나왔다. 1970년대 초반 아랍의 오일 담합으로 인한 유가의 급등 그리고 정부의 재정 지출의 급증이 한편으로는 인플레이션을 조장하였고 다른 한편으로는 경기 침체를 초래하였다. 그래서 이른바 스태그플레이션에 시달리게 되었지만 케인스 경제학이 별 힘을 쓰지 못하면서 그 위세도 급속도로 떨어졌다. 이 틈을 타고 서구 사회에 신자유주의의 바람이 불기 시작하였으며 시장의 자율을 최대한 보장하라는 요구가 거세졌다. 이런 시대적 흐름을 업고 자본주의 3의 시대가 열렸다. 1979년 마거릿 대처의 등장과 1980년 미국 레이건 정부 출범으로 자본주의 3은 본격적으로 탄력을 받기 시작하였다. 사회복지 지출이 대폭 삭감되었고, 부유층에 대한 조세 부담이 경감되었으며 각종 시장 규제가 대폭 풀리게 되었다. 바야흐로 '작은 정부, 큰 시장'의 시대가 전개되었다.

'작은 정부, 큰 시장'을 위한 구체적 행동지침은 밀턴 프리드먼 (Milton Friedman)을 필두로 하는 이른바 통화주의자들이 제시해주었다. 이들은 정부가 고용을 늘리거나 경제 성장을 촉진하려고 억지를 부리지 말고 통화량을 안정적으로 공급함으로써 물가를 안정시키는

데만 집중할 것을 촉구하였다. 완전고용이 정부의 최우선적 목표가 되면 노동조합의 영향력은 커질 수밖에 없다. 돈만 찍어내면 노동자들의 모든 요구를 들어줄 수 있다는 생각이 지배하는 상황에서 인플레이션은 불가피하다. 통화주의자들은 인플레이션을 잡고 노동시장의 규율을 세우는 유일한 방법은 정부가 완전고용 정책을 포기하고 실업자의 발생을 내버려두는 것이라고 주장한다. 실제로 이런 정책이 1980년대부터 실시되었다.

그러나 규제 완화 조치, 특히 금융시장 규제 완화 조치는 미국뿐만 아니라 다른 선진국들을 투기의 도가니로 몰아가는 중요한 계기가 되었다. 개인이나 정부나 수입의 범위 안에서 지출한다는 원칙이 깨지면서 온 나라에 빚잔치가 벌어졌다. 대공황 전야처럼 빈부격차도 극에 달하였다. 미국의 경우 국민소득에서 최상위 1퍼센트 부유층이 차지하는 몫이 2007년 23.5퍼센트까지 치솟았는데, 이 수치는 대공황 직전의 23.1퍼센트를 웃도는 수준이다. 결국 부동산과 금융상품에 잔뜩 끼었던 거품이 터지면서 미국의 금융시장이 붕괴되었고 이어서 대공황 이래 최대의 세계 경제위기가 찾아왔다. '작은 정부, 큰 시장'을 기조로 삼은 자본주의 3은 그렇게 종말을 고하게 되었다.

자본주의 체제가 또 다시 위기에 빠지자 이번에도 정부가 구원투수로 등장했다. 수차례에 걸친 양적 완화 덕분에 일단 급한 불은 끌 수 있었지만, 1930년대 대공황의 교훈을 되새기는 아픔을 겪어야 했다. 순수하게 시장에 의해서 움직이는 사회는 경제적으로나 정치적으로 망할 수밖에 없다. 세상에서 가장 자유롭고 최대한 경제적 인센티브에 의해서 움직이는 시장경제는 미국이나 홍콩의 경제가 아니라 소말리아나 콩고 등과 같은 깡패국가들이다. 고삐 풀린 시장은 기본적으로 불안정하며 심지어 자본주의 체제 그 자체를 구렁텅이로 몰아갈 수 있다는 사실, 그리고 정부의 개입만이 자본주의를 위기로부터 구출할 수 있는 유일한 수단이라는 사실이 2008년 세계 경제위기로 재확인되었다.

* * *

자본주의 3의 시대가 막을 내렸다고 하면, 그 다음에는 어떤 시대가 올 것인가? 칼레츠키는 이제 자본주의 4.0의 시대가 온다고 말하고 있다. 그의 논리에 따르면 역사적으로 이번에는 '큰 정부, 작은 시장'의 시대가 올 차례다. 그러나 과거 자본주의 2 시대의 '큰 정부, 작은 시장'이 그대로 재현되기는 어렵다. 또한 그래서도 안 된다. 우선 선진국 정부들이 '큰 정부'가 될 여력을 갖추고 있지 못하다. 다들 빚더미 위에 앉아 있기 때문이다. 미국에서는 의회가 재정 지출 동결을 풀어주지 않아서 일부 국가 기능이 마비되는 사태가 여러 차례 벌어지기도 했다. 우리나라는 선진국에 비하면 아직까지는 위험하지 않다고 하지만 정부 부채가 급속도로 늘어나고 있어 우려를 자아내고 있다. 1997년부터 2010년까지 13년 동안 정부 부채(국가채무)가 약 6.8배 증가하여 국내총생산의 약 36퍼센트인 407조원에 이르렀다.[2] 정부의 재정 지출을 늘리려면 세금을 더 많이 걷어야겠지만 증세에 대한 국민의 반감, 특히 부유층의 반발이 큰 걸림돌로 작용하고 있다. 그래서 2014년 정부가 짜낸 꼼수가 담뱃값 인상이었다. 이런 꼼수를 동원할 정도로 우리 정부의 재정 형편이 열악하기 때문에 '큰 정부'를 지향하기 어려운 상황에 처해 있다.

설령 각국 정부가 '큰 정부'가 될 여력을 갖추고 있다고 해도 재정 정책이나 통화 정책, 규제 완화 같은 전통적인 정책 수단만으로는 작금의 세계적인 경제위기를 극복하기 어렵다. 자본주의 시장의 구조적이고 본질적인 모순이 현실화된 것이기 때문이다.[3] 지난 20년 가까이 우리를 괴롭혀온 '고용 없는 경제 성장', '임금 없는 경제 성장(실질임금 상승이 없는 경제 성장)', '분배 없는 경제 성장(낙수효과가 없는 경제 성장)'은 단순히 경기 침체나 저성장 때문에 나타나는 현상이 아니라 우리나라 자본주의 시장에 내재한 구조적인 문제 때문에 나타난 현상이다.[4] 예를 하나 들면 경제 이론과 달리 자본주의 시장은 소득분배의 불평등을 낳고 이것을 심화하는 경향이 있다. 따라서 이런 구조적인 문제를 해결하지 않고 부분적 금융 개혁이나 부자 감세, 대기업 특혜, 노동시장 유연화, 외국 돈으로 내수 살리기 등과 같은 현 정부의 미봉책으로는 경제를 살리기는커녕 오히려 악화시킬 뿐이다.

시장의 실패 때문에 '작은 정부, 큰 시장'이 결코 바람직하지 못하다는 것이 드러났다. 그러나 자본주의 2 시대의 '큰 정부, 작은 시장'은 이제 가능하지도 않을 뿐만 아니라 바람직하지도 않다. 그렇다면 대안은 무엇인가? 대답은 뻔해 보인다. 결국 제3의 길이다. 시장을 효과적으로 견제함으로써 시장의 실패를 최소화하고, 정부를 효과적으로 견제함으로써 정부의 실패를 최소화하는 것, 이것이 대안이 될 수밖에 없다. 그렇다면 누가 시장과 정부를 그렇게 견제할 것인가? 그 답도 비교적 분명해 보인다. 이제 시민사회가 적극 나서야 한다. 시민

사회가 시장과 정부를 효과적으로 견제하는 데에 힘을 모아야 한다는 것이다. '큰 정부, 작은 시장'을 지지하는 학자들은 정부가 시장을 가장 효과적으로 견제할 수 있다고 말한다. 그렇지만 정부는 시장을 견제하기는커녕 시장과 야합하는 경우가 너무 많았고, 그 결과가 정경유착과 도처에 성행하는 지대추구 행위라는 것을 과거의 오랜 경험이 우리에게 분명하게 보여주고 있다. 이에 대한 감시와 응징을 당사자인 업계나 관료에게 맡겨둘 수는 없다. 그렇기 때문에 시민사회의 분발이 더욱 더 절실하다.

시장과 정부를 효과적으로 견제하려면 우선 현실을 직시하고 시장의 실패와 정부의 실패, 그리고 정경유착의 속내를 잘 알아야 한다. 그리고 정확한 정보와 올바른 판단을 바탕으로 각종 선거에 적극 참여함으로써 무능하고 부패한 정치가와 관료 들을 솎아낼 수 있어야 한다. 정치에 관한 국민의 관심과 참여를 활성화하기 위한 시민운동도 필요하다. 시장의 독과점 폐해와 불공정 행위에 관해서도 시민사회가 좀 더 큰 목소리를 내고 실종된 경제민주화를 더 강력하게 요구해야 한다. 이런 의미에서 소비자운동과 노동운동이 더욱 활성화돼야 한다. 노동조합은 이미 있지 않느냐고 말할 수 있지만 우리나라 노동조합이 과연 비정규직 노동자들의 권익 보호에 얼마나 적극적이고 효과적인지에 관해서는 회의적인 견해가 많다. 비정규직 노동자들의 노조 가입률은 3퍼센트에 불과하며, 실제 노동조합의 보호를 받고 있는 비정규직은 극소수라고 한다.[5]

사실 자본주의가 고장 났다는 생각이 확산되면서 자본주의 시장 안에도 새로운 바람이 불고 있다. 과거 통상적 의미의 기업은 이윤을 추구하는 존재였으며, 기업의 이윤 추구는 당연시되었다. 그러나 무지막지한 이윤 추구가 자본주의의 근간을 흔들고 사회의 지속가능성을 위협하기에 이르자 '기업의 사회적 책임'을 강하게 추궁하는 분위기가 연출되고 있다. 이런 분위기를 타고 이윤 이외에 다른 사회적 가치를 추구하는 기업들이 속속 등장하고 있다. 이른바 '사회적 기업'이 바로 그것이다. 과거 큰 인기를 끈 「상도」라는 드라마에는 "장사란 돈을 벌기 위한 것이 아니라 사람을 벌기 위한 것이요, 장사의 목적은 이문을 남기는 것이 아니라 사람을 남기는 것"이라는 말이 나오는데, 사회적 기업을 아주 잘 설명하는 말이다. 2007년 사회적 기업 육성법이 제정되었다. 이 법에 의하면 사회적 기업의 목적이 일자리 창출만은 아니다. 가정 지키기, 환경보전, 장애인 보호 등 여러 사회적 가치를 추구하는 기업이 바로 사회적 기업이다. 이런 기업이 많이 출현하는 현상이 바람직하다는 것은 두말할 필요가 없다.

일자리 창출을 전통적 기업에게만 요구할 수는 없다. 기업 밖에서도 일자리가 많이 생겨야 하는데, 다행히도 그럴 징후가 나타나고 있다. 협동조합이 그 좋은 예다. 협동조합은 기본적으로 자본 투자보다는 인적 결합을 중심으로 운영되기 때문에 일자리 확충과 고용 안정에 크게 기여할 수 있다. 협동조합은 일자리 창출뿐만 아니라 상품의 생산과 유통 및 소비를 통해서 직접 서민에게 경제적 도움을 주고 그럼으로써 사회 양극화의 완화에도 크게 기여할 수 있다. 그래서 협동조합은 자본주의 시장의 취약점을 보완하는 하나의 유력한 대안으로 떠오르고 있다. 이 점을 의식한 UN은 2012년을 '세계 협동조합의 해'로 지정하고 협동조합 발전을 위한 법과 제도를 마련하도록 권장하였다. 이런 추세에 부응하여 우리나라도 2011년 12월 협동조합 기본법이 제정되었다. 과거에는 국가 정책의 필요에 따라 하향식으로 만들어진 협동조합이 많았지만 앞으로는 시민이 자발적으로 모이는 상향식 협동조합이 많이 나와야 할 것이다.

사회적 기업과 협동조합의 등장은 한 예에 불과하다. 무질서한 개인주의와 기업의 무절제한 '탐욕'이 세계 경제위기의 근원적인 원인이었다는 인식이 퍼지면서 자본주의 시장의 기조도 근본적으로 바뀌어야 한다는 주장이 점차 탄력을 받고 있다. 경쟁보다는 협동을 강조하는 쪽으로 변화의 큰 가닥이 잡히고 있다. '나를 위한 경제'에서 '우리를 위한 경제'로 전환해야 한다는 공감대가 형성되고 있는 것이다. 자본주의 시장에 부는 이런 변화의 바람이 단순한 일회성 돌발 현상에 그치지 않고 지속적으로 시대의 큰 흐름이 되며 진정 인간의 얼굴을 한 자본주의가 정착되려면 시민의 큰 관심과 적극적인 참여가 필요하다.

자본주의 4.0 시대를 맞아 정부도 변신해야 한다. 과거 '큰 정부, 작은 시장' 시대의 정부는 주로 공권력에 의존하는 '자비로운 독재자'였다. 그러나 이 자비로운 독재자가 국민 위에 군림하면서 결국 엄청난 '정부의 실패'를 낳았다. 공권력 사용을 최대한 억제하고 예산을 최대한 아끼면서 '세련된 방법'으로 조용히 국민에게 봉사하는 정부가 되어야 할 것이다.

아주 간단한 예를 하나 들어보자. 2002년 월드컵을 앞두고 깨끗하고 쾌적한 화장실 만들기 운동이 일어났다. 화장실을 깨끗하게 유지하기 위해서는 청소를 자주 해야 하는데, 특히 남자 화장실에서 소변을 흘리는 경우가 골칫거리였다. 악취와 불결을 막기 위해서 감시 체계를 강화하고 인력을 더 많이 배치할 수 있지만 돈이 많이 든다. 그러나 아주 손쉬운, 획기적 방법이 있다. 소변기 가운데에 파리 한 마리를 그려 넣는 것이다. 그러면 대부분의 남자들은 그 파리를 조준하고 소변을 보기 때문에 소변을 흘리는 경우가 크게 줄어든다. 실제로 네덜란드 암스테르담 공항에서 이 방법을 실시한 결과 80퍼센트나 줄어들었다. 굳이 공권력을 동원하지 않고 돈도 많이 쓰지 않으면서 그야말로 조용히 골칫거리를 해결할 수 있었다. 아주 사소한 사례이지만 여기 담긴 정신을 최대한 살린 정부가 새 시대의 정부다. 이 사례에서 보듯이 기분을 상하게 하지 않으면서 시민들의 행동을 바람직한 방향으로 유도하는 세련된 방법들이 학계의 관심을 끌고 있다.

우리나라에서도 최근 전력 낭비 문제가 심각해지면서 절전이 강조되고 있다. 주민의 절전을 유도하는 한 가지 효과적인 방법은 전기요금을 대폭 올리는 것이다. 이 방법은 공권력과 경제적 인센티브를 혼합한 방법이지만 국민의 반발과 인플레이션 우려 때문에 정부가 꺼려한다. 그렇다고 맥없이 앉아 있을 수는 없다. 세련된 방법을 강구해야 한다. 미국 서부의 어느 지방정부는 각 가정에 실제 전기 사용량과 함께 주민 전체의 평균 전기 사용량을 알려주었다. 그랬더니 평균보다 전기를 더 많이 쓴 가정의 전기 사용량은 크게 줄었지만, 평균보다 더 적게 사용한 가정의 전기 사용량은 오히려 늘어났다. 그래서 평균 사용량을 알려주지 않고 그 대신 평균보다 덜 사용한 가정에게는 웃는 얼굴의 그림을 보내고 평균보다 더 많이 사용한 가정에는 찡그린 얼굴의 그림을 보냈다. 이 결과 전기 사용량이 전반적으로 감소하

였다고 한다.[6]

이런 예가 보여주듯 아주 사소한 것이 사람들의 태도를 크게 바꾼다. 팔꿈치로 옆구리를 살짝 찌르는 행동을 영어로 넛지(nudge)라고 하는데, 『넛지』라는 제목의 책을 쓴 리처드 H. 탈러(Richard H. Thaler)와 캐스 R. 선스타인(Cass R. Sunstein)은 넛지만으로도 사람들의 태도를 크게 바꿀 수 있음을 다각적으로 증명하였다.[7] 에너지를 절약하는 새로운 방법을 주민들에게 소개할 때 "이 방법을 사용하면 당신은 월 5만 원을 절약할 수 있습니다."라고 표현하기보다는 "이 방법을 사용하지 않으면 당신은 월 5만 원 손해를 봅니다."라고 표현할 때 효과가 더 큰 것으로 나타났다. 일반적으로 사람들이 이익보다는 손해에 훨씬 더 민감하게 반응하는 경향이 있기 때문이다. 과거 영국에서는 자동차세를 내지 않은 사람들에게 독촉장만 보냈는데, 최근에는 독촉장과 함께 체납자의 자동차 사진도 함께 실어 보냈더니 체납자의 세금 납부율이 3배 정도 뛰었다고 한다. 이처럼 팔꿈치로 옆구리 찌르기가 큰 효과를 보이자 영국 정부는 내각 사무처 아래 '넛지팀'이라는 애칭을 가진 조직을 만들었다고 한다. 이 조직의 목적은 정부 재정과 경제 활성화에 도움이 될 수 있는 '사소하지만 큰 효과를 내는 정책'을 개발하고 시행하는 것이다.

요컨대 자본주의 4.0 시대의 큰 정부는 효율적이면서도 국민 위에 군림하지 않고 조용히 세련된 방법으로 봉사하는 정부가 되어야 하며, 그 한 가지 방법은 현실의 인간에 관한 첨단 과학의 통찰력을 최대한 활용하는 경제 정책을 짜고 실행하는 것이다. 그러나 여기에서 강조할 것은 그런 정부, 그리고 인간의 얼굴을 한 자본주의가 저절로 나타나는 것이 아니라는 점이다. 지난 수십 년 동안 누적된 시장의 실패와 정부의 실패 그리고 정경유착에 관한 신정치경제학의 연구 결과가 이런 교훈을 우리에게 주고 있다. 국민이 시장과 정부에 관하여 잘 알고 큰 목소리를 내며, 국민이 원하는 바를 강력하게 요구해야 한다. 이런 의미에서 시민사회의 적극적 참여와 시민운동의 활성화가 절실히 요구된다.

주

머리말

1 장하성, 『한국 자본주의』(헤이북스, 2014).

2 OECD, Cingano, F., "Trends in Income Inequality and its Impact on Economic Growth," *OECD Social, Employment and Migration Working Papers*, No. 163(OECD Publishing, 2014).

3 장하성, 앞의 책.

4 캐스 선스타인, 이시은 옮김, 『누가 진실을 말하는가』(21세기북스, 2015).

1장

1 토드 부크홀츠, 이승환 옮김, 『죽은 경제학자의 살아있는 아이디어』(김영사, 1994).

2 제임스 뷰캐넌, 케네스 애로, 조지 스티글러 등이 그들이다. 학자에 따라서는 공

공선택이론가로 불리기를 꺼려하기도 한다. 그러나 그들이 공공선택이론의 확립에 기여했다는 점에서 충분히 그렇게 불릴 수 있을 것이다.

3 파리드 자카리아, 나상원·이규정 옮김,『자유의 미래』(민음사, 2004), 181쪽.

4 예를 들면 "미국인은 왜 정치를 싫어하는가.", "거만한 수도", "민주주의 배신", "심판받는 민주주의", "더러운 정치", "동맥경화에 걸린 민주주의" 등 제목만 보아도 음울한 연구들이 줄을 이었다. 자세한 내용은 다음 문헌 참조. 파리드 자카리아, 위의 책.

5 전홍택,「새로운 발전 패러다임의 모색: 더불어 풍요롭고 자유로운 대한민국」, 한국경제학회,《한국경제포럼》제2권 제4호(2009).

6 Downs, Anthony, *An Economic Theory of Democracy*(New York: Harper & Row Publishers, 1957) ; 앤서니 다운스, 박상훈·이기훈·김은덕 옮김,『경제 이론으로 본 민주주의』(후마니타스, 2013).

7 브라이언 캐플란, 이현우·김행범·황수연·이성규 옮김,『합리적 투표자에 대한 미신』(북코리아, 2008).

8 Buchanan, J. M. & G. Tullock, *The Calculus of Consent*(Ann Arbor: the University of Michigan Press, 1965), p.19.

9 Rowley, C. K., *Democracy and Public Choice: Essay in Honor of G. Tullock*(Oxford, UK: Basil Blackwell Inc, 1987).

10 이제 정치판의 핵심 주역들이 사익 추구의 동기에 따라 행동한다는 가정이 공익을 추구한다는 가정을 점차 밀어내고 있다는 것이 신정치경제학 학자들의 자체 평가다. 다음 문헌 참조. Mueller, D. C., "Voting Paradox," C. K. Rowley(ed.), op. cit.

11 Buchanan, J. M., "Politics without romance," J. M. Buchanan and R. D. Tollision(ed.), *Theory of Public Choice*(Ann Arbor: The University of Michigan Press, 1984).

12 한국기독교언론포럼,「국민행복/힐링 관련 전 국민 여론조사 보고서」(2012).

13 다음 문헌의 서문에서 인용한 것임. Wilkinson, R. and K. Pickett, *The Spirit Level*(New York: Bloosbury Press, 2010)

14 많은 경험에 비추어볼 때 우연한 경우를 제외하고는 자신의 규제 이론에 어긋나는 경우가 거의 없다는 확신을 가지게 되었다고 말하며 다른 대안 이론은 있을 수 없다고 못 박기까지 한 것을 보면 스티글러는 틀림없이 자신의 규제 이론에 강한 확신을 가지고 있었을 것이다. 다음 문헌 참조. Leight, Jessica, "Public Choice: A Critical Reassessment," Edward J. Balleisen, and David A. Moss(eds.), *Government and Markets: Toward A New Theory of Regulation*(Cambridge: Cambridge University Press, 2010).

15 Moss, David A. and Mary Oey, "The Paranoid Style in the Study of American Politics," Ibid.

16 West, Darrell M., *Billionaires: Reflections on the Upper Crust*(Brookings Institution Press, 2014), 「자산 10억달러 이상 억만장자 1645명, 돈을 무기로 각국 정책 결정에 개입」,《조선일보》(2014년 9월 22일), 16면에서 재인용.

17 파리드 자카리아, 앞의 책, 194쪽.

18 Wittman, Donald, "The End of Special Interests Theory," Edward J. Balleisen and David A. Moss(eds.), op. cit.

19 Moss, David A. and Mary Oey, op. cit., p.260.

20 Buchanan, J. M. & G. Tullock, op. cit., p.304.

21 Buchanan, J. M. & G. Tullock, op. cit., chapter 18.

22 Ibid., p.274.

23 다음 문헌 2장 참조. 이정전,『시장은 정의로운가』(김영사, 2012).

24 자세한 논의는 다음 문헌 참조. 이정전,『우리는 행복한가』(한길사, 2008)

25 Habermas, J., *Toward a Rational Society*(London: Heinemann Educational Books Ltd, 1971).

26 이우진·김태은, 「2008년과 2012년 국회의원 선거에서 나타난 유권자들의 이념과 투표」, 『경제논집』 제52권 1호(서울대학교 경제연구소, 2013).

27 Leight, Jessica, op. cit.

28 브라이언 캐플란, 앞의 책.

29 허태균, 『가끔은 제정신』(쌤앤파커스, 2012).

30 Thaler, Richard H. and Cass R. Sunstein, *Nudge*(New York: Penguin Books, 2008) ; 리처드 탈러·캐스 선스타인, 안진환 옮김, 『넛지』(리더스북, 2009).

31 허태균, 앞의 책.

32 1차적 선호와 2차적 선호에 관해서는 다음 문헌 참조. Sunstein, C. R., "Disrupting Voluntary Transactions," J. W. Chapman and J. R. Pennock(eds.), *Market and Justice*(New York: New York University Press, 1989).

33 구체적인 내용은 다음 문헌 참조. 이정전, 『경제학을 리콜하라』(김영사, 2011).

34 애덤 스미스의 『도덕감정론』에 관해서는 다음 문헌 참조. 이정전, 위의 책.

35 신정치경제학 학자들은 자신들의 이론에 적합한 사례 연구는 많이 하면서도 의미 있고 명백히 반증 가능한 반대 이론을 주의 깊게 체계적으로 검증하는 연구를 너무 소홀히 한다는 비판도 있다. 다음 문헌 참조. Leight, Jessica, op. cit.

36 Balleisen, Edward J. and David A. Moss(eds.), p.235.

2장

1 송병락, 「송병락교수의 이야기 경제학: 규칙에 살고 반칙에 죽는다」,《동아일보》(2001년 6월 10일).

2 이만우·이명훈, 『공공경제학』(율곡출판사, 2000), 18쪽.

3 Kaletsky, Anatole, *Capitalism* 4.0(New York: Public Affairs, 2010) ; 아나톨 칼레츠키,

위선주 옮김, 『자본주의 4.0』(컬처앤스토리, 2011).

4 Stiglitz, Joseph E., "Government Failure vs. Market Failure," Edward J. Balleisen and David A. Moss(eds.), op. cit.

5 장하성, 『한국 자본주의』(헤이북스, 2014), 136~144쪽.

6 Arrow, K. J., *Social Choice and Individual Values*(2nd ed.)(New Haven: Yale University Press, 1963), p.1.

7 신정치경제학 학자들은 정치적 과정을 통하는 방법을 '비시장 의사결정 방법'이라고 불렀다. 이들의 모임인 공공선택학회는 원래 '비시장 의사결정 연구회(The Committee for Non-Market Decision Making)'라는 간판을 걸고 출범하였다. 이 연구회는 1968년에 지금의 공공선택학회(The Public Choice Society)로 명칭을 바꾸었다. 자세한 내용은 다음 문헌 참조. Buchanan, J. M. and R. D. Tollison(eds.), *Theory of Public Choice*(Ann Arbor: The University of Michigan Press, 1984).

8 자세한 내용은 다음 문헌 참조. 이정전, 『우리는 왜 행복해지지 않는가』(토네이도, 2012).

9 김균, 「하이에크와 신자유주의」, 한국사회과학연구협의회 학술심포지움 '신자유주의와 한국의 대응'(한국사회과학연구협의회, 1998).

10 송병락, 「송병락교수의 이야기 경제학: 서양은 언제부터 우리를 앞섰나」,《동아일보》(2001년 5월 27일).

11 이 예는 다음 문헌에서 인용한 것임. 마이클 샌델, 안기순 옮김, 『돈으로 살 수 없는 것들』(와이즈베리, 2012).

12 Knut Wicksell, Eric Lindahl 등의 연구가 있다. 자세한 논의는 다음 문헌 참조. Leight, Jessica, op. cit.

13 데이비드 C. 코튼, 김경숙 옮김, 『경제가 성장하면 우리는 정말로 행복해질까』(사이, 2014), 16장. 미국의 경우 4대 주요 가전 업체가 미국 가전 시장의 92퍼센트를 장악했으며, 4대 항공 회사는 미국 내 전체 비행기 탑승 수입의 66퍼센트를 차지했

고, 4대 컴퓨터 소프트웨어 회사가 미국 내 소프트웨어 시장의 55퍼센트를 점유했
는데 그중 2개 업체가 최근 합병하였다.

14 데이비드 C. 코튼, 위의 글.

15 Schotter, A., *Free Market Economics*(New York: St. Martin's Press, Inc., 1985), p.52.

16 Akerlof, G. A., "The Market for Lemons: Qualitative Uncertainty and the Market Mechanism," *Quarterly Journal of Economics*, vol.84(1970), pp.488~500.

17 이준구·이창용,『경제학원론』, (범문사, 1999).

18 자세한 논의는 다음 문헌 참조. 이정전,『시장은 정말 우리를 행복하게 하는가』 (한길사, 2002).

3장

1 엘리너 오스트롬, 윤홍근·안도경 옮김,『공유의 비극을 넘어』(랜덤하우스코리아, 2010).

2 이런 주장을 수학적으로 표현하면 다음과 같다. 어떤 사람 혹은 소수의 집단 j
에게 귀속되는 공공재의 혜택을 A_j라고 하고, 이 공공재의 공급 비용을 C라고 하
자. 만일 A_j 〉 C이면 이 집단은 공공재 공급에 성공한다. 올슨은 이런 집단을 특권
화 집단(privileged group)이라고 불렀다. 다음 문헌 참조. Olson, Mancur, *The Logic of Collective Action: Public Goods and the Theory of Groups*(Cambridge, Mass. : Harvard University Press, 1971).

3 비용 분담의 조건이 성립하지 않아서 공공재 공급에 실패하는 집단을 올슨은 잠
재적 집단(latent group)이라고 불렀다.

4 Kaletsky, Anatol, op. cit.

5 다음 문헌 110쪽의 표 참조. McNutt, P. A., *The Economics of Public Choice*

(Cheltonham, U.K.: Edward Elgar Publishing Ltd., 2002).

6 OECD, *Social Expanditure Database 2015*.

7 Boadway, R., "The role of public choice consideration in normative public economics," S. L. Winer & H. Shibata(eds.), *Political Economy and Public Finance*(Cheltonham, U.K. : Edward Elgar Publishing Limited, 2002), Chapter 4.

8 이정우,『소득분배론』(비봉출판사, 1997), 369쪽.

9 Frank, Robert H., *Luxury Fever*(Princeton: Princeton University Press, 1999).

10 레스터 C. 써로우, 유재훈 옮김,『자본주의의 미래』(고려원, 1997).

11 친 재벌 성향의 이명박 정부에서 핵심 역할을 수행한 교수조차 공개적으로 "성장우선 4년, 낙수효과 없었다."고 회고하였다.「 ''MB 노믹스' 기획자 곽승준 "성장우선 4년, 낙수효과 없었다"」,《한겨레》(2012년 2월 23일), 1면.

12 이정전,『시장은 정말 우리를 행복하게 하는가』, 8장.

13 조지프 스티글리츠, 이순희 옮김,『불평등의 대가』(열린책들, 2012).

14 Rawls, J., *Theory of Justice*(Boston: Harvard University Press, 1971).

15 고영성,『경제를 읽는 기술, HIT』(스마트북스, 2011), 243쪽.

16 이정우, 앞의 책, 370쪽.

17 구체적인 내용은 다음 문헌 참조. Hamlin, A. P., *Ethics, Economics and the State*(New York: St. Martin's Press, 1966), pp.63~69.

18 Olson, Mancur, "Why some welfare-state redistribution to the poor is a great idea," S. L. Winer & H. Shibata(eds.), op. cit.

19 "난쟁이의 행렬"에 대한 자세한 내용은 다음 문헌 참조. 이정전,『시장은 정말 우리를 행복하게 하는가』, 334~335쪽.

20 이정우, 앞의 책, 370쪽.

21 나성린·전영섭,『공공경제학』(박영사, 2001), 40쪽.

22 김동건,『재정학』(박영사, 1996).

23 Taylor, M., *The Possibility of Cooperation*(Cambridge: Cambridge University Press, 1987), Introduction.

24 Gauthier, D., "Reason and Maximization," B. Barry and R. Hardin(eds.), *Rational Man and Irrational Society?*(Beverly Hills: Sage Publications, 1982).

25 보장 게임과 겁쟁이 게임에 관한 구체적 내용은 다음 문헌 참조. Taylor, M., op. cit.

26 Taylor, M., op. cit., chapter 6.

4장

1 이처럼 솔직한 선호 표명을 유도하기 위해 부과되는 세금을 흔히 클라크-그로브스(Clarke-Groves) 조세라고 부르기도 한다.

2 임혁백, 「시장경제와 민주주의: 긴장에서 공존으로」,《사상》제 37호(1998년 여름호), 14쪽.

3 자세한 논의는 다음 문헌 참조. 브라이언 캐플란, 앞의 책.

4 로버트 달, 조기제 옮김, 『민주주의와 그 비판자들』(문학과지성사, 1999).

5 영국의 천재 철학자이면서 경제학자이기도 했던 존 스튜어트 밀의 아버지, 제임스 밀이 한 말이다. 자세한 내용은 다음 문헌 참조. 로버트 달, 위의 책.

6 파리드 자카리아, 앞의 책, 13쪽.

7 May, K. O. "A Set of Independent, Necessary, and Sufficient Conditions for Simple Majority Decision," B. Barry and R. Hardin(eds.), op. cit.

8 이에 대한 증명은 다음 문헌 참조. 이정전, 『경제학에서 본 정치와 정부』(박영사, 2005).

9 이에 대한 증명은 다음 문헌 참조. 이정전, 위의 책.

10 이 정리를 레이-테일러 정리(Rae-Taylor theorem)라고도 한다. 자세한 논의는 다음 문헌 참조. Mueller, D. C., "Public choice: A survey," J. M. Buchanan & R. D. Tollison(eds.), *Theory of Public Choice II*(Ann Arbor: The University of Michigan Press, 1984).

11 Buchanan, J. M. & G. Tullock, op. cit., p.65.

12 고든 털럭, 김행범·황수연 옮김, 『사적욕망과 공공수단』(대영출판사, 2005).

5장

1 자세한 논의는 다음 문헌 참조. Stiglitz, Joseph E., *Free Fall*(New York: W. W. Norton and Co., 2010).

2 자세한 논의는 다음 문헌 참조. 김재한 외, 『공공선택』(박영사, 2012).

3 Seldon, A., "Public Choice and the Choice of the Public," C. K. Rowley(ed.), op. cit.

4 Brennan, G., "Public finance, public choice and the political economy of regulation," S. L. Winer & H. Shibata(eds.), op. cit.

5 Seldon, A., op. cit.

6 Riker, W. H., *Liberalism against Populism*(San Francisco: W. H. Freeman and Co., 1982), pp.87~89.

7 자세한 논의는 다음 문헌 참조. 이정전, 『경제학에서 본 정치와 정부』.

8 엄밀히 말하면 선호가 이행적이어야 한다는 말과 선호가 순환을 이루지 말아야 한다는 말은 다르다. 원칙적으로 이행성은 세 개의 대안 사이에만 적용되는 개념인데 선호의 순환성은 셋 이상의 대안이 존재할 경우에도 적용되는 개념이다. 따라서 이행성 조건이 충족되더라도 선호가 순환을 이루어서는 안 된다는 조건을

충족하지 못할 수도 있다. 구체적인 증명은 다음 문헌 참조. Riker, W. H., op. cit., pp.87~89.

9 다음 문헌 참조. Riker, W. H., ibid.

10 Riker, W. H., ibid.

11 구체적인 예는 다음 문헌 참조. Mueller, D. C., "Public Choice: A Survey," *Journal of Economic Literature* Vol.14 no. 2(1976).; 나성린·전영섭, 앞의 책, 111쪽.

12 다음 문헌 참조. Riker, W. H., op. cit., pp.183~185.

13 Riker, W. H., ibid., p.186.

14 자세한 논의는 다음 문헌 참조. Faith, R. L. and J. M. Buchanan, "Towards a Theory of Yes-No Voting," *Public Choice* Vol. 37 no.2(1981).

15 예를 들면 D. Usher가 그런 주장을 하는 학자다. 아래의 내용은 다음 저서에서 뽑은 것이다. Usher, D., *The Economic Prerequisite to Democracy*(Oxford: Basil Blackwell Publisher, 1981).

16 이영선, 『민주주의와 경제정책』(박영사, 1996), 5쪽.

17 Riker, W. H., op. cit., p.190.

6장

1 이 조건은 중립성과 단조성을 완화한 것이다.

2 애로의 불가능성 정리가 발표된 뒤 초기에는 조건 완화 문제가 많이 논의되었으나 그 이후에는 거짓 선호 표출의 문제나 전략적 조작의 문제가 핵심 주제로 등장하게 되었다. 구체적인 내용은 다음 문헌 참조. Gibbard, A., "Manipulation of Voting Scheme: A General Result," *Econometrica* Vol.41(1973), pp.587~594.

3 Arrow, Kenneth, *Social Choice and Individual Values*(New York: John Wiley & Sons,

1951).

4 구체적 논의는 다음 문헌 참조. 김재한 외, 『공공선택』(박영사, 2012) ; 나성린 · 전영섭, 앞의 책.

5 Riley, J., *Liberal Utilitarianism*(Cambridge: Cambridge University Press, 1988), Chapter 1.

6 다음 문헌 참조. McNutt, P. A., op. cit.

7 Barry, B. & R. Hardin(eds.), op. cit., p.368.

8 다음 문헌 참조. 나성린 · 전영섭, 앞의 책.

9 신정치경제학 학자들은 애로의 불가능성 정리가 종종 오해되고 있다고 보았다. 공정성 조건과 합리성 조건은 차원이 다르므로 한 덩어리로 묶을 성격의 조건들이 아니다. 그럼에도 불구하고 대부분의 경제학자들이 두 조건을 엄밀히 구분하지 못해서 불가능성 정리의 깊은 뜻을 제대로 이해하지 못하거나 잘못 전달하고 있다고 신정치경제학 학자들은 불평한다. 예를 들어 애로의 불가능성 정리를 소개할 때 많은 경제학자들이 네 가지 공정성 조건과 두 가지 선호의 합리성 조건을 구분 없이 비빔밥처럼 한 덩어리로 묶어서 여섯 가지(혹은 다섯 가지) 조건으로 정리하고 있다. 그러고는 애로가 그 여섯 가지 조건을 모두 충족하는 집단의사 결정 방법이 존재하지 않는다고 증명하였다는 식으로 서술한다. 인용 문구는 다음 문헌에서 뽑았다. 나성린 · 전영섭, 위의 책, 102쪽 ; 이만우 · 이명훈, 『신공공경제학』(율곡출판사, 2000), 170쪽.

10 Riley, J., op. cit., Chapter 4.

11 센의 자유민주주의 역설에 관해서는 다음 문헌 참조. Sen, A., *Rationality and Freedom*(Cambridge, Mass: Harvard University Press, 2002), p.136.

12 Hauseman, D. M. and M. S. Mcpherson, "Taking ethics seriously: Economics and contemporary moral philosophy," *Journal of Economic Literature* vol. XXXI(1993), pp.671~731.

13 장하성, 『한국 자본주의』(헤이북스, 2014), 93쪽.

14 다음 문헌 참조. Gibbard, A., "Manipulation of Voting Schemes: A General Result." ; Gibbard, A., "Manipulation of Voting Schemes that mix Voting with Chance," *Econometrica* Vol. 45(1977 April) ; Satterthwaite, M., "Strategy Proofness and Arrow's Conditions," *Journal of Economic Theory* Vol. 10(1975 October) ; Riker, W. H., op. cit., p.145.

15 Riker, W. H., Ibid., Chapter 6.

16 '콩도르세 승자에 대한 정리'라는 것이 있는데, 한 의안에 대한 개인의 선호가 다른 의안에 대한 선호의 영향을 받지 않으며 콩도르세 승자가 있을 경우 참된 선호를 반영하는 투표는 콩도르세 승자를 선택한다는 것이다. 이처럼 한 의안에 대한 선호가 다른 의안에 대한 선호의 영향을 받지 않을 때 선호가 분리가능하다고 말한다. 이 정리에 관해서는 다음 문헌 참조. McNutt, P. A., op. cit.

17 Buchanan, J. M. & G. Tullock, op. cit., Chapter 10.

18 Ibid., p.140.

19 Ibid., p.123.

20 McNutt, P. A., op. cit.

21 다음 문헌에 나오는 Niskanen의 논문에 관한 D. Wittman의 논평 참조. Winer, S. L. & H. Shibata(eds.), op. cit.

22 Buchanan, J. M., "The Question of a Natural Economist," C. K. Rowley(ed.), op. cit.

23 Mueller, D. C., "Voting Paradox," Ibid.

24 자세한 설명은 다음 문헌 참조. 이정전, 『시장은 정말 우리를 행복하게 하는가』.

25 Mueller, D. C., op. cit., p.93.

7장

1 McNutt, P. A., op. cit.

2 Buchanan, J. M. and G. Tullock, op. cit., Chapter. 19.

3 장하성, 앞의 책, 106쪽.

4 Peltzman, S. "The Growth of Government," *Journal of Law and Economics* vol.23(1980 October) ; G. J. Stigler(ed.), *Political Economy*(Chicago: The University of Chicago Press, 1988).

5 다음 두 문헌 참조. McNutt, P. A., op. cit. ; Peltzman, S., "The Growth of Government," pp.208~287.

6 Gordon Tullock, 「렌트추구의 사회적 비용」, 양운철 엮음, 『렌트추구행위의 사회적 비용』(세종연구소, 1995).

7 Niskanen, W. A., "On the Origin and Identification of Government Failures," S. L. Winer & H. Shibata(eds.), op. cit.

8 김동건, 『현대 재정학』(박영사, 1996), 6장.

9 Peltzman, S., op. cit.

10 정부 재정 지출을 인구로 나눈 1인당 정부 재정 지출을 E라고 하면 다음과 같은 간단한 방정식을 생각해볼 수 있다.

$$E = C + aY + bP + dN; \quad P = C' + hY \implies E = C'' + (a + bh)Y + dN$$

(E=1인당 정부 지출, Y=1인당 실질국민소득, P=공공 서비스의 상대가격, N=인구)

실증분석에 의하면 (a+bh)의 값은 대략 1 정도이다. 그렇다면 인구가 크게 증가하지 않는 이상(선진국의 경우 인구 변화가 크지 않다) 재정 지출의 규모는 크게 증가하지 않아야 한다. 그러나 실제로는 그렇지 않다. 구체적인 내용은 다음 문헌 참조. Peltzman, S., op. cit.

11 McNutt, P. A., op. cit.

12 Ibid., p.109.

13 Ibid., p.106.

14 Peltzman, S., op. cit.

15 Peltzman, S., op. cit.

16 Stigler, G. J., "Director's Law of Public Income Redistribution," *Journal of Law and Economics* Vol 13, no.1(April 1970).

17 Peltzman, S., op. cit., pp.208~287.

18 소병희, 『공공부문의 경제학』(박영사, 2004), 209~211쪽.

19 장하성, 앞의 책, 111~119쪽.

20 Buchanan, J. M. and G. Tullock, op. cit.

21 로버트 달, 앞의 책, 121쪽.

22 Niskanen, W. A., op. cit.

23 뒤에서 살펴볼 관청형성 모형(Dunleavy's Bureau-shaping Model)에서 던리비는 금전적인 이득이 관료의 행태에 영향을 주지 않는다고 가정한다. 그는 관료들이 예산 극대화를 추구하기보다는 부서형성(bureau-shaping)에 더 많은 노력을 기울인다고 보았다. 특히 고위 관료들이 그렇다. 예산 극대화와 마찬가지로 부서형성도 집단적 노력이 필요하다. 자세한 논의는 다음 문헌 참조. McNutt, P. A., op. cit.

24 소병희, 『공공선택의 정치경제학』, 150~151쪽.

25 Dunleavy, P., "Bureaucrats, Budgets and the Growth of the State," *British Journal of Political Science* Vol.15 no.3(1985) ; 정용덕 외, 『합리적 선택과 신제도주의』(대영출판사, 1999)에서 재인용.

26 정확하게 말하면 38.9퍼센트다. 자세한 내용은 다음 문헌 참조. 소병희, 『공공부문의 경제학』, 476쪽.

27 로머-로젠탈 모형이 이러한 취지의 주장을 담고 있다. 자세한 논의는 다음 문헌 참조. 소병희, 위의 책, 213쪽.

28 McNutt, P. A., op. cit., p.161.

29 예를 들면 Brennan과 Buchanan의 연구를 꼽을 수 있다. 다음 문헌 참조. McNutt, P. A., op. cit.

30 다음 문헌 참조. 정용덕 외, 앞의 책.

31 던리비는 관료 조직을 크게 여덟 가지로 분류했다. 국방, 치안 등 전형적인 공공재 및 준공공재 공급을 전담하는 '공급기관(delivery agency)', 감시·감독. 특히 민간부문 규제를 책임지는 '규제기관(regulatory agency)', 민간부문에 대한 보조금이나 사회보장 형태의 이전지출을 주로 담당하는 '이전지출기관(transfer agency)', 교부금이나 양여금 형태로 다른 공공기관에 자금을 전달하고 이들의 자금 사용 및 정책 집행 방식을 감독하는 일을 주로 담당하는 '통제기관(control agency)' 등이 주요 관료 조직이다.

32 정용덕 외, 앞의 책.

33 Seldon, A, op. cit., p.134.

8장

1 Niskanen, W. A., "On the Origin and Identification of Government Failures," S. L. Winer & H. Shibata(eds.), op. cit.

2 다음 문헌에 나오는 Niskanen의 논문에 관한 D. Wittman의 논평 참조. Winer, S. L. & H. Shibata(eds.), Ibid.

3 원 자료는 다음 문헌 참조. Atkinson, A. B. et al, *Income Distribution in OECD Countries*(Paris: OECD, 1995).

4 자세한 내용은 다음 문헌 참조. Mueller, D. C. "Interest groups, redistribution and the size of government," S. L. Winer & H. Shibata(eds). op. cit.

5 Buchanan, J. M., "The Question of a Natural Economist," C. K. Rowley(ed.), op. cit.

6 다음 문헌 참조. 나성린·전영섭, 『공공경제학』, 351~353쪽 ; 김동건, 『현대 재정학』, 19장.

7 Olson, M., "Why some welfare-state redistribution to the poor is a great idea," C. K. Rowley(ed.), op. cit., p.219.

8 소병희, 『공공부문의 경제학』, 219쪽.

9 Tollison, R. D., "Is the theory of rent-seeking here to stay?," C. K. Rowley(ed.), op. cit.

10 지대추구란 용어는 Anne O. Krueger가 처음 사용하였다고 한다. 다음 문헌 참조. 양운철 엮음, 『렌트추구행위의 사회적 비용』(세종연구소, 1995).

11 자세한 논의는 다음 문헌 참조. 이정전, 『토지경제학』(박영사, 1999).

12 정영승·유항근, 「렌트추구와 소득불평등」, 양운철 엮음, 앞의 책.

13 예를 들어 1920년대에 이미 피에로 스라파(Piero Sraffa)가 지대추구에 관해 연구했다. 스라파 역시 경쟁을 회피하려는 기업의 노력이 지대추구로 나타난다는 사실을 보였다.

14 양운철, 「독점의 사회적 비용」, 양운철 엮음, 앞의 책.

15 박원암, 「경제왜곡과 DUP」, 위의 책.

16 이런 주장을 Mueller가 했다고 해서 Mueller의 철칙이라고도 한다. 다음 문헌 참조. McNutt, P. A., op. cit., p.173.

17 Spulber, D. F., *Regulation and Markets*(Cambridge, Mass.: The MIT Press, 1989), p.94.

18 McNutt, P. A., op. cit., p.163.

19 Ibid., p.133.

20 정확하게 말하면 하버거의 삼각형의 총계가 GDP의 1퍼센트에 못 미친다는 것

이다. 자세한 논의는 다음 문헌 참조. McNutt, P. A., op. cit., p.169, 183.

21 Buchanan, J. M., op. cit.

22 Gordon Tullock, 앞의 글, 양운철 엮음, 앞의 책, 23~24쪽.

23 Tollison, R. D., op. cit., p.153.

24 구체적인 내용은 다음 문헌 참조. McNutt, P. A., op. cit.

25 Gordon Tullock, 앞의 글.

26 양운철 엮음, 앞의 책.

27 자세한 내용은 다음 문헌 참조. McNutt, P. A., op. cit.

28 McNutt, P. A., op. cit., p.183.

29 윤홍근·유석진, 「정치적 시장과 렌트추구행위」, 양운철 엮음, 앞의 책.

30 Tollison, R. D., op. cit.

31 Ibid., p.155.

32 Buchanan, J. M. and G. Tullock, op. cit.

33 Crew, M. A., "Rent-Seeking is Here to Stay," C. K. Rowley(ed.), op. cit.

9장

1 공공부문이 우리 경제에서 차지하는 비중이 단순히 조세부담률이 보여주는 비율보다 실제로는 훨씬 더 크다고 주장하는 학자도 있다. 우리나라는 정부의 일반회계에 속하는 부분 못지않게 정부가 영향을 미치는 준정부 부문이 크기 때문이다. 그렇지만 이 지점에 관해서는 학자들 사이에도 견해차가 크기 때문에 더 많은 논의가 필요하다. 다음 문헌 참조. 소병희, 『공공부문의 경제학』, 13장.

2 소병희, 위의 책, 13장.

3 나성린·전영섭, 앞의 책, 13장.

4 Buchanan, J. M., "Politics without Romance," J. M. Buchanan & R. D. Tollison(eds.), *Theory of Public Choice II*.

5 정부의 비대화를 제약하는 방법으로 세입에 제동을 거는 과세권의 제한, 정부 부채와 화폐 발행권의 제한 및 재정 적자를 인정하지 않는 균형예산 제도 같은 것을 들 수 있다. 독점적 구조를 제약하는 방법으로 정부 권력의 분산, 즉 지방분권화, 정보의 공개 및 정부 활동 영역의 제한 같은 것을 들 수 있다.

6 Brennan, G and J. M. Buchanan, "Towards a Tax Constitution for Leviathan," J. M. Buchanan & R. D. Tollison(eds.), *Theory of Public choice II*.

7 소병희, 『공공부문의 경제학』, 353쪽.

8 이 세 가지 내용에 관한 자세한 수학적 증명은 다음 문헌 참조. Brennan, G and J. M. Buchanan, op. cit.

9 이론적으로 세원이 동일할 때 비례세 체제하의 세입이 역진세 체제하의 세입보다 더 적어지는 경향이 있다. 그렇다면 미래의 사회적 처지에 관해 무지한 상태에 있는 국민은 역진세 체제를 기피할 것이다. 자세한 내용은 다음 문헌 참조. Ibid.

10 Ibid.

11 자세한 논의는 다음 문헌 참조. 김동건, 『현대 재정학』, 305쪽.

12 자세한 논의는 다음 문헌 참조. 위의 책, 315~316쪽.

13 위의 책, 247쪽.

14 Cullis, J. & P. Jones, *Public Finance & Public Choice*(Oxford: Oxford University Press, 1998), p.277.

15 Stiglitz, J. E., *Economics of the Public Sector*(New York: W. W. Norton & Co., 1988), p.489.

16 Buchanan, J. M. and D. R. Lee, "Tax Rates and Tax Revenues in Political Equilibrium: Some Simple Analytics," J. M. Buchanan & R. D. Tollison(eds)., *Theory of Public choice II*, p.203.

17 현 환경부의 전신인 환경처의 의뢰에 따라 수행된 한 연구 용역의 보고서는 "현행의 재정 구조로는 필요한 재원 조달을 기대하기 어렵다는 점이다. 따라서 획기적인 환경 개선 대책에 따른 재원 조달 방법을 강구할 필요가 있다."고 운을 뗀 뒤 "장기적인 환경 투자를 위한 재원의 안정적 확보가 무엇보다 요구된다는 점을 감안하면 현 상황에서 환경세는 어떠한 형태로든 도입되어야 할 것으로 본다."고 결론짓고 있다. 구체적인 예는 다음 문헌 참조. 이정전, 「환경세에 대하여」, 《환경경제연구》 제4권 제1호(한국환경경제학회, 1995) ; 환경부, 「환경투자 재원조달체계정비 및 투자확충 방안 연구」(1993), 147~148쪽.

18 자세한 논의는 다음 문헌 참조. 이정전, 『토지경제학』.

19 자세한 설명은 다음 문헌 참조. 이정전, 위의 책.

20 물론 얘기가 이렇게 간단하지는 않다. 환경세의 부과는 여러 가지 복잡한 파급효과를 초래하기 때문이다. 자세한 논의는 다음 문헌 참조. Pearce, D., "The role of carbon tax in adjusting to global warming," *The Economic Journal* Vol.101(1991), pp.938~948 ; 이정전, 『환경경제학』(박영사, 2000), 5장.

21 Blinder, A. S., *Hard Heads and Soft Hearts*(New York: Addison-Wesley Publishing Co. Inc., 1987), p.2.

22 Ekins, P., "On the Dividends from Environmental Taxation," Tim O'Riordan(ed.), *Ecotaxation*(London: Earthscan Publications, 1997).

23 Gee, D., "Economic Tax Reform in Europe," Ibid.

24 자세한 논의는 다음 문헌 참조. 이정전, 『토지경제학』.

25 Robinson, H. D., "Who pays for industrial pollution abatement?," *Review of Economics and Statistics* vol.LXVII(1985), pp.702~706.

26 이런 주장의 예를 다음 문헌에서 발견할 수 있다. 김동건, 『현대 재정학』, 255쪽.

27 한국조세연구원, 「중앙정부 및 지방자치단체의 기능과 보유세 세원의 연계를 위한 부동산 보유세제 개편방안」(2004), 6쪽.

28 소병희, 『공공부문의 경제학』, 351쪽.

29 Kirchgassner, G., "The effect of fiscal institutuions on public finace," S. L. Winer & H. Shibata(eds.), op. cit.

맺는 말

1 Kaletsky, Anatol, op.cit., Chapter 1.

2 정부 부채에 관한 자세한 내용은 다음 문헌 참조. 황성현, 「한국 재정적자와 국가 채무: 현황과 대책」, 《한국경제포럼》 제3권 제4호(한국경제학회, 2010).

3 장하성, 앞의 책.

4 위의 책.

5 위의 책, 42쪽.

6 Thaler, Richard. H. and C. R. Sunstein, *Nudge*(London: Penguin Books Ltd., 2008).

7 Ibid.

찾아보기

왜 우리는 정부에게 배신당할까?

민주주의를 위한 경제학

1판 1쇄 찍음 2015년 3월 20일
1판 1쇄 펴냄 2015년 3월 27일

지은이 이정전
펴낸이 박상준
펴낸곳 반비

출판등록 1997. 3. 24.(제16-1444호)
(135-887) 서울특별시 강남구 도산대로1길 62
대표전화 515-2000, 팩시밀리 515-2007
편집부 517-4263, 팩시밀리 514-2329

© 이정전, 2015. Printed in Seoul, Korea.

ISBN 978-89-8371-726-9 03300

반비는 민음사 출판 그룹의 인문 · 교양 브랜드입니다.
블로그 http://banbi.tistory.com
페이스북 http://www.facebook.com/Banbibooks
트위터 http://twitter.com/banbibooks